国家社科基金
后期资助项目

防治慢性疾病体力活动指南的
国际比较研究

An International Comparative Study on
Physical Activity Guidelines for
Prevention and Management of Noninfectious Chronic Disease

黄 聪 著

ZHEJIANG UNIVERSITY PRESS
浙江大学出版社
·杭州·

图书在版编目（CIP）数据

防治慢性疾病体力活动指南的国际比较研究 / 黄聪
著. -- 杭州：浙江大学出版社，2024.4
ISBN 978-7-308-24846-4

Ⅰ．①防… Ⅱ．①黄… Ⅲ．①慢性病－防治－体育锻
炼－对比研究－世界 Ⅳ．①G806

中国国家版本馆 CIP 数据核字（2024）第 078860 号

防治慢性疾病体力活动指南的国际比较研究
FANGZHI MANXING JIBING TILI HUODONG ZHINAN DE GUOJI BIJIAO YANJIU
黄　聪　著

责任编辑　吴伟伟
文字编辑　梅　雪
责任校对　陈逸行
封面设计　周　灵
出版发行　浙江大学出版社
　　　　　（杭州市天目山路 148 号　邮政编码 310007）
　　　　　（网址：http://www.zjupress.com）
排　　版　浙江大千时代文化传媒有限公司
印　　刷　杭州宏雅印刷有限公司
开　　本　710mm×1000mm　1/16
印　　张　24
字　　数　444 千
版 印 次　2024 年 4 月第 1 版　2024 年 4 月第 1 次印刷
书　　号　ISBN 978-7-308-24846-4
定　　价　98.00 元

国家社科基金后期资助项目
出版说明

    后期资助项目是国家社科基金设立的一类重要项目,旨在鼓励广大社科研究者潜心治学,支持基础研究多出优秀成果。它是经过严格评审,从接近完成的科研成果中遴选立项的。为扩大后期资助项目的影响,更好地推动学术发展,促进成果转化,全国哲学社会科学工作办公室按照"统一设计、统一标识、统一版式、形成系列"的总体要求,组织出版国家社科基金后期资助项目成果。

全国哲学社会科学工作办公室

序　言

　　全民健身是体育学研究范畴中的重要内容,体育不仅是运动员追求更快、更高、更强的价值体现,还应作为普通大众愉悦身心和强身健体的重要手段在全社会范围普及和推广。在我国,虽然大众对于通过体力活动或运动的方式促进健康和预防疾病的意识在逐渐增强,但是体力活动或运动的普及程度和科学化程度远没有达到预期。随着生活习惯和行为方式的改变,体力活动不足和久坐时间增加的现象十分普遍,其会严重侵蚀大众健康,尤其会增加患慢性非传染性疾病(简称慢性疾病)的风险,如肥胖、糖尿病、心血管疾病、恶性肿瘤和慢性阻塞性肺疾病等。目前我国慢性疾病患者约有 3 亿人,慢性疾病致死人数占总死亡人数的 88%,导致的疾病负担占总疾病负担的 70% 以上,这些数据表明我国在慢性疾病防控方面面临严峻挑战。在 2016 年 8 月召开的全国卫生与健康大会上,习近平总书记强调,“没有全民健康,就没有全面小康”[①],进一步印证全民健康是我国的立国之基。而作为疾病防控的重要手段,科学运动成为实现全民健康的重要内涵,同时意味着群众体育和全民健身研究领域即将进入一个以“体医融合”“体卫融合”为背景的全新发展阶段。

　　众所周知,终生持续地、科学地参与体育锻炼能够显著降低慢性非传染性疾病的发病率与死亡率,凸显了适度体力活动或运动参与在健康促进和疾病预防方面的重要地位和作用。2014 年,时任国务院总理李克强在主持召开国务院常务会议时,提出了“推动体育健身与医疗、文化等融合发展”的理念。[②] 此后,2016 年,中共中央、国务院颁布了《“健康中国 2030”规划纲要》,也进一步说明“体医融合”服务中国人民健康的重要意义。习近平总书记强调:“体育承载着国家强盛、民族振兴的梦想。体育强则中国强,国运兴

---

① 马占成.把人民健康放在优先发展战略地位　努力全方位全周期保障人民健康[N].人民日报,2016-08-21(1).

② 李克强主持召开国务院常务会议　研究完善预算管理促进财政收支规范透明的相关意见　部署加快发展体育产业　促进体育消费推动大众健身[EB/OL].(2014-09-03)[2023-12-12].https://www.gov.cn/guowuyuan/2014-09/03/content_2744699.htm.

则体育兴。要把发展体育工作摆上重要日程,精心谋划,狠抓落实,不断开创我国体育事业发展新局面,加快把我国建设成为体育强国。"[1]这不仅充分肯定了体育在促进人民健康及丰富闲暇生活中的积极作用,也说明了体育科学发展与中华民族伟大复兴相伴相随。2019年,国务院办公厅印发《体育强国建设纲要》,其首要战略任务为"落实全民健身国家战略,助力健康中国建设"。此外,需要坚持以人民健康为中心,制订并实施全民健身计划,普及科学健身知识和健身方法,因时因地因需开展全民健身活动,坚持大健康理念,从注重"治已病"向注重"治未病"转变。

全民健身计划科学化推进需要提出基于循证的、具体可实施的且适应社会需求的运动健身指导性纲领。然而,我国各类人群的体力活动指南制定工作仍存在诸多待发展、待突破之处,尚不能为我国人群的慢性疾病防治提供基于循证的体力活动指导证据。不同人群的体育锻炼目标存在差异。因此,需要针对不同疾病的防治原则,制定安全有效、科学的体力活动指南,以满足各类人群的健身需求,为其养成良好运动习惯进而提高健康水平及生活质量服务。综上所述,我们收集了世界各地主要慢性疾病防治的相关体力活动指南(包含指南、专家共识、建议、临床推荐、证据总结等),进行梳理分析和科学比较,希望本研究成果能够为我国主要高发慢性非传染性疾病防控工作提供参与体力活动的科学方案,同时为运动科学和医学领域的相关决策团队提供工作思路,加速推进形成具有中国本土化特色的各类慢性疾病体力活动指导建议。

本书介绍了国内外防治慢性疾病体力活动指南发展现状、防治肥胖体力活动指南的国际比较、防治糖尿病体力活动指南的国际比较、防治心血管疾病体力活动指南的国际比较、防治恶性肿瘤体力活动指南的国际比较、防治慢性阻塞性肺疾病体力活动指南的国际比较。本书的主要研究内容可以归纳为以下三个方面:(1)体力活动与人体健康概述;(2)防治慢性疾病体力活动指南的国际经验与中国探索;(3)防治慢性疾病体力活动指南的国际比较。研究主要纳入了发病率或致死率高且运动健康收益良好的慢性疾病,内容具备较强的针对性和实效性。

本书的主要特色是以全民健身理念为基础,融合预防医学以及康复医学的相关知识体系,呈现一个多学科交叉的研究成果。作为首部系统论述

---

[1]　李中文,胡果,杜尚泽,等. 开创我国体育事业发展新局面　加快把我国建设成为体育强国[N].人民日报,2017-08-28(1).

防治慢性非传染性疾病体力活动指南的研究专著，本书为《"健康中国2030"规划纲要》和《体育强国建设纲要》的落实及"体医融合"的促进奠定了重要理论基础。本书针对全球不同防治慢性疾病体力活动指南的比较分析，总结出预防和治疗慢性疾病的体力活动标准、运动处方制定的一般性规律、不同地域、不同人群体力活动指南制定的特征，以期为我国相关体力活动标准的探索和制定提供参考和借鉴。

目　录

第一章 国内外防治慢性疾病体力活动指南发展现状

第一节 体力活动与久坐行为

一、体力活动的概念

体力活动,亦称身体活动,是指由骨骼肌收缩产生的需要消耗能量的任何身体运动[①],其中,较为流行的活动方式有足球、篮球、排球等运动以及步行、骑自行车和其他娱乐休闲活动。总之,体力活动可以通过任何身体的运动来完成,是能量平衡和体重控制的基础。经常和适当参加体力活动有诸多健康功效,如改善肌肉功能、心肺功能,保持骨骼健康,降低高血压、冠心病、脑卒中、糖尿病、各类癌症(包括乳腺癌和结肠癌)和抑郁症的患病风险,降低跌倒以及髋部或脊椎骨折的风险等。体力活动主要由频率(Frequency)、强度(Intensity)、持续时间(Time)、类型(Type)四个要素构成,简称 FITT 要素。

FITT 要素的完整呈现是制定训练计划或运动处方的核心内容。以 2020 年世界卫生组织(World Health Organization,WHO)针对一般成年人或老年人健康促进的体力活动指南为例,该指南建议 18~64 岁的成年人每周应进行至少 150 分钟中等强度体力活动,或者每周进行至少 75 分钟高强度体力活动,或者等效地进行中等强度和高强度体力活动组合。[②] 为了获得更多健康益处,成年人应将中等强度体力活动时间增加到每周 300 分钟。此外,应进行每周至少 2 天的涉及主要肌肉群的抗阻运动。65 岁及以上老年人的体力活动标准与普通成年人一致。该指南强调,即便是行动不便的老年人也应进行体育锻炼,以改善平衡功能并防止跌倒,运动频率为每周至

---

① Caspersen C J, Powell K E, Christenson G M. Physical activity, exercise, and physical fitness: Definitions and distinctions for health-related research[J]. Public Health Reports, 1985,100 (2):126-131.

② Bull F C, Al-Ansari S S, Biddle S, et al. World Health Organization 2020 guidelines on physical activity and sedentary behaviour[J]. British Journal of Sports Medicine, 2020, 54 (24):1451-1462.

少3天,此外,还应同步进行每周至少2天的涉及主要肌肉群的抗阻运动。需要注意的是,不同形式体力活动的强度设定因人而异。

对于没有专门时间进行体力活动的成年人,利用碎片化时间进行多次短时间的体力活动,其效果也等同于单次长时间锻炼(如每天3次每次10分钟的体力活动效果等同于每天1次每次30分钟的体力活动效果)。研究表明,单次运动时长即使小于10分钟,也可以发挥降低心血管疾病患病风险,甚至降低过早死亡风险的作用。[①] 因此,利用碎片化时间,将体力活动融入日常生活,对增强个体的身体素质、改善身心健康起到积极作用。

二、体力活动的类型及测量方法

体力活动可以通过多种方式进行分类。按照日常生活来源的背景可以分为职业性体力活动、通勤性体力活动、家务性体力活动和休闲性体力活动。[②] 另外,也可基于体力活动的主要目的或活动形式进行分类,包括骑自行车、做保健操、跳舞、钓鱼和打猎、家庭活动、家庭修理、不活动(休息、低强度活动)、打理草坪和花园、混合式活动、音乐演奏、职业性体力活动、跑步、自理活动、性活动、运动、交通性活动、步行、水上活动、冬季活动、宗教活动、志愿活动。[③] 体力活动是复杂的人体活动行为,划分类型可能存在相互重叠的现象,因而体力活动的类别与形式不一定是上述范畴,也可以通过其他方法划分体力活动类型。

根据强度可以将体力活动划分为低强度体力活动、中等强度体力活动和高强度体力活动。代谢当量(Metabolic Equivalent,MET)也称梅脱,是一种表示相对能量代谢水平和运动强度的重要指标,一个代谢当量相当于耗氧量 $3.5\text{mL} \cdot \text{kg}^{-1} \cdot \text{m}^{-1}$。1.6~2.9METs 为低强度体力活动,3.0~

---

① Jakicic J M, Kraus W E, Powell K E, et al. Association between bout duration of physical activity and health: Systematic review[J]. Medicine and Science in Sports and Exercise, 2019, 51(6): 1213-1219.

② Craig C L, Marshall A L, Sjöström M, et al. International physical activity questionnaire: 12-country reliability and validity[J]. Medicine and Science in Sports and Exercise, 2003, 35(8): 1381-1395.

③ Ainsworth B E, Haskell W L, Herrmann S D, et al. 2011 Compendium of physical activities: A second update of codes and MET values[J]. Medicine and Science in Sports and Exercise, 2011, 43(8): 1575-1581.

5.9 METs 为中等强度体力活动，6.0METs 及以上为高强度体力活动。[①]

当前，对于体力活动水平可采用客观和主观的测量方法进行评估。客观的测量方法包括双标水法[②]、间接测热法[③]、加速度计测量[④]、计步器测量[⑤]，主观的测量方法包括体力活动量表评估[⑥]、日志记录[⑦]等。

双标水法是 20 世纪后期出现的一种测量人体能量消耗的测量技术，它把同位素标记的物质作为示踪物，通过分析尿液中标记物的变化，了解人体的能量消耗情况。[⑧] 该测量方法精确度高，与间接测热法一同被认为是能量消耗测量的"金标准"。双标水法测定的人体在自由活动场景下的能量消耗与实际情况更接近，在数据收集过程中对人体无创且较为简单。但是该方法也有缺点，如测量成本高以及对环境要求高。双标水的试剂与测量仪器价格较高，并且只有在实验室环境下才能进行测量，这些问题都限制了该方法在较大样本人群研究中的应用。

间接测热法通过气体代谢分析测量受试者吸入的摄氧量与呼出的二氧化碳量，进而计算消耗的能量。近年来，便携式的气体分析仪器如 Cosmed K5[⑨]、MetaMax 3B[⑩] 等也被广泛应用于运动人体科学的实验。这些设备的

① Pate R R, O'neill J R, Lobelo F. The evolving definition of "sedentary"[J]. Exercise and Sport Sciences Reviews，2008，36(4)：173-178；Tudor-Locke C, Washington T L, Ainsworth B E, et al. Linking the American Time Use Survey (ATUS) and the compendium of physical activities：Methods and rationale[J]. Journal of Physical Activity and Health，2009，6(3)：347-353.

② Schoeller D, Van Santen E. Measurement of energy expenditure in humans by doubly labeled water method[J]. Journal of Applied Physiology，1982，53(4)：955-959.

③ Ferrannini E. The theoretical bases of indirect calorimetry：A review[J]. Metabolism，1988，37(3)：287-301.

④ Troiano R P, Mcclain J J, Brychta R J, et al. Evolution of accelerometer methods for physical activity research[J]. British Journal of Sports Medicine，2014，48(13)：1019-1023.

⑤ Tudor-Locke C, Williams J E, Reis J P, et al. Utility of pedometers for assessing physical activity：Convergent validity[J]. Sports Medicine，2002，32(12)：795-808.

⑥ Kriska A M, Caspersen C J. Introduction to a collection of physical activity questionnaires[J]. Medicine and Science in Sports and Exercise，1997，29(6)：5-9.

⑦ Sirard J R, Pate R R. Physical activity assessment in children and adolescents[J]. Sports Medicine，2001，31(6)：439-454.

⑧ Speakman J R, Yamada Y, Sagayama H, et al. A standard calculation methodology for human doubly labeled water studies[J]. Cell Reports Medicine，2021，2(2)：100203.

⑨ DeBlois J P, White L E, Barreira T V. Reliability and validity of the Cosmed K5 portable metabolic system during walking[J]. European Journal of Applied Physiology，2021，121(1)：209-217.

⑩ Gastin P B, Cayzer C, Dwyer D, et al. Validity of the ActiGraph GT3X＋ and BodyMedia SenseWear Armband to estimate energy expenditure during physical activity and sport[J]. Journal of Science and Medicine in Sport，2018，21(3)：291-295.

优点在于轻巧便捷,能够精确地测量出个体在安静和运动场景下的气体交换情况并计算出能量消耗。但该类设备的价格仍然较高,且工作时间受限,这也在一定程度上限制了其在日常体力活动测量中的应用。

加速度计通过内置的加速度传感器和相关算法捕捉并分析人体的运动数据,也是目前最常见的用于测量体力活动的客观工具之一。常见的三轴加速度计为 Actigraph-GT3X、Tritrac-R3D 等。先行研究表明,Actigraph-GT3X 评估体力活动能耗值与双标水法测定的能耗值显著相关,其效度得到了验证。[1] 随着成本的下降,这类加速度计甚至可用于大规模的人群队列研究。

计步器是估计单位时间内行走步数或行走距离的简易设备。与加速度计相比,计步器相对较低的价格与操作难度不大是其主要的优点,这也是计步器被应用于大规模人群调查的主要原因。[2] 但与间接测热法测得的能耗值相比,随着运动强度的增大,计步器获取的数据会出现从低估变成高估的变化趋势。[3] 此外,计步器仅能提供步数与运动时长的数据,无法提供运动类型、运动强度等信息。

作为主观评价工具,体力活动量表是用于大样本调查的常见方式,其主要特点是研究成本较低、容易操作,因此该方法常用于流行病学调查研究。目前常见的体力活动量表是国际体力活动问卷(International Physical Activity Questionnaire,IPAQ)[4] 和全球体力活动问卷(Global Physical Activity Questionnaire,GPAQ)[5]。还有面向不同人群的量表,如老年人体力活动量表(Physical Activity Scale for the Elderly,PASE)[6]、妊娠期体力

[1] Chomistek A K, Yuan C, Matthews C E, et al. Physical activity assessment with the ActiGraph GT3X and doubly labeled water[J]. Medicine and Science in Sports and Exercise, 2017,49(9): 1935-1944.

[2] Bassett D R, Wyatt H R, Thompson H, et al. Pedometer-measured physical activity and health behaviors in United States adults[J]. Medicine and Science in Sports and Exercise, 2010,42 (10): 1819-1825.

[3] 王军利,张冰,贾丽雅,等. 4 种运动传感器测量身体活动能耗的有效性研究[J]. 天津体育学院学报, 2012,27(5): 427-431.

[4] Craig C L, Marshall A L, Sjöström M, et al. International physical activity questionnaire: 12-country reliability and validity[J]. Medicine and Science in Sports and Exercise, 2003,35(8): 1381-1395.

[5] Bull F C, Maslin T S, Armstrong T. Global Physical Activity Questionnaire (GPAQ): Nine country reliability and validity study[J]. Journal of Physical Activity and Health, 2009,6(6): 790-804.

[6] Washburn R A, McAuley E, Katula J, et al. The Physical Activity Scale for the Elderly (PASE): Evidence for validity[J]. Journal of Clinical Epidemiology, 1999,52(7): 643-651.

活动问卷(Pregnancy Physical Activity Questionnaire,PPAQ)[1]、儿童青少年体力活动问卷(Physical Activity Questionnaire for Adolescents,PAQ-A)[2]等。此外,专门针对久坐行为的评估量表,如久坐行为问卷(Sedentary Behavior Questionnaire,SBQ)[3]、青少年闲暇时间久坐行为问卷(Youth Leisure-time Sedentary Behavior Questionnaire,YLSBQ)[4]等,也被广泛使用。上述量表均被证实具有良好的信度和效度。尽管问卷有诸多优点,但通常要求受试者通过回忆的方式完成问卷填写,因此存在一定的回忆偏差。研究发现,与"金标准"双标水法相比,量表评估的总能量消耗(Total Energy Expenditure,TEE)无显著差异,但活动能量消耗(Activity Energy Expenditure,AEE)有显著差异。总体上,各类体力活动量表的相关系数为0.6~0.74。[5]

总之,当前测量体力活动的工具多种多样,不同的研究会依据其研究目的、实验设计、研究成本等情况综合考虑选择适合的测量工具。

三、久坐行为

久坐行为是指当人在清醒状态下处于坐姿、卧姿及斜靠状态时,人体能量消耗不高于1.5METs的行为。当下较为普遍的久坐行为包括看电视、绘画、看书、使用计算机、阅读、做功课、使用手机及平板电脑等。此外,也包括人在写字楼、办公楼的坐姿及乘坐交通工具时的坐姿等。

工业革命后,随着经济社会的发展和科学技术的进步,人们在日常工作和生活中完成许多任务时需要的体力活动量有所减少。以互联网为代表的信息革命席卷全球,人们休闲时的屏幕使用时间(使用电脑、手机、电视和电

---

[1] Chasan-Taber L, Schmidt M D, Roberts D E, et al. Development and validation of a pregnancy physical activity questionnaire[J]. Medicine and Science in Sports and Exercise, 2004,36(10): 1750-1760.

[2] Kowalski K C, Crocker P R, Kowalski N P. Convergent validity of the physical activity questionnaire for adolescents[J]. Pediatric Exercise Science, 1997,9(4): 342-352.

[3] Rosenberg D E, Norman G J, Wagner N, et al. Reliability and validity of the Sedentary Behavior Questionnaire (SBQ) for adults[J]. Journal of Physical Activity and Health, 2010,7(6): 697-705.

[4] Cabanas-Sánchez V, Martínez-Gómez D, Esteban-Cornejo I, et al. Reliability and validity of the Youth Leisure-time Sedentary Behavior Questionnaire (YLSBQ)[J]. Journal of Acience and Medicine in Sport, 2018,21(1): 69-74.

[5] Sharifzadeh M, Bagheri M, Speakman J R, et al. Comparison of total and activity energy expenditure estimates from physical activity questionnaires and doubly labelled water: A systematic review and meta-analysis[J]. British Journal of Nutrition, 2021,125(9): 983-997.

子娱乐等设备的时间)所占比重越来越大,导致各类慢性非传染性疾病高发。近年来,久坐行为已经成为预防医学和运动科学等领域的重要研究课题。数据显示,全球每年有将近320万人的死亡与久坐行为有关,这种生活方式已成为糖尿病、高血压、心脑血管疾病的主要致病因素之一,成为全球范围死亡的第四大危险因素。[①] 在我国,随着现代化建设脚步的加快,久坐这种不良生活方式日益普遍,已对不同职业、不同年龄人群的身心健康造成了重大负面影响。

第二节 "运动是良医"

一、"运动是良医"提出的背景

体力活动不足是全球的主要死亡诱因之一,它增加了主要慢性非传染性疾病的患病风险,这些慢性疾病在2008年估计造成500万人死亡,约占全球过早死亡总人数的9%[②]。早在2010年,约三分之一的世界人口被归类为体力活动不足。[③] 因此,促进体力活动行为被视作全球健康行动的优先目标,以帮助控制慢性疾病发病、减轻疾病负担、降低死亡风险。

1994年,世界卫生组织指出,长期久坐行为及缺乏体力活动是当代慢性疾病发生发展的首要独立风险因素。虽然遗传作为先天因素是无法修正的,但体力活动不足及久坐行为这样的不良生活方式可以改变。随后,艾瑞克博士表示,运动正越来越广泛地被用于预防和治疗美国最普遍的疾病,如冠状动脉疾病、脑卒中、高血压、糖尿病、关节炎、骨质疏松症、血脂异常、肥胖症、抑郁症、癌症和慢性阻塞性肺疾病。[④]"运动是良医"(Exercise is Medicine,EIM)理念于2007年11月由美国运动医学会(American College of Sports Medicine, ACSM)正式提出,是体育科学和医学交叉融合的体现,此后在2010年召开了全球性的"运动是良医"大会。我国正式引入"运动是

① Owen N, Sugiyama T, Eakin E E, et al. Adults' sedentary behavior determinants and interventions[J]. American Journal of Preventive Medicine, 2011,41(2): 189-196.

② Lee I M, Shiroma E J, Lobelo F, et al. Effect of physical inactivity on major non-communicable diseases worldwide: An analysis of burden of disease and life expectancy[J]. The Lancet, 2012,380(9838): 219-229.

③ Hallal P C, Andersen L B, Bull F C, et al. Global physical activity levels: Surveillance progress, pitfalls, and prospects[J]. The Lancet, 2012,380(9838): 247-257.

④ Elrick H. Exercise is medicine[J]. Physician and Sportsmedicine, 1996,24(2): 72-78.

良医"理念是在 2012 年 6 月。

二、体力活动与健康

"运动是良医"这一理念是基于全球的大量研究成果提出的。体力活动在促进人体健康方面有着不可替代的作用。从心脏病、糖尿病、肥胖症到恶性肿瘤,各种不同类型的慢性疾病都可以通过适度运动得到缓解和改善。一项关于体力活动不足与慢性非传染性疾病患病率的全球调查估计,约 6％的冠状动脉疾病、7％的 2 型糖尿病、10％的乳腺癌以及 10％的结肠癌是由体力活动不足引起的。①

体力活动可以提高心血管健康水平,改善心肺功能。在中老年女性人群中,通过 12 周爬楼梯和正常步行活动干预后发现,该人群中的收缩压、舒张压、总胆固醇、甘油三酯、空腹血糖等指标显著降低,表明爬楼梯锻炼和步行锻炼可以改善中老年女性下肢运动能力和心血管健康。② 一项来自英国生物样本库涉及 73259 名受试者的队列研究显示,体力活动水平越高,慢性阻塞性肺疾病的患病风险越低。③

体力活动被证实可以调节血糖,通过维持糖脂代谢平衡预防 2 型糖尿病的发生。研究表明,运动可以提高胰岛素敏感性,减少糖基化血红蛋白,增加峰值氧气消耗,从而起到预防和治疗糖尿病的作用。④ 另外,孕期运动能够降低孕产妇及后代糖代谢紊乱的风险。巴拉卡特等为研究健康孕妇运动行为对母体葡萄糖耐量的影响,将 83 名健康孕妇随机分配到运动组和对照组,发现在怀孕期间进行适度体力活动可有效改善母体的葡萄糖耐

---

① Lee I M, Shiroma E J, Lobelo F, et al. Effect of physical inactivity on major non-communicable diseases worldwide: An analysis of burden of disease and life expectancy[J]. The Lancet, 2012,380(9838): 219-229.

② Kang S J, Ahn C H. The effects of home-based stair and normal walking exercises on lower extremity functional ability, fall risk factors, and cardiovascular health risk factors in middle-aged older women[J]. Journal of Exercise Rehabilitation, 2019,15(4): 584-591.

③ Steell L, Ho F K, Sillars A, et al. Dose-response associations of cardiorespiratory fitness with all-cause mortality and incidence and mortality of cancer and cardiovascular and respiratory diseases: The UK Biobank cohort study[J]. British Journal of Sports Medicine, 2019,53(21): 1371-1378.

④ Amanat S, Ghahri S, Dianatinasab A, et al. Exercise and type 2 diabetes[M]// Physical Exercise for Human Health, Springer, 2020: 91-105.

受性。①

实际上,体力活动与癌症的预防和治疗之间也存在密切关联。体力活动可以将能量物质从能量需求旺盛的肿瘤转移至新陈代谢活跃的机体组织,以缓解癌症相关不良事件并改善治疗效果,从而控制癌症病情的发展。② 一项综述研究提供有力的证据支持,证实较高的体力活动水平与较低的膀胱癌、乳腺癌、结肠癌、子宫内膜癌、食管癌、肾癌和胃癌风险相关联,相对风险降低幅度为 10%～20%。③ 此外,体力活动对提高肺癌患者生存率和提高生活质量也有积极影响,主要体现为提升患者的身体功能和心理健康水平、减轻癌症护理期的临床症状并降低并发症风险。④

体力活动对于脑健康同样具有重要的作用。在最新的第 11 版美国运动医学会运动测试与运动处方指南中,编委会专门在第 11 章添加了"大脑健康与大脑疾病"模块。这代表着体力活动干预在脑健康这一领域的长足进步并成为研究的新热点。⑤ 运动能够调节情绪,改善抑郁症状。有研究表明,低中强度和中等强度的运动对减轻心力衰竭患者的抑郁症状有积极作用。⑥ 6 周的高强度间歇训练(High-Intensity Interval Training,HIIT)和中等强度持续训练也能够缓解大学生的抑郁症状。⑦ 此外,运动还可以促进人的认知。一项纳入 24 项研究的系统综述发现,抗阻运动可能提高成年人的认知水平。⑧ 此外,融合本体感觉训练、有氧运动、抗阻运动和伸展

① Barakat R, Cordero Y, Coteron J, et al. Exercise during pregnancy improves maternal glucose screen at 24-28 weeks: A randomised controlled trial[J]. British Journal of Sports Medicine, 2012,46(9): 656-661.

② Hojman P, Gehl J, Christensen J F, et al. Molecular mechanisms linking exercise to cancer prevention and treatment[J]. Cell Metabolism, 2018,27(1): 10-21.

③ Mctiernan A, Friedenreich C M, Katzmarzyk P T, et al. Physical activity in cancer prevention and survival: A systematic review[J]. Medicine and Science in Sports and Exercise, 2019,51 (6): 1252.

④ Avancini A, Sartori G, Gkountakos A, et al. Physical activity and exercise in lung cancer care: Will promises be fulfilled? [J]. The Oncologist, 2020,25(3): e555-e569.

⑤ 朱为模.《ACSM 运动测试与运动处方指南》的过去、现在与未来[J]. 体育科研, 2022,43(6): 1-9,46.

⑥ Abdelbasset W K, Alqahtani B A, Alrawaili S M, et al. Similar effects of low to moderate-intensity exercise program vs moderate-intensity continuous exercise program on depressive disorder in heart failure patients: A 12-week randomized controlled trial[J]. Medicine, 2019,98 (32): e16820.

⑦ Paolucci E M, Loukov D, Bowdish D M E, et al. Exercise reduces depression and inflammation but intensity matters[J]. Biological Psychology, 2018,133: 79-84.

⑧ Landrigan J F, Bell T, Crowe M, et al. Lifting cognition: A meta-analysis of effects of resistance exercise on cognition[J]. Psychological Research, 2020,84(5): 1167-1183.

运动的混合运动模式可有效增强在社区居住的虚弱老年人的认知能力、情感和社会交往能力。[①]

需要强调的是，虽然在适当情况下从事剧烈运动可以给个体带来身体和心理的益处，但同时也可能伴随着潜在的运动风险。例如，剧烈运动可能导致身体超负荷，从而增加机体损伤风险；又如，过度剧烈运动可能对心血管系统产生负面影响，长时间的高强度运动可能导致心脏承受过重负荷，增加心脏病和心血管事件发生的风险。因此，为了最大限度地降低由剧烈运动引起的潜在健康风险，个体在开始高强度体力活动之前应该接受运动风险筛查和专业咨询，制订合理的运动训练计划，确保充足的休息和恢复时间，并关注自己的营养和心理健康。同时，个体在运动过程中应及时注意身体发出的信号，如疲劳、疼痛等，以避免或降低运动风险。在充分了解体力活动和身体之间关系的基础上，科学地、因地制宜地开展健身活动，针对不同人群形成个性化运动处方才是"运动是良医"理念的价值体现。

三、体力活动改善慢性疾病的作用及机制

体力活动是糖尿病管理的重要干预手段。研究表明，运动可能通过以下几种机制改善糖尿病症状，如增加葡萄糖的摄入和利用、提高胰岛素的敏感性、增加胰腺 β 细胞的保护等。正常情况下，在胰岛素的刺激下，人体骨骼肌负责约 80% 的葡萄糖处理，其中，胰岛素主要通过调节肌肉中关键的葡萄糖转运体-4（GLUT-4）蛋白，实现维持葡萄糖稳态。有证据显示，长期的体力活动参与可显著增加 GLUT-4 蛋白在骨骼肌中的表达，从而增强骨骼肌对葡萄糖的吸收和运输能力。[②] 而有氧运动被证实可以提高骨骼肌中线粒体氧化酶的活性，调节线粒体中脂质的含量，起到改善线粒体功能、强化葡萄糖氧化的作用。[③] 同时，先行研究发现，抗阻运动可以显著增加骨骼

[①] Tarazona-Santabalbina F J, Gomez-Cabrera M C, Perez-Ros P, et al. A multicomponent exercise intervention that reverses frailty and improves cognition, emotion, and social networking in the community-dwelling frail elderly: A randomized clinical trial[J]. Journal of the American Medical Directors Association, 2016,17(5): 426-433.

[②] Hussey S, Mcgee S L, Garnham A, et al. Exercise increases skeletal muscle GLUT4 gene expression in patients with type 2 diabetes[J]. Diabetes, Obesity and Metabolism, 2012,14(8): 768-771.

[③] Gordon J W, Dolinsky V W, Mughal W, et al. Targeting skeletal muscle mitochondria to prevent type 2 diabetes in youth[J]. Biochemistry and Cell Biology, 2015,93(5): 452-465.

肌力量,增大股四头肌横截面积①,提高胰岛素受体的敏感性②。此外,胰腺 β 细胞在运动刺激下,可以增加胰岛素分泌,调节糖脂代谢。一项针对 105 名糖耐量受损或 2 型糖尿病患者进行的有氧运动干预研究表明,胰腺 β 细胞功能的改变对血糖控制的改善起到关键性作用。③

另外,体力活动可以直接或者间接作用于心血管系统,使心血管及心肌细胞等部位产生适应性变化,从而改善心血管健康。运动期间,因运动诱导的 $\beta3$-肾上腺素受体($\beta3$-AR)和血管内皮生长因子受体(VEGFR)会促进心血管和心脏内皮细胞产生一氧化氮④,并进一步引起心血管舒张,改善动脉僵硬情况,从而改善心肌功能⑤。运动还能刺激骨骼肌衍生的卵泡抑素样-1(FSTL-1),这种物质被证明可以促进内皮细胞增殖并加速心肌血管生成。⑥此外,运动也可以诱导心脏代谢的适应性变化。长期运动可使个体的心肌细胞产生生理性肥大,不同于病理性心肌肥厚,这种变化是以心脏增大和储备能力增强为主的现象,是心肌功能良好的表征。运动会使钙离子⑦和钾离子⑧水平产生变化,进而影响心肌兴奋收缩耦联与心肌电重构过程,使个体的心血管系统受益。

对于恶性肿瘤的防治,体力活动也发挥着重要作用。运动能够通过多种途径降低恶性肿瘤的发病风险,其潜在机制包括运动对肿瘤细胞的影响与对免疫系统的调控。一方面,临床研究表明,运动可以抑制肿瘤细胞增

---

① Kristiansen M, Uhrbrand A, Hansen M, et al. Concomitant changes in cross-sectional area and water content in skeletal muscle after resistance exercise[J]. Scandinavian Journal of Medicine and Science in Sports, 2014,24(4): e260-e268.

② 金银哲. 抗阻运动对 2 型糖尿病大鼠模型血脂代谢和胰岛素抵抗的影响[J]. 基因组学与应用生物学, 2020,39(9): 4235-4242.

③ Solomon T P, Malin S K, Karstoft K, et al. Pancreatic β-cell function is a stronger predictor of changes in glycemic control after an aerobic exercise intervention than insulin sensitivity[J]. The Journal of Clinical Endocrinology and Metabolism, 2013,98(10): 4176-4186.

④ Schuler G, Adams V, Goto Y. Role of exercise in the prevention of cardiovascular disease: Results, mechanisms, and new perspectives[J]. European Heart Journal, 2013,34(24): 1790-1799.

⑤ 李敏,冯梦雅,冯梓航,等. 运动促进心血管健康衰老[J]. 生理学报, 2023,75(6): 887-902.

⑥ Xi Y, Hao M, Liang Q, et al. Dynamic resistance exercise increases skeletal muscle-derived FSTL1 inducing cardiac angiogenesis via DIP2A-Smad2/3 in rats following myocardial infarction[J]. Journal of Sport and Health Science, 2021,10(5): 594-603.

⑦ Sturek M. Ca^{2+} regulatory mechanisms of exercise protection against coronary artery disease in metabolic syndrome and diabetes[J]. Journal of Applied Physiology, 2011,111(2): 573-586.

⑧ Nystoriak M A, Bhatnagar A. Cardiovascular effects and benefits of exercise[J]. Frontiers in Cardiovascular Medicine, 2018,5: 135.

殖,这可能与运动诱导神经递质的释放[①]、抑制胰岛素抵抗[②]、激活腺苷酸活化蛋白激酶(AMPK)信号通路[③]、调节乳酸脱氢酶(LDH)[④]等密切相关。另一方面,运动可以通过对细胞因子和炎症水平进行调控,抑制肿瘤细胞的存活。在运动时,肌肉收缩会释放免疫调节细胞因子,如白细胞介素-6[⑤]。研究发现,在小鼠运动期间对其注射白细胞介素-6 抗体会减弱运动对遏制肿瘤生长的作用。[⑥] 而部分学者认为,运动会降低全身 C 反应蛋白水平,进而提高肿瘤患者生存率。[⑦] 此外,运动介导的睾酮激素水平[⑧]、类固醇激素水平[⑨]、miRNA 水平[⑩]调节也会对恶性肿瘤的防治产生积极影响。

体力活动改善慢性阻塞性肺疾病(chronic obstructive pulmonary disease, COPD,简称慢阻肺)患者肺部病理性损害可能与运动降低肺部的炎症因子、白细胞介素-17 的表达,进而改善蛋白酶与抗蛋白酶的平衡有

① Dethlefsen C, Hansen L S, Lillelund C, et al. Exercise-induced catecholamines activate the hippo tumor suppressor pathway to reduce risks of breast cancer development[J]. Cancer Research, 2017,77(18): 4894-4904.

② Kang D, Lee J, Suh S, et al. Effects of exercise on insulin, IGF axis, adipocytokines, and inflammatory markers in breast cancer survivors: A systematic review and meta-analysis[J]. Cancer Epidemiology, Biomarkers and Prevention, 2017,26(3): 355-365.

③ Coven D L, Hu X, Cong L, et al. Physiological role of AMP-activated protein kinase in the heart: Graded activation during exercise[J]. American Journal of Physiology-Endocrinology and Metabolism, 2003,285(3): E629-E636.

④ Wang Q, Zhou W. Roles and molecular mechanisms of physical exercise in cancer prevention and treatment[J]. Journal of Sport and Health Science, 2021,10(2): 201-210.

⑤ De Boer M C, Wörner E A, Verlaan D, et al. The mechanisms and effects of physical activity on breast cancer[J]. Clinical Breast Cancer, 2017,17(4): 272-278.

⑥ Pedersen L, Idorn M, Olofsson G H, et al. Voluntary running suppresses tumor growth through epinephrine-and IL-6-dependent NK cell mobilization and redistribution[J]. Cell Metabolism, 2016,23(3): 554-562.

⑦ Zhou Y, Jia N, Ding M, et al. Effects of exercise on inflammatory factors and IGF system in breast cancer survivors: A meta-analysis[J]. BMC Women's Health, 2022,22(1): 1-14.

⑧ Friedenreich C M, Thune I. A review of physical activity and prostate cancer risk[J]. Cancer Causes and Control, 2001,12: 461-475.

⑨ Eliassen A H, Missmer S A, Tworoger S S, et al. Endogenous steroid hormone concentrations and risk of breast cancer: Does the association vary by a woman's predicted breast cancer risk? [J]. Journal of Clinical Oncology, 2006,24(12): 1823-1830.

⑩ Gomes C P, Oliveira G P, Madrid B, et al. Circulating miR-1, miR-133a, and miR-206 levels are increased after a half-marathon run[J]. Biomarkers, 2014,19(7): 585-589.

关。① 证据表明,慢阻肺患者进行有氧运动后,白细胞介素-17 的水平会降低②,而白细胞介素-17 可以通过介导炎症细胞因子、趋化因子的释放,从而引起肺组织损伤③。此外,呼吸困难是慢阻肺患者最常见的症状,通过对慢阻肺患者实施 12 周的抗阻训练,可以改善患者的通气需求满足情况、呼吸肌力量和呼吸困难症状。④ 这一结果可解释为慢阻肺患者在训练后,外周肌肉氧化能力得到改善以及推迟无氧代谢的出现,使机体二氧化碳减少,同时降低对中枢神经的刺激,导致通气需求得以满足、呼吸困难的感觉减少。⑤ 一项针对慢阻肺患者为期 5 周的吸气肌训练研究表明,训练后患者的呼吸肌力量和耐力有明显改善,肌肉活检结果发现,慢肌纤维比例增加、快肌纤维横截面增大,提示运动可能通过呼吸肌肌纤维的适应性变化改善肺功能。⑥

第三节 "体医融合"与运动处方

一、"体医融合"发展背景及重要性

体育与医疗卫生的融合被称为"体医融合",是指将体育科学与医疗卫生科学相互交叉、有机整合后通过共振效应来服务全民健康。"体医融合"是将体育中保持健康的基本要素与医学中治疗疾病的基本要求相结合,是对体育、医学、健康、疾病及其关系更深层次的理解与认识。⑦

---

① 郎蔓,李培君,王婷,等. 运动对慢性阻塞性肺疾病患者通气功能障碍的影响[J]. 中国老年学杂志,2023,43(1):205-211.

② Huang X,Qian J,Chen F,et al. Impact of aerobic exercise on serum inflammatory factors and cardiopulmonary function in patients with stable chronic obstructive pulmonary disease[J]. Chinese General Practice,2021,24(28):3615.

③ Ritzmann F,Beisswenger C. Preclinical studies and the function of IL-17 cytokines in COPD[J]. Annals of Anatomy-Anatomischer Anzeiger,2021,237:151729.

④ Chen R,Chen R,Chen X,et al. Effect of endurance training on expiratory flow limitation and dynamic hyperinflation in patients with stable chronic obstructive pulmonary disease[J]. Internal Medicine Journal,2014,44(8):791-800.

⑤ Gigliotti F,Coli C,Bianchi R,et al. Exercise training improves exertional dyspnea in patients with COPD:Evidence of the role of mechanical factors[J]. Chest,2003,123(6):1794-1802.

⑥ Ramírez-Sarmiento A,Orozco-Levi M,Guell R,et al. Inspiratory muscle training in patients with chronic obstructive pulmonary disease:Structural adaptation and physiologic outcomes[J]. American Journal of Respiratory and Critical Care Medicine,2002,166(11):1491-1497.

⑦ 陈晓红,郭建军. 主动健康背景下我国体医融合服务框架的构建[J]. 首都体育学院学报,2021,33(5):474-480.

　　"体医融合"为何势在必行？2018年，我国首部健康管理蓝皮书《中国健康管理与健康产业发展报告(2018)》显示，我国慢性疾病的发病人数约为3亿，其中65岁以下人群的慢性疾病负担约占50％，此外，中国城市和农村因慢性疾病死亡的人数分别占总死亡人数的85.3％和79.5％。[①] 从当前及未来较长的时间周期来看，中国成年人群的健康面临着诸多挑战。解决这一问题不能仅靠医学治疗，也不能仅靠运动健身等单方面的努力，要实现全人群的健康促进和疾病防治目标，需要将医疗、体育、卫生、营养等领域的资源进行整合，共同服务"健康中国"。同时，传统的医疗干预作为被动方式已经不能满足群众日益增长的健康需求，现在已经开始向主动健康的疾病预防方式转化。鉴于体力活动在疾病预防和治疗上的功能与作用，将科学运动理念与实践融入日常生活及医疗或康复过程是实现全民健康的基础和保障，也是"体医融合"的核心要义。

　　2019年8月，国务院办公厅印发《体育强国建设纲要》，落实全民健身国家战略，助力健康中国建设是其首要任务。该纲要提到，要"广泛开展全民健身活动。坚持以人民健康为中心，制定并实施全民健身计划，普及科学健身知识和健身方法，因时因地因需开展全民健身活动，坚持大健康理念，从注重'治已病'向注重'治未病'转变"。由于不同人群的锻炼目标及身体状况有所差异，需要针对各类人群制定安全有效且科学的运动处方，以满足大众健身、锻炼习惯养成、预防和治疗各类慢性疾病的重大社会需求。因此，在"体医融合"背景下面向中国人群制定防治慢性疾病的体力活动标准是推动"体育强国"政策落实的重要支撑。

二、运动处方概念及内容

(一)运动处方概念

　　运动处方是指由运动处方师依据需求者的健康信息以及风险筛查、医学检查、体质测试结果进行综合评估，以规定的锻炼频率、强度、时间、类型、总运动量及进阶，形成目的明确、系统性、个性化健康促进及疾病防治的运动指导方案。[②] 总而言之，运动处方是一种指导人们有目的、有计划、科学地参与体育锻炼的个性化方案。制定运动处方的一般步骤为，首先对需求者进行科学的医学筛查(包括体检、体能测试等)，其次根据其身心健康状态、

---

① 我国首部健康管理蓝皮书发布[J].中医肿瘤临床与康复，2019，26(5)：636.
② 祝莉，王正珍，朱为模.健康中国视域中的运动处方库构建[J].体育科学，2020，40(1)：4-15.

体能状态以及心血管功能状况等,依照科学的运动原则确定运动的频率、强度、时间、类型,同时在运动前、运动中及运动后对其进行科学指导和监控。

从全球视角看,20 世纪 50 年代开始出现运动处方的相关词条。当时,芬兰的流行病学家卡尔沃宁博士提出了运动方式、频率、时间、强度,构成了运动处方的四个要素。随着时间的推移,20 世纪 70 年代,哈佛大学的萨金特医学博士制定了一些运动处方。这一时期,心血管疾病相关的运动处方是在运动测试的基础上制定的。1975 年,美国运动医学会发布了第 1 版运动处方指南,提出运动处方是由体力活动类型、强度、时间、频率构成的。随着第 2 版、第 3 版,一直到第 11 版运动处方指南的发布,运动处方的定义也在不断更新优化,现概括为"运动处方包括运动的频率、强度、时间、类型、运动总量以及进阶,这些要素的组合为不同身体状态的人群提供运动锻炼的指导性方案"。

从国内看,20 世纪 70 年代末,我国开始有了运动处方的定义。1978 年《运动医学》对运动处方的定义是:"用处方的形式规定体疗病人和健身活动参加者的练习内容和锻炼量的方法。"1989 年,刘纪清提出,运动处方是由医生按照个体的健康状况与心血管的功能状况,同时结合个体的年龄、性别及身体特点,适当地安排运动的类型、时间和频率。1999 年,邓树勋等主编的《运动生理学》将运动处方定义为:"运动处方是依据体育健身参加者的健康状况和体质情况,以处方的形式确定项目、时间、强度、频率以及运动过程中的注意事项。"此后,运动的类型、强度、时间、频率这四个要素开始作为核心内容服务各类人群运动处方的制定。2016 年,国家运动处方库建设课题组专家汇总了国内外各类运动处方的定义,在反复斟酌和细致考察后,给出了如今被广泛使用的定义。①

总而言之,各类人群进行不同目的的健身活动应该具有差异化的运动方案。一般情况下,运动处方是为了实现特定目的而设计的具体健身或锻炼计划。随着"体医融合"的逐步推进及健康需求的多样化,需要更多基于循证医学的证据支持运动处方的科学化及个性化设计。现在已有很多国家或国际组织针对不同年龄、不同健康状态、不同疾病人群发布了疾病防治体力活动指南和运动处方制定的策略。

(二)运动处方的内容及评价方式

运动处方内容包括频率(Frequency)、强度(Intensity)、持续时间

---

① 祝莉,王正珍,朱为模. 健康中国视域中的运动处方库构建[J]. 体育科学,2020,40(1):4-15.

（Time）、类型（Type）、总量（Volume）和进阶（Progression），即运动处方的
FITT-VP 原则。[①] 在这些要素中，运动类型的选择和运动强度的评价是重
点内容。

1. 运动类型的划分和评价方式

第一，有氧运动。有氧运动是指人体在氧气充分供应的一段时间内，身
体大肌肉持续以一种有节奏的方式进行的运动。[②] 有氧运动是运动科学领
域内研究最为广泛的运动形式之一，也是人们生活中最常见的运动形式之
一，常见的有氧运动包括骑自行车、步行、慢跑、跳舞、游泳等，是以糖和脂肪
的有氧代谢方式提供能量的运动。有氧运动的主要判断标准之一是心率，
运动时心率在 120～150 次/分，高强度的有氧运动心率会超过 150 次/分，
而且会有无氧代谢参与部分供能。

研究成果显示，有氧运动在改善心血管适能、认知功能、癌症预后等方
面均有较好的效果。通过 20 周、每周 3 次、每次 1 小时的有氧训练，伴有心
力衰竭的老年肥胖患者能够提高最大摄氧量、改善心脏功能，缓解心力衰竭
症状。[③] 一项系统综述显示，有氧运动可以显著增强精神分裂症患者的工
作记忆、社会认知和注意力等认知能力，且运动量越大，认知能力改善效果
越好。[④] 在健康成年人中，有氧运动同样对认知功能产生积极作用。为期 6
个月、每周 4 次的有氧运动干预可显著改善成年人的执行功能，且随着年龄
的增长，有氧运动对执行功能的影响更加明显。[⑤] 在提高癌症患者生活质
量和协同改善治疗效果方面，研究证实，在癌症诊断后进行体育锻炼可能会
改善早期乳腺癌、结直肠癌或前列腺癌的预后，可以抑制肿瘤细胞的肺部转

[①] Garber C, Blissmer B, Deschenes M, et al. Quantity and quality of exercise for developing and maintaining cardiorespiratory, musculoskeletal, and neuromotor fitness in apparently healthy adults: Guidance for prescribing exercise[J]. Medicine and Science in Sports and Exercise, 2011,43: 1334-1359.

[②] Piercy K L, Troiano R P, Ballard R M, et al. The physical activity guidelines for Americans [J]. JAMA, 2018,320(19): 2020-2028.

[③] Kitzman D W, Brubaker P, Morgan T, et al. Effect of caloric restriction or aerobic exercise training on peak oxygen consumption and quality of life in obese older patients with heart failure with preserved ejection fraction: A randomized clinical trial[J]. JAMA, 2016,315(1): 36-46.

[④] Firth J, Stubbs B, Rosenbaum S, et al. Aerobic exercise improves cognitive functioning in people with schizophrenia: A systematic review and meta-analysis[J]. Schizophrenia Bulletin, 2017,43(3): 546-556.

[⑤] Stern Y, Mackay-Brandt A, Lee S, et al. Effect of aerobic exercise on cognition in younger adults: A randomized clinical trial[J]. Neurology, 2019,92(9): e905-e916.

移,同时在调节局部免疫反应、肿瘤代谢等方面有显著效果。[①]

第二,抗阻运动。抗阻运动也被称为抗阻训练或力量训练,通常指身体克服阻力以达到肌肉增长和力量增加的过程,是运动健身领域常见的运动方式之一,主要包括等张训练、等长训练、等速训练等。其中,等张训练在肌力增强训练中应用较多,主要包括使用哑铃、弹力带等进行的器械练习和抵抗自身重力进行的俯卧撑、下蹲起立等;等长训练是指肌肉静态收缩,不引起关节活动的训练方式,主要包括蹲马步等;等速训练在日常生活中几乎不存在,它是在追求训练收益最大化的过程中人为设定的,需要由专用仪器(如等速肌力测试仪)辅助控制运动速度,保证肌肉在设定活动范围内自始至终保持相同的运动速度,同时可能受到相同的阻力,这种训练方式除了在体育领域,在康复治疗等领域也有较好的应用。

与有氧运动相似,抗阻运动也被证实在疾病康复中具有独特疗效。一项荟萃分析显示,无论健康状况和训练总量如何、力量素质是否显著改善,抗阻运动都能显著缓解成年人的抑郁症状。[②] 此外,抗阻运动和有氧运动一样能改善帕金森患者的非运动症状,可产生与情绪、认知和睡眠相关的广泛益处,且患者对运动的耐受性较好、副作用很小,运动治疗在疾病的早期实施时效果尤其明显。[③] 对于慢阻肺患者而言,尽管有氧运动可以改善其运动耐量、呼吸困难感觉、功能能力和生活质量等,但无法忍受的气喘感和外周肌肉不适可能会成为慢阻肺患者获得理想训练效果的阻碍,而抗阻运动则有效解决了这个问题。尤其是因体力消耗而出现严重肌肉无力和剧烈呼吸困难的慢阻肺患者,在吸氧治疗的同时进行短时间间歇训练或局部肌肉抗阻运动是一种可行且有效的肺功能康复方法。[④]

第三,柔韧性训练。柔韧性训练是指改善个体身体柔韧性的运动,通过静态和动态练习,使个体的肌肉和关节能够更好地伸展,以达到减少肌肉僵硬、改善关节活动度和减少损伤的目的。所有年龄段的个体都可以通过柔

① Ashcraft K A, Peace R M, Betof A S, et al. Efficacy and mechanisms of aerobic exercise on cancer initiation, progression, and metastasis: A critical systematic review of in vivo preclinical data[J]. Cancer Research, 2016,76(14): 4032-4050.

② Gordon B R, Mcdowell C P, Hallgren M, et al. Association of efficacy of resistance exercise training with depressive symptoms: Meta-analysis and meta-regression analysis of randomized clinical trials[J]. JAMA Psychiatry, 2018, 5(6): 566-576.

③ Reynolds G O, Otto M W, Ellis T D, et al. The therapeutic potential of exercise to improve mood, cognition, and sleep in Parkinson's disease[J]. Movement Disorders, 2016,31(1): 23-38.

④ Vogiatzis I. Strategies of muscle training in very severe COPD patients[J]. European Respiratory Journal, 2011,38(4): 971-975.

韧性训练提高关节活动度和柔韧性。常见的练习方式包括静力性的拉伸、动力拉伸、弹震式拉伸等。柔韧性训练可增强肌肉和关节的灵活性,有助于改善身体的运动范围,减轻肌肉紧张和不适,提高生活质量,同时也在预防和辅助治疗多种慢性疾病方面发挥着积极作用。

证据表明,为期 12 周、每周 3 次的普拉提运动可以降低乳腺癌患者的疼痛感,改善情绪,提高上肢功能。[1] 此外,哈金斯等的研究显示,定期的柔韧性训练可以促进血管的舒张,降低血压水平,降低心血管疾病的患病风险。[2] 同时,柔韧性训练还可以提高糖尿病患者的胰岛素敏感性,有助于血糖控制。[3]

第四,其他运动形式。一是高强度间歇训练(HIIT)。现代社会的发展对运动参与无形设置了诸多障碍,如缺少运动时间、缺乏运动场地等。高强度间歇训练就是基于现代社会特点提出的运动模式,是一种在短时间内进行全力、快速、爆发式锻炼的训练技术,可以使机体在短时间内提高心率并消耗更多热量。HIIT 通过高强度运动与低强度恢复期交替进行,使个体的有氧能力和无氧能力均得到更好的提升[4],故一经提出,就获得广泛关注。研究表明,HIIT 可以使人在减少时间投入的情况下获得与中等强度持续运动相当的健康收益。[5] 经过十几年的发展,HIIT 的安全性已被证实,其受益重点人群也从健康个体扩大至临床疾病患者。

目前的研究认为,HIIT 在增强心血管功能、改善肺部疾病患者的心肺功能并提高其生活质量、积极改变糖尿病患者体脂百分比等方面具有良好效果[6] HIIT 改善代谢和减轻体重的作用或许与其他运动形式相当,但其有很强的心血管适应性,可以更好地使具有心脏并发症风险的人群受益,这也是 HIIT 对

---

[1] Keays K S, Harris S R, Lucyshyn J M, et al. Effects of Pilates exercises on shoulder range of motion, pain, mood, and upper-extremity function in women living with breast cancer: A pilot study[J]. Physical Therapy, 2008,88(4): 494-510.

[2] Hagins M, Selfe T, Innes K. Effectiveness of yoga for hypertension: Systematic review and meta-analysis[J]. Evidence-Based Complementary and Alternative Medicine, 2013,2013.

[3] Colberg S R, Sigal R J, Yardley J E, et al. Physical activity/exercise and diabetes: A position statement of the American Diabetes Association[J]. Diabetes Care, 2016,39(11): 2065.

[4] Ross L M, Porter R R, Durstine J L. High-intensity Interval Training (HIIT) for patients with chronic diseases[J]. Journal of Sport and Health Science, 2016,5(2): 139-144.

[5] Maturana F M, Martus P, Zipfel S, et al. Effectiveness of HIIE versus MICT in improving cardiometabolic risk factors in health and disease: A meta-analysis[J]. Medicine and Science in Sports and Exercise, 2021,53(3): 559-573.

[6] Ross L M, Porter R R, Durstine J L. High-intensity Interval Training (HIIT) for patients with chronic diseases[J]. Journal of Sport and Health Science, 2016,5(2): 139-144.

代谢性疾病管理的独特作用。① 一项针对具有浸润性乳腺癌高风险的超重或肥胖女性的实验研究证实，HIIT 具有良好的促进心肺健康的作用。②

二是联合运动。联合运动是指在一次运动干预中同时进行两种或两种以上形式的运动，充分利用不同形式运动的优势以弥补单一运动形式可能存在的不足。目前，较为常见的联合运动是有氧和抗阻联合运动，这种联合运动相较单独的有氧运动或抗阻运动而言具有更多运动收益。

一项随机对照试验结果表明，超重或肥胖的Ⅰ—Ⅲ期乳腺癌患者进行每周 3 次、共 16 周的有监督的有氧和抗阻联合运动，可降低早期乳腺癌患者近 10 年患心血管疾病的风险。③ 另一项针对乳腺癌幸存者的研究显示，为期 12 周的联合有氧抗阻运动可以改善幸存者的肌肉力量和健康相关生活质量。④ 对于 2 型糖尿病患者而言，联合有氧抗阻运动具有潜在的抗动脉粥样化和抗炎作用，进而降低其患心血管疾病的风险，改善 2 型糖尿病患者的健康状况。此外，肺动脉高压患者从事规律的体力活动会减轻右心室肥厚、提高生活质量、改善心理状态。其中，有氧运动、无氧运动和呼吸肌训练的联合训练模式可以使健康收益最大化，主要体现在 6 分钟步行试验结果改善和最大摄氧量增加等方面。⑤

2. 运动强度的划分及评价方式

运动强度是指身体练习对人体生理刺激的程度。作为影响运动效果的重要因素之一，运动强度在运动的过程中扮演着至关重要的角色。只有结合自身状态、选取适合自身的运动强度，才能实现健康促进目标且最大限度地降低运动损伤风险。强度的等级可以分为：低强度、较低强度、中等强度、较高强度和高强度（见表 1.1）。

---

① Cassidy S, Thoma C, Houghton D, et al. High-intensity interval training: A review of its impact on glucose control and cardiometabolic health[J]. Diabetologia, 2017,60(1): 7-23.

② Coletta A M, Brewster A M, Chen M, et al. High-intensity interval training is feasible in women at high risk for breast cancer[J]. Medicine and Science in Sports and Exercise, 2019,51 (11): 2193-2200.

③ Lee K, Tripathy D, Demark-Wahnefried W, et al. Effect of aerobic and resistance exercise intervention on cardiovascular disease risk in women with early-stage breast cancer: A randomized clinical trial[J]. JAMA Oncol, 2019,5(5): 710-714.

④ Soriano-Maldonado A, Carrera-Ruiz Á, Díez-Fernández D M, et al. Effects of a 12-week resistance and aerobic exercise program on muscular strength and quality of life in breast cancer survivors: Study protocol for the EFICAN randomized controlled trial[J]. Medicine, 2019,98(44):e17625.

⑤ Waller L, Krüger K, Conrad K, et al. Effects of different types of exercise training on pulmonary arterial hypertension: A systematic review[J]. Journal of Clinical Medicine, 2020,9 (6): 1689.

表 1.1　运动强度的分级与评价方式

运动类型	有氧运动											抗阻运动
	相对强度				相对于最大运动能力 MET 值的强度（VO₂max）			绝对强度	不同年龄段的绝对强度（MET）			相对强度
强度	$VO_2R/\%$ 或 $HRR/\%$	$HR_{max}/\%$	$VO_{2\,max}/\%$	RPE	20 METs $VO_{2\,max}/\%$	10 METs $VO_{2\,max}/\%$	5 METs $VO_{2\,max}/\%$	METs	青年人 20~39 岁	中年人 40~64 岁	老年人 ≥65 岁	1-RM/%
低	<30	<57	<37	很轻松（RPE<9）	<34	<37	<44	<2.0	<2.4	<2.0	<1.6	<30
较低	30~39	57~63	37~45	很轻松到轻松（RPE9~11）	34~42	37~45	44~51	2.0~2.9	2.4~4.7	2.0~3.9	1.6~3.1	30~49
中等	40~59	64~76	46~63	轻松到有些吃力（RPE12~13）	43~61	46~63	52~67	3.0~5.9	4.8~7.1	4.0~5.9	3.2~4.7	50~69
较高	60~89	77~95	64~90	有些吃力到很吃力（RPE14~17）	62~90	64~90	68~91	6.0~8.7	7.2~10.1	6.0~8.4	4.8~6.7	70~84
高	≥90	≥96	≥91	≥很吃力（RPE≥18）	≥91	≥91	≥92	≥8.8	≥10.2	≥8.5	≥6.8	≥85

注：HR——心率；HRR——储备心率；METs——代谢当量；RPE——主观疲劳感觉；1-RM——1 次最大重复次数；$VO_{2\,max}$——最大摄氧量；VO_2R——储备摄氧量。

资料来源：Garber C E, Blissmer B, Deschenes M R, et al. American College of Sports Medicine position stand. Quantity and quality of exercise for developing and maintaining cardiorespiratory, musculoskeletal, and neuromotor fitness in apparently healthy adults: Guidance for prescribing exercise[J]. Medicine and Science in Sports and Exercise, 2011,43(7)：1334-1359.

（1 MET = 3.5 mL·kg⁻¹·m⁻¹）

根据不同的运动类型,运动强度的评价方式和标准也有所区别,而运动强度可以分为相对强度和绝对强度。对于有氧运动,最常见的相对强度评价指标有心率(Heart Rate,HR)、最大摄氧量(Maximal Volume of Oxygen Consumed Per Minute,VO$_{2\,max}$)和主观疲劳感觉(Rating of Perceived Exertion,RPE)等。而对于抗阻运动,则使用 1 次最大重复次数(One Repetition Maximum,1-RM)作为相对强度指标进行评价。两种形式的运动强度都可以采用代谢当量这一绝对强度指标进行评价。总之,上述运动强度评价方法都可以应用于个性化运动处方的制定,但需要充分考虑年龄、体能水平以及健康状况等因素。

第四节 防治慢性疾病体力活动指南的国际经验与中国探索

一、我国防治慢性疾病体力活动指南制定的必要性和迫切性

21 世纪以来,新的科技革命使人们的生活逐步自动化、机械化、互联网化及智能化。相较于 20 世纪,人们在出行、上下班、平时工作中的体力活动均大幅度减少,居家办公、线上会议、车辆出行、饮食外卖等便利服务导致人们不断减少体力活动。需要重视的是,体力活动不足是导致慢性疾病致死率升高的第一独立危险因素。2011 年联合国在应对慢性疾病时指出,体力活动是预防和延缓各类慢性疾病的有效策略。1991—2009 年,中国人群体力活动量下降约 45%。[1] 2018 年,我国糖尿病、恶性肿瘤、心脑血管病的患病人数已上升到约 3 亿[2],成人血脂异常患病率增加,代谢综合征患病率增加,心脑血管疾病、慢性呼吸系统疾病、癌症、糖尿病等慢性疾病导致的死亡人数已占总死亡人数的 88.5%[3]。鉴于此,在全球慢性疾病高发的危机下,人们需要改变久坐少动的生活状态,改正不良生活习惯,促进间断久坐行为,提升体力活动水平。然而,体力活动的形式各异,需要针对不同年龄、不同健康状态的人群制定个性化方案,综合运动类型、频率、强度和持续时间等关键因素进行科学化设计成为运动处方制定的关键。目前,各国正在积极丰富不同人群的运动处方库并制订体力活动标准,这些努力将为人们科学锻炼提供重要参考,也将推进预防和治疗各类慢性疾病相关工作的顺利

---

① 任海.身体素养:一个统领当代体育改革与发展的理念[J].体育科学,2018,38(3):3-11.
② 我国首部健康管理蓝皮书发布[J].中国肿瘤临床与康复,2019,26(5):636.
③ 中国居民营养与慢性病状况报告(2020 年)[J].营养学报,2020,42(6):521.

开展。

每个人都渴望拥有健康，因为健康是美好生活的保证。从苏格拉底的"健康是人生最可贵的"到马克思所说的"健康是人的第一权利"可见，健康一直以来是人类共同向往的。当前，慢性疾病已成为导致死亡的"第一杀手"，并且一个家庭中如果有一位成员患有慢性疾病，就会给整个家庭带来身体、心理和经济上的巨大负担。数据显示，我国慢性疾病导致的死亡人数已经占总死亡人数的 88.5％，产生的疾病负担占总负担的 70％以上。[①] 因此，如何有效地进行慢性疾病防治成为我国个体、家庭、社会乃至政府关注的重点。

在 2016 年 8 月召开的全国卫生与健康大会上，习近平总书记提出"没有全民健康，就没有全面小康。要把人民健康放在优先发展的战略地位"[②] 的重要论述，这既明确了"健康中国"的目标与任务，也坚定了党和国家对人民群众健康保证的郑重承诺。随后《"健康中国 2030"规划纲要》《国务院关于实施健康中国行动的意见》《健康中国行动组织实施和考核办法》等有关文件相继出台，这对进一步促进全民健康具有建设性作用。

《国务院关于加快发展体育产业促进体育消费的若干意见》指出，要加强体育运动指导，推广"运动处方"，发挥体育锻炼在疾病防治以及健康促进等方面的积极作用。《"健康中国 2030"规划纲要》明确提出，要加强体医融合和非医疗健康干预，发布体育健身活动指南，建立完善针对不同人群、不同环境、不同身体状况的运动处方库，推动形成体医结合的疾病管理与健康服务模式，发挥全民科学健身在健康促进、慢性病预防和康复等方面的积极作用。

尽管当前人们已经慢慢意识到运动的重要性，诸如广场舞、饭后散步等体力活动也在群众中有所开展，但锻炼人群多为中老年群体，受众有限。一方面，因为生活和工作的压力，青年人没有时间进行运动；另一方面，很多人不知道该如何正确地进行体力活动，既包含对运动频率、强度、时间、类型等概念了解不够，也存在对运动损伤风险的防范及自我保护知识不足等问题。此外，运动过后会给身体带来一定程度的疲劳感并且运动对人体慢性疾病的防治作用并非立竿见影，这导致人们运动参与自我效能减弱，动机不强。

---

① 光明网. 我国慢性病防治形势复杂呈年轻化趋势[EB/OL]. (2023-07-19)[2023-12-12]. https://m.gmw.cn/2023-07/19/content_1303446575.htm.

② 马占成. 把人民健康放在优先发展战略地位　努力全方位全周期保障人民健康[N]. 人民日报, 2016-08-21(1).

尽管体力活动可以有效地降低慢性疾病的发生及死亡风险,尤其在糖尿病[①]、心脑血管疾病[②]、慢阻肺[③]等慢性疾病康复治疗和维持健康方面发挥其独特的作用,但是,体力活动在慢性疾病的预防和治疗方面的作用依然有较大的挖掘潜力,如何科学开展才是最大化地发挥体力活动健康益处的关键。以上现实情况与科学证据都反映出,我国推进各类慢性疾病预防与治疗的体力活动指南制定工作势在必行。只有通过形成健康促进和疾病防治的运动标准,推动全民健身计划的科学发展,方可更好地服务"健康中国"和"体育强国"等国家战略的实施,以满足群众日益增长的健康需求。

二、防治慢性疾病体力活动指南制定的国际经验

慢性疾病是指病程较长、进展缓慢的疾病,如心血管疾病、糖尿病等。这些疾病通常是不易治愈的,但可以通过运动等积极、健康的生活方式控制病情。慢性疾病不仅对患者的生活质量造成严重影响,还使整个社会资源和经济系统承受巨大的负担。基于慢性疾病防控需求的紧迫性,世界各地相继开始制定体力活动指南或标准,鼓励人们采取积极的生活方式降低慢性疾病患病和死亡风险。通过总结世界各地的防治慢性疾病体力活动指南,我们发现高质量指南具有一些共同的特点。

首先,制定体力活动指南的流程包括指南的规划、制定、出版以及更新,具有程序化和规范化的特点。随着临床实践指南方法学的快速发展,体力活动指南制定的流程也有相应的参考标准。目前主流的两部指南制定手册分别来自世界卫生组织[④]和国际指南协作组织(Guidelines International Network,GIN)[⑤]。美国医学研究院(Institute of Medicine,IOM)要求高质量、高可信度的体力活动指南必须符合以下六个要求:(1)总结当下所有证

---

① Maiorana A, O'driscoll G, Goodman C, et al. Combined aerobic and resistance exercise improves glycemic control and fitness in type 2 diabetes[J]. Diabetes Research and Clinical Practice, 2002,56(2): 115-123.

② Selig S E, Hare D L. Evidence-based approach to exercise prescription in chronic heart failure [J]. British Journal of Sports Medicine, 2007,41(7): 407-408.

③ Spruit M, Gosselink R, Troosters T, et al. Resistance versus endurance training in patients with COPD and peripheral muscle weakness[J]. European Respiratory Journal, 2002,19(6): 1072-1078.

④ World Health Organization. WHO Handbook for Guideline Development[M]. World Health Organization, 2014.

⑤ Schunemann H J, Wiercioch W, Etxeandia I, et al. Guidelines 2.0: Systematic development of a comprehensive checklist for a successful guideline enterprise[J]. Canadian Medical Association Journal, 2014,186(3): E123-E142.

据的系统综述;(2)指南专家组需要由专业的多学科专家、患者及公共代表组成;(3)基于明确和透明的研制过程,以尽量减少偏倚和利益冲突;(4)指南内容需要清晰且具体;(5)指南需要提供证据级别和推荐意见强度;(6)当有新的和重要的证据出现时,需要重新修改指南。① 其中,体力活动指南制定工作中对于证据的质量和等级、推荐强度的评价尤为重要,纳入文献的类型不同,使用的质量评价工具也有所差异。对于指南类的文献,主要采用临床指南研究与评价系统(Appraisal of Guidelines for Research and Evaluation,AGREEⅡ)②;对于系统综述类的文献,主要使用系统评价方法学的工具(A Measurement Tool to Assess Systematic Reviews,AMSTAR);对于原创性研究,则使用澳大利亚乔安娜布里格斯研究所(Joanna Briggs Institute,JBI)的推荐级别系统③。此外,推荐等级的评估、制定与评价(Grading of Recommendations,Assessment,Development and Evaluation,GRADE)系统已经成为全球使用最广泛的临床实践指南证据和推荐意见强度分级系统。④ 这些指南制定标准和证据评价工具使用的规范化对于制定指南具有重要的指导意义,同时也能显著提高指南的质量。

其次,高质量的体力活动指南需定期更新,不断纳入最新研究成果作为证据,确保内容与时俱进且具有一定时效性。随着体力活动对各类慢性疾病影响的新证据不断涌现,国际上相关指南的版本也在不断地推陈出新。例如,作为全球健康最具影响力的指南之一,《ACSM 运动测试与运动处方指南》于 1975 年问世。经过近半个世纪的发展历程,从第 1 版仅涵盖防治心脏病的体力活动指南,逐步纳入与慢阻肺、糖尿病、肥胖等疾病相关的体力活动建议,到最新第 11 版中新增"大脑健康与大脑疾病"模块。⑤ 这也表现出体力活动指南的迭代特征:内容越发丰富多样,证据质量和数量不断提升。这有助于理论指导与临床实践保持一致,为一般人群或慢性疾病患者

① Steinberg E, Greenfield S, Wolman D M, et al. Clinical Practice Guidelines We Can Trust[M]. National Academies Press, 2011.
② Brouwers M C, Kho M E, Browman G P, et al. AGREE Ⅱ: Advancing guideline development, reporting and evaluation in health care [J]. Canadian Medical Association Journal, 2010,182(18): E839-E842.
③ Pearson A, Wiechula R, Court A, et al. The JBI model of evidence-based healthcare[J]. International Journal of Evidence-Based Healthcare, 2005,3(8): 207-215.
④ Group G W. Grading quality of evidence and strength of recommendations[J]. BMJ, 2004,328(7454): 1490.
⑤ 朱为模.《ACSM 运动测试与运动处方指南》的过去、现在与未来[J]. 体育科研, 2022,43(6): 1-9,46.

提供最佳体力活动建议,以达到改善健康管理水平、提高生活质量的目标。

再次,体力活动对不同疾病的预防及康复效果是存在差异的,因此,防治慢性疾病的体力活动指南需"对症下药",面对不同疾病的预防或治疗目标,需体现出体力活动指南的针对性特点。美国心脏病学会(American College of Cardiology,ACC)和美国心脏协会(American Heart Association,AHA)指出,一般成年人每周进行3~4次中高强度有氧运动,每次持续40分钟即可达到预防高血压病的效果。① 而对于高血压患者而言,欧洲心脏学会(European Society of Cardiology,ESC)和欧洲高血压学会(European Society of Hypertension,ESH)发布的指南则建议患者需要每周进行5~7次、每次持续时间至少30分钟的中等强度有氧运动,同时也建议可以每周进行2~3天的抗阻运动。② 由此可见,相较于普通人群的预防目标,以降血压为目标的高血压患者在保证安全的前提下,应多增加体力活动频率、适度降低体力活动强度。对于心肌病患者而言,一般推荐每周进行150分钟低强度体力活动,但不建议进行中高强度体力活动。当急性心肌炎患者处于发病3~6个月内时,同样不建议进行中高强度体力活动。③对于乳腺癌患者的体力活动建议中,特别推荐了进行肩关节、肘关节等部位的锻炼。④ 因此,针对不同阶段、不同疾病,体力活动指南应该做到"因人而异",有针对性地实现疾病预防和康复的目标。

最后,制定防治慢性疾病体力活动指南时呈现出多学科交叉融合、多部门协同合作的特点,往往需要来自医学、运动科学、流行病学、营养学等领域

① Eckel R H, Jakicic J M, Ard J D, et al. 2013 AHA/ACC guideline on lifestyle management to reduce cardiovascular risk: A report of the American College of Cardiology/American Heart Association Task Force on Practice Guidelines[J]. Circulation, 2014, 129(25_suppl_2): S76-S99.

② Williams B, Mancia G, Spiering W, et al. 2018 ESC/ESH Guidelines for the management of arterial hypertension[J]. Kardiologia Polska (Polish Heart Journal), 2019, 77(2): 71-159.

③ Pelliccia A, Sharma S, Gati S, et al. 2020 ESC Guidelines on sports cardiology and exercise in patients with cardiovascular disease: The Task Force on sports cardiology and exercise in patients with cardiovascular disease of the European Society of Cardiology (ESC)[J]. European Heart Journal, 2021, 42(1): 17-96; Ommen S R, Mital S, Burke M A, et al. 2020 AHA/ACC guideline for the diagnosis and treatment of patients with hypertrophic cardiomyopathy: executive summary: A report of the American College of Cardiology/American Heart Association Joint Committee on Clinical Practice Guidelines[J]. Journal of the American College of Cardiology, 2020, 76(25): 3022-3055.

④ Davies C, Levenhagen K, Ryans K, et al. Interventions for breast cancer-related lymphedema: Clinical practice guideline from the academy of oncologic physical therapy of APTA[J]. Physical Therapy, 2020, 100(7): 1163-1179.

的专家或团队相互协作,发挥不同学科的专业特长。2022 年 2 月,美国运动医学会联合美国糖尿病协会(American Diabetes Association,ADA)在 2010 年版《2 型糖尿病患者的运动/体力活动指南》的基础上对指南内容进行更新,针对不同年龄段 2 型糖尿病患者的体力活动推荐类型、最佳运动时间点、医疗干预与体力活动的有效性等方面提供了新的临床指导建议。① 这种多部门、多学科的合作既有助于确保指南的科学性与专业性,又能够综合考虑不同领域的知识和经验,做到专业互补,实现高质量的"体医融合"。

总而言之,当前国际慢性疾病体力活动指南越来越注重规范性、时效性、针对性以及专业融合属性,这些国际经验对于我国制定慢性疾病的体力活动指南有着重要的借鉴作用。

三、我国防治慢性疾病体力活动指南制定现状

2011 年出版的《中国成人身体活动指南(试行)》是在中华人民共和国卫生部疾病预防控制局领导下的指导中国成人进行体力活动的首部指南,该指南向中国成年人细致全面地提出了体力活动频率、强度、时间和类型(项目)等方面的建议。② 2021 年,由国家卫生健康委员会疾病预防控制局指导,中国疾病预防控制中心牵头,多家单位参与研制发布了《中国人群身体活动指南(2021)》。该指南针对 2 岁及以下儿童、3～5 岁儿童、6～17 岁儿童青少年、18～64 岁成年人、65 岁及以上老年人、慢性疾病患者分别提出了体力活动建议。其中,无论是儿童青少年,还是成年人及健康老年人,指南详细建议不同年龄段的人群每周参与运动的频次、强度、时长及类型,遵循了科学运动、促进健康的基本原则。然而,涉及慢性疾病的体力活动建议则缺少针对性,内容比较模糊,未体现 FITT 要素,未基于循证医学证据总结的科学范式提出患不同慢性疾病人群的体力活动相关建议。③ 我国部分疾病相关行业协会也相继发布了各类慢性疾病防治的指南,其中均不同程度地提到了体力活动建议。

具体而言,与糖尿病防治相关的指南由中华医学会糖尿病学分会研制并发布,2010—2022 年共发布了四个版本的中国 2 型糖尿病防治指南,每

① Kanaley J A, Colberg S R, Corcoran M H, et al. Exercise/physical activity in individuals with type 2 diabetes: A consensus statement from the American College of Sports Medicine[J]. Medicine and Science in Sports and Exercise, 2022,54(2):353-368.

② 中国成人身体活动指南(节录)[J]. 营养学报,2012,34(2):105-110.

③ 《中国人群身体活动指南》编写委员会. 中国人群身体活动指南(2021)[M]. 人民卫生出版社, 2021.

一版的更新均会丰富 2 型糖尿病患者的体力活动建议内容。2012 年发布的《中国 2 型糖尿病防治指南（2010 年版）》指出，对于糖尿病前期患者，体力活动应每周进行 250～300 分钟。2 型糖尿病患者在运动时需要注意以下原则：(1)运动应在医师指导下进行；(2)患者有明显低血糖症、血糖波动较大、急性代谢并发症、心肾严重慢性并发症的，不适宜运动；(3)患者每周至少进行 150 分钟（如每周 5 天、每次 30 分钟）中高强度运动，中等强度运动可以是快走、太极拳、高尔夫球、骑车或园艺，较高强度运动可以是慢跑、有氧健身操、舞蹈、骑车上坡或游泳，若患者难以满足推荐运动时长，应鼓励患者尽一切可能进行适当的运动；(4)2 型糖尿病患者每周最好进行 2 次抗阻运动，强度为低中强度，推荐进行联合有氧抗阻运动，将体育运动融入日常生活；(5)剧烈运动或运动量大时，建议患者调整食物和药物，避免出现低血糖。① 这项指南建议的 2 型糖尿病患者体力活动内容包含 FITT 要素，而对于糖尿病前期患者仅提示了时间要素，未建议运动项目、强度与频率。2014 年，中华医学会糖尿病学分会发布了《中国 2 型糖尿病防治指南（2013 年版）》，有关体力活动的建议进一步丰富与细化，对于糖尿病前期患者每周体力活动时间建议从原有的 250～300 分钟更改为 150 分钟及以上，并提示这些体力活动需要维持在中等强度，但仍然未建议运动项目与频度。另外，对于 2 型糖尿病患者运动时需要注意的原则有一定更新，2010 年版强调有明显低血糖症、血糖波动较大、急性代谢并发症、心肾严重慢性并发症的患者不适宜运动，而 2013 年版将内容调整为出现上述情况时切忌运动，待病情控制稳定后可以逐步恢复运动。此外，运动项目在 2010 年版的基础上增加了乒乓球和羽毛球。② 2018 年，中华医学会糖尿病学分会再次更新指南，建议 2 型糖尿病患者运动前进行心肺功能和运动功能的评估，建议增加日常活动，减少坐姿时间，运动项目在 2013 年版的基础上增加了足球、篮球等，抗阻运动由之前的每周 2 次调整为每周 2～3 次，对锻炼的部位也做了说明，包含上肢、下肢与躯干等主要肌肉群。③ 2021 年，《中国 2 型糖尿病防治指南（2020 年版）》在更新中强调运动处方的制定需要遵循个性化原则，

① 中华医学会糖尿病学分会. 中国 2 型糖尿病防治指南（2010 年版）[J]. 中国糖尿病杂志，2012，20(1)：81-117.

② 中华医学会糖尿病学分会. 中国 2 型糖尿病防治指南（2013 年版）[J]. 中国糖尿病杂志，2014，22(8)：2-42.

③ 中华医学会糖尿病学分会. 中国 2 型糖尿病防治指南（2017 年版）[J]. 中国实用内科杂志，2018,38(4)：292-343.

运动中需要注意及时补水,只要患者感觉良好就不必因为血糖高而推迟运动。[①] 同时增加了妊娠期高血压的综合管理措施,鼓励孕妇孕期进行适当的有氧和抗阻运动,每次时间小于 45 分钟。[②] 2022 年,《中国老年 2 型糖尿病防治临床指南(2022 年版)》指出,老年糖尿病患者可以选择容易开展和坚持、能够实现增肌效果的全身和肢体运动进行锻炼,每天 30~45 分钟。对于可以独立行走的老年患者,建议餐后进行近距离轻度活动。在开展运动前需要进行准备活动,运动中需要注意安全,防止跌倒。[③] 我国关于 2 型糖尿病患者的疾病管理指南在更新完善中逐渐丰富了体力活动的相关建议,然而,更为个性化、精细化、科学化的体力活动建议仍然需要进一步研究。

针对高血压的防治,各行业协会推荐的体力活动建议也在不断变化更新。2000 年,《中国高血压防治指南》(试行本摘要)指出,针对高血压的治疗需要增加及保持适当体力活动[④],2001 年,《中国高血压防治指南——高血压的治疗》提出,中老年人应通过有氧运动、伸展训练及抗阻运动来防治高血压,运动项目可以选择步行、慢跑、太极拳、门球、气功等,运动强度因人而异,以最大心率的 60%~85% 为宜,每周锻炼 3~5 次,每次大约 20~60 分钟[⑤],这时的防治高血压体力活动建议对象主要是中老年人群。2004 年,《中国高血压防治指南》仅提到坚持适量体力活动。2008 年,《中国老年高血压治疗专家共识》指出,老年高血压患者需要进行有规律的步行、慢跑等有氧运动,每周进行 3 次、每次持续 30~40 分钟[⑥],步行与慢跑仍然是推荐中老年人参与体力活动的项目首选。2010 年版的《中国高血压防治指南》在防治高血压的体力活动项目方面增加了游泳,运动强度的上限心率设定为 170 减去年龄所得数值,强调应注重循序渐进和量力而行的原则,每周

① 中华医学会糖尿病学分会. 中国 2 型糖尿病防治指南(2020 年版)(上)[J]. 中国实用内科杂志, 2021,41(8): 668-695.
② 中华医学会糖尿病学分会. 中国 2 型糖尿病防治指南(2020 年版)(下)[J]. 中国实用内科杂志, 2021,41(9): 757-784.
③ 《中国老年 2 型糖尿病防治临床指南》编写组. 中国老年 2 型糖尿病防治临床指南(2022 年版)[J]. 中国糖尿病杂志, 2022,30(1): 2-50.
④ 张宇清, 刘国仗.《中国高血压防治指南》(试行本摘要)[J]. 中华内科杂志, 2000,39(2): 140-144.
⑤ 中国高血压防治指南起草委员会. 中国高血压防治指南——高血压的治疗[J]. 中国循环杂志, 2001,16(5): 390-391.
⑥ 中国老年高血压治疗共识专家委员会. 中国老年高血压治疗专家共识[J]. 中华老年心脑血管病杂志, 2008,10(9): 641-649.

3～5 次、每次 30 分钟左右。① 2011 年版的《中国高血压防治指南》建议每周进行 3 次以上的有氧运动，与前一版相比取消了运动的上限次数，项目增加了跳舞，每天的活动时间仍保持在 30 分钟左右，但是活动内容计划进一步细化，包含 5～10 分钟轻度热身活动、20～30 分钟有氧运动、5 分钟放松活动，运动的形式与量可以根据个人兴趣及身体状况进行个性化选择。② 2013 年，《中国高血压患者教育指南》根据运动类型进行分类，建议高血压患者通过有氧、抗阻、拉伸等运动方式管理高血压，每一种运动方式均有遵循 FITT 要素的相关推荐，体力活动建议更多样化。③《中国高血压基层管理指南（2014 年修订版）》更新了部分内容，建议每周锻炼 5～7 次、每次持续或累计 30 分钟左右，提到可以累计计算运动时间，强调了碎片化活动的意义。④《中国老年高血压管理指南 2019》指出，不推荐老年人参与剧烈运动，相较于之前发布的指南，该指南建议增加每周运动次数并延长每次运动时间。⑤ 随着高血压病开始出现年轻化的趋势，2020 年颁布了针对中青年人群高血压管理的专家共识，提出该人群应进行步行、慢跑、游泳、骑车等有氧运动，每周进行 5～7 天、每天大于 30 分钟。⑥ 上述针对中青年、老年人高血压防治的指南正在逐渐丰富体力活动建议，然而，基于循证医学证据总结的推荐十分缺乏，高血压防治的体力活动建议仍然需要进一步科学化制定。

脑卒中后进行适当的体力活动对患者的康复十分关键。2006 年，《中国脑血管病防治指南》摘要（六）指出，在脑卒中的急性期，可以保持良好体位，通过床上运动训练的被动方式及开始日常生活功能训练的方式进行运动康复。进入恢复期后，开展上肢和下肢功能训练，表明卒中后全周期运动康复的重要性。⑦ 2012 年，《中国脑卒中康复治疗指南（2011 完全版）》指出，脑卒中在病情稳定后，如果条件允许，适当增加运动强度有益于康复（Ⅱ

① 刘力生，王文，姚崇华. 中国高血压防治指南（2009 年基层版）[J]. 中华高血压杂志，2010，18（1）：11-30.

② 中国高血压防治指南修订委员会. 中国高血压防治指南 2010[J]. 中华高血压杂志，2011，19（8）：701-743.

③ 王正珍. 高血压病人群运动指南[M]. 人民体育出版社，2011；吴兆苏，霍勇，王文，等. 中国高血压患者教育指南[J]. 中华高血压杂志，2013，21（12）：1123-1149.

④ 《中国高血压基层管理指南》修订委员会. 中国高血压基层管理指南（2014 年修订版）[J]. 中华高血压杂志，2015，23（1）：24-43，15.

⑤ Hua Q, Fan L. 2019 Chinese guideline for the management of hypertension in the elderly[J]. Journal of Geriatric Cardiology, 2019, 16(2): 67-99.

⑥ 刘靖，卢新政，陈鲁原，等. 中国中青年高血压管理专家共识[J]. 中华高血压杂志，2020，28（4）：316-324.

⑦ 饶明俐. 《中国脑血管病防治指南》摘要（六）[J]. 中风与神经疾病杂志，2006，23（4）：388-395.

级推荐,B级证据)。此外,需要进行适当的渐进式抗阻运动(Ⅱ级推荐,B级证据)。针对亚急性期和慢性期脑卒中患者,强制性运动疗法效果较好,具体为连续运动 2 周、每周运动 5 天、每天 6 小时(Ⅰ级推荐,A级证据)。此外,减重步行训练对于脑卒中 3 个月后伴有轻中度步行障碍患者也是一种较好的康复手段(Ⅰ级推荐,A级证据)①,该指南是基于循证医学证据总结形成的体力活动推荐。《中国急性缺血性脑卒中诊治指南 2014》指出,早期康复在病情稳定后应尽早开始。②《中国急性缺血性脑卒中诊治指南2018》建议,轻中度的缺血性脑卒中患者在发病的一天后开始康复训练,如坐、站活动③,提示早期康复训练的重要性。《脑卒中水中运动治疗中国循证临床实践指南(2019 版)》通过证据总结结论,认为水中运动治疗在脑卒中患者的康复治疗中应用较为合理.但从循证医学的证据来看,康复治疗效果的相关证据质量等级还有待提高,个性化、精细化的运动处方有待优化,是我国第一篇专门针对脑卒中患者制定的基于循证医学的运动治疗指南。④ 2021 年,《中医康复临床实践指南·缺血性脑卒中(脑梗死)》指出,脑卒中患者康复早期如出现运动功能障碍,可以在床上开展关节活动度、体位转移等训练,康复训练需要循序渐进并在监护条件下开展。在恢复期及后遗症期,可以开展八段锦、五禽戏、太极拳及易筋经等传统功法训练,这些运动康复手段是Ⅲ级推荐的 C 级证据。⑤ 上述针对脑卒中患者的体力活动指南内容逐渐深化,开始出现专门的运动类指南,指南中体力活动建议的内容逐步科学化、规范化、细致化,开始沿着基于循证医学证据总结方式制定指南的方向发展。

四、我国慢性疾病体力活动指南制定的问题与展望

总体来看,目前我国已陆续出现各种慢性疾病防治的指南或建议,也有学者或研究团队开展证据总结类型的研究,涉及心血管疾病、糖尿病、癌症

① 张通. 中国脑卒中康复治疗指南(2011 完全版)[J]. 中国康复理论与实践,2012,18(4):301-318.

② 中华医学会神经病学分会,中华医学会神经病学分会脑血管病学组. 中国急性缺血性脑卒中诊治指南 2014[J]. 中华神经科杂志, 2015,48(4):246-257.

③ 中华医学会神经病学分会,中华医学会神经病学分会脑血管病学组. 中国急性缺血性脑卒中诊治指南 2018[J]. 中华神经科杂志, 2018,51(9):666-682.

④ 丛芳,崔尧. 脑卒中水中运动治疗中国循证临床实践指南(2019 版)[J]. 中国康复理论与实践,2020,26(3):249-262.

⑤ 章薇,娄必丹,李金香,等. 中医康复临床实践指南·缺血性脑卒中(脑梗死)[J]. 康复学报,2021,31(6):437-447.

等慢性疾病。尤其近年证据数量呈现快速增长的趋势,相关研究工作进展良好,但需要注意的是,上述慢性疾病体力活动建议并非结构化、专业化、科学化的文件,更多的是被包含在各类疾病的预防、治疗、康复指南中,内容的完整性和严谨性依然有待提升。

(一)高度专门化体力活动指南的缺失

从糖尿病、高血压、脑卒中等慢性疾病的防治指南看,多侧重通过戒烟、限酒、药物、医学营养治疗、手术治疗等方式进行疾病预防与治疗,而通过多样化的体力活动来预防与治疗慢性疾病的建议内容较少,仅有零星的专门化运动治疗指南,如《中国糖尿病运动治疗指南》和《脑卒中水中运动治疗中国循证临床实践指南(2019版)》。随着科学健身意识的不断增强,对心脑血管疾病等慢性疾病的预防、康复和治疗需求日益增长,更加个性化、精细化、高度专门化的各类慢性疾病人群体力活动指南需要加速研制。

(二)体力活动指南证据本土化程度不足

目前我国慢性疾病防治中的体力活动相关建议或共识的证据来源并非以我国人群相关数据为参考,缺乏基于我国居民的大样本、多指标、长期跟踪调查或运动试验证据。因我国的社会文化背景、民众行为习惯和身体素质均具有特异性,故基于全球样本的慢性疾病体力活动建议在我国人群中应用时可能存在有效性和安全性方面的局限或偏差。

(三)相关指南中运动科学专业团队参与度低

目前我国各类慢性疾病防治指南制定的主要团队多以疾病预防控制中心,高校医学院、公共卫生学院、生命科学学院,各类医院及行业协会为主,也有少许国家体育总局体育科学研究所、体育院校参与。但是总体而言,运动科学专业团队的参与度与贡献度偏低,在慢性疾病体力活动指南制定工作中的"体医融合"程度亟须提升。

(四)相关体力活动指南制定流程规范化程度不高

目前多数慢性疾病防治指南均不同程度地给出了体力活动建议。但少有指南是依据严谨且规范的指南制定流程开展相关工作,尤其对文献的证据等级和体力活动建议的推荐级别没有给出评估结果。这会导致体力活动建议的科学性及准确性受到较大影响,体现出相关团队在指南制定工作中专业化程度不足的问题。

随着《"健康中国2030"规划纲要》《体育强国建设纲要》等指导性文件的颁布,以健康促进和慢性疾病防治为导向的群众体育科学发展注定会成为我国体育事业健康、稳定推进的重要基石。而作为科学运动的指导性文件,基于中国人群的各类慢性疾病体力活动指南的加速研制与发布是当下的重点工作。虽然国家卫生健康委员会、国家体育总局、疾病行业协会等机构均参与各类体力活动指南的研制工作并发表相关成果,但是总体上面临高度专门化指南缺失、证据本土化程度不足、运动科学专业团队参与度低、指南制定流程不规范等问题。上述问题既可能是我国指南制定工作中的特性问题,也可能是全球体力活动指南制定的共性问题,本书将围绕各类慢性疾病预防与治疗的体力活动推荐内容、指南类型、发布年份、发布机构特征等方面进行国际比较,旨在梳理、归纳出更为细化的体力活动建议、总结出指南制定的一般规律和地域差异、发现存在的普遍问题及发展趋势。这些成果不仅可以为我国制定慢性疾病体力活动标准提供有益经验,也可以为全球开展相关指南研制工作明确方向,以针对共性问题进行更加深入的讨论。

第二章　防治肥胖体力活动指南的国际比较研究

第一节　概　述

一、肥胖类型与病因

(一)概念和类型

超重和肥胖是指对健康构成威胁的异常或过量的脂肪积累。[①] 按照脂肪分布的部位和特点,肥胖主要分为全身性肥胖和中心性肥胖。全身性肥胖又称周围型肥胖、皮下脂肪型肥胖,主要特征为体内脂肪沉积呈匀称性分布。身体质量指数(Body Mass Index,BMI)是成人超重和全身性肥胖最常用的衡量指标,其计算方法是体重(千克)除以身高(米)的平方。

$$BMI = \frac{体重(千克)}{身高^2(米^2)}$$

根据 1998 年《成人超重和肥胖的识别、评估和治疗临床指南:证据报告》,世界卫生组织定义国际标准 BMI 在 25.0～29.9 千克/米² 为超重,超过 30.0 千克/米² 为肥胖。[②] 考虑该标准基于的研究数据多来自欧美地区,而在亚太地区人群的研究中发现,当 BMI>23.0 千克/米² 时,2 型糖尿病和高血压等疾病的患病风险会显著增加。因此,2000 年世界卫生组织重新修改了亚太地区的肥胖定义,将该人群的超重标准改为 23.0～24.9 千克/米²,而 BMI≥25.0 千克/米² 的人为肥胖。[③] 2013 年发布的中华人民共和国卫生行业标准——《成人体重判定》,将 BMI 24.0～27.9 千克/米²

① World Health Organization. Obesity and overweight [EB/OL]. (2021-06-09)[2023-12-12]. https://www. who. int/news-room/fact-sheets/detail/obesity-and-overweight.

② Heart N, Lung, Institute B, et al. Clinical Guidelines on the Identification, Evaluation, and Treatment of Overweight and Obesity in Adults: The Evidence Report[M]. National Heart, Lung, and Blood Institute, 1998.

③ World Health Organization. The Asia-Pacific Perspective: Redefining Obesity and Its Treatment[M]. World Health Organization, 2000.

定义为超重,BMI≥28.0 千克/米² 定义为肥胖,并沿用至今。① 本书将这些标准汇总形成表 2.1。

表 2.1　不同地区的超重肥胖 BMI 分类标准

单位:千克/米²

分类	国际标准	亚太标准	中国标准
低体重	<18.5	<18.5	<18.5
正常	18.5~24.9	18.5~22.9	18.5~23.9
超重	25.0~29.9	23.0~24.9	24.0~27.9
肥胖	≥30.0	≥25.0	≥28.0
肥胖等级 Ⅰ	30.0~34.9	25.0~29.9	/
肥胖等级 Ⅱ	35.0~39.9	≥30.0	/
肥胖等级 Ⅲ	≥40.0	/	/

中心性肥胖也称向心性肥胖,主要特征为其他部位肥胖不明显,但腹部脂肪堆积严重,主要反映内脏脂肪过多问题。腰围(Waist Circumference, WC)和腰臀比(Waist-to-Hip Ratio,WHR)是衡量中心性肥胖的主要指标。

$$WHR = \frac{腰围(厘米)}{臀围(厘米)}$$

世界卫生组织将男性腰围>102 厘米或腰臀比>1.0,女性腰围>88 厘米或腰臀比>0.85 定义为中心性肥胖,该标准适用于美洲人群;在欧洲,中心性肥胖的腰围临界值为男性 94 厘米和女性 80 厘米;亚洲标准为男性腰围>90 厘米,女性腰围>80 厘米。② 中国标准分为中心性肥胖前期和中心性肥胖,中心性肥胖前期腰围范围为男性 85.0~89.9 厘米,女性 80.0~84.9 厘米,中心性肥胖临界值分别为 90 厘米和 85 厘米。③ 本书将这些标准汇总形成表 2.2。即使在体重没有变化的情况下,腰围的减小也可能会显著降低健康风险,而与腰臀比相比,腰围是腹部肥胖的首选测量方法。

① 中华人民共和国卫生和计划生育委员会. 成人体重判定 WS/T 428—2013 [EB/OL]. (2013-08-08)〔2023-12-12〕. http://www.nhc.gov.cn/wjw/yingyang/201308/a233d450fdbc47c5ad4f08b7e394d1e8.shtml.

② World Health Organization. The Asia-Pacific Perspective: Redefining Obesity and Its Treatment[M]. World Health Organizaticn, 2000.

③ 中华人民共和国卫生和计划生育委员会. 成人体重判定 WS/T 428—2013[EB/OL]. (2013-08-08)〔2023-12-12〕. http://www.nhc.gov.cn/wjw/yingyang/201308/a233d450fdbc47c5ad4f08b7e394d1e8.shtml.

表 2.2　不同地区评价肥胖的腰围标准

单位：厘米

性别	美洲标准	欧洲标准	亚洲标准	中国标准
男性	＞102	＞94	＞90	≥90
女性	＞88	＞80	＞80	≥85

除 BMI、腰围、腰臀比等方法外，肥胖的间接测量方法还包括腰围身高比（Waist-to-Height Ratio，WHtR）和皮褶厚度（Skinfold Thickness），前者适用于不同身高和不同种族人群，后者更为便捷，常用于群体测量。

体脂肪量还可以通过客观的方式进行测量，具体包括双能 X 线吸收法（Dual-energy X-ray Absorptiometry，DXA）、气体置换法（Air-displacement Plethysmography，ADP）、计算机断层扫描法（Computed Tomography，CT）或磁共振成像法（Magnetic Resonance Imaging，MRI）、水下称重法（Underwater Weighting）或密度法（Densitometry）、稀释法（Dilution Method/Hydrometry）以及生物电阻抗分析法（Bioelectrical Impedance Analysis，BIA），其中前六者是测量诊断体脂含量的"金标准"，生物电阻抗分析法具有经济、便携和快速的优势并在不断完善，目前其适用范围越来越广泛。

除上述分类方法外，美国临床内分泌医师协会（American Association of Clinical Endocrinologists，AACE）和美国内分泌学院（American College of Endocrinology，ACE）以及中华医学会健康管理学分会和相关专业组织根据 BMI 值以及是否合并并发症对超重或肥胖进行分期，共分为四期：（1）0 期超重，不伴有相关疾病前期或相关疾病；（2）1 期超重或肥胖，超重并伴有一种或多种相关疾病前期，或肥胖，无或伴有一种或多种超重或肥胖相关疾病前期；（3）2 期超重或肥胖，伴有一种或多种超重或肥胖相关轻中度疾病；（4）3 期超重或肥胖，伴有一种或多种超重或肥胖相关重度疾病。通过对超重或肥胖进行阶梯式分期管理，制定相应的减肥目标。[1]

---

[1] Garvey W T，Mechanick J I，Brett E M，et al. American Association of Clinical Endocrinologists and American College of Endocrinology comprehensive clinical practice guidelines for medical care of patients with obesity[J]. Endocrine Practice，2016，22：1-203；中华医学会健康管理学分会，中国营养学会临床营养分会，全国卫生产业企业管理协会医学营养产业分会，等. 超重或肥胖人群体重管理流程的专家共识（2021 年）[J]. 中华健康管理学杂志，2021，15(4)：317-322.

目前没有对老年人提出独立的肥胖诊断标准，一般沿用成年人的 BMI 和腰围判定标准。《中国居民膳食指南》建议，65 岁及以上老年人的适宜 BMI 应略高，为 20.0～26.9 千克/米²。[①] 国外研究发现，适度超重可能会为老年人提供生存优势，但 BMI≥30.0 千克/米² 与老年人的许多健康风险相关。[②] 因此，部分指南中也以 30.0 千克/米² 作为老年肥胖的分界线。有指南提出，只有在肥胖（BMI≥30 千克/米²）合并体重相关的并发症或可能从减肥中受益的情况下，才建议老年人减肥。[③] 在老年人群中，存在一种特殊的肥胖——肌少性肥胖（Sarcopenic Obesity，SO），即肥胖和肌肉减少症并存的一种慢性疾病。[④] 肌肉减少症的定义为骨骼肌质量降低和骨骼肌功能低下的衰减性疾病。肌少性肥胖是增加老年人心血管及代谢性疾病的重要风险因素。其判断方法为同时存在肥胖和肌肉减少症的相关指标，如临床症状、临床危险因素或经过验证的问卷调查结果。[⑤]

孕妇的超重和肥胖标准根据孕前 BMI 和孕期增重情况进行判断。目前国际上广泛使用 2009 年美国医学研究院推荐的妊娠期体重增长推荐值（见表 2.3）。[⑥] 2022 年 7 月，国家卫生健康委员会首次发布了《妊娠期妇女体重增长推荐值标准》（WS/T 801—2022），填补了我国在该领域的空白（见表 2.4）。[⑦] 该标准基于我国人群的 BMI 标准，适用于对我国妇女单胎自然妊娠体重增长的指导，依据推荐值可以将妊娠期总增重情况分为不足、适宜、过多。

① 常翠青. 中国居民膳食指南 2022 [EB/OL]. （2022-05-02）[2023-12-12]. http://dg. cnsoc. org/article/04/k9W2iu8FT6K5oWaQKArU9g. html.

② Cetin D C, Nasr G. Obesity in the elderly: More complicated than you think[J]. Cleveland Clinic Journal of Medicine, 2014,81(1): 51-61.

③ Mathus-Vliegen E M, Basdevant A, Finer N, et al. Prevalence, pathophysiology, health consequences and treatment options of obesity in the elderly: A guideline[J]. Obesity Facts, 2012,5(3): 460-483.

④ Donini L M, Busetto L, Bauer J M, et al. Critical appraisal of definitions and diagnostic criteria for sarcopenic obesity based on a systematic review[J]. Clinical Nutrition, 2020,39(8): 2368-2388.

⑤ 刘妍慧，陈树春. 2022 年欧洲临床营养与代谢学会和欧洲肥胖研究学会《肌肉减少性肥胖的定义和诊断标准共识》解读及启示[J]. 中国全科医学，2023,26(12): 1422-1428.

⑥ Rasmussen K M, Yaktine A L. Weight gain during pregnancy: Reexamining the guidelines[J]. 2009, 10: 12584.

⑦ 中华人民共和国国家卫生健康委员会. 妊娠期妇女体重增长推荐值标准 [EB/OL]. （2022-08-18）[2023-12-12]. http://www. nhc. gov. cn/wjw/fyjk/202208/864ddc16511148819168305d3e576de9. shtml.

表 2.3　IOM 孕妇妊娠期体重增长推荐值

孕前体重状态	单胎孕期总增重/千克	双胎孕期总增重/千克
低体重(<18.5 千克/米²)	12.5~18.0	/
正常(18.5~24.9 千克/米²)	11.5~16.0	16.8~24.5
超重(25.0~29.9 千克/米²)	7.0~11.5	14.1~22.7
肥胖(≥30.0 千克/米²)	5.0~9.0	11.4~19.1

表 2.4　中国孕妇妊娠期体重增长推荐值

孕前身体质量指数分类	总增长值范围/千克	妊娠早期增长值范围/千克	妊娠中晚期每周体重增长值及范围/(千克/周)
低体重(<18.5 千克/米²)	11.0~16.0	0~2.0	0.46(0.37~0.56)
正常(18.5~23.9 千克/米²)	8.0~14.0	0~2.0	0.37(0.26~0.48)
超重(24.0~27.9 千克/米²)	7.0~11.0	0~2.0	0.30(0.22~0.37)
肥胖(≥28.0 千克/米²)	5.0~9.0	0~2.0	0.22(0.15~0.30)

(二)病因

基于生理学理论,肥胖的发病机制大多为人体内的脂肪细胞数量增多、体积增大,少部分原因则是遗传,但多数人超重和肥胖的根本原因是能量摄入与能量消耗之间的不平衡。增加体力活动还可以通过增加能量消耗、调节代谢功能、减少或抑制脂肪合成以及抑制食欲等方式,参与改善超重和肥胖。

全球范围内,因富含脂肪和糖的高能量食品摄入持续增加以及工作形式、交通方式的变化导致的体力活动缺乏是引起能量不平衡以及超重或肥胖的主要原因。作为热量消耗的主要途径,基础能量消耗是机体维持正常生理功能和内环境稳定及交感神经系统活动所消耗的能量,其组成部分包括静息代谢率、食物热效应和日常体力活动[1],静息代谢率约占人体每日基础能耗的 60%,食物热效约占 10%,日常体力活动约占 30%。研究发现,静息代谢率与肌肉率呈正相关,而与脂肪率呈负相关[2],因此,体力活动可以

---

[1] 文雯,卓勤,朴建华.人体总能量消耗测量方法研究进展[J].中华预防医学杂志,2011,45(4):362-365.

[2] 周瑶,卢晓翠.大学生静息代谢率与体成分指标的相关性[J].中国学校卫生,2019,40(5):762-764.

通过增加肌肉质量、提高静息代谢率增加能量消耗①。

体力活动还起到调节代谢功能、减少或抑制脂肪合成以及抑制食欲的作用。一项荟萃分析显示,规律运动能够有效降低机体的血糖、甘油三酯和总胆固醇含量,增加高密度脂蛋白含量,运动持续时间大于 3 个月能够更显著地改善糖脂代谢水平。② 另有研究表明,运动会影响细胞因子、传导通路和激素,进而下调脂肪合成酶(Fatty Acid Synthase,FAS)的基因表达,减少或抑制脂肪的合成。③ 另外,运动时血液中产生的改性氨基酸能够使人减少食物摄入,从而起到调节食欲的作用,参与肌肉抗阻运动和有氧运动会显著增加血液中改性氨基酸的含量。④

实际上,个体、家庭和社区三大因素相互作用,密不可分,均影响着成年人肥胖的发生。其中个体因素包括性别、职业、年龄、怀孕、吸烟、饮酒、药物、内分泌和睡眠,家庭因素则以家庭经济收入为主,而社区因素包含社区人口密度、住户设施和社区服务等。

二、国内外肥胖的疾病负担

(一)国内外肥胖流行趋势

全球肥胖流行率在 1975—2016 年增长近三倍,2016 年世界卫生组织发布的数据表明,全球超过 19 亿成人处于超重或肥胖状态,其中超过 6.5 亿人(13%)肥胖,有约 39% 的成人(男性 39%,女性 40%)超重⑤,截至 2021 年,全球超重或肥胖人数超过 22 亿(40%)⑥。

截至 2016 年,美洲地区、欧洲地区和东地中海地区成年人肥胖率分别

---

① Mackenzie-Shalders K，Kelly J T，So D，et al. The effect of exercise interventions on resting metabolic rate：A systematic review and meta-analysis[J]. Journal of Sports Sciences，2020,38 (14)：1635-1649.

② 孙小刚，陈乐琴. 规律运动对成年人糖脂代谢影响的 Meta 分析[J]. 河北体育学院学报，2018,32(1)：87-96.

③ 黄丝忆，张蕴琨. 运动对脂肪酸合成酶影响的研究进展[J]. 河北体育学院学报，2014,28(5)：70-74.

④ Li V L，He Y，Contrepois K，et al. An exercise-inducible metabolite that suppresses feeding and obesity[J]. Nature，2022,606(7915)：785-790.

⑤ World Health Organization. Obesity and overweight [EB/OL]. (2021-06-09)[2023-12-12]. https://www. who. int/news-room/fact-sheets/detail/obesity-and-overweight.

⑥ World Health Organization. 世卫组织做出新承诺,加快营养目标工作 [EB/OL]. (2021-12-07) [2023-12-12]. https://www. who. int/zh/news/item/07-12-2021-who-accelerates-work-on-nutrition-targets-with-new-commitments.

为 28.6%、23.3% 和 20.8%（见图 2.1）。① 美国疾病控制与预防中心（Centers for Disease Control and Prevention，CDC）在 2021 年发布了美国成年人肥胖患病率地图，该图显示美国平均超重的流行率为 34.3%，肥胖的流行率为 33.9%，正常体重者仅为 29.9%（见图 2.2）。② 此外，欧洲地区 59% 的成年人超重或肥胖，其肥胖率高于除美洲地区之外的其他区域。③

《中国居民营养与慢性病状况报告（2020 年）》显示，中国居民超重肥胖的形势严峻，已有超过 50% 的成年人处于超重或肥胖状态，成年居民超重率和肥胖率分别为 34.3% 和 16.4%。与 2015 年相比，中国成年居民的超重率增长了 20%～40%④，肥胖总人口已于 2014 年位居世界第一⑤。

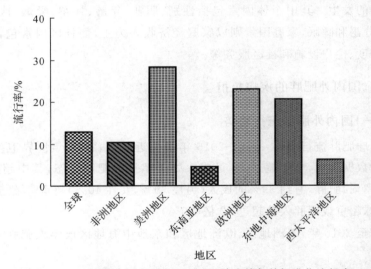

图 2.1　WHO 成年人（18 岁及以上）肥胖症的年龄标准化流行率

① World Health Organization. World Health Statistics 2022：Monitoring Health for the SDGs Sustainable Development Goals[M]. World Health Organization，2022.

② Center for Disease Control and Prevention. Adult obesity prevalence maps [EB/OL]. (2023-09-21)[2023-12-12]. https://www.cdc.gov/obesity/data/prevalence-maps.html♯overall.

③ World Health Organization. WHO European Regional Obesity Report 2022[M]. World Health Organization，2022.

④ 中国居民营养与慢性病状况报告（2020 年）[J]. 营养学报，2020，42(6)：521.

⑤ NCD Risk Factor Collaboration. Trends in adult body-mass index in 200 countries from 1975 to 2014：A pooled analysis of 1698 population-based measurement studies with 19.2 million participants[J]. The Lancet，2016，387(10026)：1377-1396.

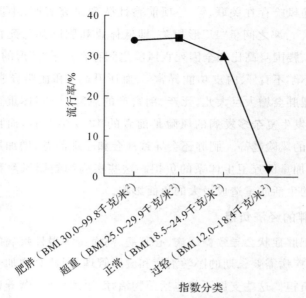

图 2.2　美国超重肥胖粗略流行率

(二)肥胖对健康的影响

2013 年,美国医学会(American Medical Association,AMA)承认肥胖是一种疾病。[①] 尽管美国医学会的声明不具有法律效力,但它促使人们更加重视肥胖问题。肥胖会引起身体功能受损并与多种疾病风险高度相关。

肥胖会导致机体处于"慢性炎症"状态[②],因为脂肪组织是内分泌器官,可分泌多种脂肪细胞因子,如肿瘤坏死因子-α(TNF-α)、瘦素、抵抗素、脂联素等。而肥胖通过脂肪细胞肥大、组织局部缺氧、氧化应激等方式诱发慢性炎症,进而引起如胰岛素抵抗、瘦素抵抗等身体功能损伤。[③]

与体重正常的人相比,超重或肥胖人群更易患有多种严重疾病。[④] 比如,肥胖与 21 种主要疾病有关,且这些疾病相互关联,常见的有糖尿病、高血压、睡眠障碍、骨关节炎、心律失常、细菌感染以及哮喘,高 BMI 还与 11

---

① Kyle T K, Nadglowski J F. Did naming obesity a disease improve the outlook for people living with it? [J]. Bariatric Times,2022,19(3):13.

② 孙波,李辉,王宁. 肥胖与慢性炎症[J]. 生物学杂志,2012,29(2):88-90.

③ 李建波. 肥胖发生及其相关代谢炎症的研究综述[J]. 饮食保健,2017,4(3):14-16;李雪华,崔金忠,章金刚,等. 瘦素/瘦素受体的分子生物学特性及其与肥胖的相互关系研究进展[J]. 动物医学进展,2022,43(7):78-82.

④ 顾东风,段秀芳,吴锡桂,等. 中国成年人体重与死亡率的关系[J]. 中华内分泌代谢杂志,2007,23(4):294-300.

种癌症的发病风险存在关联。[1] 一项前瞻性队列研究表明,中国成年人的BMI与全因死亡率之间呈"U"形相关,即低体重和肥胖都与死亡率的增加有关,而腰围、腰围身高比和全因死亡风险之间存在近乎"J"形的关联。[2] 肥胖还会引起不孕不育[3]、内皮功能异常[4]、血压升高[5]和血脂异常[6]。此外,孕妇超重或肥胖会增大巨大儿、死产、剖宫产的风险。[7] 与体重正常人群相比,肥胖人群发生复杂多发病的风险是前者的12.4倍左右,而且肥胖越严重,今后患病的风险越高。肥胖还会导致社会和心理问题,增加居民卫生保健服务成本,加重医疗卫生体系的负担。这些疾病和健康风险都将对超重或肥胖人群的生活质量造成极大的负面影响。

(三)肥胖的经济负担

超重和肥胖症状会导致糖尿病、心脏病、高血压等慢性疾病的患病风险增加,且这些疾病需要长期的医学治疗和健康管理,因此会增加个人或家庭的医疗经济负担。这些支出不仅包括药物治疗、手术治疗、营养咨询和心理治疗等治疗费用,还包含医疗检查和监测等疾病管理费用。

根据美国疾病控制与预防中心的数据,2019年美国每年由肥胖产生的

① Kivimäki M, Strandberg T, Pentti J, et al. Body-mass index and risk of obesity-related complex multimorbidity: An observational multicohort study[J]. The Lancet Diabetes & Endocrinology, 2022,10(4):253-263; Kyrgiou M, Kalliala I, Markozannes G, et al. Adiposity and cancer at major anatomical sites: Umbrella review of the literature[J]. BMJ, 2017,356.

② Jayedi A, Soltani S, Zargar M S, 等. 中心型肥胖与全因死亡风险的关联:72项前瞻性队列研究的系统综述和剂量-反应关系的荟萃分析[J]. 中华预防医学杂志, 2021,55(1):1;赵连成,周北凡,武阳丰,等. 体重指数与死亡的前瞻性研究[J]. 中华流行病学杂志, 2002,23(1):24-27.

③ 刘玉成. 肥胖与不孕症的相关性分析[J]. 当代医学, 2008(16):77.

④ 朱旅云,刘坤申. 超重和肥胖者血管内皮功能障碍的相关因素分析[J]. 中国循环杂志, 2003, 18(3):218-220.

⑤ Zhou B, Carrillo-Larco R M, Danaei G, et al. Worldwide trends in hypertension prevalence and progress in treatment and control from 1990 to 2019: A pooled analysis of 1201 population-representative studies with 104 million participants[J]. The Lancet, 2021,398(10304):957-980.

⑥ 汪元元,戴月,王少康. 江苏老年人群血脂异常及其相关因素研究[C]//营养研究与临床实践——第十四届全国营养科学大会暨第十一届亚太临床营养大会、第二届全球华人营养科学家大会论文摘要汇编;王楠楠,白英龙. 与肥胖相关的慢性炎症机制研究进展[J]. 中国全科医学, 2017,20(12):1527-1530.

⑦ 叶频. 孕妇超重或肥胖与几种不利妊娠结局的关系研究[D]. 重庆:第三军医大学, 2010.

医疗成本预估接近 1730 亿美元，该费用在 2014 年推算为 1494 亿美元①，呈现出增长趋势。肥胖成年人每年医疗费用比体重正常人群高出 1861 美元，而重度肥胖者较正常体重人群高出 3097 美元。② 在欧洲，超重和肥胖导致的直接和间接经济成本相当于国内生产总值（GDP）的 0.47％～0.61％。③

据估计，中国至 2030 年归因于超重肥胖的医疗费用将达 4180 亿元，约占全国医疗费用总额的 22％，而且这个预测是相对保守的，因为研究使用了历史估计值和成本估计值的较低值，并且没有考虑医疗保健服务费用的长期增长和超重肥胖相关的间接费用（包括但不限于缺勤、旷工、提前退休、残疾等）。④

第二节　防治肥胖的体力活动指南

一、研究方法

（一）主题的确立

基于指南主题，研究团队按照 PICOS 模型，目标人群 P 为超重或肥胖患者；干预措施 I 为预防与治疗超重或肥胖的体力活动干预措施；对照措施 C 和结局指标 O 不限制；证据类型 S 为临床决策、推荐实践、最佳实践、临床指南、证据总结、专家共识和政府文件等。

（二）检索策略

按照证据金字塔 6S 模型⑤，由上至下依次检索：计算机决策支持系统，英国医学杂志最佳临床实践网站（BMJ Best Practice）、Up To Date；专题证据系统，世界卫生组织指南网、国际指南协作网、英国国家卫生与临床优化

① Kim D D, Basu A. Estimating the medical care costs of obesity in the United States：Systematic review, meta-analysis, and empirical analysis[J]. Value in Health, 2016,19(5)：602-613；Center for Disease Control and Prevention. Adult obesity facts [EB/OL]. (2022-05-17)[2023-12-12]. https://www.cdc.gov/obesity/data/adult.html.

② Ward Z J, Bleich S N, Long M W, et al. Association of body mass index with health care expenditures in the United States by age and sex[J]. PloS One, 2021,16(3)：e247307.

③ Von Lengerke T, Krauth C. Economic costs of adult obesity：A review of recent European studies with a focus on subgroup-specific costs[J]. Maturitas, 2011,69(3)：220-229.

④ Wang Y, Zhao L, Gao L, et al. Health policy and public health implications of obesity in China [J]. The Lancet Diabetes & Endocrinology, 2021,9(7)：446-461.

⑤ Alper B S, Haynes R B. EBHC pyramid 5.0 for accessing preappraised evidence and guidance [J]. BMJ Evidence-Based Medicine, 2016,21(4)：123-125.

研究所(National Institute for Health and Clinical Excellence,NICE)网站、美国国立指南库(National Guideline Clearing House,NGC)、加拿大安大略注册护士学会(Registered Nurses Association of Ontario,RNAO)、加拿大医学会临床实践指南信息库(Canadian Medical Association CPG Infobase,CMA INFOBASE)、苏格兰院际间指南网(Scottish Intercollegegiate Guidelines Network,SIGN)、新西兰指南协作组(New Zealand Guidelines Group,NZGG)网站、医脉通;协会,世界肥胖联盟(World Obesity Federation,WOF)、欧洲肥胖研究协会(European Association for the Study of Obesity Physical Activity Working Group, EASO)、欧盟委员会(European Commission,EC)、美国疾病控制与预防中心、中国疾病预防控制中心;英文数据库,PubMed、EMBase;中文数据库,中国知网、万方数据服务平台和维普中文期刊服务平台。英文数据库以 PubMed 为例,采用自由词和主题词相结合的方式进行检索,检索式为:[Obesity(Mesh) OR Overweight(Mesh) OR Weight Gain(Mesh) OR Weight Loss(Mesh) OR Body Weight Changes(Mesh) OR obese(Title) OR weight reduction (Title) OR weight reducing(Title) OR losing weight(Title) OR weight maintenance(Title) OR weight control(Title) OR weight change(Title)] AND[Exercis(Mesh) OR Sports(Mesh) OR physical activity(Title) OR training(Title) OR sport(Title)]AND[Guideline(Publication Type) OR Consensus(Mesh) OR recommendation(Title) OR evidence summary (Title) OR Practice(Title) OR routine(Title)]。中文数据库以中国知网为例,检索式为:SU=('运动'+'训练'+'锻炼'+'体育'+'活动')*('肥胖'+'超重'+'体重维持'+'体重控制'+'减肥'+'减重')*('指南'+'临床实践指南'+'指引'+'实践'+'共识'+'推荐'+'证据总结')。检索计算机决策支持系统、指南网及证据综合知识库使用的英文检索策略为(exercise OR physical activity)AND(obesity OR overweight),中文检索策略为(运动 OR 训练 OR 锻炼 OR 体育 OR 活动)AND(肥胖 OR 超重)。根据各数据库要求适当调整检索式。检索时限均为建库至 2022 年 10 月 26 日。

(三)文献的纳入和排除标准

纳入标准:(1)文献类型为推荐、推荐实践、最佳实践、临床指南、证据总结、专家共识、蓝皮书等;(2)研究对象为一般成年人、超重或肥胖患者;(3)文献内容与体力活动有关;(4)不限制语言。

排除标准：(1)多个机构重复发表的文献；(2)无法获得全文；(3)已有更新的版本；(4)指南的简要版本；(5)信息不全的文献。

（四）文献筛选和资料提取

由 2 名经过循证培训的研究员独立进行文献筛选和资料提取，存在分歧时，由第 3 位研究员协同解决。文献资料提取包括编号、发布机构或组织、国家/地区、发布年份、文献主题、文献来源、是否基于循证、文献类型、证据分析系统、FITT 要素、人群、预防或治疗证据等。

（五）证据汇总

1. 研究团队组成

证据汇总的研究者包括运动学专家、临床护理专家和循证方法学专家，共 4 人，均具有硕士学位，所有成员均自愿参与本研究。

2. 证据汇总过程

2 名研究员逐篇阅读纳入的文献，逐条提取证据的内容、来源、出处等信息，形成证据总结初稿，通过专家会议法将相同主题的内容分类汇总及合并，归纳证据主题，进行证据表格的绘制和描述。

二、指南证据汇总

（一）纳入文献的一般情况

通过初步检索共获得 11995 篇文献，经查重和 2 名研究者独立阅读文献题目和摘要后获得文献 418 篇，阅读全文后，最终纳入文献 96 篇，其中指南 63 篇、推荐实践 17 篇、专家共识 12 篇、证据总结 3 篇、蓝皮书 1 部。具体筛选流程见图 2.3，纳入文献的一般特征见表 2.5。

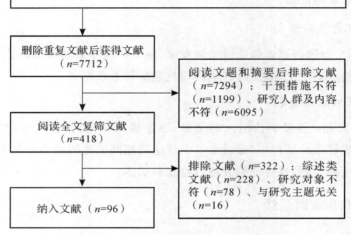

初步检索获得文献（*n*=11995）：英国医学杂志最佳临床实践网站（*n*=1）、Up To Date（*n*=20）、世界卫生组织指南网（*n*=4）、国际指南协作网（*n*=37）、英国国家卫生与临床优化研究所网站（*n*=325）、美国国立指南库（*n*=1267）、加拿大安大略注册护士学会（*n*=5）、加拿大医学会临床实践指南信息库（*n*=62）、苏格兰院际间指南网（*n*=42）、新西兰指南协作组网站（*n*=0）、医脉通（*n*=2480）、世界肥胖联盟（*n*=11）、欧洲肥胖研究协会（*n*=17）、欧盟委员会（*n*=804）、美国疾病控制与预防中心（*n*=23）、中国疾病预防控制中心（*n*=99）、PubMed（*n*=308）、EMBase（*n*=5875）、中国知网（*n*=120）、万方数据服务平台（*n*=465）、维普中文期刊服务平台（*n*=8）、其他（*n*=22）。

删除重复文献后获得文献（*n*=7712）

阅读文题和摘要后排除文献（*n*=7294）：干预措施不符（*n*=1199）、研究人群及内容不符（*n*=6095）

阅读全文复筛文献（*n*=418）

排除文献（*n*=322）：综述类文献（*n*=228）、研究对象不符（*n*=78）、与研究主题无关（*n*=16）

纳入文献（*n*=96）

图 2.3　文献筛选流程

（二）证据描述及汇总

本研究对纳入的 96 篇文献进行提取，共获得证据 99 条。将提取到的 99 条证据进行综合分类评价，在预防肥胖的证据中，整理得到成人证据 7 条，非运动员女性孕期产后证据 24 条，竞技运动员女性孕期产后证据 10 条，更年期证据 1 条，老年人证据 8 条；在肥胖治疗的证据中，整理得到成人证据 26 条（减肥 8 条，中心/异位肥胖减肥 4 条，减肥后保持体重 7 条，减肥术后 7 条），女性孕期产后证据 17 条，老年人证据 6 条。经过整理后所有证据汇总为运动处方、运动前评估、禁忌证和注意事项四个方面。具体见表 2.6—2.13。

文献主要来自美国、中国、英国，区域主要为欧洲、亚洲、北美洲。文献发表时间集中在 1998 年至 2022 年。证据分析系统主要为牛津循证医学中心（Oxford Centre for Evidence-based Medicine，OCEBM）证据分级系统、澳大利亚循证护理中心的证据分级系统、澳大利亚国家卫生和医学研究委员会(Australian Government National Health and Medical Research Council，NHMRC)证据水平和建议等级系统、GRADE 证据评价系统与苏格兰院际间指南网。关于运动证据，其中有 5 篇文献未提及运动处方中的 FITT(频度、强度、时间、类型)要素相关推荐内容，有 39 篇文献不同程度地提出较为完整的 FITT 要素及内容，具体见表 2.6—2.13。

表 2.5　纳入证据基本特征

编号	发布机构或组织	国家/地区		发布年份	文献主题	文献来源	基于循证	文献类型	证据分析系统	FITT要素
A1	世界卫生组织	国际		2022	孕产妇护理	WHO	是	推荐实践	GRADE-CERQual	③④
A2	国际妇产科联合会	国际		2020	孕前,孕产妇肥胖	Up to Date	是	指南	GRADE	/
A3	世界卫生组织	国际		2020	体力活动,久坐指南	WOF	是	指南	GRADE	①②③④
A4	国际奥委会医疗委员会	国际		2017	精英运动员的怀孕与运动	PubMed/EMBase	是	证据总结	GRADE	/
A5	国际妇产科联合会	国际		2015	孕前,孕产妇营养	PubMed/EMBase	否	推荐实践	/	②③④
A6	世界胃肠病组织	国际		2011	肥胖	医脉通	否	指南	/	④
A7	世界卫生组织	国际		2010	体力活动	WHO	是	推荐实践	/	①②③④
A8	Saris W(马斯特里赫特营养与毒理学研究所)	国际		2003	预防体重增加和体力活动	万方	否	专家共识	/	①②③
A9	中国营养学会肥胖防控分会,中国营养学会临床营养分会,中华预防医学会健康分会,等	亚洲	中国	2022	肥胖防治	知网	是	专家共识	/	②③④
A10	中华中医药学会《中医体重管理临床指南》专家组,广东省针灸学会肥胖专病联盟	亚洲	中国	2022	肥胖诊疗	医脉通/知网	是	专家共识	OCEBM	①②③④
A11	中华医学会内分泌学分会,中国医师协会外科医师分会肥胖和糖尿病外科医师分会,等	亚洲	中国	2021	肥胖诊疗	医脉通/知网	否	专家共识	/	②④

续表

编号	发布机构或组织	国家/地区		发布年份	文献主题	文献来源	基于循证	文献类型	证据分析系统	FITT要素
A12	中国医疗保健国际交流促进会营养代谢管理分会、中国营养学会临床营养分会、中华医学会糖尿病学分会、中华医学会肠外肠内营养学分会，等	亚洲	中国	2021	超重/肥胖治疗	医脉通/知网	是	指南	GRADE	②③④
A13	中华医学会健康管理学分会、中国营养学会临床营养分会、全国卫生产业企业管理协会医学营养产业分会，等	亚洲	中国	2021	超重/肥胖体重管理	医脉通/知网	否	专家共识	/	①②③④
A14	《中国成人超重和肥胖预防控制指南》修订委员会	亚洲	中国	2021	超重/肥胖防治	其他	否	指南	/	①②③④
A15	李志文（中国医科大学附属第四医院护理部）	亚洲	中国	2021	减肥术后运动方案	万方	否	证据总结	JBI	①②③④
A16	中华医学会、中华医学会杂志社、中华医学会全科医学分会，等	亚洲	中国	2020	肥胖诊疗	Up to Date/医脉通	否	指南	/	①②③④
A17	中国营养学会	亚洲	中国	2019	肥胖预防和控制	其他	是	蓝皮书	/	①②③④
A18	中华医学会健康管理学分会、中国营养学会、中国医疗保健国际交流促进会生殖医学分会，等	亚洲	中国	2018	超重/肥胖体重管理	其他	否	专家共识	/	①②③④
A19	中国超重/肥胖医学营养治疗专家共识编写委员会	亚洲	中国	2016	超重/肥胖防治	Up to Date/知网	是	专家共识	其他	④
A20	中华医学会内分泌学会肥胖学组	亚洲	中国	2011	肥胖防治	Up to Date/医脉通	否	专家共识	/	①③

续表

编号	发布机构或组织	国家/地区	发布年份	文献主题	文献来源	基于循证	文献类型	证据分析系统	FITT要素
A21	中华人民共和国卫生部疾病控制司，《中国成人超重和肥胖症预防与控制指南》编写组、国际生命科学学会中国办事处，等	亚洲	中国	2004	肥胖预防和控制	知网	否	指南	改良 GRADE	③④
A22	韩国肥胖研究学会·临床实践指南委员会	亚洲	韩国	2020	肥胖管理	EMBase	是	指南	/	①③④
A23	韩国肥胖研究学会·临床实践指南委员会	亚洲	韩国	2019	肥胖管理	其他	否	指南	/	①③④
A24	Jin Y(韩国大邱天主教大学医学院妇产科)	亚洲	韩国	2016	孕期运动	EMBase	否	指南	/	①②③④
A25	韩国肥胖研究学会·临床实践指南委员会	亚洲	韩国	2014	超重/肥胖	其他	否	指南	/	①②③④
A26	印度体力活动共识组	亚洲	印度	2012	体力活动	PubMed/EMBase	否	指南	/	①②③④
A27	印度共识小组	亚洲	印度	2009	肥胖诊断和体力活动等建议	EMBase	否	专家共识	/	①②③④
A28	新加坡健康促进委员会	亚洲	新加坡	2022	体力活动	其他	否	指南	/	①②③④
A29	新加坡健康促进委员会	亚洲	新加坡	2016	肥胖	EMBase	是	指南	SIGN	①②③④
A30	沙特卫生部循证卫生保健中心	亚洲	沙特	2016	超重/肥胖管理	EMBase	是	指南	GRADE	②③
A31	沙特阿拉伯代谢和减肥外科学会	亚洲	沙特	2013	肥胖管理	其他	是	指南	SIGN	①②③
A32	Musaiger A O(巴林大学和阿拉伯营养中心)	亚洲	巴林	2012	饮食指南	PubMed/EMBase	否	指南	/	①③

续表

编号	发布机构或组织	国家/地区	发布年份	文献主题	文献来源	基于循证	文献类型	证据分析系统	FITT 要素
A33	Musaiger A O(巴林研究中心)	亚洲 巴林	2003	肥胖和体力活动	PubMed	否	推荐实践	/	/
A34	欧洲肥胖研究协会体力活动工作组	欧洲	2021	超重/肥胖管理和运动	医脉通	是	证据总结	其他	②③④
A35	国外内分泌相关专家小组	欧洲	2019	肥胖管理	EMBase	是	指南	/	①③④
A36	欧洲肥胖研究协会的肥胖管理工作组	欧洲	2017	减肥术后管理	医脉通	否	推荐实践	SIGN	①②③④
A37	欧洲肥胖研究协会的肥胖管理工作组	欧洲	2015	肥胖管理	PubMed/EASO	否	指南	/	①②③④
A38	欧洲肥胖研究协会的肥胖管理工作组	欧洲	2012	老年人肥胖	EMBase/Up to Date/EASO	否	指南	/	③④
A39	欧洲肥胖研究协会的肥胖管理工作组	欧洲	2008	肥胖管理	其他	是	指南	SIGN	①②③
A40	欧盟"体育与健康"工作组	欧洲	2008	体力活动	EC	否	推荐实践	/	②③
A41	北欧营养推荐委员会	欧洲 北欧	2014	饮食和体力活动推荐	WOF	是	推荐实践	/	①②③④
A42	英国国家卫生与临床优化研究所	欧洲 英国	2022	肥胖诊疗	NICE	否	指南	/	②③
A43	英国首席医疗官指南写作小组	欧洲 英国	2019	体力活动	Up to Date/WOF	是	指南	/	①②③④
A44	英国国家卫生与临床优化研究所	欧洲 英国	2015	预防体重增加	NICE/Up to Date	是	指南	/	②

续表

编号	发布机构或组织	国家/地区		发布年份	文献主题	文献来源	基于循证	文献类型	证据分析系统	FITT要素
A45	英国国家卫生与临床优化研究所	欧洲	英国	2010	孕期体重管理	NICE	否	指南	/	②④
A46	苏格兰院际间指南开发小组	欧洲	英国	2010	肥胖管理	EMBase	否	指南	SIGN	②③
A47	英国国家卫生与临床优化研究所	欧洲	英国	2008	母婴营养	NICE	是	指南	/	①②③
A48	英国国家卫生与临床优化研究所、国家初级保健合作中心	欧洲	英国	2006	肥胖诊疗	其他	是	指南	/	①②③
A49	Drummond S(爱丁堡玛丽特女王大学)	欧洲	英国	2002	肥胖管理	EMBase	是	指南	/	/
A50	德国肥胖协会	欧洲	德国	2019	肥胖妇女诊治	国际指南协作网	否	专家共识	/	③④
A51	Ferrari N(综合研究与治疗中心)	欧洲	德国	2017	孕妇运动	EMBase	是	推荐实践	/	②③
A52	德国联邦卫生部"日常生活中的体力活动促进"工作组	欧洲	德国	2016	体力活动	WOF	是	推荐实践	/	①②③④
A53	德国肥胖协会，德国糖尿病协会，德国营养医学学会，等	欧洲	德国	2014	肥胖防治	EMBase	是	指南	/	②③④
A54	München K F 弗莱堡医科大学康复与预防运动医学系	欧洲	德国	2011	孕产妇运动	EMBase	否	指南	/	②④
A55	法国体育部	欧洲	法国	2022	精英运动员的怀孕	WOF	否	指南	/	②③④
A56	法国体育部	欧洲	法国	2022	老年人	WOF	否	指南	/	①②③④
A57	法国体育部	欧洲	法国	2018	孕产妇运动	WOF	否	指南	/	①②③④

续表

编号	发布机构或组织	国家/地区	发布年份	文献主题	文献来源	基于循证	文献类型	证据分析系统	FITT要素
A58	法国高级卫生局	欧洲	法国 2011	超重/肥胖管理	国际指南协作网	是	指南	其他	①②③
A59	西班牙内分泌与营养学会、西班牙糖尿病学会、西班牙肥胖研究协会	欧洲	西班牙 2016	肥胖诊疗	PubMed	否	专家共识	/	①②③④
A60	西班牙儿科协会、西班牙社区营养学会、西班牙肥胖研究学会	欧洲	西班牙 2006	肥胖预防的饮食	EMBase	否	指南	/	③
A61	西班牙内分泌和营养学会肥胖问题工作组	欧洲	西班牙 2004	超重/肥胖治疗	EMBase	是	推荐实践	SIGN	①②③
A62	芬兰医学会、芬兰肥胖研究者协会、芬兰儿科协会任命的工作组	欧洲	芬兰 2020	肥胖	国际指南协作网	否	指南	/	②③
A63	芬兰医学会和现任护理管理团队任命的工作组	欧洲	芬兰 2016	体力活动	国际指南协作网	否	指南	/	①②③④
A64	荷兰全科医生协会工作组	欧洲	荷兰 2020	肥胖	EMBase	是	指南	/	②③
A65	荷兰体力活动指南委员会	欧洲	荷兰 2018	体力活动	EMBase	否	指南	/	①②③④
A66	Placzkiewicz-Jankowska E(波兰循证医学研究所)	欧洲	波兰 2022	肥胖管理	EMBase	否	专家共识	/	①②③④
A67	波兰预防指南论坛编辑委员会	欧洲	波兰 2008	超重/肥胖预防	EMBase	否	指南	/	①②④
A68	比利时肥胖研究协会	欧洲	比利时 2020	超重/肥胖诊疗	EMBase	否	指南	/	①②③④
A69	Matoulek M(布拉格查尔斯大学第一医学院内分泌与代谢系第三内科诊所)	欧洲	捷克 2020	肥胖和体力活动	EMBase	否	推荐实践	/	②③

续表

编号	发布机构或组织	国家/地区		发布年份	文献主题	文献来源	基于循证	文献类型	证据分析系统	FITT要素
A70	卫生和儿童部	欧洲	爱尔兰	2009	体力活动	其他	否	指南	/	①②③④
A71	Tchang B G(威尔康奈尔医学院内科学系内分泌科)	北美洲	美国	2021	超重/肥胖管理	EMBase	否	推荐实践	/	③④
A72	美国预防服务工作组	北美洲	美国	2021	孕期体重管理	美国国立指南库	是	推荐实践	其他	①③④
A73	美国退伍军人健康管理局,美国国防部	北美洲	美国	2021	超重/肥胖管理	PubMed/Up to Date	是	指南	/	④
A74	2018年体力活动指南咨询委员会,美国卫生与公众服务部	北美洲	美国	2018	体力活动	EMBase/WOF	否	指南	/	①②③④
A75	美国临床内分泌学家协会,美国内分泌学会	北美洲	美国	2016	肥胖护理	Up to Date	否	指南	GRADE	①③④
A76	Ryan D H(潘宁顿生物医学研究中心)	北美洲	美国	2016	肥胖管理	EMBase	否	指南	/	②③
A77	美国临床内分泌学家协会,美国内分泌学会	北美洲	美国	2013	防治代谢和内分泌疾病	Up to Date	否	指南	GRADE	/
A78	美国心脏病学会,美国心脏病学会实践指南工作组,肥胖协会	北美洲	美国	2014	超重/肥胖管理	EMBase/Up to Date	是	指南	/	①②③④
A79	美国心脏病学会,美国心脏病学会实践指南工作组	北美洲	美国	2014	超重/肥胖管理	PubMed	是	指南	/	①②③④
A80	美国卫生与公众服务部	北美洲	美国	2009	体力活动	其他	否	指南	/	①②③④
A81	美国运动医学会,美国心脏协会	北美洲	美国	2007	体力活动	EMBase	是	推荐实践	/	①②③④

续表

编号	发布机构或组织	国家/地区	发布年份	文献主题	文献来源	基于循证	文献类型	证据分析系统	FITT要素
A82	Jakicic J M(匹兹堡大学健康与体力活动系体育活动和体重管理研究中心)	北美洲	美国	2005	体力活动	其他	否	推荐实践	/	②③
A83	美国国立卫生研究院,国家心肺、肺和血液研究所·北美肥胖研究协会肥胖教育计划专家小组	北美洲	美国	2002	超重/肥胖诊疗	其他	是	指南	/	①②③
A84	Richard L A(麦迪逊威斯康星大学医学系和营养科学系)	北美洲	美国	1998	肥胖治疗	EMBase	否	指南	/	①③
A85	加拿大肥胖协会,加拿大减肥医师,外科医生协会	北美洲	加拿大	2020	肥胖和体力活动	CMA	否	指南	GRADE	①②③④
A86	加拿大肥胖协会,加拿大减肥医师,外科医生协会	北美洲	加拿大	2020	肥胖	EMBase/Up to Date/CMA	是	指南	其他	①②③④
A87	加拿大妇产科医生协会母胎医学委员会、家庭医生咨询委员会、指南管理和监督委员会	北美洲	加拿大	2018	孕期运动	PubMed/EMBase/CMA	是	指南	/	①②③④
A88	加拿大妇产科医生协会母胎医学委员会、家庭医生咨询委员会、指南管理和监督委员会	北美洲	加拿大	2019	孕产妇肥胖	CMA	是	指南	/	①②
A89	Mottola M F(西安大略大学舒立克医学与牙科学院解剖学系)	北美洲	加拿大	2013	孕产妇肥胖和体力活动	EMBase	否	推荐实践	/	①②③
A90	加拿大妇产科医生协会	北美洲	加拿大	2010	孕期肥胖	其他	是	指南	/	①②

续表

编号	发布机构或组织	国家/地区		发布年份	文献主题	文献来源	基于循证	文献类型	证据分析系统	FITT要素
A91	加拿大健康研究所	北美洲	加拿大	2009	超重/肥胖孕产妇运动处方	其他	否	指南	/	①②③④
A92	澳大利亚政府，卫生部	大洋洲	澳大利亚	2019	孕期	PubMed/EMBase	是	指南	NHMRC(2009)，NHMRC(2011)	②
A93	澳大利亚政府，卫生部	大洋洲	澳大利亚	2014	体力活动	Up to Date/医脉通	否	指南	/	①②③④
A94	澳大利亚政府，国家卫生和保健医学研究委员会，卫生部	大洋洲	澳大利亚	2013	超重/肥胖管理	知网	否	指南	GRADE，SIGN(2010)	②③
A95	新西兰卫生部	大洋洲	新西兰	2014	孕期体重管理	PubMed/EMBase	是	指南	/	②③
A96	Derman E W(开普敦大学运动科学与运动医学研究组)	非洲	南非	2011	肥胖和生活方式	EMBase	否	推荐实践	/	①②③④

注：JBI——JBI证据预分级系统及证据推荐级别系统；GRADE——GRADE证据评价系统；GRADE-CERQual——GRADE证据评价系统定性研究证据质量评价与分级；NHMRC——澳大利亚国家卫生和医学研究委员会建议证据水平和建议等级系统；OCEBM——牛津循证医学中心证据分级系统；SIGN——苏格兰院际间指南网络分级系统；WHO——世界卫生组织；WOF——世界肥胖联盟；EASO——欧洲肥胖研究协会；EC——欧盟委员会(European Commission)；NICE——英国国家卫生与临床优化研究所；CMA——加拿大医学会临床实践指南信息库；①频率(Frequency)；②强度(Intensity)；③时间(Time)；④类型(Type)。

表 2.6 成年人预防肥胖体力活动证据推荐意见汇总

运动处方原则	证据编号	证据内容
运动前评估	28;74	根据健康状况、年龄、身体状况，判断是否需要在运动开始前咨询专业人士(28;74)。评估运动习惯和当前体力活动水平，评估运动的动机，禁忌证和疾病相关的活动限制，进行适当的体检和可能的临床负荷测试，评估危险因素(28)
总量	3;7;9;14;26;28;41;42;43;52;53;59;62;63;65;70;71;74;76;78;79;80;93;96	成年人每周应至少进行150分钟中等强度或75分钟高强度运动，或中等强度和高强度活动组合(7;9;14;41;42;43;52;53;59;62;63;65;70;78;79;80)。成年人每周应进行150~300分钟中等强度运动或75~150分钟高强度运动或两种强度的等效组合[3(证据等级中等);26;28;59;74;93]。成年人每周应进行150~250分钟中等强度运动(53)。成年人每周应至少进行2小时的运动(53)
频率	3;7;8;14;28;31;32;41;43;48;52;59;63;65;67;70;74;78;79;80;81;85;86;93;96	在一周的大部分时间进行运动，最好是每天(8;31;32;41;43;48;52;59;67;78;79;85;86;93;96)。每周进行3~5天的运动(14;70;80;81)。抗阻运动应每周进行2天或2天以上，包括主要肌肉群[3(证据等级II a,推荐强度A);93;96]。在一周中分散运动时间可以最大限度地降低受伤的风险，防止过度疲劳(28)
强度	3;7;8;9;14;26;28;31;40;41;42;43;44;48;52;59;62;63;65;67;70;74;76;80;81;85;86;93;96	中等强度可以和高强度组合完成推荐体力活动量[3(证据等级中等,推荐强度B);93]。推荐进行中等强度体力活动(8;28;31;40;48;65;70;76;85;86;96)。抗阻运动建议为中高强度(3;80)。抗阻运动建议为中等强度(67)。运动强度必须根据肥胖和合并症的程度来调整(28)
时间	7;8;14;26;31;32;40;42;48;52;59;60;70;78;79;80;81;85;86;96	每天至少30分钟中等强度或高强度运动，每周进行5天以上(8;14;31;32;40;48;52;59;60;70;78;79;81;85;86)。体力活动每次应至少持续10分钟(7;26;52;80;81;96)。每天进行45~60分钟中等强度或高强度运动(8;26;31;42;48)

续表

运动处方原则		证据编号	证据内容
类型		3;7;9;14;26;28;32;41;42;43;44;48;52;53;59;60;63;65;67;70;71;74;78;79;80;81;85;86;93;96	推荐进行有氧结合抗阻运动的方式(3;14;26;28;52;59;63;70;71;74;80;81)。仅推荐进行有氧运动(7;9;53;78;79)。推荐进行抗阻运动合结合体力活动(26)。推荐增加参加职业性体力活动并结合抗阻运动的方式(41)。运动的类型必须根据肥胖和合并症的程度来调整(67)。推荐的运动方式包括快走、慢跑、骑行车、游泳、滑雪、体操、跳舞、健美操、负重购物、划船、椭圆机、徒步旅游、爬山、太极和普拉提(9;26;28;42;43;44;48;59;60;67;70;96)
其他体力活动建议		3;8;9;14;21;26;28;31;33;41;42;43;44;48;52;53;60;67;74;80;93;96	减少不活跃的时间[3(适度的确定性证据,强烈推荐);14;28;41;42;43;44;48;52;53(证据等级1~4,每推荐强度B);67;74;80;93],增加日常体力活动(8;14;21;31;33;42;43;44;48;53;60;93;96)。每天达到6000~10000步(9;14)。随着时间的推移,逐渐增加体力活动以达到关键的指导方针或健康目标(21;26;28;74;93)

表 2.7 非运动员女性孕期产后预防肥胖体力活动证据推荐意见汇总

孕产阶段	运动处方原则	证据编号	证据内容
备孕	运动前评估	57	确定安全有效的运动强度(57)
	频率	57	每周进行3~5天有氧运动,抗阻运动每周应进行2~3次,隔天进行(57)
	强度	57;88	进行中等强度体力活动(57;88)
	时间	57	每天进行20~60分钟中等强度运动(57)
	类型	57;88	推荐进行有氧结合抗阻运动(57),推荐的运动方式为游泳和水上运动(57;88)、骑自行车(88)、盆底肌训练(57)。推荐不活跃的女性进行散步、低冲击运动、产前瑜伽或提拉提斯或体操(57)
	其他体力活动建议	2;14;17;57;58;68	减少久坐(57),增加日常体力活动量[2(证据等级弱,推荐强度弱);14;17;58(推荐强度B);68]
孕期	运动前评估	17;24;29;54;57	运动评估应该包含运动安全性和心肺耐力两部分,有条件者可以测定实际运动能量消耗和有氧阈,并制定更精确的有氧运动方案(17)。对孕妇的状态进行缜密的检查,大部分孕妇在进行日常的休闲运动及肌肉骨骼状况进行评估,还要对是否有高风险和胎儿健康状态进行事前检查(24)。应筛查共病情况,并根据其健康风险进行分层,特别是心血管疾病[29(证据等级2+,推荐强度C)。确定安全有效的运动强度(54;57)
	总量	3;26;28;29;41;51;52;54;74;80;86;87;95	没有产科或围产期并发症的情况下,推荐进行150分钟的中等强度运动[3(证据等级中等,推荐强度B);41;74;80;86;87(证据等级C);87;26;28;29(证据强度强烈);26;28;29(证据等级2+,推荐强度强);41;74;80;86(证据强度强力);95]。每周至少150分钟中等强度或至少75分钟中高强度的有氧运动或两种强度等效组合(51;52)。每周至少消耗16个梅脱,最好是每周28个梅脱(54)
	频率	24;26;52;72;74;80;87;88;89	在一周的大部分时间进行运动,最好是每天(24;26;74;80)。每周进行3~5天的运动(52;87;88;89)。抗阻运动每周应进行2天或2天以上,包括主要肌群(52)

续表

孕产阶段	运动处方原则	证据编号	证据内容
孕期	强度	3；5；24；28；51；52；54；74；80；86；87；88；89；92；95	推荐进行中等强度运动(74；80；86；87；88；89；95)。推荐进行低度中强度运动[54；92(证据等级B)]。推荐进行中高强度运动或高强度剧烈运动以及没有并发症的孕晚期有氧运动以避免高强度运动(5；28)。孕晚期应避免剧烈运动(51；52)。从事过体力活动等级中等、推荐强度强烈。如果以前久坐不动，从低强度运动开始(88)。可以在怀孕期间和产后继续进行这些活动(88)。推荐进行中高强度体力活动，最好是等级中等、推荐强度强烈(24；74；80)。
	时间	5；17；24；26；29；52；72；89	没有医学禁忌的情况下，孕中晚期每天进行30~60分钟中等强度体力活动(5；17；24；26；72；89)。没有医学禁忌的情况下，孕中期和晚期每周至少有一周的大部分时间进行30分钟中高强度体力活动，最好是每天(52)。每次体力活动应至少持续10分钟(29；52)。
	适宜运动时期	26；88	如果以前久坐不动，在孕中期开始运动(88)。在没有任何禁忌的情况下，整个怀孕期间运动是安全的(26)。
	类型	3；24；26；28；41；51；52；54；57；72；74；80；87；88；89	推荐进行有氧结合抗阻运动[3(证据等级中等，推荐进行有氧运动，推荐强度强烈；24；26；28；52；54；72；87(证据等级高，抗阻运动和柔韧性训练)]。推荐进行盆底肌训练(28；41；51；87)。推荐进行有氧运动[3(证据等级中等，推荐强度强烈)；24；28；72；87(证据强度有力)]。推荐方式包括步行、游泳、骑车(24；51；54；57；88)。抗阻运动建议进行轻度重量多重复的运动(24；26；54)。有氧舞蹈(24；28；51；54)。慢跑(24；26；54)。有氧运动、水上有氧运动、择跑(24；28；51；54)。之前有运动经验的人可以继续从事原来的运动，没有专门的运动设备或兼用(26；72)。抗阻运动建议适度的抗阻运动(51；57；80)。抗阻运动可以使用自由重量和倒立(54)。
	其他体力活动建议	3；28；29；45；52；74；88；89；95	减少久坐时间[3(证据等级低，推荐强度)；29；45；52]。孕中期避免仰卧位锻炼(26；57；87；88)。避免会产生高体温的运动或在炎热的天气、地方运动(24；28)。最好避免在海拔2500米以上的地方运动(24；54)。不建议进行水上有氧运动以达到核心的指导方针或针对健康目标(41；57)。怀孕期间应尽量避免有撞倒风险或有撞倒腹部受伤的运动(24；28；41；54；57；88)。与其他人有大量身体接触的运动或会产生高体温的运动或在炎热的天气、地方运动以及进行水肺潜水(41；57)。随着时间的推移，逐渐增加体力活动以达到每天10000步(88；89)。

续表

孕产阶段	运动处方原则	证据编号	证据内容
孕期	禁忌证	24	孕妇需要停止运动的征兆有:阴道出血,头晕,头疼,小腿疼痛,胸部疼痛,胸部肿胀,腹部疼痛,肌肉力量低下,子宫收缩,经常性疼痛性宫缩(24)
			绝对禁忌证包括:妊娠高血压,有血液动力学意义的心脏病,妊娠中期或晚期出血,胎膜破裂,限制性肺病,先兆子痫宫颈弯曲/捆扎,严重的贫血,有早产风险的多胎妊娠,羊水减少,早产,前置胎盘和早产(24)
			相对禁忌证包括:极端体重,控制不良的医学合并症,如1型糖尿病,高血压,贫血,未评估的产妇心律失常,慢性支气管炎,有久坐的生活方式史,癫痫发作和甲状腺疾病,妊娠期胎儿生长受限,烟瘾大的人(24)
	运动前评估	45;57;74;91	咨询医疗保健提供者后开始运动(45;57;74;91)
	总量	1,3,11,51,52;74	没有产科或医疗并发症的情况下,每周进行150分钟的中等强度运动[1(推荐强度推荐),3证据等级中等;推荐强度强烈];28;41;51;74;80]。每周至少150分钟中等强度有氧运动或等效组合运动(52)
	频率	14;17;52;74;80	推荐每周进行4~5天的运动(14;17;52;74;80)
	强度	3;28;41;45;51;52;74;80	推荐进行中等强度的运动(45)。进行低强度运动(51;52)。从事过体力活动以及没有并发症的健康女性可以在怀孕期间和产后继续进行这些活动[3(证据等级中等,推荐强度强烈);28;74;80]。女性不应该在产后很快恢复高强度的活动(28;45)
产后	时间	14;17;52;95	在一周的大部分时间中,每天进行15~45分钟体力活动(14;17;52;95)。每次应至少持续10分钟(52)
	适宜运动时期	14;17;45;54;57	在不损害盆底肌的前提下,通常在分娩后的4~6周开始,但需要循序渐进(14;17;54;57)。分娩并发症者或是自然分娩,可以在产后立即开始运动,如果是复杂并剖腹,通常在产后6~8周进行第一次检查后,咨询医疗保健人员再开始运动(45)

续表

孕产阶段	运动处方原则	证据编号	证据内容
产后	类型	1;3;14;17;28;41;45;51;52;57;74	推荐进行有氧和抗阻/肌肉强化运动[1;推荐强度推荐；3（证据等级中等，推荐强度强烈）；28;41;45;52]。仅推荐进行有氧运动（1;3;28;45）。推荐加入强化肌肉运动（28;41;45;51）以及核心强化运动（28）。推荐的运动方式包括保健操（14;17）、步行、游泳（28;57）、瑜伽、慢跑（28）、优先进行恢复腹部肌肉和盆底肌张力的运动（57）。产褥期前6周进行保健操锻炼，6周后进行有氧运动（14;17）。
		24;28;57	对于产后女性，不建议进行羽毛球、网球或壁球等撞击类运动（24）。在产后5～6周的时间里，不建议进行水肺潜水（24）。避免会产生高体温的运动或在炎热的天气/地方运动，避免有身体接触和高摔倒风险的运动（28）
	其他体力活动建议	1;3;24;52;74;91	减少久坐时间[1;推荐强度推荐；3（证据等级低，推荐强度强）；52]。随着时间的推移，逐渐增加体力活动以达到核心的指导方针或健康目标（24;74）。使用适当的装备和运动装备（如支撑文胸）和运动方式（91）。了解并选择安全的环境，应保持充足的营养和水合作用，以减少不适（91）。在婴儿喂食或哺乳时，地点和方式（91）。以支持母乳喂养和运动的能量需求（91）孕妇需要停止运动的征兆有：强烈的疲劳征兆；胸部疼痛、晕眩、肌肉无力失去平衡、疼痛或有规律的子宫收缩，阴道出血，羊水破裂（57）
	禁忌证	57	绝对禁忌证包括：膜过早破裂，目前怀孕期间的早产或至少有两次孕产史，妊娠24周后不明原因的持续阴道出血或胎盘出血，先兆子痫或宫颈弯曲/捆扎，宫内生长迟缓的迹象，三胎妊娠、其他急性心血管或肺部疾病或严重慢性血红蛋白病，全身性疾病相对禁忌证包括：反复流产史，28周双胎妊娠，妊娠期高血压，血红蛋白＜9 g/L或症状性贫血，不稳定的糖尿病，糖化血红蛋白＞6.5%，营养不良、饮食失调（厌食症、贪食症），极端肥胖（BMI＞40），轻度至中度心血管疾病，1型糖尿病或肺部疾病，甲状腺疾病，无法控制高血压，无法控制高吸烟率，其他重大健康问题（57）

表 2.8 竞技运动员女性孕期产后预防肥胖体力活动证据推荐意见汇总

孕产阶段	运动处方原则	证据编号	证据内容
孕期	运动前评估	55	在医生的监督下进行运动禁忌证的医疗评估(55)
	时间、频率	55	孕早期一周进行 6 天运动,每天 60 分钟,在 90%最大摄氧量以下(较高强度)进行抗阻运动、慢跑、骑自行车。孕中期一周进行 5~6 天的运动,每天 45 分钟,70%~80%最大摄氧量(较高强度)降至 60%(中等强度);第 4 个月在水环境之外不要进行平躺的负荷。行车,椭圆机(与怀孕前相比更低的负荷)。孕晚期(后 3 个月),除水中环境之外,不要进行平躺的运动,避免重复的地面冲击或导致腹部高压的活动(55)
	类型	41	训练盆底肌,避免有身体接触和高摔倒风险的运动以及水肺潜水(41)
	禁忌证	55	相对禁忌证包括:膜过早破裂,目前杯孕至少两次早产/羊膜液化症,生长指数迟缓,子宫颈隆起/捆扎,妊娠 24 周后胎盘前置/不明原因的持续阴道出血,二胎及二胎贫血,二胎严重贫血(血红蛋白<9g/L),严重贫血,早产史,早产,复杂的心血管疾病(55)
		55	绝对禁忌证包括:反复自发流产,早产,严重肥胖/1 型糖尿病无法控制,严重肥胖/1 型糖尿病无法控制,营养不良,复杂的轻度或中度呼吸系统和心血管疾病(55)
	频率	55	每周进行 3~5 天运动(55)
	强度	55	推荐进行中等强度的运动(55)
产后	时间	4;55	产后 0~6 周,推荐进行有氧运动,抗阻运动和凯格尔练习,一周进行 15~30 分钟中等强度运动,一周进行 3~5 天;产后 4~6 周开始逐步恢复,如果是剖宫产,则根据保健专业人员的建议并结合运动员的健康状况;产后 7~12 周恢复中等强度的有氧运动并循序渐进,优先进行对盆底肌恢复较小的有氧运动和没有腹部高压的运动,如骑自行车、快走和游泳,推荐进行每周 3 天,每天 30~40 分钟的有氧运动,同时进行每周 2 天,每天 20 分钟的中等强度抗阻运动和椭圆机和抗阻运动;引入增强核心腹肌和盆底肌的运动,每次逐渐增加训练时长;达到每周 5 天的运动频率;产后 13~16 周推荐进行椭圆机、跑步等活动,逐渐恢复跳跃、跑步等活动;产后 16 周以上,恢复每周 5 天的运动频率,逐渐增加运动强度和时长(55)

续表

孕产阶段	运动处方原则		证据编号	证据内容
产后	时间		4;55	剖宫产后任何时候重新开始锻炼取决于血压，贫血，疲劳，疼痛控制和伤口愈合等问题，计划恢复孕前健康水平的优秀运动员应与产科护理人员合作，以确保其在医学上适合运动(4)
	类型		4;41;55	建议进行有氧运动，肌肉阻抗运动和凯格尔练习(4;41;55)。哺乳期可以进行的活动种类没有限制(41)
	禁忌证		55	相对禁忌证包括：膜过早破裂/不明原因的持续阴道出血，三胎及三胎以上妊娠，严重的心血管和/或肺部疾病(55)。24周后胎盘前置/严重肥胖/1型糖尿病无法控制/羊膜早产/羊膜液化症，生长指数迟缓，子宫颈隆起/撕扯，妊娠
绝对禁忌证包括：反复自发流产，早产史，严重贫血（血红蛋白<9g/L），营养不良（饮食失调），甲状腺疾病(55)，复杂的轻度或中度复腹筋膜和心血管疾病(55)
	注意事项		4	剖宫产术后的女性还必须意识到完全修复腹筋膜所需要的时间，如果出现与手术部位相关的疼痛等症状，则应降低体力活动水平(4)

表 2.9 更年期女性预防肥胖体力活动证据推荐意见汇总

证据编号	证据内容
14	更年期女性控制体重的关键是积极应对生活环境的变化，调整心态，除了注意膳食营养素的平衡，还要积极参加社会活动，增加体力活动(14)

表 2.10 老年人预防肥胖体力活动证据推荐意见汇总

运动处方原则	证据编号	证据内容
运动前评估	14；17；28；63；74；80	开始运动前咨询医生，定期进行医疗评估(17；28；63；74；80)。评估运动习惯和体力活动水平(63)。全面考虑风险，全面评估相关慢性疾病的危险因素，并评价减肥是否能改善其机体的功能或减少其患病的危险因素(14)。运动评估应该包含运动安全性和心肺耐力两部分，通常采用运动负荷试验评估中最严重的心血管缺血性危害、避免猝死的发生，在进行运动负荷试验的同时，可获得相关数据并计算有氧运动强度对应的适宜的心率范围，为制定运动处方做指导(17)。有条件者可以测定实际运动能量消耗和有氧阈，并制定更精确的有氧运动方案(17)
总量	3；7；26；28；41；43；52；56；63；65；70；74；80	每周应进行 150～300 分钟中等强度或 75～150 分钟高强度运动或中等强度运动和高强度的等效组合(3；7；26；28；41；74；80)。老年人每周应该进行 150 分钟的中等强度运动或 75 分钟高强度运动(43；52；63)。老年人每周应进行累计 150 分钟的中等强度运动(65；70)。当老年人由于慢性疾病不能每周进行 150 分钟中等强度有氧运动时，他们应该在能力和条件允许的情况下尽可能地进行体力活动(7，52，80)
频率	3；7；17；28；41；43；52；56；63；65；70；74；80	推荐老年人每周大部分时间进行有氧运动(41；56)。老年人推荐每周进行 3～5 天的有氧运动(52；70；80)。抗阻运动推荐每周进行 2 天以上(3；7；17；28；43；52；63；65；70；74；80)。推荐每周进行至少 2 天的增强平衡运动(3)。每周进行 3 天以上的多样体力活动(56)。推荐每天进行柔韧性训练(56)。
强度	3；7；17；26；28；40；41；43；52；56；63；65；70；74；80	在有氧运动中，中等强度可以和高强度组合(3；7；17；26；28；40；41；43；52；56；63；65；70；74；80)。推荐进行中等强度抗阻运动(3；80)。推荐进行中高强度抗阻运动(3；80)。无运动禁忌证者无需事先体检即可开始低强度的运动(17)。强度问题向医生进行咨询(28)。老年人应当进行低强度或中等强度的运动，具有多种益处(63)。老年人应当进行中等强度低强度或中等强度的运动开始，并逐步增加强度和时长(63)
时间	7；17；26；40；52；56；70；80	通常建议老年人每天进行 30～45 分钟的有氧运动(17；26；40；52；56；70)，15～45 分钟的抗阻/肌肉增强运动(7；17；52；80)。体力活动每次应至少持续 10 分钟(17；26；56)

续表

运动处方原则		证据编号	证据内容
类型		3；6；7；17；26；28；41；43；52；56；59；63；65；70；74；80	作为每周体力活动的一部分，老年人应该进行多种形式的体力活动，包括有氧、抗阻运动以及平衡和/或柔韧性训练（3；6；28；41；43；52；56；63；65；70；74；80）。仅推荐老年人进行抗阻运动结合有氧运动（17；26）。抗阻运动是提高老年人力量和身体功能的有效干预措施（28；43；59）。推荐老年人进行抗阻运动方式包括快走（7；26；63；65；70），慢跑（26；63；70），爬山（7；26；28；70），骑车（7；26；28；65；70），其他有氧运动方式包括徒步旅行，皮划艇，循环训练，球类练习，游泳，跳舞，撬重物，使用弹力带，举重器械，手持重物进行运动，增强平衡的运动方式包括太极和瑜伽，向后侧着走，用脚后跟和脚尖走路，单脚站立（70）
其他体力活动建议		3；17；28；43；52；74；80	随着时间的推移，逐渐增加体力活动以达到指导方针或或健康目标（28；74；80）。减少久坐（3；43；52；80），增加日常体力活动量（17；43；52）
禁忌证		63	如果在已经开始的锻炼计划中意外出现意识丧失或虚弱，胸痛，呼吸急促或心律失常等症状，则应暂停运动，直到完成进一步检查（63）

表 2.11 成年人肥胖治疗体力活动证据推荐意见汇总

阶段	运动处方原则	证据编号	证据内容
	运动前评估	11;16;17;22;25;29;34;58;64;68	评估心肺功能(16;17;68),运动功能(16;68),运动安全性(11;17),当前体力活动水平及健康状况(11;22;68),评估心血管风险(25;58),并发症和共病(25;29;58;64;68),考患者的体重、腰围和危险因素(25),评估药物使用情况(68)。评估肥胖原因,程度(11)。建议基于 HIIT 的运动训练计划仅在彻底评估心血管风险下进行(34)
减肥	总量	9;10;12;13;16;14;17;22;26;29;31;34;37;46;50;53;58;66;68;69;71;75;82;94;96	在医学上没有禁忌的情况下,推荐每周进行 150~300 分钟中等强度或高强度的体力活动[9;10(证据等级 1a,推荐强度 A);12;13;16;17;22(证据等级 A,推荐强度 1);29(证据等级 A);31(证据等级 B);34(推荐强度 A);37;46(推荐强度 A);50;53(推荐强度 B);58(推荐强度 B);68;69;75(证据等级 A,1);76;82;94(推荐强度 CBR)]。除非医学上有禁忌,推荐每周进行 150~420 分钟中等强度或高强度的体力活动[29(证据等级 1+,推荐强度 A);66;71]。适度减肥推荐每周进行 225~420 分进行至少 150 分钟中等强度或每周至少 75 分钟高强度体力活动(06),显著减肥则需每周进行 225~420 分钟体力活动(96)。推荐每周至少 300 分钟中等强度有氧运动(26;1 个月减 3 千克,需达到每天进行中等强度 1~2 小时或高强度 2.5~3.5 小时体力活动;1 个月减 2 千克,需达到每天进行中等强度 1~1.5 小时或低强度 2~3小时体力活动 2 小时体力活动(14)
	频率	9;10;13;14;16;17;18;22;23;25;26;27;29;31;35;37;66;68;75;83;85;86	每周进行 3~5 天的有氧运动[22(证据等级 A,推荐强度 A);23;27;66;75;83]。在一周的大部分时间进行活动,最好是每天[18;26;31(证据等级 B);35;85;86]。每周进行 2~3 次进行活动[9;10(证据等级 1+;23;27;66;75;83]。每周进行 2~3 次进行活动[9;10(证据等级 1+;23;27;29(证据等级 B);35;37;68;75(证据等级 A,推荐强度 1);85(证据等级 II a,推荐强度 B);86(证据等级 II a,推荐强度 B)]
	强度	9;10;11;12;13;14;16;17;18;20;25;26;27;29;30;31;34;37;46;48;53;58;61;63;64;66;68;69;82;83;85;86;94;96	推荐进行中等强度的运动[10;11;13;14;16;18;20;25;26;29(证据等级 A);37;46;48;61;64;68;69;82;83]。推荐进行中高强度体力活动[9;12;17;27;30;31;53;58;63;66;85(证据等级 II a,推荐强度 B);86(证据等级 II a,推荐强度 B);94;96]。不活跃的人从低强度运动开始(11;29)

续表

阶段	运动处方原则	证据编号	证据内容
减肥	时间	6;9;13;16;17;18;20;21;23;25;26;27;29;30;31;35;46;48;58;61;63;64;66;69;82;83;85;86;96	推荐每天进行30～60分钟的中等强度或中高强度运动[16;20;21;23;25;26;27;30;31;35;61;63;64;66;69;83;85;86(证据等级Ⅱa,推荐强度B);96]。推荐每天进行60～90分钟中等强度运动(18;48)。推荐每天进行30～90分钟中高强度运动(9)。推荐每天进行45～90分钟中等强度运动[29(推荐强度GPP)]。推荐每天进行10～60分钟中等强度运动(13;18)。推荐每天进行10～20分钟的抗阻/肌肉增强运动(13;18)。推荐每天等级2＋,推荐强度B;46;58推荐强度B;63;96)。体力活动每次应至少持续10分钟[16;21;29(证据等级2＋,推荐强度B;46;58推荐强度B;63;96)]。运动每次不少于6分钟(17)
	类型	9;10;11;12;13;14;16;17;18;19;21;22;23;25;26;27;29;31;34;35;37;46;48;49;50;53;63;64;66;68;71;73;75;85;86	推荐采用有氧联合抗阻运动治疗超重或肥胖[9;10(证据等级1a,推荐等级A);11;12(证据等级1b,推荐等级B);22(证据等级2a,推荐等级B);23;25;27;29(推荐GPP);35;37(证据等级1,推荐等级B);53(证据等级B);63;66;68;71;73;75;85(证据等级Ⅱa,推荐强度B);86(证据等级Ⅱa,推荐强度B)]。（又称有氧运动(21;26;34;50)。推荐采用中医运动疗法（八段锦、易筋经）[10证据等级1b,推荐采用HIIT的方式(12;13;17)。推荐的运动方式包括快走、骑车、慢跑、球类运动(16;21;27;31;35;37;46;48;49;63;64;85;86)，其他还推荐运动如爬楼梯、健美操、水中操、低冲击运动、交叉训练、跳舞、游泳、柔道、徒步旅行、划船、滑水、滑雪及舞蹈等(21;27;29;35;48;50;63;64;66)，以踏车、反复重考虑关节压力较小的运动(63)。抗阻运动应涉及上肢、下肢、躯干等主要肌群(16)，应该优先力量的静力运动方式进行,可以进行高强度活动(27;35)
	其他体力活动建议	18;19;21;26;29;31;33;35;37;39;42;48;49;50;58;61;66;68;75;77;84	确定和减少完全不活动的时间,减少久坐时间[18;29(证据等级AE);61;68;66;75(推荐强度AE,推荐强度A,增加日常体力活动[21(证据等级B);31(证据等级B);35;42;48;49;58(推荐强度A,推荐强度2;84]。根据自身健康状况及个人偏好,合理选择运动方式并循序渐进[18;26;33;37;58(推荐强度AE);68;75(证据等级A,推荐强度1]。随着时间的推移,逐渐增加体力活动以达到核心的指导或健康目标[21;39(推荐强度RBP;66]。在不控制饮食的情况下,需通过增高运动强度或延长运动时间同达到减肥或维持体重的目的(19)。每小时久坐可间断10分钟(如10分钟步行),每天5000～10000步(29)

续表

阶段	运动处方原则		证据编号	证据内容
减肥	注意事项		11;26;96	合理安排服药时间和运动时间间隔，以避免发生运动相关低血糖、低血压和脂肪肝加重等事件。必须使用适当的服装和运动器材。对于糖尿病患者，需加强运动前、后和运动中的血糖监测(11)。选择安全接受医疗保健提供者的监督(26)。了解环境，了解并选择合适的运动时间、地点和方式(26)。如果个人有严重的慢性疾病或症状，建议接受医疗保健提供者充足的水合作用(26)。对于超重和肥胖的人来说，在进行体力活动前应确保心稳定的基本指导是很重要的(96)。在开始锻炼计划之前接受有关正确姿势和核心姿势的基本指导是很重要的(96)
减肥（中心/异位肥胖）	频率		86	推荐每周大部分时间进行有氧运动(86)
	强度		86	推荐进行中高强度的运动(86)
	时间		86	每周大部分时间进行30~60分钟中高强度有氧运动，有利于实现内脏脂肪和异位脂肪的减少(86)
	类型		86	仅推荐进行有氧运动(86)
减肥后保持	运动前评估		29;34	超重和肥胖成人应筛查其病情况，并应根据其健康风险进行分层，特别是心血管疾病[29证据等级C,推荐强度2+]。建议基于HIIT的运动计划仅在彻底评估心血管风险和专业人员监督下进行(34)
	总量		13;29;34;71;78;79;96	建议每周进行200~300分钟中等强度体力活动[13;29证据等级B;34推荐强度E;71;78证据等级高;79证据等级、推荐强度A;96]
	频率		29;61;72;78;79;85;86	推荐在一周的大部分时间进行有氧运动，最好是每天(61;72;78;79;85;86)。推荐进行中等强度有氧运动，以及每周3天隔3天进行的抗阻运动(29)
	强度		8;13;29;31;34;61;63;85;86;96	推荐进行中等强度有氧运动[13;29证据等级1+,推荐强度B;31;34(推荐强度B);31;34(推荐强度E;42;61;63;85;86]。推荐进行中高强度的抗阻运动(34)
	时间		8;29;31;42;61;63;80;85;86;96	预防以前肥胖的人群体重反弹需要在一周的大部分时间，每天进行30~60分钟的中等强度体力活动[31;61;63;85(证据等级Ⅱa,推荐强度B);86(证据等级Ⅱa,推荐强度B)]。预防以前肥胖的人群体重反弹需要60~90分钟的中等强度运动或少量高强度运动(8;31;42;63;80)。每次至少进行10分钟的中等强度运动(29)。随着时间的推移，不活跃的人逐渐增加运动量(29)。建议每天共进行10~60分钟的体力活动(29;96)

续表

阶段	运动处方原则		证据编号	证据内容
减肥后保持		类型	29;34;42;63;78;79;85;86	仅推荐进行有氧运动(63;78;79;85;86)。推荐进行有氧结合阻力运动(29;34;63)。推荐的运动方式包括步行，快走(42;78;79;85;86)和骑自行车(42;85;86)，其他运动方式包括慢跑、游泳、园艺、跳舞、爬楼梯、球类运动、低冲击运动和交叉训练(29;42)
	其他体力活动建议		8;29;61	减少久坐(8;29;61)。增加体力活动对于长期保持体重和预防肥胖至关重要(8)。每天走路10000步(29)
	运动前评估		15	评估当前的体力活动水平、机体功能水平、心肺功能、肌肉骨骼状况、人体成分测量以及潜在的医疗评估需求等，另外还需考虑患者对运动项目的偏好[15(证据等级1~5)]
	总量		36	建议每周进行150~300分钟的有氧运动(36)
	频率		15;36;68	有氧运动每周进行3~5天[15(证据等级1~5;推荐级5;推荐强度强)]。每天进行体力活动(68)。抗阻运动每周进行2~3天[15(证据等级5;推荐强度弱);36]
	强度		15;36	应进行中等强度的运动(15;36)
减肥术后	时间		15;68	鼓励患者从术后当天开始，根据恢复情况进行活动，从床边活动到病房步行，之后逐渐增加步行时间并增加快步行速度[15(证据等级5,推荐强度强)]。建议术后5~8周进行有氧运动，抗阻运动到四肢抗阻运动，抗阻运动保持最大摄氧量的60%~70%(中等至较高强度)，抗阻每周3~4次，每次40分钟，有氧运动强度保持最大摄氧量的60%~70%(中等强度)，在专业人员的允许和监督下，患者可以逐渐增加活动量，避免在术后前6周举重超过15磅(约6.8千克)；建议术后9~12周进行有氧运动，全身抗阻运动和拉伸运动，每周3~5次，每次50~60分钟，有氧运动强度保持为最大摄氧量的70%~80%[15(证据等级1~5,较高强度);抗阻运动保持1次最大力量的70%~80%(较高强度)，鼓励每周150~300分钟的有氧运动锻炼，重复20次[15(证据等级1~5,推荐强度强)];推荐术后12周运动1次进行日常活动，重复每周最大力量的70%~80%(较高强度)，推荐强度弱]。有氧运动应该从步行或骑自行车开始，间隔10分钟，每天1~2次，目标是每天30分钟，以达到美国运动医学会推荐的维持健康的最低运动量[15(证据等级1,推荐强度弱)]。建议患者每天进行至少30分钟的推荐的体力活动(68)

续表

阶段	运动处方原则	类型	证据编号	证据内容
	类型		15;34;36	推荐有氧联合抗阻运动[15(证据等级5,推荐强度强);34(推荐强度强A);36]。推荐循序渐进的有氧运动,适当的拉伸运动,抗阻运动,腹部锻炼,核心锻炼以及其他体育项目(球类,慢跑等)[15(证据等级5,推荐强度强)]
减肥术后	其他体力活动建议		15	运动安全:患者应该接受运动治疗师或其他运动专家的指导,以确保正确的技术,避免受伤,并根据特定的肌肉骨骼条件进行运动方案的修改[15(证据等级5,推荐强度强)]。任何运动的选择都要适合个人的健康和身体状况,并考虑到现有的医疗状况,年龄以及个人对运动形式的偏好[15(证据等级5,推荐强度强)]。强烈建议最初在监督下进行抗阻运动,以确保形式正确,并防止与运动有关的伤害[15(证据等级5,推荐强度强)]。不要在饥饿和饱腹的状况下运动,以免发生低血糖等障碍[15(证据等级1,推荐强度弱)]。运动中,运动后也要注意营养素补充水分[15(证据等级1,推荐强度弱)]

表 2.12 孕期产后肥胖治疗体力活动证据推荐意见汇总

孕产阶段	运动处方原则	证据编号	证据内容
备孕	/	2	孕前应通过适度的体力活动来减肥(2)
	运动前评估	17	运动评估应该包含运动安全性和心肺耐力两部分。通常采用运动负荷试验即可评估运动中最严重的心血管缺血性危害,避免猝死的发生。在进行运动负荷试验的同时,可以获得相关数据并计算有氧运动强度对应的适宜心率范围,作为依据制定运动处方。有条件者可以测定实际运动能量消耗和有氧运动方案(17)
	总量	91	应进行每周 150 分钟低中强度运动(91)
	频率	9;17;47;58;90;91	建议孕妇每周进行 3～5 次中等强度运动(9;17;58;90;91)。建议孕妇每周至少进行 5 次中等强度运动(47)。抗阻运动每周 2 次,隔天进行(9)
	强度	9;47;58;90;91	推荐孕妇进行低中强度运动或从低强度运动开始,逐渐增加(9;91)。推荐进行中等强度运动(58)。孕前有定期的体力活动行为,可以在没有不利影响的情况下继续进行(58)
孕期	时间	9;17;47;58;91	孕妇应该每周 3～5 天进行 15～30 分钟的体力活动[9;47;58(推荐强度 AE);91]。在没有运动禁忌的情况下,应进行每周 3 次,每次 1 小时的结构性运动来控制体重(17)
	适宜运动时期	91	怀孕的最佳运动时间是孕中期,此时怀孕的风险和不适最低(91)
	类型	9;17;47;91	推荐进行有氧结合抗阻运动(9;17;91)。推荐步行(9;47;91),其他推荐的运动方式包括游泳、骑自行车(9;91)、水上运动(9;91),避免进行摔倒、腹部创伤和碰撞风险高的运动,如体操、骑马、速降滑雪、足球和篮球,避免水上潜水及高海拔地区运动(91)
	其他体力活动建议	58	对于超重的孕妇,强烈鼓励其进行体力活动,特别是为了降低妊娠糖尿病风险[58(推荐强度 B)]

续表

孕产阶段	运动处方原则	证据编号	证据内容
	运动前评估	29	超重和肥胖成人应筛查其病情况，并应根据其健康风险进行分层，特别是心血管疾病[29（证据等级2+，推荐强度C）]
	总量	91	在目标心率或主观感觉疲劳量表下的运动时间可以从15分钟开始，每周增加5分钟，只要没有过度疲劳，可逐渐增加到每周至少150分钟（91）
	频率	91	从每周3次慢慢开始，根据产妇的健康水平，可以增加到每周4~5次（91）
	强度	91	从低强度开始，随着参与者健康水平的提高逐渐增加到中等强度（91）
产后	时间	91	运动时间可以10分钟累计[91（证据等级2+，推荐强度B）]
	适宜运动时期	91	顺产后可进行低强度运动，总的来说，产后妇女在开始适度的、有组织的运动计划之前，应先征得保健提供者的同意（91）
	类型	91	推荐进行有氧运动，推荐的运动方式包括散步、盆底肌运动，所有肌肉群的轻度拉伸，推着婴儿车走路、慢跑、有氧舞蹈或其他肌肉促进主要肌肉群活动的运动（91）
	其他体力活动建议	24;29;91	产后需要重新恢复运动（24）。饮食，运动或母乳喂养作为恢复孕前体重的策略[29（证据等级4，推荐强度D）]。每天达到10000步（29）。减少久坐（29）。在婴儿喂食或母乳喂食后空腹进行锻炼，以减少不适，建议穿好的支撑文胸，避免运动文胸，因为会压迫乳房，并应保持充足的营养和水合作用，以支持母乳喂养活动的能量需求（91）

表 2.13 老年人肥胖治疗体力活动证据推荐意见汇总

运动处方原则	证据编号	证据内容
运动前评估	17;58	运动评估应应包含运动安全性和心肺耐力两部分。在进行运动试验的同时,计算运动负荷试验评估运动中最严重的心血管缺血性危害,避免猝死的发生。通常采用运动负荷试验计算有氧运动心率范围,作为依据制定运动处方。有条件者可以测定实际运动能量消耗和有氧运动,并制定更精确的有氧运动方案(17)。测量腰围,寻找导致体重增加的因素,识别饮食行为障碍,追溯重量历史,评估体力活动水平,研究久坐行为,评估饮食习惯和摄入量,研究病人服用的药物及其与体重增加的关系,经历和改变的动机,研究超重的后果,45岁以上BMI为28 kg/m²的受试者需关注空腹血糖指标(58)
总量	9	每周至少进行150分钟中低强度有氧运动(9)
频率	9;17;39	推荐每周进行3~5天有氧运动(9;17)。结构化运动每周至少进行3天以上(17)。抗阻运动每周进行2天,隔天进行(39)
强度	9;39	推荐老年人进行低中强度有氧运动(9)。推荐老年人进行中等强度运动(39)
时间	38;39	老年人应进行每周3次,每次90分钟的运动,其中包括15分钟平衡训练,30分钟柔韧性训练,15分钟有氧运动和30分钟的高强度抗阻运动(38)。老年人应该在一周的大部分时间(如果不是全部的话)进行30~60分钟中等强度体力活动[39(证据等级2,推荐强度B)]
类型	9;11;17;38;39	推荐进行多成分运动计划,如有氧、抗阻运动以及平衡增强运动和/或柔韧性训练(9;38)。运动以有氧运动联合抗阻运动(17)。推荐进行有氧运动为主且不宜过度(11)。推荐的运动方式为快走(39)

五、超重或肥胖体力活动建议

体力活动对预防和治疗超重及肥胖具有重要意义,但需要遵循科学的方式方法,遵从安全、循序渐进的原则,制定合理的运动干预计划和目标。因此,运动前需对当前体力活动水平、运动安全性和心肺耐力进行评估,这将有助于制定适合的个性化训练方案,帮助识别潜在的运动风险,并避免运动过度或不足的问题,以获得更好的健康收益。孕妇产后和老年人需要在运动开始前咨询医生并定期进行医疗评估,老年人和超重或肥胖成年人还需评估心血管疾病风险、合并症情况和其他危险因素,最大限度地减少运动中可能出现的健康风险和不良后果。

一般来说,体力活动推荐总量为每周至少150分钟中等强度活动,成年人治疗超重或肥胖建议更高的运动量。另外,减肥后为了维持体重,建议每周进行200～300分钟的中等强度体力活动。

具体到体力活动要素,在运动时间上,所有人群推荐每天30～60分钟,而治疗建议可以采用更长时间,为每天90分钟;在运动类型上,所有人群推荐的一般为有氧联合抗阻运动,而减肥后的体重维持仅推荐了有氧运动;在运动强度上,一般推荐预防肥胖的成年人和减肥人群采取中高强度体力活动,孕产妇、减肥术后和超重或肥胖老年人建议采取中等或低中强度体力活动,之前从事过体力活动的人群可以继续从事原有强度的体力活动;所有人群的有氧运动频率一般建议在一周中的大部分时间进行,而抗阻运动频率应保持在每周2～3天。

不同的人群具有不同的特征,运动处方也会根据不同人群的需求和健康状况进行调整,如孕妇如果以前久坐不动,建议从孕中期开始运动;在没有任何禁忌证的情况下,整个怀孕期间运动被认为是安全的;而产妇在不损害盆底肌的前提下,通常在分娩后的4～6周开始运动。在运动类型上,孕产妇侧重柔韧性训练、核心训练和盆底肌练习,以尽可能地减少生产带来的身体损伤,老年人则侧重平衡性训练,目的在于预防跌倒的发生。而超重或肥胖人群在运动的选择上,须优先考虑关节压力较小的运动,如低冲击运动、快走等,尽可能减少因体重负担所带来的关节损耗。

其他建议还包括减少不活跃的时间,增加日常体力活动量,每天达到一定的步数以及结合饮食和运动达到更好的预防超重或肥胖效果。

第三节 防治肥胖体力活动指南的国际比较

一、肥胖体力活动指南制定背景与发展

表 2.14—2.17 展示了不同地区关于体力活动与肥胖防治证据的分布情况。各国家和地区在指南、推荐实践、专家共识、证据总结和蓝皮书等方面的研究成果各有侧重。下文将对各地区和国家在体力活动与肥胖防治方面的贡献进行概述。

表 2.14 全球防治肥胖体力活动建议总证据的地域及年份分布特征

年份	亚洲（中国）	亚洲（其他）	欧洲	非洲	北美洲	南美洲	大洋洲	国际	总计
1998	0	0	0	0	1	0	0	0	1
1999	0	0	0	0	0	0	0	0	0
2000	0	0	0	0	1	0	0	0	1
2001	0	0	0	0	0	0	0	0	0
2002	0	0	1	0	0	0	0	0	1
2003	1	1	0	0	0	0	0	1	3
2004	0	0	1	0	0	0	0	0	1
2005	0	0	0	0	1	0	0	0	1
2006	0	0	2	0	0	0	0	0	2
2007	0	0	0	0	1	0	0	0	1
2008	0	0	3	0	1	0	0	0	4
2009	0	1	2	0	1	0	0	0	4
2010	0	0	0	0	1	0	0	1	4
2011	1	0	2	1	0	0	0	1	5
2012	0	2	1	0	0	0	0	0	3
2013	0	1	0	0	4	0	1	0	6
2014	0	1	2	0	0	0	2	0	5
2015	0	0	2	0	0	0	0	1	3
2016	1	3	3	0	2	0	0	0	9
2017	0	0	3	0	0	0	0	1	4
2018	1	1	1	0	1	0	0	0	4

续表

年份	亚洲 （中国）	亚洲 （其他）	欧洲	非洲	北美洲	南美洲	大洋洲	国际	总计
2019	2	0	3	0	2	0	1	0	8
2020	0	1	3	0	3	0	0	2	9
2021	5	0	2	0	2	0	0	0	9
2022	2	1	4	0	0	0	0	1	8
2023	0	0	0	0	0	0	0	0	0
总计	13	12	37	1	21	0	4	8	96

表 2.15 全球防治肥胖体力活动建议证据类型的地域分布特征

证据类型	亚洲 （中国）	亚洲 （其他）	欧洲	非洲	北美洲	南美洲	大洋洲	国际	总计
指南	4	10	26	0	16	0	4	3	63
推荐实践	0	1	7	1	5	0	0	3	17
专家共识	7	1	3	0	0	0	0	1	12
证据总结	1	0	1	0	0	0	0	0	3
蓝皮书	1	0	0	0	0	0	0	0	1
总计	13	12	37	1	21	0	4	8	96

来自中国的证据类型主要为专家共识，提供了 7 篇相关文献，另外有 4 篇指南、1 篇证据总结和 1 部蓝皮书。在这些文献中遵循循证方法的证据仅占 38.5%，制定未经过完善的评价体系，其系统性和科学性有待加强。《中国居民肥胖防治专家共识》的发布机构包含了医学领域和运动健康领域，但其余 12 篇均为医疗机构发布，实际上，科学、系统的运动建议往往需要体育和医学相关机构的通力合作才能形成。从 2003 开始，总共发表了 13 篇相关文献，其中 5 篇发布于 2021 年，从发布证据数量中也可看出我国对防控超重或肥胖愈加重视。2016 年及以前，证据中给出的运动建议仅包含 1～2 个 FITT 要素，2018 年及以后则较为全面。我国发布的相关证据针对人群以成年人为主，4 篇研究提及老年人，4 篇提及孕产期女性，其中 1 篇是此次检索中仅有的对更年期人群提出体力活动建议的指南，针对该类人群体重控制目的是预防体内脂肪的增加，其关键是积极应对生活环境的变化，调整心态，除了注意膳食营养素的平衡，还要积极参加社会活动，增加体力活动。我国有 1 篇专家共识、1 篇防治指南（2021 年）和 1 部防控蓝皮书（2019 年）对三种人群的肥胖预防和治疗提出的建议是较为全面的，但即便

在这 3 项研究中,同一人群的预防和治疗的区别关系并不明显,仍有完善的空间。

来自亚洲其他国家的证据类型主要为指南,提供了 10 篇相关文献,另外有 1 篇推荐实践和 1 篇专家共识。12 篇均为国家医疗机构发布,需加强体育类机构在此类证据发布中的作用。韩国从 2014 年开始发表相关文献,发布了 4 篇证据,印度从 2009 年开始发表相关文献,巴林从 2003 开始发表相关文献,和中国同年,是此次检索中亚洲最早的发布国家之一。印度、新加坡、沙特阿拉伯和巴林分别发表了 2 篇。在 2016 年发表证据较为集中,除中国外有三个国家分别发布了 1 篇证据,韩国、印度和新加坡给出的运动建议较为全面,基本涵盖全部 FITT 要素,但最新发表的证据中则仅有 2～3 个要素。沙特阿拉伯和巴林在推荐中基本包含 2～3 个要素,但 2003 年巴林发布的证据还无法提炼出 FITT 要素。韩国发布的证据中大多为肥胖治疗证据,涉及面多针对单一人群,其中有针对孕期产后女性发表的运动指南。印度最早发布的证据是针对肥胖成年人的共识,2012 年发布的指南包含三种人群的肥胖预防及成年人的肥胖治疗,其中提到的区别在于一般成年人推荐每周至少进行 300 分钟中等强度或 150 分钟的高强度运动,肥胖成年人推荐每天进行 60 分钟的中等强度有氧运动。新加坡的每一个证据都不只针对一种人群,近年发布的指南以预防为主。沙特阿拉伯等阿拉伯国家发布的证据只涉及成年人,沙特阿拉伯于 2013 年发布的指南将成年人防治肥胖细分为一般成年人、成年人预防肥胖、超重/肥胖和减肥后保持,且每日推荐运动量分别为每天 30 分钟中等强度、每天 45～60 分钟中等强度、每天 45～60 分钟中高强度和每天 60 分钟中等强度。这些国家早期发布的推荐仅提到建议正常人增加体力活动,在 2012 年的饮食指南中提出推荐正常人在大多数日子里进行每天至少 30 分钟的运动。

表 2.16　全球防治肥胖体力活动建议发布机构的地域分布特征

发布机构	亚洲（中国）	亚洲（其他）	欧洲	非洲	北美洲	南美洲	大洋洲	国际	总计
医疗体育机构（国际）	0	0	0	0	0	0	0	2	2
医疗体育机构（洲际）	0	0	1	0	0	0	0	0	1
医疗体育机构（国家）	1	0	5	1	2	0	0	0	9
医疗机构（国际）	0	0	0	0	0	0	0	6	6
医疗机构（洲际）	0	0	0	0	0	0	0	6	6
医疗机构（国家）	12	12	19	0	18	0	4	0	65

发布机构	亚洲 (中国)	亚洲 (其他)	欧洲	非洲	北美洲	南美洲	大洋洲	国际	总计
体育机构(国际)	0	0	0	0	0	0	0	0	0
体育机构(洲际)	0	0	1	0	0	0	0	0	1
体育机构(国家)	0	0	4	0	1	0	0	0	5
个人	0	0	1	0	0	0	0	0	1
总计	13	12	37	1	21	0	4	8	96

表 2.17 全球防治肥胖体力活动 FITT 要素证据的地域分布特征

体力活动 要素	亚洲 (中国)	亚洲 (其他)	欧洲	非洲	北美洲	南美洲	大洋洲	国际	总计
频率	8	3	20	1	16	0	1	3	52
强度	10	4	32	1	15	0	4	4	70
时间	11	5	32	1	17	0	3	5	74
类型	12	5	22	1	13	0	1	5	59
总计	41	17	106	4	61	0	9	17	255

欧洲发布的证据类型主要为指南,提供了 26 篇相关文献,另外有 7 篇推荐实践、3 篇专家共识和 1 篇证据总结。欧洲发布证据的机构包括医疗机构、体育机构以及医疗体育机构,证据发表机构相对最为全面。英国是欧洲发布最早也是发布数量最多的国家,在 2002 年发布了 1 篇指南,共发布 8 篇证据,欧洲组织机构从 2008 年开始发表相关文献,共发表了 8 篇,其中北欧 1 篇,发表于 2014 年,德国和法国均于 2011 年发布第 1 篇相关文献,西班牙、芬兰、荷兰、波兰、比利时、捷克和爱尔兰等国也均有发表但数量较少。法国、比利时和爱尔兰的证据中,FITT 要素的涵盖较为全面,能够提供相对完整的运动指导方案。欧洲组织机构发布的证据中,主要对象为成年人,但少有针对该人群不同体重控制阶段的专门性体力活动建议,有 1 篇仅针对老年人的肥胖治疗指南,北欧组织则是对成年人、孕期产后女性和老年人群给出了肥胖预防建议。英国从 2002 年至 2010 年不断发布证据,也是推动制定运动防治肥胖指南的重要国家之一。英国发布的证据对象也基本为成年人,在早期将成年人分为一般成年人和超重或肥胖人群,给出的运动时间建议呈现增加的趋势,但近年来则对人群分层较少,缺乏针对性。英国仅针对孕期产后的 2 篇指南分别发布于 2008 年和 2010 年,是本次检索中针对孕期产后人群发布最早的指南,但后期没有继续进行内容发布和更新。德

国最早发布的证据是针对孕期产后的指南,证据基本为预防肥胖的建议。法国发布的 4 篇证据中,1 篇仅针对老年人,另 3 篇均涉及或针对孕期产后妇女提出建议,其中 1 篇是针对竞技运动员的孕期产后指南。在这 4 篇证据中,仅 1 篇提到对超重或肥胖人群的建议为应鼓励患者每周进行至少 150 分钟中等强度体力活动,其他证据中均未提供更多的建议。其他国家则以一般成年人为主提出体力活动的建议。

非洲仅南非在 2011 年发布了 1 篇推荐实践,为医疗体育机构发布,包含全部 FITT 要素,将成年人分类为预防体重增加、超重或肥胖适度减肥、超重或肥胖显著减肥和减肥后保持,并给予各类人群不同的运动建议:分别为每周 150～250 分钟中等强度运动、每周至少 150 分钟中高强度运动、每周 225～420 分钟中高强度运动以及每周 200～300 分钟中高强度运动。

北美洲的证据发布主要为指南,提供了 16 篇相关文献,另外有 5 篇推荐实践。美国共发布了 14 篇证据,其中国家医疗机构发布了 12 篇证据,国家医疗体育机构发布了 1 篇证据,国家体育机构发布了 1 篇,体育类机构参与度较低。美国从 1998 年开始发表相关文献,共发表了 14 篇,也是本次检索中文献发表最早、发表数量最多的国家,在早期肥胖防治的发展中起到了引领的作用。加拿大从 2009 年发表第 1 篇证据起,共发表了 7 篇证据。加拿大近期证据较完整地涉及 FITT 要素。美国在 1998—2007 年发布的证据仅针对成年人,2008 年的指南包括三种人群的肥胖预防证据,之后在 2018 年进行了更新。加拿大的证据则偏重针对孕期产后女性,共有 5 篇证据仅针对孕期产后女性,其中最早的运动处方发布于 2009 年,并推荐了产后肥胖的运动方案,之后在 2010 年、2013 年、2019 年继续发布相关证据。针对成年人的肥胖防治证据中对成年人进行了分类,2020 年发布的实践指南单独提出了内脏脂肪和异位脂肪,但分类后的运动方案推荐内容几乎一致。

大洋洲的发布证据全部为指南,提供了 4 篇相关文献,全部来自国家医疗机构。澳大利亚从 2013 年开始发表相关文献,共发表了 3 篇,其中 1 篇涵盖全部的 FITT 要素;新西兰在 2014 年发布了 1 篇指南。澳大利亚发布的证据中,有 1 篇证据是仅针对孕期女性的指南,其他均为针对成年人肥胖防治的证据。新西兰的 1 篇指南针对孕期产后女性给出运动建议,而没有提及针对正常人群的运动方案。

国际组织共发表了 3 篇指南,3 篇推荐,1 篇专家共识和 1 篇证据总结。这些证据大多基于循证方法,以最新、最全面的证据,提供高质量的运动指导。发布机构中,2 篇为医疗体育机构发布,6 篇为医疗机构发布,体育机构参与度偏低。国际组织机构从 2003 开始发表相关文献,总共发表了 8 篇,但发布年份较为分散。世界卫生组织给出的运动建议相对较为全面,大多包含全部的 FITT 要素,但 2017 年和 2020 年也有发布完全不包含要素的证据。这些证据中,有针对性的证据相对较多,其中有 4 篇证据是孕期产后女性专门化证据,1 篇仅针对老年人的证据,其他还包含三种人群的肥胖预防指南,针对成年人及老年人的肥胖预防推荐以及对一般成年人、预防超重/肥胖和减肥后保持的肥胖防治会议共识声明。在具体推荐内容中,共识推荐三类人群的运动方案分别为每天 30 分钟中等强度体力活动、每天 45～60 分钟中等强度体力活动以及每天 60～90 分钟中高强度体力活动,体力活动强度及总量均呈现增加趋势。

二、不同人群肥胖体力活动指南制定背景与发展

(一)成年人肥胖防治体力活动指南制定背景与发展

肥胖管理指南兴起于 20 世纪 60 年代,但直到 20 世纪末才正式在指南中加入了体力活动建议。1998 年由艾金森发布的肥胖治疗指南是本次检索中体力活动防治肥胖相关最早的指南,该指南建议每周运动 4～6 次、每次 30～45 分钟,但更重要的是增加日常生活的活动并避免不活动。目前,关于成年人运动防治肥胖的证据共 72 篇,其中发布数量较多的国家为美国(13 篇)、中国(13 篇)和英国(6 篇)。

美国共发布了 13 篇关于运动防治肥胖的证据,其中 7 篇(53.8%)涉及预防方面,10 篇(76.9%)涉及治疗方面。美国运动医学会在早期推动成年人肥胖防治方面起到了引领作用.其在 1983 年发布了一份关于减肥的声明①,并于 2001 年对内容进行了更新,提到具体的体力活动推荐内容:成年人在一周的大部分时间(最好是所有时间)每天至少参加 30 分钟的中等强度体力活动,超重成年人则需每周参加 200～300 分钟体力活动②。该声明分别就预防和治疗肥胖给出体力活动推荐量,这也是运动预防肥胖方面最早的指南类证据,此后分别在 2007 年和 2009 年根据新出现的研究成果发

① American College of Sports Medicine. Proper and improper weight loss programs[J]. Medicine and Science in Sports and Exercise,1983,15: Ⅳ-Ⅷ.

② Jakicic J M, Clark K, Coleman E, et al. Appropriate intervention strategies for weight loss and prevention of weight regain for adults. American College of Sports Medicine[J]. Medicine and Science in Sports and Exercise, 2001,33(12): 2145-2156.

布新的推荐和策略。在 2009 年更新的《成年人减肥和预防体重反弹的适当体力活动干预策略》指南中,首次给出轻微减肥、适度减肥和显著减肥的分层运动推荐。2010 年,世界卫生组织发布了全球体力活动推荐①,此后,随着科学技术的发展和对肥胖与体力活动剂量关系研究的不断深入,越来越多的指南相继问世。2010 年后,美国仍是相关肥胖指南发布最多的国家。2013 年,美国医学会宣布了一项有争议的决定,承认肥胖是一种疾病,虽然美国医学会的决定不具有法律效力,但发表这一声明将有助于改变医学界处理这一复杂问题的方式和态度,并且将会影响从保险报销、公共政策到国际疾病分类编码的诸多方面。② 2013—2016 年,美国共发布了 5 篇相关证据。

中国共发布了 13 篇关于运动防治肥胖的证据,其中 2 篇(15.4%)涉及预防方面,13 篇(100.0%)涉及治疗方面。2016 年,中共中央、国务院印发《"健康中国 2030"规划纲要》,提出推进"健康中国"建设,提高人民健康水平,将减缓超重或肥胖人口增长速度作为目标之一。《中国居民营养与慢性病状况报告(2020 年)》数据显示,中国超 50% 的成年人超重或肥胖。③ 为了更有效地推动和促进各项政策的实施,国家卫生健康委员会委托疾控中心牵头成立指南修订委员会,对 2003 年中国发布的第一部《中国成人超重和肥胖症预防与控制指南(试行)》进行更新,并发布了 2021 更新版,以提供更好的临床指导和管理建议。该版加入了成年人减重后保持的建议,但建议并不具体,未涉及运动的 FITT 要素。2021 年,中国还发布了肥胖指南、专家共识以及证据总结,共 5 篇证据,建议包含更完善的 FITT 要素。需要强调的是,部分证据加入了对减重术后人群的建议,但建议并不具体,未涉及 FITT 要素。近年来,中国政府愈加重视肥胖控制问题,这有助于提高公众健康水平,推动相关医学研究的深入开展和证据积累,推进"健康中国"建设。

英国共发布了 6 篇关于运动防治肥胖的证据,其中 4 篇(66.7%)涉及预防方面,4 篇(66.7%)涉及治疗方面。英国最早关于该人群的运动治疗证据发布于 2002 年,仅针对治疗提出运动建议。之后的相关研究主要以英

① World Health Organization. Global Recommendations on Physical Activity for Health[M]. World Health Organization, 2010.
② Kyle T K, Nadglowski J F. Did naming obesity a disease improve the outlook for people living with it? [J]. Bariatric Times, 2022,19(3):13.
③ 中国居民营养与慢性病状况报告(2020 年)[J]. 营养学报, 2020,42(6): 521.

国国家卫生与临床优化研究所为主要代表组织机构进行发布和更新。该组织的前身为 1999 年成立的国家优质临床服务研究院,旨在减少不同地区国家医疗服务体系提供的治疗护理服务的可及性和质量差异,于 2005 年与健康发展署合并,并更为现名,为公众预防疾病、促进健康生活方式提供健康指南。英国国家卫生与临床优化研究所于 2006 年发布了关于运动防治肥胖的三部指南,同时随着证据的不断更新对指南内容进行更新,目前三部指南分别更新到 2006 年、2015 年和 2022 年。

(二)老年人肥胖防治运动指南制定背景与发展

老年人运动防治肥胖相关证据共有 23 篇,其中发布数量较多的主体包括中国(4 篇)、欧洲组织机构(4 篇)和国际组织(3 篇)。涉及老年人运动建议的指南主要源自欧洲国家,发布 11 篇,其次是亚洲国家,共发布了 7 篇,而专门针对老年人的指南数量不多,发布者主要为国际组织和欧洲国家。

中国共发布了 4 篇关于运动防治肥胖的证据,其中 2 篇(50.0%)涉及预防方面,3 篇(75.0%)涉及治疗方面。在中国,涵盖老年人肥胖防控内容的指南由中国营养学会于 2019 年第一次提出,该指南关注到了肌少性肥胖的问题,提出的建议为:(1)有氧运动联合抗阻运动可以改善老年肌少性肥胖患者的身体成分并提高肌肉功能;(2)每周 3 次结构化的运动训练可以有效降低老年肥胖患者的体脂百分比及肝内脂肪含量。2021 年的 2 篇证据虽提及老年人,但建议内容并不完善。2022 年发布的证据则包含了完整的 FITT 要素,提出老年人应该每周进行 3~5 天适当低中强度有氧运动,达到每周至少 150 分钟。同年,中国营养学会编著的《中国居民膳食指南(2022)》首次就 65 岁及以上老年人的适宜 BMI 给出建议(20~26.9 千克/米²)[1],老年人的肥胖防治也正在受到更多关注。

欧洲共发布 11 篇证据,其中 8 篇(72.7%)涉及预防方面,3 篇(27.3%)涉及治疗方面,欧洲组织机构发布 4 篇,法国发布 2 篇,英国、德国、芬兰、荷兰和爱尔兰各发布 1 篇。欧洲组织机构在 2008 年发布了仅针对老年人的指南和推荐,是最早提出老年人肥胖预防和治疗运动建议的,首次针对老年人的肥胖治疗提出运动建议,该指南推荐老年人每天进行 30~60 分钟中等强度运动。法国在 2022 年发布了 1 篇仅针对老年人的运动防治肥胖证据,建议老年人在每周的大部分时间进行有氧运动和柔韧性训练,而平衡训练

---

[1] 常翠青. 中国居民膳食指南 2022 [EB/OL]. (2022-05-02)[2023-12-12]. http://dg. cnsoc. org/article/04/k9W2iu8FT6K5oWaQKArU9g. html.

和抗阻运动则推荐每周进行 2 天。

国际上共发布了 3 篇关于运动防治肥胖的证据,全部是涉及预防方面的,其中较完善的 2 篇证据分别发布于 2010 年和 2020 年,建议强度均为中高强度。美国卫生与公众服务部 2008 年发布的证据将联合有氧抗阻运动作为老年人预防肥胖的运动推荐,世界卫生组织和世界胃肠病组织在 2010 年和 2011 年也发布了老年人的肥胖防治运动证据,并支持联合有氧抗阻运动这一运动模式。

(三)孕期和产后女性肥胖防治体力活动指南制定背景与发展

女性孕期和产后运动防治肥胖相关证据共有 34 篇,其中发布数量较多的是加拿大(5 篇)、国际组织(5 篇)和中国(4 篇)。孕期肥胖指南的发展和推进工作主要由加拿大主导,近年发文量大增。

孕期和产后女性的肥胖防治指南最早由英国的国家卫生与临床优化研究所和美国卫生与公众服务部在 2008 年提出,其中前者以肥胖治疗为主,后者以肥胖预防为主,主要针对孕期和产后的女性,建议每周至少进行 150 分钟的中等强度体力活动。

20 世纪初,对于"怀孕期间体重应该增加多少"这个问题,健康专家给出的答案通常是 15～20 磅(约 6.8～9.1 千克)。1970—1990 年,怀孕期间体重增加的指导值上升到 20～25 磅(约 9.1～11.3 千克)。1990 年,随着《怀孕期间营养》的出版,部分女性群体的体重增加指导值更高。[①] 此外,除了婴儿出生时的体型,孕妇本身的短期和长期健康也成为关注重点。因此,美国国家研究委员会(National Research Council,NRC)和美国医学研究所于 2006 年举行了一次研讨会,审查母亲和婴儿在怀孕期间体重增加变化的决定因素以及广泛的短期和长期后果。根据这项审查的结果对准则提出修订建议,并就未来研究的优先事项提出建议。美国卫生与公众服务部在 2008 年发布了该人群最早的运动建议。在美国国家研究委员会收集数据的同时,美国医疗保健研究与质量局(Agency for Healthcare Research and Quality,AHRQ)完成了他们的《孕产妇体重增加的结果》报告,支持妊娠体重增加和产前体重状况与新生儿结局之间的关联,但对年龄、种族或民族等

---

① Institute of Medicine (US) Committee on Nutritional Statusduring Pregnancy and Lactation. Nutrition during Pregnancy:Part Ⅰ:Weight Gain,Part Ⅱ:Nutrient Supplements[M]. National Academies Press,1989.

因素的影响仍然存在许多知识空白。[①] 为解决这个问题，美国国家研究委员会与项目发起人举行了一次公开会议和两次研讨会，对部分地区数据进行进一步分析，分析母亲和婴儿在怀孕期间体重增加变化的不良后果风险。基于数据分析，美国医学研究院于 2009 年发布妊娠期体重增长推荐值，并在国际上广泛使用。[②] 美国妇产科医师协会（American College of Obstetricians and Gynecologists，ACOG）分别在 2015 年、2018 年、2019 年和 2020 年发布了孕期建议和孕产妇运动的立场声明，并在最近的两部证据中提及竞技运动员的孕期运动建议。

加拿大共发布了 5 篇关于运动防治肥胖的证据，其中预防 4 篇（80.0%），治疗 2 篇（40.0%）。加拿大统计局（Statistics Canada）2005 年的肥胖数据显示，加拿大有 36.1% 的成人超重以及 23.1% 的成人肥胖，其中女性的肥胖率约为 23.2%，并提出肥胖与饮食和运动相关。[③] 2009 年，加拿大健康研究所（Canadian Institute of Health Research，CIHR）发布加拿大第一本关于超重或肥胖孕产妇的运动处方，随后加拿大妇产科医生协会也发布了《孕期肥胖指南》，对怀孕期间肥胖患者的管理建议进行了量化，并在 2013 年和 2019 年赞助和发布了孕产妇肥胖和运动的推荐和指南。

国际组织共发布了 5 篇关于运动防治肥胖的证据，其中 5 篇（100.0%）涉及预防方面，1 篇（20.0%）涉及治疗方面，自 2015 年开始发布证据，但证据中有关运动 FITT 要素的内容均不完整。

中国共发布了 4 篇关于运动防治肥胖的证据，其中 2 篇（50.0%）涉及预防方面，3 篇（75.0%）涉及治疗方面。中国针对孕期女性体重控制方面没有单独的指南，相关内容融合在成人超重/肥胖的防治指南中。由中国营养学会等牵头的中国超重/肥胖医学营养治疗专家共识编写委员会在 2016年发布的《中国超重/肥胖医学营养治疗专家共识（2016 年版）》是中国最早的有关孕期体重管理的专家共识，且文中仅提出了饮食结合运动是有效的干预方式。2019 年发布的《中国肥胖预防和控制蓝皮书》将孕产妇肥胖分为预防和控制，发展并完善了这一领域的内容。2022 年 7 月，国家卫生健康委员会首次发布《中国妇女妊娠期体重监测与评价》（T/CNSS-009-

---

① Viswanathan M，Siega-Riz A M，Moos M K，et al. Outcomes of maternal weight gain[J]. Evidence Report/Technology Assessmen，2008(168)：1-223.

② Rasmussen K M，Yaktine A L. Weight gain during pregnancy：Reexamining the guidelines[J]. 2009，10：12584.

③ Tjepkema M. Adult Obesity in Canada：Measured Height and Weight[R]. Government of Canada，2005.

2021),填补了我国在该领域诊断标准的空白。①

第四节 小 结

伴随全球肥胖率的升高,肥胖对人体造成的渐进性和持续性的损伤将会引起更重的疾病负担,肥胖人群的快速增加和疾病的流行趋势已经成为严重威胁全球健康的公共卫生问题,各个国家和地区也越来越重视肥胖控制问题,并陆续提出了运动防治肥胖的建议。来自不同国家和地区的机构尝试根据地域与人群的差异,制定更为适合的运动指导方案,为人们提供运动防治肥胖的建议和方案,并不断完善和更新。

目前检索的证据主要来自国际组织和 5 个大洲、21 个国家,文献类型分别为指南 63 篇、推荐实践 17 篇、专家共识 12 篇、证据总结 3 篇、蓝皮书 1 部。其中,来自亚洲 25 篇(26.0%),欧洲 37 篇(38.5%),非洲 1 篇(1.0%),北美洲 21 篇(21.9%),大洋洲 4 篇(4.2%),国际组织机构 8 篇(8.3%)。21 个国家中发文量前三的国家分别为美国、中国、英国,发文量前三的区域分别为欧洲、亚洲、北美洲,与肥胖率排名近似。所有证据中,发布机构为医疗体育机构的有 12 篇(12.5%),体育机构发布的有 6 篇(6.3%),占比相对较少,发布机构和组织应该包含所有的相关专业。美国从 1998 年开始发表相关文献,共发表了 14 篇,也是本次检索中发表最早、篇数最多的国家,在早期肥胖防治的发展中起到了重要作用。证据中有 39 篇(40.6%)包含完整的 FITT 要素及相关内容,5 篇(5.2%)证据未提及 FITT 要素,我国 2018 年及以后的运动建议较为全面。各指南推荐的运动总量较为类似,但频率和时间的匹配存在很多差异,仍需要有指南明确在总量一定的情况下,运动频率和时间的不同搭配方式是否会产生不同的运动效果。国际证据中,涵盖各类人群的证据相对较多。在欧洲,英国最早将成年人分为一般成年人和超重或肥胖人群,并给出递增运动时间的建议。加拿大是首个涵盖了产后女性证据的国家。我国由于政策的推动,近年来发布了多部综合肥胖指南,但缺乏更有人群针对性的指南。值得一提的是,我国首次在指南中对更年期女性提出体力活动建议,虽然建议并不完善,但给予了该人群一定的关注度。总体上,对运动前评估的重视程度略有欠缺,无

---

① 中华人民共和国国家卫生健康委员会. 妊娠期妇女体重增长推荐值标准 [EB/OL]. (2022-08-18) [2023-12-12]. http://www.nhc.gov.cn/wjw/fyjk/202208/864ddc16511148819168305d3e576de9. shtml.

论是提到的指南还是给出的证据都并不全面，如孕产妇和老年人群自身的特殊性，在运动前评估的方式和内容方面应进行适当的调整，一些特殊人群，如备孕期女性、更年期女性、孕产期竞技运动员以及残障人士等，也应得到更多的关注。

根据本次检索结果可知，目前针对老年人和孕期产后女性通过运动治疗肥胖的证据相对缺乏。共有 59 篇关于运动预防肥胖，其中 37 篇（62.7％）的建议对象为成年人，17 篇（28.8％）为老年人，29 篇（49.2％）为孕期产后女性。共有 60 篇关于运动治疗肥胖，其中 53 篇（88.3％）证据的建议对象为成年人，7 篇（11.7％）为老年人，10 篇（16.7％）为孕期产后女性。不同人群的运动处方应该根据个人的健康状况、年龄、健康目标和医生的建议来制定，而了解和应用运动处方以及其中的 FITT 原则可以帮助人们更好地制定个性化的运动方案。

因此，未来期待有更多国家重视肥胖问题，全球各个国家、地区能够制定出更有针对性的运动防治肥胖指南，并根据人群特征与地域特点规范和细化指南内容，使其与时俱进、定时更新，给予相关人群更多的关注和科学指导意见。

第三章 防治糖尿病体力活动
指南的国际比较研究

第一节 概　述

一、糖尿病类型与病因

(一)概念和类型

糖尿病是一种由于胰岛素分泌缺陷或其生物作用受损导致的以高血糖为主要特征的代谢性疾病,因其治疗困难且容易引起一系列并发症,所以成为国际普遍关注的公共卫生问题。对糖尿病的分类主要有国际糖尿病联盟(International Diabetes Federation,IDF)和世界卫生组织两种不同的标准。IDF 将糖尿病主要分为三种类型:1 型糖尿病(diabetes mellitus type 1,T1DM)、2 型糖尿病(diabetes mellitus type 2,T2DM)和妊娠糖尿病(gestational diabetes mellitus,GDM),强调 T1DM 可发生于任何年龄,但最常见于儿童和青少年,T2DM 在成人中更为常见,约占所有糖尿病病例的90%。世界卫生组织于 1999 年根据病因学证据将糖尿病分为四种类型,即T1DM、T2DM、GDM 和特定类型糖尿病,本研究将参照世界卫生组织的糖尿病诊断和分类标准进行类别划分。

1. 1 型糖尿病

T1DM(以前称为青少年发病型或胰岛素依赖型糖尿病)主要由自身免疫反应引起,是一种慢性疾病。经典观点认为,T1DM 是自身反应性 T 细胞错误地破坏了健康 β 细胞,导致 β 细胞功能障碍和破坏。[1] 也有研究认为,T1DM 是由自身免疫机制介导的胰岛产生胰岛素的 β 细胞遭到破坏所致,即强调 β 细胞是疾病的关键因素。[2] 目前,T1DM 多发生于儿童和青少

---

[1] Roep B O. The role of T-cells in the pathogenesis of type 1 diabetes:From cause to cure[J]. Diabetologia,2003,46(3):305-231.

[2] Roep B O,Thomaidou S,Van Tienhoven R,et al. Type 1 diabetes mellitus as a disease of the β-cell (do not blame the immune system?)[J]. Nature Reviews Endocrinology,2021,17(3):150-161.

年人群中,表现为体内胰岛素绝对不足,且容易发生酮症酸中毒,需要进行胰岛素治疗,否则将危及生命。

2. 2 型糖尿病

T2DM(原名成人发病型糖尿病)常发生在 40 岁及以上人群中,占糖尿病患者的 90% 以上。T2DM 发病的主要原因是胰腺 β 细胞的胰岛素分泌逐渐受损,通常在骨骼肌、肝脏和脂肪组织中预先存在胰岛素抵抗的背景下发生。[1] 罹患 T2DM 的患者需要持续的医疗管理及生活方式干预以控制血糖水平,通过管理多种风险因素来降低血糖、血脂和血压,以预防或减少急、慢性并发症。[2] 由于患者体内的胰岛素处于一种相对缺乏的状态,可以通过某些口服药物刺激体内胰岛素的分泌,但仍有部分病人需要注射胰岛素进行药物治疗。

3. 妊娠糖尿病

GDM 是指在孕前糖脂代谢正常或有潜在糖耐量减退,在妊娠期间才发现或首次确诊的糖耐量异常或者任何碳水化合物不耐受。中华医学会糖尿病学分会发布的《中国 2 型糖尿病防治指南(2020 年版)》指出,GDM 是指妊娠期间发生的糖代谢异常,但血糖未达到显性糖尿病的水平,占妊娠期高血糖患者的 83.6%。研究显示,大多数 GDM 女性的糖脂代谢紊乱会在产后恢复正常,但诸多研究表明,GDM 人群及其子代在以后的生活中患T2DM 的风险会增加。[3] 因此,为防止可能对胎儿造成的器官损伤,T1DM或 T2DM 女性应在孕前达到目标血糖水平。孕期有糖尿病的患者需要进行监测和病情管理,否则就会面临许多并发症的风险。

4. 特定类型糖尿病

特定类型糖尿病是指除 T1DM、T2DM 以及 GDM 以外的其他病因引

---

[1] Defronzo R A. Banting Lecture. From the triumvirate to the ominous octet: Anew paradigm for the treatment of type 2 diabetes mellitus[J]. Diabetes, 2009,58(4): 773-795.

[2] Inzucchi S E, Bergenstal R M, Buse J B, et al. Management of hyperglycemia in type 2 diabetes: A patient-centered approach: Fosition statement of the American Diabetes Association (ADA) and the European Association for the Study of Diabetes (EASD)[J]. Diabetes Care, 2012,35(6): 1364-1379; Garber A J, Abrahamson M, Barzilay J, et al. Comprehensive diabetes management algorithm 2013 consensus statement-executive summary[J]. Endocrine Practice, 2013, 19(3): 536-557.

[3] Damm P, Houshmand-Oeregaard A, Kelstrup L, et al. Gestational diabetes mellitus and long-term consequences for mother and offspring: A view from Denmark[J]. Diabetologia, 2016,59 (7): 1396-1399.

起的糖尿病,特定类型糖尿病可分为八类,包括胰岛 β 细胞功能遗传性缺陷、胰岛素作用遗传性缺陷、胰腺外分泌疾病、内分泌疾病、药物或化学品、感染、罕见的免疫介导和相关的遗传综合征。① 特定类型糖尿病确诊后的症状有所不同,因为特定类型糖尿病在临床表现上可能同时具备 T1DM 与 T2DM 的特征,因此,针对特定类型糖尿病的运动治疗处方也会有差异,临床上的准确诊断与有针对性的治疗非常重要,所以需要及时、准确诊断,减少错误与遗漏诊断,并及时制定科学合理的治疗方案。

(二)病因

糖尿病最常见的症状就是代谢紊乱,主要是由胰腺 β 细胞胰岛素分泌缺陷和胰岛素敏感组织无法对胰岛素作出适当反应而共同引起的代谢紊乱,需要通过胰岛素释放活性维持葡萄糖稳态,促进胰岛素合成和释放。在这些过程中涉及的任何机制的缺陷都可能造成机体代谢失衡,从而导致糖尿病的发生与发展。② 糖尿病受遗传因素、环境因素、年龄因素和种族等多重因素的影响,因为环境(如肥胖、高热量饮食、缺乏运动、久坐行为等)、遗传(明显的家族病史)等因素会导致糖尿病葡萄糖稳态受损的多种病理生理学紊乱,而胰岛素抵抗和胰岛素分泌受损仍然是糖尿病发病的核心诱因。③ 遗传因素主要表现为第 6 对染色体的人类白细胞抗原(human leukocyte antigen,HLA)异常,病毒感染可能是诱因。而缺乏糖尿病管控意识、体力活动不足是罹患糖尿病非常关键的影响因素④,并且久坐不动的生活方式是 T2DM 患病率上升的主要原因之一⑤。因此,体力活动越来越多地被推荐为糖尿病预防及治疗方案的重要组成部分,定期锻炼可以改善患者的目

---

① 肖新华. 由特定类型糖尿病谈未来糖尿病分型[J]. 医学研究杂志,2018,47(6):1-2.

② Galicia-Garcia U, Benito-Vicente A, Jebari S, et al. Pathophysiology of type 2 diabetes mellitus [J]. International Journal of Molecular Sciences,2020,21(17):6275.

③ Defronzo R A, Ferrannini E, Groop L, et al. Type 2 diabetes mellitus[J]. Nature Reviews Disease Primers,2015,1(1):1-22;Carbone S, Del Buono M G, Ozemek C, et al. Obesity, risk of diabetes and role of physical activity, exercise training and cardiorespiratory fitness[J]. Progress in Cardiovascular Diseases,2019,62(4):327-333.

④ Hashim M J, Mustafa H, Ali H. Knowledge of diabetes among patients in the United Arab Emirates and trends since 2001:A study using the Michigan Diabetes Knowledge Test[J]. Eastern Mediterranean Health Journal,2017,22(10):742-748.

⑤ Amanat S, Ghahri S, Dianatinasab A, et al. Exercise and type 2 diabetes[M]// Physical Exercise for Human Health,Springer,2020:91-105.

标血糖、血脂、血压、身体成分与心肺健康。①

　　运动期间和运动后,肌肉血流量增加,从而增加葡萄糖输送,这是增强葡萄糖摄取的一种简单机制。此外,运动还可以通过改善骨骼肌中的胰岛素敏感性调节全身的胰岛素敏感性和葡萄糖代谢。② 同时,运动能显著增加骨骼肌细胞中葡萄糖转运蛋白 4 的表达并促进其转位至细胞膜,从而增强骨骼肌的葡萄糖摄取和转运能力。③ 运动训练能够改善糖尿病患者全身代谢健康,增加糖脂摄取和利用,改善胰岛素敏感性,优化体重指数,调节DNA 甲基化等。④结构化运动可以改善糖尿病患者的身体健康,调节葡萄糖稳态,同时改善胰岛素敏感性和降低糖化血红蛋白(glycosylated hemoglobin,HbA1c)水平。⑤有氧运动或抗阻运动可以促进机体内儿茶酚胺的分泌,提高对激素敏感的脂肪酶的酶活性,从而加速脂质水解,脂质被水解成游离脂肪酸并转移到靶细胞,然后在线粒体中被氧化和利用。更重要的是,细胞内脂质积累的减少也有利于缓解外周胰岛素抵抗。⑥ 再者,通过有氧运动可以改善 T1DM 患者的脂质代谢,降低胰岛素抵抗,可以降低T2DM 患者的血压、甘油三酯、胰岛素抵抗和 HbA1c 水平。⑦ 抗阻运动改善血糖调控主要表现在降低 HbA1c 水平、缓解胰岛素抵抗并增加肌肉力量、肌肉质量和个体骨矿物质密度,从而增强机体功能状态,预防肌肉减少

①　Palermi S, Iacono O, Sirico F, et al. The complex relationship between physical activity and diabetes: An overview[J]. Journal of Basic and Clinical Physiology and Pharmacology, 2021,33 (5): 535-547.

②　Zisser H, Gong P, Kelley C, et al. Exercise and diabetes[J]. International Journal of Clinical Practice, 2011,65: 71-75.

③　Hussey S, Mcgee S L, Garnham A, et al. Exercise increases skeletal muscle GLUT4 gene expression in patients with type 2 diabetes[J]. Diabetes, Obesity and Metabolism, 2012,14 (8): 768-771.

④　Yang D, Yang Y, Li Y, et al. Physical exercise as therapy for type 2 diabetes mellitus: From mechanism to orientation[J]. Annals of Nutrition and Metabolism, 2019,74(4): 313-321; Garber C E, Blissmer B, Deschenes M R, et al. Quantity and quality of exercise for developing and maintaining cardiorespiratory, musculoskeletal, and neuromotor fitness in apparently healthy adults: Guidance for prescribing exercise[J]. Medicine and Science in Sports and Exercise, 2011,43(7): 1334-1359.

⑤　Balducci S, Sacchetti M, Haxhi J, et al. Physical exercise as therapy for type 2 diabetes mellitus[J]. Diabetes/Metabolism Research and Reviews, 2014, 30 (S1): 13-23; Colberg S R, Sigal R J, Yardley J E, et al. Physical activity/exercise and diabetes: A position statement of the American Diabetes Association[J]. Diabetes Care, 2016,39(11): 2065-2079.

⑥　Wu Y, Wu J F. Research progress in the mechanism of exercise therapy for prevention and treatment of type 2 diabetes mellitus[J]. Chinese Journal of Diabetes Mellitus, 2015: 184-186.

⑦　Cannata F, Vadalà G, Russo F, et al. Beneficial effects of physical activity in diabetic patients [J]. Journal of Functional Morphology and Kinesiology, 2020,5(3): 70.

症和骨质疏松症。[①] 并且,通过抗阻运动可以显著增加骨骼肌力量,增大股四头肌的横截面积[②],从而增加胰岛素受体数量并提高胰岛素敏感性,起到预防或治疗糖尿病的作用。

虽然体力活动可以通过增加胰岛素敏感性和降低身体质量指数来改善葡萄糖摄取[③],从而进一步改善血糖控制并促进体重减轻,但目前有关运动对糖尿病患者糖脂代谢的影响还待进一步深入探究。患者存在明显的个体差异,因此在临床实践中亟须制定多样性、个性化的运动处方,并随着运动康复进程的深入不断调整和优化方案。

二、国内外糖尿病的疾病负担

糖尿病是以高血糖为主要特征,伴有脂肪、蛋白质代谢紊乱等的慢性内分泌代谢性疾病,可导致一系列慢性并发症,如心、脑血管动脉硬化和神经病变等,严重时可致人死亡。[④] 据世界卫生组织估计,2000 年至 2030 年,世界人口将增加 37%,糖尿病患者人数将增加 114%。[⑤] 相关流行病学资料预测,因糖尿病导致的全球卫生支出将不可避免且持续性增加,因此高度重视糖尿病的预防十分重要。[⑥] 目前,在美洲地区,糖尿病是导致死亡和残疾的主要原因,它会直接导致各种组织,特别是眼、肾、心脏、血管、神经的慢性损害及功能障碍。而我国成年人糖尿病患病率达 10.9%,全国约有超过 1.3

---

① Sigal R J, Armstrong M J, Bacon S L, et al. Physical activity and diabetes[J]. Canadian Journal of Diabetes, 2018,42: S54-S63.

② Kristiansen M, Uhrbrand A, Hansen M, et al. Concomitant changes in cross-sectional area and water content in skeletal muscle after resistance exercise[J]. Scandinavian Journal of Medicine and Science in Sports, 2014,24(4): e260-e268; Teixeira-Lemos E, Nunes S, Teixeira F, et al. Regular physical exercise training assists in preventing type 2 diabetes development: Focus on its antioxidant and anti-inflammatory properties[J]. Cardiovascular Diabetology, 2011,10: 1-15.

③ Peirce N S. Diabetes and exercise[J]. British Journal of Sports Medicine, 1999,33(3): 161-172.

④ Bragg F, Holmes M V, Iona A, et al. Association between diabetes and cause-specific mortality in rural and urban areas of China[J]. JAMA, 2017,317(3): 280-289; An Y, Zhang P, Wang J, et al. Cardiovascular and all-cause mortality over a 23-year period among Chinese with newly diagnosed diabetes in the Da Qing IGT and Diabetes Study[J]. Diabetes Care, 2015,38(7): 1365-1371; Xu Y, Wang L, He J, et al. Prevalence and control of diabetes in Chinese adults[J]. JAMA, 2013, 310(9): 948-959.

⑤ Ramachandran A, Ma R C W, Snehalatha C. Diabetes in Asia[J]. The Lancet, 2010,375 (9712): 408-418.

⑥ Zimmet P Z, Magliano D J, Herman W H, et al. Diabetes: A 21st century challenge [J]. The Lancet Diabetes & Endocrinology, 2014,2(1): 56-64.

亿的糖尿病患者,患者数量居世界第一。[①]

WHO 的数据显示,全球约有 4.2 亿人患有糖尿病,其中大多数生活在中低收入国家,每年有 150 万人直接死于糖尿病,在过去的几十年里,糖尿病的病例数量持续增加,患病率不断上升。2022 年,WHO 指出 T1DM 是增长最快的慢性健康状况之一,影响全球近 900 万人。[②] 2019 年,泛美卫生组织(Pan American Health Organization,PAHO)的数据显示了 2000—2019 年美洲地区按年龄、性别和地点(国家、次区域和区域)划分的死亡率和糖尿病负担(不包括糖尿病引起的慢性肾病)的水平和趋势[③]:全地区糖尿病(不包括糖尿病引起的肾脏疾病)死亡人数为 284049 人,男性死亡 139651 人,女性死亡 144398 人。糖尿病引起的年龄标准化死亡率估计为 20.9/10 万人。糖尿病引起的年龄标准化死亡率因国家、地区而异,圭亚那死亡率最高,为 82.6/10 万人,加拿大死亡率较低,也达到了 7.2/10 万人。同时,2019 年全球因糖尿病导致 620 万过早死亡寿命损失年(Years of Life Lost,YLLs),该数据在 2000 年仅为 400 万年。粗过早死亡寿命损失年从 2000 年的每 10 万人 438 年增加到 2019 年的每 10 万人 618 年。与此同时,在整个美洲地区因糖尿病导致 720 万年的生命中有残疾,相当于每 10 万人中有 711.8 人残疾,与 2000 年的水平相比,2019 年的粗残疾生活年限率几乎翻了一番(每 10 万人 376 年)。而且年龄标准化的残疾生活年限率从 2000 年的每 10 万人 404.2 年增加至 2019 年的每 10 万人 582.2 年。因此,在美洲地区,糖尿病已是导致死亡和身体残疾的主要原因。

IDF 发布的糖尿病地图集第 10 版显示了 2021 年全球糖尿病发病率及未来发展趋势的最新数据、信息和预测。据统计,2021 年全球大约有 5.4 亿 20~79 岁的成年人患有糖尿病,预计到 2030 年糖尿病患者总数将增至 6.4 亿人,即每 9 个成年人中就有 1 人是糖尿病患者,到 2045 年将增至 7.8 亿人,即每 8 个成年人中就有 1 人是糖尿病患者,其中将有约五分之四

① Wang L, Gao P, Zhang M, et al. Prevalence and ethnic pattern of diabetes and prediabetes in China in 2013[J]. JAMA, 2017,317(24): 2515-2523.
② World Health Organization. Diabetes[EB/OL]. (2023-04-05)[2023-12-12]. https://www.who.int/news-room/fact-sheets/detail/diabetes.
③ Pan American Health Organization. The burden of diabetes mellitus in the region of the Americas, 2000-2019[EB/OL]. (2021)[2023-12-12]. https://www.paho.org/en/enlace/burden-disease-diabetes.

(81.0％)的糖尿病患者生活在低收入和中等收入国家。① 糖尿病患病率将持续上升，从西方国家蔓延到西太平洋、亚洲和非洲地区。据估计，2017—2045 年，糖尿病患者人数将增加 50％以上，导致约 6.93 亿人患有糖尿病。② 同时，有近二分之一（2.4 亿人）的成人糖尿病患者未被确诊，糖尿病导致的死亡数高达 670 万人，每 5 秒就有 1 人死于糖尿病。全球超过十分之一的20～79 岁成年人患有糖尿病（T1DM 或 T2DM）。2000 年以来，这一数字从估计的 1.51 亿人增长至 5.37 亿人，增加了三倍多，还有超过 120 万名儿童和青少年（0～19 岁）患有 T1DM。此外，全球受妊娠期高血糖影响的活产儿总数高达 2100 万，即每 6 个活产儿中就有 1 个受其母亲怀孕期间患妊娠糖尿病的影响。③ 据进一步统计，全球有 5.4 亿成年人葡萄糖耐量受损，这类人群罹患 T2DM 的风险显著增加，处于 T2DM 的高风险中。2021 年，全球 20～79 岁人群中，全球糖尿病患病率最高的地区为中东及北非，患病率达 11.0％，年龄校正后，预计 2030 年和 2045 年的患病率分别为 19.6％和20.4％。2021 年全球各个地区 GDM 的患病率也居高不下，东南亚地区位列首位，患病率高达 25.9％，其次是北美及加勒比地区，患病率达 20.7％。2013—2021 年，我国糖尿病患病人数从 9840 万人大幅增加至 1.409 亿人，预计 2020—2030 年，我国 20～79 岁成年人的糖尿病患病率将从 8.2％上升到 9.7％。④

据 IDF 统计，全球每年糖尿病的患病率呈逐年上升趋势，同时与糖尿病相关的卫生支出及与糖尿病相关的人均健康支出也在逐年增加。据统计，2021 年糖尿病导致至少 9660 亿美元的医疗支出，占成人总支出的 9％，这意味着在过去 15 年里增长了 316％。其中，2011 年与 2021 年北美及加勒比地区与糖尿病相关的卫生支出居于首位，2021 年支出高达 4145.1 亿美元，预计 2030 年和 2045 年分别为 4047.2 亿美元和 4087 亿美元。西太平

① Sun H, Saeedi P, Karuranga S, et al. IDF Diabetes Atlas: Global, regional and country-level diabetes prevalence estimates for 2021 and projections for 2045[J]. Diabetes Research and Clinical Practice, 2022,183: 109119.

② Cho N H, Shaw J E, Karuranga S, et al. IDF Diabetes Atlas: Global estimates of diabetes prevalence for 2017 and projections for 2045[J]. Diabetes Research and Clinical Practice, 2018, 138: 271-281.

③ Sainz N. 2021 Diabetes Atlas Numbers[EB/OL]. (2022-02-18)[2023-12-12]. https://diatribechange.org/news/2021-diabetes-atlas-numbers.

④ Liu J, Liu M, Chai Z, et al. Projected rapid growth in diabetes disease burden and economic burden in China: A spatio-temporal study from 2020 to 2030[J]. The Lancet Regional Health Western Pacific, 2023,33: 100700.

洋地区是人均与糖尿病相关的健康支出最高的地区,预计 2030 年与 2045 年分别为 30913.4 美元/人与 31896.8 美元/人,并且 2011 与 2021 年西太平洋地区因糖尿病导致的死亡人数也达到最高位,分别为 1708300 人与 2281732 人(见表 3.1)。预计 2020—2030 年,我国糖尿病的总费用支出将从 2502 亿美元增加到 4604 亿美元,年均增长率为 6.3%。同期,我国糖尿病总成本占国内生产总值的百分比将从 1.6% 增加到 1.7%,这反映出我国糖尿病经济负担的增长速度快于本国的经济增长速度。2020—2030 年,我国人均糖尿病经济负担将从 231 美元增加到 414 美元,年增长率为 6.0%,经济负担重的地区主要集中在东北和华北地区。[1]

表 3.1　全球糖尿病的信息和预测数据一览

A. 全球糖尿病导致的死亡率人数(20～79 岁)						单位:人
年份	非洲	欧洲	中东与北非	北美及加勒比地区	南美洲和中美洲	东南亚	西太平洋
2011	344500	600000	276400	280800	227200	1156000	1708300
2021	416163	1111201	796362	930692	410206	747367	2281732
B. 2021 年妊娠糖尿病(GDM)的患病率(20～49 岁)						单位:%
2021	13.0	15.0	14.1	20.7	15.8	25.9	14.0
C. 全球与糖尿病相关的卫生总支出						单位:百万美元
2011	2800.0	130600.0	10900.0	223500.0	20800.0	4500.0	72200.0
2021	12585.6	189343.9	32580.5	414509.2	65281.0	10099.4	241313.1
2030	43127.5	189616.0	43322.9	404715.8	80200.0	17675.4	248980.6
2045	46702.0	185318.1	46600.0	408700.0	87800.0	21200.0	25700.0
D. 全球与糖尿病相关的人均健康支出						单位:美元
2011	762.7	1290.4	590.7	1928.4	932.8	0.0	1169.9
2021	547.1	3086.4	465.5	8208.9	2190.4	112.0	1203.8
2030	1886.0	5505.0	1625.5	1767.9	2678.4	22816.9	30913.4
2045	1434.8	5633.0	1266.7	1696.9	2447.9	17803.6	17803.6

资料来源:国际糖尿病联盟。

---

[1] Liu J, Liu M, Chai Z, et al. Projected rapid growth in diabetes disease burden and economic burden in China: A spatio-temporal study from 2020 to 2030[J]. The Lancet Regional Health Western Pacific, 2023, 33: 100700.

目前,糖尿病作为一种以血糖水平升高为特征的代谢性疾病在全球的发病率与死亡率均持续上升并已经呈现出发病年轻化的趋势,这对个人、社会和国家或地区都具有破坏性影响。高血糖症或血糖升高是不受控制的糖尿病的常见影响,随着时间的推移,糖尿病会对身体的许多系统造成严重性损害,尤其是神经和血管。糖尿病的成本包括医疗保健的直接成本以及因生产力或收入损失而产生的间接成本,这两者都是造成全球经济负担的重要因素。① 糖尿病及其并发症的治疗占据了医疗费用的很大一部分,使其成为世界许多地区治疗费用最高的疾病之一。② 由于糖尿病的全球成本及其影响后果巨大,预测全球成人糖尿病治疗费用支出到 2030 年及 2045 年将大幅增加。③ 通过定期进行体力活动不仅可以降低糖化血红蛋白、甘油三酯、血压和胰岛素抵抗④,还可以增加线粒体密度、胰岛素敏感性、氧化酶、血管顺应性和反应性、肺功能、免疫功能和心输出量⑤。同时,HIIT 可以增强 T2DM 成人的骨骼肌氧化能力、胰岛素敏感性和血糖控制。⑥ 体力活动是预防与治疗糖尿病的重要非药物手段,是促进各类糖尿病患者整体健康和福祉的有效策略,相反,缺乏体力活动或久坐不动是导致糖尿病等慢性疾病的关键原因。大多数成年糖尿病患者并未达到运动指南推荐的每周进行 150 分钟或更长时间体力活动的目标,因此,通过科学指导和健康知识宣教进一步促进普通人群及糖尿病患者的运动参与是一项重要的公共卫生课题。

① Bommer C, Heesemann E, Sagalova V, et al. The global economic burden of diabetes in adults aged 20-79 years: A cost-of-illness study[J]. The Lancet Diabetes & Endocrinology, 2017,5 (6): 423-430.

② Zhang P, Gregg E J T L D, Endocrinology. Global economic burden of diabetes and its implications[J]. The Lancet Diabetes & Endocrinology, 2017,5(6): 404-405.

③ Bommer C, Sagalova V, Heesemann E, et al. Global economic burden of diabetes in adults: Projections from 2015 to 2030[J]. Diabetes Care, 2018,41(5): 963-70.

④ Jelleyman C, Yates T, O'donovan G, et al. The effects of high-intensity interval training on glucose regulation and insulin resistance: A meta-analysis[J]. Obesity Reviews, 2015,16(11): 942-961.

⑤ Ried-Larsen M, Macdonald C S, Johansen M Y, et al. Why prescribe exercise as therapy in type 2 diabetes? We have a pill for that! [J]. Diabetes/Metabolism Research and Reviews, 2018,34(5): e2999; Bacchi E, Negri C, Targher G, et al. Both resistance training and aerobic training reduce hepatic fat content in type 2 diabetic subjects with nonalcoholic fatty liver disease (the RAED2 Randomized Trial)[J]. Hepatology, 2013,58(4): 1287-1295.

⑥ Weston K S, Wisløff U, Coombes J S. High-intensity interval training in patients with lifestyle-induced cardiometabolic disease: A systematic review and meta-analysis[J]. British Journal of Sports Medicine, 2014,48(16): 1227-1234.

第二节　防治糖尿病的体力活动指南

一、研究方法

(一)主题的确立

基于指南主题,研究团队按照 PICOS 模型,目标人群 P 为糖尿病患者;干预措施 I 为预防与治疗糖尿病的体力活动干预措施;对照措施 C 和结局指标 O 不限制;证据类型 S 为临床实践、推荐实践、最佳实践、临床指南、证据总结、专家共识和政府文件等。

(二)检索策略

按照证据金字塔 6S 模型[①],由上至下依次检索:计算机决策支持系统,BMJ Best Practice、Up To Date;专题证据系统,世界卫生组织指南网、国际指南协作网、英国国家卫生与临床优化研究所网站、美国国立指南库、加拿大安大略注册护士学会、加拿大医学会临床实践指南信息库、苏格兰院际间指南网、新西兰指南协作组网站、医脉通;英文数据库,PubMed、EMBase;中文数据库,中国知网、万方数据服务平台和维普中文期刊服务平台。英文数据库以 PubMed 为例,采用自由词和主题词相结合的方式进行检索,检索式为:[Diabetes Mellitus(Mesh)OR Diabetes ∗(Title)OR Gestational diabetes mellitus ∗(Title)OR Hyperglycemia ∗(Title)OR Glucose Intolerance ∗(Title)OR Insulin Resistance ∗(Title)OR 1 Type diabetes ∗(Title)OR 2 Type diabetes ∗(Title)OR GDM ∗(Title)OR IDDM ∗(Title)OR T1D ∗(Title)OR T1D ∗(Title)]AND[Exercis(Mesh)OR Sports(Mesh)OR exercise ∗(Title)OR activit ∗(Title)OR train ∗(Title)OR sport ∗(Title)]AND[Guideline(Publication Type)OR Consensus(Mesh)OR Professional Practice(Mesh)OR guideline(Title)OR consensus(Title)OR recommendation(Title)OR evidence summary(Title)OR Practice(Title)OR routine(Title)]。中文数据库以中国知网为例,检索式为:SU=('运动'+'训练'+'锻炼'+'体育'+'活动')∗('糖尿病'+'妊娠糖尿病'+'高血糖'+'胰岛素抵抗'+'葡萄糖不耐受'+

---

① Alper B S, Haynes R B. EBHC pyramid 5.0 for accessing preappraised evidence and guidance[J]. BMJ Evidence-Based Medicine,2016,21(4):123-125.

'T1DM'+'T2DM'+'GDM')*('指南'+'临床实践指南'+'指引'+'常规'+'共识'+'推荐'+'证据总结')。检索计算机决策支持系统、指南网及证据综合知识库使用的英文检索策略为(exercise OR physical activity)AND(Diabetes Mellitus OR Diabetes),中文检索策略为(运动 OR 活动 OR 锻炼)AND(糖尿病 OR 高血糖 OR 胰岛素抵抗)。根据各数据库要求适当调整检索式。检索时限均为建库至 2022 年 10 月 26 日。

(三)文献的纳入和排除标准

纳入标准:(1)文献类型为临床实践、推荐实践、最佳实践、临床指南、证据总结、专家共识、政府文件等;(2)研究对象为一般成年人、糖尿病患者;(3)文献内容与体力活动有关;(4)不限制语言。

排除标准:(1)多个机构重复发表的文献;(2)无法获得全文;(3)已有更新的版本;(4)指南的简要版本;(5)信息不全的文献。

(四)文献筛选和资料提取

由 2 名经过循证培训的研究员独立进行文献筛选和资料提取,存在分歧时,由第 3 位研究员协同解决。文献资料提取包括编号、发布机构或组织、国家/地区、发布年份、文献主题、文献来源、是否基于循证、文献类型、证据分析系统、FITT 要素、人群、预防或治疗证据等。

(五)证据汇总

1. 专家团队组成

证据汇总的专家包括运动学专家、临床护理专家和循证方法学专家,共 4 人,均具有硕士学位,所有成员均自愿参与本研究。

2. 证据汇总过程

2 名研究员逐篇阅读纳入的文献,逐条提取证据的内容、来源、出处等信息,形成证据总结初稿,通过专家会议法将相同主题的内容分类汇总及合并,归纳证据主题,进行绘制证据表格和描述。

二、指南证据汇总

(一)纳入文献的一般情况

通过初步检索共获得 4339 篇文献,经查重和 2 名研究者独立阅读文献题目和摘要后获得文献 87 篇,阅读全文后,最终纳入文献 73 篇,其中指南 40 篇、声明 9 篇、专家共识 10 篇、证据总结 4 篇、推荐实践 10 篇。具体筛选流程见图 3.1,纳入文献的一般特征见表 3.2。

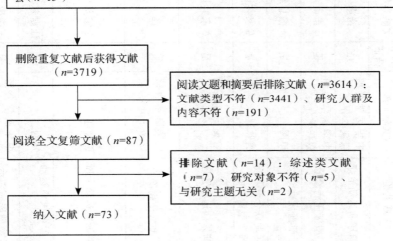

图 3.1 文献筛选流程

(二)证据描述及汇总

本章总共纳入了 73 篇文献,归纳总结了近 20 个国家或地区的证据,主要来自亚洲、北美洲、欧洲等,证据类型包括临床指南、专家共识及推荐实践等。所有证据包括亚洲 36 篇、欧洲 7 篇、北美洲 25 篇、南美洲 1 篇、大洋洲1 篇、国际组织及协会 3 篇。其中,我国发布相关文献有 30 篇。文献发表于1990 年至 2022 年。证据分析系统主要为牛津循证医学中心证据分级系统、澳大利亚循证护理中心的证据分级系统、英国临床指南研究与评价系统和中国人群循证医学证据分级与推荐系统,同时还有部分机构自拟起草的推荐等级和证据水平。关于体力活动证据,有 12 篇文献未提及体力活动FITT(频率、强度、时间、类型)要素,有 61 篇文献均不同程度提到 FITT 要素及相关内容,证据汇总内容见表 3.3—3.7。

表 3.2 纳入证据基本特征

编号	发布机构或组织	国家/地区	发布年份	文献主题	文献来源	基于循证	文献类型	证据分析系统	FITT要素
B1	中华医学会糖尿病学分会	亚洲	中国	2012	糖尿病运动治疗	中华医学会糖尿病学分会	是	指南	OCEBM	①②③④
B2	中华医学会糖尿病学分会	亚洲	中国	2012	1型糖尿病诊治	中华医学会糖尿病学分会	是	指南	/	①②③④
B3	戴琪（南京医科大学护理学院）	亚洲	中国	2019	1型糖尿病运动管理	知网	是	证据总结	AGREE II	②④
B4	王明义（广州应用科技学院）	亚洲	中国	2022	运动联合营养防治2型糖尿病	医脉通	是	专家共识	OCEBM	①②③④
B5	国家远程医疗与互联网医学中心糖尿病专家委员会、白求恩精神研究会内分泌和糖尿病学分会、等	亚洲	中国	2020	糖尿病远程管理	中华医学会糖尿病学分会	是	专家共识	/	①②③④
B6	中华医学会内分泌学分会、中国医师协会内分泌代谢科医师分会、中华医学会内分泌学分会基层内分泌糖病学组、等	亚洲	中国	2022	1型糖尿病诊治	中华医学会糖尿病学分会	是	指南	自定义证据评价与等级建议	①②③④
B7	中国微循环学会糖尿病与微循环专业委员会、中华医学会糖尿病学组、中华医学会内分泌学会基层内分泌糖病学组、等	亚洲	中国	2022	糖尿病运动干预	医脉通	是	专家共识	/	①②③④
B8	朱江苗（浙江大学医学院附属邵逸夫医院内分泌科）	亚洲	中国	2019	2型糖尿病运动方案	知网	是	证据总结	AGREE II 与 JBI	①②③④
B9	中华医学会糖尿病学分会	亚洲	中国	2009	2型糖尿病防治	中华医学会糖尿病学分会	是	指南	/	①②③④

续表

编号	发布机构或组织	国家/地区		发布年份	文献主题	文献来源	基于循证	文献类型	证据分析系统	FITT要素
B10	《中国糖尿病防控专家共识》专家组	亚洲	中国	2017	糖尿病防控	万方数据	否	专家共识	/	/
B11	中华医学会糖尿病学分会	亚洲	中国	2012	2型糖尿病防治	中华医学会糖尿病分会	是	指南	/	①②③④
B12	中华医学会糖尿病学分会、国家基层糖尿病防治管理办公室	亚洲	中国	2018	基层糖尿病防治与管理	知网	是	指南	/	①②③④
B13	中华医学会糖尿病学分会、国家基层糖尿病防治管理办公室	亚洲	中国	2022	基层糖尿病防治与管理	知网	是	指南	/	①②③④
B14	《缓解2型糖尿病中国专家共识》编写专家委员会	亚洲	中国	2021	2型糖尿病防治	医脉通	是	专家共识	AGREE II	①②③④
B15	郭小靖（青岛大学附属医院重症医学科）	亚洲	中国	2021	妊娠糖尿病高危人群病前管理	知网	是	证据总结	AGREE II、GRADE	①②③④
B16	黄娜（复旦大学护理学院）	亚洲	中国	2021	妊娠糖尿病临床护理	万方数据	是	指南	AGREE II	①②③④
B17	刘婷（浙江中医药大学护理学院）	亚洲	中国	2020	妊娠糖尿病患者孕期管理	知网	是	证据总结	JBI	①②③④
B18	中国妇幼保健协会妊娠合并糖尿病专业委员会、中华医学会妇产科学分会产科学组	亚洲	中国	2021	妊娠期运动	万方数据	是	专家共识	GRADE	①②③④
B19	中华医学会妇产科学分会产科学组、中华医学会围产医学分会、中国妇幼保健协会妊娠合并糖尿病专业委员会	亚洲	中国	2022	妊娠期高血糖诊治	万方数据	否	指南	循证医学证据系统	①②③④

续表

编号	发布机构或组织	国家/地区	发布年份	文献主题	文献来源	基于循证	文献类型	证据分析系统	FITT要素
B20	中华医学会糖尿病学分会	亚洲	中国	2013	1型糖尿病诊治	知网	是	指南	/	①②③④
B21	中华医学会糖尿病学分会	亚洲	中国	2012	2型糖尿病防治	知网	是	指南	/	①②③④
B22	中华医学会糖尿病学分会	亚洲	中国	2014	2型糖尿病防治	知网	是	指南	/	①②③④
B23	中华医学会内分泌学分会	亚洲	中国	2014	成人2型糖尿病预防	医脉通	是	专家共识	美国糖尿病学会证据等级分级标准	③
B24	中华医学会糖尿病学分会	亚洲	中国	2018	2型糖尿病防治	知网	是	指南	/	①②③④
B25	中华医学会糖尿病学分会	亚洲	中国	2021	2型糖尿病防治	知网	否	指南	/	①②③④
B26	中华医学会糖尿病学分会	亚洲	中国	2021	2型糖尿病防治	知网	否	指南	/	③④
B27	中华中医药糖尿病基层防治专家指导委员会	亚洲	中国	2022	糖尿病基层中医防治管理	中华中医药学会糖尿病防治基层专家指导委员会	是	指南	中医理论和循证证医学证据	①②③④
B28	中华医学会糖尿病学分会、中华医学会感染病学分会、中华医学会组织修复与再生分会	亚洲	中国	2019	糖尿病足防治	中华医学会糖尿病分会	是	指南	中国人群循证医学证据	①③④
B29	中华医学会内分泌学分会	亚洲	中国	2015	2型糖尿病预防	知网	是	专家共识	/	/
B30	中华医学会老年病学分会内分泌代谢病学组	亚洲	中国	2021	老年人血糖标准护理	PubMed	否	专家共识	/	①②③④

续表

编号	发布机构或组织	国家/地区		发布年份	文献主题	文献来源	基于循证	文献类型	证据分析系统	FITT要素
B31	印度体力活动共识小组	亚洲	印度	2012	2型糖尿病运动防治	PubMed	是	指南	/	①②③④
B32	韩国流行病学会、韩国糖尿病学会、韩国内分泌学会	亚洲	韩国	2019	血脂异常管理	EMBase	否	指南	/	①②③④
B33	日本糖尿病协会	亚洲	日本	2018	糖尿病临床治疗	PubMed	是	指南	/	/
B34	日本糖尿病协会	亚洲	日本	2020	糖尿病临床治疗	PubMed	是	指南	/	①②③④
B35	马来西亚卫生部、马来西亚内分泌代谢学会、马来西亚围产期学会	亚洲	马来西亚	2017	妊娠糖尿病管理	EMBase	是	指南	GRADE	①③
B36	Hassabi M(沙希德、贝蒂医科大学体育与运动医学系)	亚洲	伊朗	2021	糖尿病患者的运动治疗	PubMed	否	指南	OCEBM	①②③④
B37	加拿大糖尿病协会	北美洲	加拿大	2009	糖尿病运动治疗	CMA INFOBASE	是	指南	加拿大糖尿病协会评分系统	/
B38	加拿大糖尿病协会、加拿大糖尿病临床实践指南专家委员会	北美洲	加拿大	2018	体力活动与糖尿病	PubMed	否	指南	/	①②③④
B39	加拿大、美国、英国等多国机构组织	国际		2017	1型糖尿病运动管理	PubMed	否	声明	/	/
B40	Berry T R(阿尔伯塔大学体育与娱乐学院)	北美洲	加拿大	2012	2型糖尿病患者体力活动建议	EMBase	否	推荐实践	/	/
B41	Lawton C(桑尼布鲁克女子学院健康科学中心内分泌科)	北美洲	加拿大	2004	预防和管理糖尿病	PubMed	否	指南	/	①②③④

续表

编号	发布机构或组织	国家/地区		发布年份	文献主题	文献来源	基于循证	文献类型	证据分析系统	FITT要素
B42	Harris S B(加拿大西安大略大学)	北美洲	加拿大	2004	2型糖尿病生活方式干预与治疗	EMBase	是	推荐实践	/	①②③④
B43	美国糖尿病协会	北美洲	加拿大	2016	体育活动/锻炼与糖尿病	PubMed	否	声明	/	①②③④
B44	Mottola M F(加拿大西安大略大学)	北美洲	加拿大	2011	妊娠糖尿病与运动	CMA INFOBASE	是	指南	/	/
B45	美国糖尿病协会	北美洲	美国	1990	糖尿病与运动	ADA	否	声明	/	①②③④
B46	美国营养与饮食协会	北美洲	美国	2008	1型和2型糖尿病建议	EMBase	是	推荐实践	/	①②③④
B47	美国国家卫生研究院	北美洲	美国	1997	糖尿病与运动	PubMed	否	声明	/	/
B48	美国运动医学会，美国糖尿病协会	北美洲	美国	2010	运动与2型糖尿病	PubMed	是	声明	ACSM的证据类别和ADA临床实践建议的证据分级系统	①②③④
B49	Yacoub T G(初级保健医疗中心)	北美洲	美国	2014	2型糖尿病管理	PubMed	是	指南	/	①②③④
B50	美国糖尿病协会	北美洲	美国	2015	1型糖尿病和2型糖尿病运动建议	EMBase	是	推荐实践	营养与饮食学会证据分析	/
B51	Young J C(内华达大学运动学系)	北美洲	美国	1995	代谢紊乱患者的运动处方	PubMed	否	指南	/	①②③④

续表

编号	发布机构或组织	国家/地区	发布年份	文献主题	文献来源	基于循证	文献类型	证据分析系统	FITT要素
B52	美国心脏协会	北美洲 美国	2009	运动对2型糖尿病心血管风险的影响	PubMed	否	声明	/	①②③④
B53	美国糖尿病协会	北美洲 美国	2002	糖尿病与运动	EMBase	是	声明	/	/
B54	美国营养与饮食学会	北美洲 美国	2016	妊娠糖尿病运动建议	EMBase	是	指南	/	③④
B55	Ismail-Beigi F（克利夫兰斯凯西储大学医院）	北美洲 美国	2012	1型糖尿病与运动	PubMed	否	推荐实践	/	②③④
B56	美国糖尿病教育者协会	北美洲 美国	2000	1型糖尿病临床实践	EMBase	否	推荐实践	/	/
B57	美国肾脏基金会	北美洲 美国	2020	糖尿病临床实践	PubMed	是	指南	自拟起草	②③
B58	美国营养与饮食学会	北美洲 美国	2015	1，2型糖尿病建议	EMBase	是	推荐实践	/	②③
B59	美国糖尿病协会	北美洲 美国	2017	1型糖尿病患者的运动	PubMed	是	推荐实践	/	①③④
B60	美国糖尿病协会	北美洲 美国	2006	体育活动/锻炼与2型糖尿病	PubMed	否	声明	/	①②③④
B61	美国运动医学会	北美洲 美国	2021	2型糖尿病患者的运动/体育活动	PubMed	是	声明	/	①②③④
B62	美国临床内分泌学家协会、美国内分泌学会和美国糖尿病协会	北美洲 美国	2018	2型糖尿病管理	EMBase	是	指南	/	①③④

续表

编号	发布机构或组织	国家/地区	发布年份	文献主题	文献来源	基于循证	文献类型	证据分析系统	FITT要素
B63	Padayachee C（昆士兰大学人体运动研究学院和运动研究中心）	大洋洲澳大利亚	2015	妊娠糖尿病的运动指南	EMBase	否	指南	/	①②③④
B64	巴西糖尿病学会，巴西心脏病学会，巴西内分泌与代谢学会	南美洲巴西	2017	糖尿病、糖尿病前期和心血管疾病指南	PubMed	是	指南	自拟起草	/
B65	欧洲心脏病学会与欧洲糖尿病研究协会的糖尿病，糖尿病前期，糖尿病和心血管疾病工作组	欧洲	2019	糖尿病、糖尿病前期和心血管疾病指南	PubMed	否	指南	欧洲心脏病学会实践指南推荐政策系统	②③④
B66	西班牙内分泌与营养学会糖尿病工作组	西班牙	2015	糖尿病患者运动实践的临床建议	PubMed	是	推荐实践	/	①②③
B67	欧洲心脏病学会与欧洲糖尿病研究协会的糖尿病，糖尿病前期，糖尿病和心血管疾病工作组	欧洲	2013	糖尿病、糖尿病前期和心血管疾病指南	PubMed	是	指南	/	②③
B68	Savvaki D（色雷斯德谟克利特大学体育与运动科学院）	欧洲希腊	2018	正常妊娠期和妊娠糖尿病运动指南	PubMed	否	指南	/	①②③④
B69	国际糖尿病联盟预防和流行病学工作组	国际	2007	2型糖尿病预防	PubMed	否	专家共识	/	①③
B70	意大利糖尿病学会和糖尿病专家协会	欧洲意大利	2022	2型糖尿病治疗	PubMed	否	指南	/	①②③④
B71	英国糖尿病协会	欧洲英国	2019	老人1型糖尿病护理	NICE	否	指南	/	①②③④

续表

编号	发布机构或组织	国家/地区	发布年份	文献主题	文献来源	基于循证	文献类型	证据分析系统	FITT要素
B72	德国联邦议院与联邦卫生部	欧洲　德国	2016	糖尿病预防	WOF	是	指南	/	①②③④
B73	国际糖尿病联合会	国际	2017	2型糖尿病管理建议	IDF	是	推荐实践	/	③④

注：①频率（Frequency）；②强度（Intensity）；③时间（Time）；④类型（Type）。

表 3.3 糖尿病患者体力活动证据推荐意见汇总

阶段	运动处方原则	证据编号	证据内容
预防	总量	72	成年人应尽可能每周至少达到 150 分钟中等强度或 75 分钟高强度有氧运动，或两种强度的等效组合 (72)
	频率	72	成年人应每周进行 5 天有氧运动，至少进行 2 天抗阻运动 (72)
	强度	72	建议进行中等强度体力活动 (72)
	时间	72	每周进行 5 次，每次 30 分钟的有氧运动 (72)
	类型	72	推荐进行有氧运动与抗阻运动 (72)
	其他体力活动建议	72	成年人应避免久坐，定期进行体力活动；建议孕妇或近期分娩的女性避免久坐，并达到普通成年人的体力活动标准。运动量无论多少，都能带来运动收益，促进机体健康 (72)
	运动前评估	1;5;7;45	运动前应在正规医疗或糖尿病管理中心进行专业的运动前评估[5(证据等级 A，强烈推荐;45]。运动遵循个性化，科学性，提前准备适当运动装备[1(推荐强度 B)]。患者需进行运动前评估[5(证据等级 A，强烈推荐)]。老年人易合并多种慢性疾病，运动前建议进行必要的医学检查和风险评估，全面了解患者情况，建议以临床医师为主导运动健康师配合完成运动(7)
治疗	总量	1;5;7;34;57;65;66	每周至少 150 分钟或更长时间中高强度有氧运动[1(推荐等级 A)]。年轻且具备一定体力者，推荐每周进行 75 分钟以上的 HIIT 训练(5;7;34;57;65;66(证据等级 B)]
	频率	1;7;34;36;45	每周至少 3 天有氧运动，不应连续超过 2 天不运动[1(推荐强度 B;7;34;45]。每周 2~3 次中等强度抗阻运动(5;34;36)。不能连续 2 天进行抗阻运动(34;36)。推荐每周至少进行 2 次抗阻运动(运动间隔不宜超过 3 天)(7)
	强度	1;7;45	应以中等强度为主(40%~70%~70%最大心率)；需监测运动中强度，运动实施状况与运动后的恢复情况[1(推荐强度 B)]。老年糖尿病患者以中等强度有氧运动为主，运动能力较弱者，可选择低强度有氧运动，运动强度因人而异(7)。有氧运动强度选择中等强度或最大摄氧量的 50%~70%(45)

续表

阶段	运动处方原则	证据编号	证据内容
	时间	1；5；7；36；45	有氧运动每次不少于20分钟[1(推荐强度B)]。训练包含5~10分钟热身活动，至少10分钟的有效运动,5~10分钟放松活动(5)。每次有效运动时间20~60分钟,每次抗阻运动应为30分钟左右(7)。久坐女性应从每天10分钟开始,然后每周增加10分钟，直到可以每天保持30分钟的运动[36(证据等级B)]。每次持续运动20~45分钟,包括低强度的热身和放松活动(45)
	类型	1；7；33；34；45；66	建议成年人增加体力活动,进行有氧和抗阻运动[1(推荐强度B)；7；34；66(证据等级I,推荐强度A)]。尤其是有氧运动[33；34(证据等级A)]。鼓励老年患者进行抗阻运动,注意加强平衡和柔韧性训练,运动形式包括快走、健身舞、韵律操、骑自行车、水中运动、慢跑等(7)。选择适合个体的一般体力活动方式(45)
治疗	其他体力活动建议	1；5；7；34；35；45；57；64；65	采用室内与室外、有器械与无器械、运动指导与无专业指导及自主运动,群体运动与个体运动相结合的运动方式,运动治疗计划的调整应遵循个性化制定,对患者的个体情况进行个性化制定,对有相关并发症的患者[1(推荐强度B)]。进行个性化运动指导以及效果评估,对所有糖尿病禁忌证患者建议进行运动康复管理[5(推荐等级A,强烈推荐)]。使用经过临床试验验证实有效的管能化管理程度体力运动[5(推荐等级C,强烈推荐)]。应减少久坐时间,推荐每30分钟打断1次久坐并进行一些低强度运动(5；34)。实行"院内院外一体化"及"线上线下一体化"的管理模式,对接受运动治疗的患者实施分层管理,加强运动监测,尤其警惕低血糖发生风险(7)。运动和营养治疗不佳者,应开始药物治疗[57(证据等级I,推荐强度D)]。运动以往运动禁忌证患者建议进行运动康复管理[5(推荐等级A,强烈推荐)]。应为特殊糖尿病人群提供运动康复服务[5(推荐等级A,强烈推荐)]。实验以在餐后1~3小时内为宜[1(推荐强度D);5]。进行个性化运动指导以及效果评估,对所有糖尿病禁忌证患者需要专业人员进行运动治疗需掌握患者适应证及禁忌证[5(推荐强度B)]。建议35岁以上的患者都做运动应激心电图,还要进行体重控制(35)。建议所有35岁以上的患者,针对肥胖患者,适当的运动计划应该接受饮食和/或药物治疗的辅助,必须注意尽量减少潜在的运动并发症[64(证据强度A；65)]。应接受强化饮食咨询(45),将体力活动作为一线治疗方案[64(证据强度A；65)]

续表

阶段	运动处方原则	证据编号	证据内容
	运动前评估	32	有心血管疾病或多种危险因素的患者，应该在开始运动前进行医学评估[32（证据等级 I，推荐强度 A）]
	总量	12;13;27;32;66	患者需要每周至少进行 150 分钟中高强度体力活动[12;13;27;32;32（证据等级 I，推荐强度 A）;66（证据等级 I，推荐强度 A）]
	频率	27;32	每周进行 3～6 次有氧运动，进行 2 次抗阻运动[27;32（证据等级 I，推荐强度 A）]
	强度	32	推荐进行中等强度有氧运动[32（证据等级 II a，推荐强度 B）]。抗阻运动强度应根据年龄和个人体身状况而定[32（证据等级 I，推荐强度 A）]
未明确区分预防或诊治	时间	13;27;32	建议每周进行至少 5 天，每次 30 分钟的体力活动(13)。推荐进行八段锦，每周 5 天，每天 2 次，每次 15 分钟；心身每桩每周 5 天，每天 1 次，每次 20～30 分钟；五禽戏每周 5 天，每天 2 次，每次 15 分钟；24 式简化太极拳每周 5 天，每天 3 次，每次 10 分钟，易筋经每周 5 天，每天 2 次，每次 15 分钟(27)。推荐每次至少进行 30 分钟的中等强度有氧运动，进行 8～10 次涉及大肌群的运动，每组至少重复 8～12 次[32（证据等级 I，推荐强度 A）]
	类型	13;27;66	建议每周进行 2～3 次抗阻运动(2 次运动间隔至少 48 小时)，也可以选择其他适合的运动方式(13)。采用低强度，多频次的运动方式，结合养生调息方法(27)。最好有氧利抗阻运动相结合[66（证据等级 I，推荐强度 A）]
	其他体力活动建议	12;13;37;38;57	增加日常体力活动，积极进行体育锻炼，减少久坐时间(12;13;37;38)。血糖控制极差且伴有急性并发症或严重慢性并发症者，不应采取运动干预(13)。运动应得到结构化运动咨询的指导，对有家族史的患者鼓励其积极参与体力活动，对于久坐人群鼓励其进行比步行运动强度更高的体力活动(38)。有禁忌证者，禁止运动[57（证据等级 I，推荐强度 A）]

续表

阶段	运动处方原则	证据编号	证据内容
护理	频率	30	每周进行至少 5 天有氧运动，以及至少 2 天的柔韧性/平衡性训练且连续运动不超过 2 天；每周进行至少 3 天的肢体被动活动，每天进行 1～2 次全身上下肢体关节被动运动 (30)
	强度	30	推荐进行中等强度体力活动 (30)
	时间	30	每次 30～60 分钟的中等强度有氧运动；每次中等强度抗阻运动进行 8～10 个动作，进行 1～3 组，每组动作重复 8～12 次 (30)
	类型	30	推荐进行有氧运动、柔韧性/平衡性训练以及肢体被动活动，鼓励运动类型多样化 (30)
	其他体力活动建议	30	应了解运动与血糖控制的相关知识，采取适当的运动方式，运动量和运动时间 (30)

表 3.4 1 型糖尿病患者体力活动证据推荐意见汇总

阶段	运动处方原则	证据编号	证据内容
	运动前评估	2;3;6;20;56	运动前需要进行全面的体格检查与风险筛查,对合并症者或并发症者要进行全面评估[2;3;证据等级 B;6;20;56]。运动之前要进行脱水检查与酮体检测等(2)
	总量	6	每周进行至少 150 分钟的中等强度体力活动,或每周至少 75 分钟的高强度体力活动(6)
	频率	6	有氧运动每周至少 5 次,每周 2 次运动间隔时间小于 48 小时,每周进行至少 3 次 HIIT,每周 2~3 次柔韧性及平衡训练(6)
	强度	2;6;20;39	选择低、中等强度的有氧运动,以最大心率的 60%~70%为宜(2;20)。体力较好或有较好运动基础者可以进行高强度体力活动,运动强度增加到最大摄氧量的 50%~60%为宜(39)。中等强度或中青年则进行中等强度体力活动。所有患者,尤其是老年人群,建议进行柔韧性及平衡训练(6)
	时间	2;6;20	每天至少 1 次,每次运动时间为 30~60 分钟(2;20)。每周至少进行 5 天有氧运动,每周 3 次 HIIT,每次柔韧性及平衡训练,每次 10~20 分钟(6)。无运动习惯者,逐步达到每天至少 30 分钟中等强度体力活动,若不能一次进行,可分次进行,每次 10~15 分钟(20)
治疗	类型	3;6;41;58	推荐定期进行有氧运动、短期高强度冲刺型运动与混合型运动[3;证据等级 B;6]。有一定运动基础者可以进行 HIIT(6;41)。建议大多数患者进行有氧和无氧运动,结合养生法,参与各种生活,参与各种形式的体力活动,并适度调整运动方式(58)
	其他体力活动建议	2;3;6;20;36;46;56	坚持循序渐进、量力而行、持之以恒的运动原则,运动过程中要预防低血糖,病情稳定的患者在专业机构接受教育[3;证据等级 5;推荐强度 B;20]。有运动禁忌的患者、合并各种性感染、血糖严重超标、近期发生严重或增殖性糖尿病视网膜病变患者,有严重的糖尿病视网膜病变或严重肾脏疾病者,制订个性化的运动计划,包括运动方式、运动强度、时间及频率等(20;56)。鼓励患者积极参加体力活动(6)。根据体检结果全面评估患者情况,合适的运动场地、合适的运动装备,开始运动的时间一般在餐后 1.5 小时(20)。应该鼓励 1 型糖尿病患者定期进行体育锻炼(46)

续表

阶段	运动处方原则	证据编号	证据内容
未明确区分预防或治疗	运动前评估	50	针对有糖尿病相关并发症的运动员，应检查是否存在运动禁忌证，1型糖尿病运动员应该每3~4个月进行一次糖化血红蛋白测定，患有心血管疾病或糖尿病微血管并发症的患者运动前应进行医学评估(50)
	频率	50	推荐有氧和抗阻运动相结合，每组运动间隔天进行一次(50)
	类型	50	建议将有氧和抗阻运动相结合(50)
	其他	46;53	应该鼓励1型糖尿病患者定期参加体力活动，1型糖尿病患者可以从运动中获得运动收益(46)。运动应与医学等多学科相结合，将营养纳入糖尿病患者的整体管理(46)。无并发症的1型糖尿病患者可以参加体力活动(53)
护理	运动前评估	71	运动前要了解患者的身体状况、病史，并进行血糖检测，避免发生低血糖(71)
	总量	71	每周进行120~150分钟的中等强度有氧运动(71)
	频率	71	每周进行2~3次体力活动(71)
	强度	71	推荐进行低中强度的体力活动(71)
	时间	71	对于体弱的成年人，建议进行常规抗阻运动，每周最多进行2次，每次15~30分钟(71)
	类型	71	建议进行低中强度有氧运动，抗阻运动，柔韧性与平衡性训练(71)
	其他体力活动建议	71	建议定期进行体力活动以保持理想体重。每周步行2~3次，每次30分钟。对进行中高强度运动的人，要确保血糖水平不超标，应获得专业的营养及水分补充建议。对老年糖尿病并伴有认知功能障碍的患者需要进行安全教育(71)

表3.5　2型糖尿病患者体力活动证据推荐意见汇总

阶段	运动处方原则	证据编号	证据内容
预防	运动前评估	23;31	建议进行运动前评估，对血糖及其他指标进行检测（23;31）
	总量	23;58	每周进行250~300分钟体力活动（23），将中等强度体力活动（如快步走）增加到每周至少150分钟（58）
	频率	31	每周进行3次体力活动（31）
	强度	31;68	推荐进行中等强度体力活动（31;68）
	时间	31;68	建议每天总共进行60分钟的体力活动，包括至少30分钟中等强度有氧运动，15分钟与职业相关的活动及15分钟抗阻运动，建议每周进行3天有监督的抗阻运动，单个动作重复练习10次以上（31）。推荐每周全部或大部分时间进行30~40分钟的中等强度体力活动（68）
	类型	31	推荐进行有氧和抗阻运动（31）
	其他体力活动建议	23;29;58;68	应积极学习糖尿病相关知识，注重高危人群筛查，注重运动治疗等强化生活方式干预（23;29）。开始运动治疗后，做到糖尿病前期的早发现，早诊断和早管理。建议通过医学营养和运动治疗在空腹血糖和/或口服葡萄糖耐量试验。特殊人群需根据个体情况进行个性化区别对待（29）。应避免突然开始或加大体力活动剂量或任何高强度的运动（29）。在有重度周围神经病的情况下，（低血糖症）为70mg/dL，最好鼓励进行非负重活动（游泳、骑自行车或手臂锻炼）；存在增生或重非增生性糖尿病视网膜病变（29）。高血糖水平（低血糖水平）为300mg/dL，禁止进行高强度的有氧或糖化血红蛋白运动，因为引发玻璃体出血或视网膜脱离的潜在风险（29）。糖耐量受损、空腹血糖受损或糖化血红蛋白时避免进行体力活动。5.7%~6.4%的患者应接受饮食和体力活动咨询，积极进行血糖及体重控制（58）。应鼓励每个患者积极进行体力活动。通过接受饮食和体力活动减轻体重（68）
治疗	运动前评估	4;8;14;61	运动前要全面了解患者病史，记录疾病发展程度及并发症情况，并评估运动能力、运动安全性与心肺耐力[4（证据等级1，推荐强度A）;8（证据等级4，推荐强度A）;14（证据等级2a，推荐强度B）;61]

续表

阶段	运动处方原则	证据编号	证据内容
治疗	总量	8;14; 36;43; 46;49; 52;55; 60;61; 70	每周至少进行150分钟的中等强度有氧运动,75分钟的高强度有氧运动,同时进行抗阻运动和柔韧性训练[8(证据等级1,推荐强度A)]。每周应进行至少150分钟的中等强度有氧运动[14(证据等级1,推荐强度A)]。每周应进行至少150分钟的中等强度有氧运动或同等水平运动[14(证据等级2a,推荐强度B);36(证据等级B);43(证据等级A;49;55]。建议每周进行90~150分钟的中等强度有氧运动,以及每周3次的抗阻运动(46)。每周至少累计进行150分钟中等强度体力活动,也可进行每周90分钟的高强度心肺耐力运动[52证据等级1,推荐强度A]。每周进行150分钟的中等强度有氧运动,也可进行每周75~150分钟的高强度有氧运动,或两者的等效组合(61)。建议每周在3天或3天以上的时间内进行150分钟的中等强度体力活动或150~300分钟中等强度体力活动或75~150分钟的高强度运动(70)。建议健康的人群每周进行至少75分钟的高强度运动[60证据等级A]
	频率	2;4;8; 14;36; 43;46; 49;51; 52;53; 60;61	鼓励每周进行2~3次抗阻运动,2次抗阻运动[2;4(证据等级A];14(证据等级1,推荐强度2a,推荐强度B);49;51;52;60;61]。每周进行3~7次有氧运动[4(证据等级1,推荐强度I,推荐强度有氧运动[14(证据等级B);36(证据等级B);61]。每周进行2~3次柔韧性或平衡性训练[14(证据等级2a,推荐强度B);36(证据等级B);61]。建议每天有氧运动,2次抗阻运动间隔不超过2天[43(证据等级C)]。除有氧运动外,每周进行3次的抗阻运动(46),每周进行3次有氧运动1次,或每隔1天运动1次,或每周至少有氧运动3~4次体力活动(53)。推荐每周进行3~4次有氧运动(53)。每周至少进行3天体力活动,达到每周5~7次(51)。推荐每周进行3~4次有氧运动(53)。活动,不运动时间不超过连续2天[60(证据等级A)]
	强度	4;8;14; 36;43; 46;49; 52;60; 61	推荐进行中高强度体力活动,运动强度达到最大心率的50%~70%[4(证据等级A];49;52;60(证据等级B];61]。推荐进行中等强度体力活动有氧级1,推荐强度B);14(证据等级2a,推荐强度B);49;52;60(证据等级A];61]。建议进行中等强度有氧运动的60%或最大摄氧量(最大心率的40%~60%或最大摄氧量的50%~70%)[60证据等级A];或高强度(50%~60%或最大心率的70%)[60储备氧摄氧量A]。进行中等强度,RPE11~12)或高强度(60%~89%储备氧量或储备氧摄氧量A]。运动(超过最大摄氧量的60%或最大摄氧量的70%)[60证据等级A]。进行中等强度,RPE14~17)有氧运动,RPE14~17)有氧运动;柔韧性训练拉伸或缓和运动强度(61)。中等强度(1-RM的50%~69%)或高强度(1-RM的70%~85%)的抗阻运动,柔韧性训练未设置运动强度(61)。微不适的程度,平衡性训练未设置运动强度(61)

续表

阶段	运动处方原则	证据编号	证据内容
治疗	时间	4;8;14;43;49;51;52;53;60;61	推荐每天进行至少30分钟的中等强度的有氧运动，如不能保证每次10分钟以上的抗阻运动，每天30分钟，推荐强度等级A）。每周运动至少5天，每次至少30分钟的中等强度有氧运动，如果每天抽不出整段的30分钟，可以每次运动10分钟，每天3次，同时，每周进行至少2次力量训练[14（证据等级B）]。每次不少于1组每组包含5种不同涉及大肌肉群的抗阻运动方式(49)。每次20～40分钟(51)。中等强度有氧运动应每周至少进行3次，每次20～40分钟(51)。每周5天，每天至少30分钟的中等强度体力活动，并锻炼到所有肌肉群，每组重复8～10次，共3组[52（证据等级I,推荐强度A）]。每周一周的高强度的体力活动，同一周可进行行2次2次20分钟的中等强度体力活动[52（证据等级I,推荐强度A）]。每周可进行2次2次20分钟的高强度的体力活动，同一周可进行行2次以上的中等强度有氧运动[52（证据等级I,推荐强度A）]。鼓励患者每周进行3次抗阻运动，涉及所有主要肌肉群，并逐步增加到2～3次，每次拉伸，每组重复10～30秒，每组重复2～4次；抗阻运动，进行8～10次涉及主要肌肉群[60（证据等级A）]。柔韧性训练每周2～3次，每次拉伸10～15次，每种特定运动1～3组(61)
	类型	4;8;14;36;43;46;51;52;60;61;70	推荐进行有氧运动、抗阻运动、柔韧性训练或其他适宜的运动方式[4（证据等级A）,推荐强度1,推荐强度C）;51;52;60;61]。推荐患者进行有氧运动、抗阻运动，并避免久坐[8（证据等级1,推荐强度B）]。有氧运动方式包括散步、慢跑、骑自行车、游泳、水上活动、划船、跳舞[同歇训练，乒乓球、快走、五禽戏和易筋经等，太极拳、羽毛球，其中、快步走是最广泛的推荐方式,抗阻运动方式包括自由负重训练、利用器械训练或不是单独利用弹力带进行的运动[8（证据等级1,推荐强度A;级4,推荐强度B);61]。建议进行有氧与抗阻运动(46)。柔韧性训练包括静态、动态或本体感神经70（证据等级低,推荐强度弱）]。推荐进行有氧联合抗阻运动(46)。肌肉易化法(Proprioceptive Neuromuscular Facilitation,PNF)拉伸、平衡练习、瑜伽、太极(61)。平衡性训练包括平衡练习、下肢和核心抗阻运动(61)

续表

阶段	运动处方原则	证据编号	证据内容
治疗	其他体力活动建议	4;8;14;40;43;51;52;55;57;60;61;70	运动过程中可以选择适宜的运动方式、强度，运动环境和装备及随时监测效果[4(证据等级 I，推荐强度 A);14(证据等级 2a，推荐强度 B)]。当体重下降明显时，应适当增加运动负荷，感觉疲劳过快，应适当减少运动负荷;体重变化不明显时，应增加运动负荷[4(证据等级 I，推荐强度 A)]。当无运动绝对禁忌证时，应证实无禁忌证后须待病情控制稳定后方可逐步恢复运动[8(证据等级 4，推荐强度 B)]。根据患者病情、病程，并发症及喜好等实施因素，制定个性化的运动方案，定期评估并适时调整[8(证据等级 1，推荐强度 A)]，为保证运动安全，运动需监测运动强度，运动实施状况，机体对运动的反应[8(证据等级 1，推荐强度 A)]。运动强度必须控制在已确定的有效范围内[8(证据等级 B)]。尽可能增加日常活动，久坐时间不超过 90 分钟[8(证据等级 2，推荐强度 A)]。运动前后要加强血糖监测，运动量大或剧烈运动时应建议患者临时调整饮食及药物治疗方案，以免发生低血糖[8(证据等级 3，推荐强度 B)]。提高级 5，推荐强度 B)，建议在血糖峰值时间前 30 分钟开始运动[8(证据等级 2，推荐强度 A)]。运动强度低，可通过低强度体力活动进行久坐间患者疾病意识，鼓励患者积极参加体力活动[43(证据等级 C);61]。建议进行结构化的生活方式干预，包括体力活动、运动，还鼓励进断[43(证据等级 C);61]。建议进行规律的体力活动，采用适当适度的生活方式[52(证据等级 1，推荐强度 A)]。将运动和营养作为控制体重的一线治疗手段[57(证据等级 1，推荐强度 A)]。有者严格的饮食调整(55)。运动和运动强度因个人目标而异，进行抗阻运动时需由运动专家进行干预，运动强度取决于患者的健康状况、年龄和个人目标，最后增加运动次数，体重，建议在进行运动氧运动的推荐和运动量上循序渐进[60(证据等级 A)]。有氧运动进阶运动需要先增加阻力，然后逐渐进行，建议在进行定期重渐评估[60(证据等级 A)]。有氧运动上循序渐进，可加大伸展幅度，柔韧性训练只要不感到疼痛，可加大伸展幅度，平衡性训练应谨慎进行，以尽量减少跌倒风险(61)
未明确区分预防或治疗	运动前评估	24;25	运动前要进行医学评估，特别是心肺功能和运动功能[24(证据等级 B);25(推荐强度 B)]。
	总量	9;21;22;24;25;42;46;48;69;73	推荐每周进行至少 150 分钟的低中强度有氧运动[9;21;22;24;25(推荐强度 B);42;48(证据等级 A);69]。对于 2 型糖尿病患者，建议每周进行 90~150 分钟的中等强度有氧运动(46)。从每周至少 150 分钟开始，运动间隔时间不超过 48 小时，超重患者可能需要每周进行至少 275 分钟的体力活动(73)

续表

阶段	运动处方原则	证据编号	证据内容
未明确区分预防或治疗	频率	9;11;21;22;24;25;42;48	每周进行5天有氧运动,每周进行2~3次抗阻运动,2次抗阻运动间隔时间超过48小时[9;21;22;24(证据等级B);25(推荐强度B)]。每周至少应进行3~5次低中强度体力活动(11)。每周进行至少3天中高强度有氧运动,2次有氧运动之间不超过2天;每周还应进行2~3天的中高强度抗阻运动[48(证据等级B)]
	强度	9;11;24;25	推荐运动强度达到最大心率的60%~70%[心率(次/分)=220-年龄](9;11;24;25)
	时间	9;11;21;22;24;25	建议有氧运动每周5天,每次运动30分钟左右(9;24)。每次运动持续时间为30~60分钟,包括准备活动和放松活动(11)。每周进行5天,每次30分钟的体力活动[21;22;24;25(推荐强度B)]
	类型	9;11;21;22;25;26;38;42;48;53;69	建议进行低中强度有氧运动与抗阻运动,推荐进行的低强度运动包括购物、散步、做操、太极拳、气功等,中等强度运动包括快步走、打太极球、园艺活动、爬楼梯、骑车、中高强度运动包括有氧健身操、慢跑、跳绳、球类、跳舞等(9;11;21;22)。每周最好进行2次低强度有氧运动或中等强度的柔韧性训练[25(推荐强度B);48证据等级B);69]。推荐进行中等强度有氧运动、抗阻运动(21;22)。
	其他体力活动建议	9;10;11;21;22;24;25;26;38;42;48;53;66	有禁忌证(合并各种急性感染,伴有心功能不全,心律失常且日活动后加重,严重糖尿病肾病,严重糖尿病足,严重的眼底病病变,新近发生的血栓,有明显酮症酸中毒,血糖控制不佳且活动后的患者避免进行运动(9;11)。运动时间内建议选择相对固定的时间段,应在饭后1~2小时开始运动,勿空腹运动,遵循"循序渐进、量力而行、持之以恒"的运动原则(9;11)。根据实际情况,爱好和环境条件等选择低中强度有氧运动5~10分钟(9)。积极开展全民生活方式干预,鼓励进行适量运动(10)。在正式运动前应先做低强度运动前水平,不要突然停止运动;运动出现不适,应立即停止运动,再做5~10分钟的放松活动,以补充白开水,以补充汗液的丢失;运动过程中注意心率变化及感觉,掌握好运动强度;若出现身感不适,应立即停止运动,原地休息。若休息后仍不能缓解,应及时到医院就诊(11)。运动强度还可根据自身感觉来掌握,在达到理想的运动强度20~30分钟(11)。血糖>14~16mmol/L,明显的低血糖症或血糖波动较大,有糖尿病急性代谢并发症以及各种心肾等器官严重慢性病并发症者暂不适宜进行运动(21)。运

续表

阶段	运动处方原则	证据编号	证据内容
未明确区分预防或治疗	其他体力活动建议	9;10;11;21;22;24;25;26;38;42;48;53;66	动治疗应在医师指导下进行,鼓励患者尽一切可能进行适当的体力活动,即使一次进行短时的体力活动(如10分钟),每天30分钟也是有益的[21;22;25(推荐强度B)]。运动项目要与患者年龄、病情及身体承受能力相适应,并定期评估,适时调整运动计划,记录运动日记;增加日常体力活动,减少久坐时间,将体育运动融入日常生活;运动前后要加强血糖监测,运动量大或剧烈运动后应调整患者临时调整饮食及药物治疗方案,以免发生低血糖[22;24证据等级B);25(推荐强度B)]。严重低血糖、糖尿病酮症酸中毒等急性代谢并发症,合并急性感染,增殖性视网膜病变,严重心脑血管疾病(不稳定型心绞痛,严重心律失常,一过性脑缺血发作)等情况下禁止运动,病情控制稳定后方可逐步恢复运动[25(推荐强度B)]。运动处方的制定需遵循个性化原则[25(推荐强度B)]。运动中要注意及时补充水分;一般不必因高血糖而推迟运动;如果在进行剧烈运动时血糖>16.7mmol/L,则应谨慎,确保补充足的水分[25(推荐强度B)]。安全地进行体力生活方式,积极进行适当的运动(38)。患者需要积极进行有监督的运动计划(26)。应该致患者愿意,应该在营养师的指导下进行饮食调整与体重建议(42)。如果患者超重,还应在营养师的指导下进行饮食调整与体重控制(48)。有监督的有氧和抗阻运动可能给健康带来额外的收益[48(证据等级B)]。鼓励患者增加每日非结构化体力活动总量,柔韧性训练可以包括在内,(但不应取代其他推荐的体力活动)[48(证据等级C)]。在无酮症的情况下,只要自我感觉良好且水分充足,应鼓励运动,大多数因运动而促进体力活动参与一定效果[48;53]。鼓励参加体力活动,中强度体力活动,生活方式干预可促进体力活动参与一定效果[48;53]。鼓励参加体力活动,控制体重并降低血糖水平(66)。通过增加体力活动来改善身体健康,控制体重并降低血糖水平(48;53)。积极进行体力活动来预防和管理2型糖尿病(53)。积极进行体力活动来预防和管理糖尿病(66)

表 3.6 妊娠糖尿病患者体力活动证据推荐意见汇总

阶段	运动处方原则	证据编号	证据内容
预防	运动前评估	18	医务人员在给予高危妊娠糖尿病人群运动建议之前应对患者的身体状况进行充分评估[18(推荐强度 B);54]。
	频率	18;19;54	每周进行 5~7 天的体力活动[18(推荐强度 B);54]。
	强度	18;19	运动以中等强度为宜,运动心率达到储备心率的 60%~80% 或 RPE 为 13~14[18(推荐强度 C)]。孕妇运动时心率达到 40%~59% 最大心率范围(220-年龄)提示运动达中等强度水平[19(推荐等级 C)]。
	时间	18;19;54	无运动禁忌证,每周应进行至少 5 天,每次持续 30 分钟的中等强度体力活动[18(推荐强度 B);19(推荐等级 C)]。除非有禁忌,应该鼓励妊娠糖尿病女性每天进行 30 分钟或更多的体力活动(54)
	类型	18;19;54	运动形式包括有氧运动,应避免有身体接触、有摔倒及受伤风险的运动方式,避免在高海拔地区进行运动[18(推荐强度 C)]。有氧运动及抗阻运动均是妊娠期可接受的运动形式[19(推荐等级 C)]。推荐孕期进行有氧运动和非负重运动(如拉伸、游泳、瑜伽)(54)
	其他体力活动建议	18;19;54	所有无运动禁忌证的孕妇均建议在妊娠期进行规律的体力活动[18(推荐强度 A)]。孕前无运动习惯者,孕期运动应从低强度开始,循序渐进[18(推荐强度 C)]。存在运动禁忌证的孕妇应避免运动[18(推荐强度 C)]。运动过程中应保证充足的水分供给,穿戴宽松,避免在高温和高湿度环境中进行运动[18(推荐强度 C)]。对于运动强度明显超过指南推荐的患者,应在专业人员的指导和监护下进行运动,孕前肥胖女性应尽早开始运动,并应从低强度、短时间续续进行[18(推荐强度 B)]。产后应尽早恢复运动[18(推荐强度 C)]。当孕妇妊娠期运动出现以下情况时,应停止运动:阴道流血,规律并有痛感的宫缩、阴道流液、呼吸困难、头晕、胸痛、肌肉疼痛[19(推荐等级 C)]。除了饮食管理,还要求患者积极推进行体力活动[54(证据等级 D)]。妊娠期使用胰岛素治疗者,运动可改善血糖和体重(54)。建议患者改变生活方式,有计划地进行体力活动[54(证据等级 D)]
治疗	运动前评估	15	运动前需要评估高危人群的运动禁忌证,包括 1 型糖尿病合并妊娠、视网膜病变、心脏病、多胎妊娠、宫颈机能不全、先兆早产流产,胎儿生长受限,妊娠期高血压疾病等[15(证据等级低,强烈推荐)]
	总量	35	推荐每周进行 150 分钟的体力活动[35(证据等级 Ⅲ)]

续表

阶段	运动处方原则	证据编号	证据内容
治疗	频率	15;35;62	每周运动3~4次,应避免连续2天或2天以上不运动[15(证据等级中等,强烈推荐);62]。每周至少进行3次有氧运动,进行2~3次非连续的抗阻运动(62)。一周大部分时间进行中等强度体力活动[35(证据等级Ⅲ);62]
	强度	62	建议进行中等强度(60%~90%年龄预测最大心率,针对先前久坐不动的患者,运动强度按照最大预测50%1-RM;将运动强度设定在6~20范围内的RPE为12~14(有点吃力)(62)。以前久坐且超重或肥胖者应该从年龄预测储备摄氧量的20%~30%开始,RPE为12~14,高强度则RPE为14~16(62);运动强度按照美国运动医学会推荐的20%~39%进行,抗阻运动按照储备摄氧量推荐的20%~39%进行,RPE为12~14(有点吃力)(62)。以前久坐且超重或肥胖者超过大日超重或肥胖者应该从年龄预测储备摄氧量的20%~30%开始,RPE为12~14,高强度则RPE为14~16(62)
	时间	15;35;36;62	每周运动3~4次,每次运动时长可从10分钟开始,逐步延长至30分钟,其中可穿插必要的间歇[15(证据等级中等,强烈推荐)]。除非有禁忌证,建议患者在一周大部分时间进行每天20~30分钟的中等强度体力活动,并根据需要进行相应的调整[35(证据等级Ⅲ);36(证据等级Ⅲ)]。几乎无运动习惯的女性应从每周3次、每次15分钟的持续有氧运动开始,逐步增加到每周至少4次,每次30分钟,进行有氧运动的时间上限没有规定,但不要连续运动超过45分钟;抗阻运动应包括5~10个动作,涉及主要肌肉群(上肢、下肢和核心),每个动作8~15次重复,每次连续运动时间达到45分钟(62)。每次连续运动每次5~10个动作,重复1~2组,最多4组(62)。抗阻运动每周至少2天,每周最好是每周3天(62)
	类型	15;35;62	推荐无禁忌证患者进行有氧运动或抗阻运动,且进行1~2组,每次60分钟的中等强度体力活动[15(证据等级中等,强烈推荐);62]。高危人群以低至中等强度的有氧运动或抗阻运动为宜[35(证据等级Ⅲ);62]
	其他体力活动建议	5;15;19;35;36;62	建议所有患者,无论体重如何,都应定期进行适度的体力活动[5;36(证据等级B)]。运动期间出现以下情况应及时就医:腹痛,阴道流血或流水,憋气,头晕眼花,严重头痛,胸痛,肌无力等[15(证据等级极低,强烈推荐)]。建议久坐时间(90分钟)的久坐时间进行分散[15(极低质量证据;血糖控制良好者,推荐40~41周终止妊娠[35(证据等级Ⅲ)]。每周至少监测1天运动强度[19(推荐强度C)]。建议无禁忌证患者要积极对抗阻运动、有氧运动进行,以中等强度进行多达3组为宜,鼓励进行抗阻运动(62)。建议女性在孕早期进行抗阻运动,以中等强度进行多达3组为宜,有氧运动绝对禁忌证者尽量避免高强度抗阻运动(62)

续表

阶段	运动处方原则	证据编号	证据内容
未明确区分预防或治疗	运动前评估	44	运动前需要进行全面的医学评估，判断有无禁忌证(44)
	频率	44;67	每周进行有氧运动3～5次，抗阻运动至少2次，柔韧性训练2～3次(44;67)
	强度	67	有氧运动强度为最大摄氧量的50%～60%，抗阻运动强度应达到低中强度，拉伸至轻微不适(67)
	时间	26;44;67	每次运动时间不少于45分钟(26)。有氧运动每周至少5天，每次30分钟，对于久坐的女性，从每天5～10分钟逐渐开始，运动前后，拉伸运动必须做5～10分钟(44)。有氧运动每周3～4次，每次运动时间45分钟，每15分钟休息5分钟；抗阻运动每周至少2天，5～10个动作，10～15次重复练习(1组或8～10个练习)，柔韧性训练每周2～3次，每次动作重复2～4次(67)
	类型	26;44;67	鼓励孕期适当运动，包括有氧运动及抗阻运动(26)。建议进行有氧运动，主要的运动形式为散步、慢跑、跑步、椭圆机、骑自行车、游泳、水中有氧运动(44;67)；抗阻运动主要是坐姿练习、瑜伽、普拉提、自由举重练习、弹力带力量训练及柔韧性训练(67)
	其他体力活动建议	26;44;67	应根据患者的具体情况制定个性化运动方案(26)。存在禁忌证(妊娠糖尿病史、巨大儿分娩史、早孕期空腹尿糖阳性、无明显原因的多次自然流产史、胎儿畸形及死胎史、新生儿呼吸窘迫综合征分娩史，自然怀孕史的女性，鼓励怀孕日常生活中增加体力活动，高血压、脑卒中或心律失常病史、糖和低血糖)的患者应避免进行体力活动，运动类型可以是上肢运动(44)，存在禁忌证(子宫收缩加重、多胎妊娠、严重高血压)的患者尽量避免进行运动，避免进行高强度体力活动(44)。针对无禁忌总需在专业指导下进行运动或需在专业指导下进行高强度体力活动(67)
护理	运动前评估	17	制定运动方案前应进行全面的医学评估，包括妊娠评估及心肺功能禁忌证及心肺功能等[17(证据等级5，推荐强度B)]
	总量	16;17	每周进行至少150分钟的中等强度体力活动[16(证据等级高，推荐强度弱)；17(证据等级5，推荐强度A)]
	频率	17	每周运动至少3天，每周5～7天最为理想[17(证据等级5，推荐强度B)]

续表

阶段	运动处方原则	证据编号	证据内容
	强度	17	建议患者进行中等强度有氧运动和/或低至中等强度的抗阻运动[17(证据等级1,推荐强度A)]。根据个体差异调整运动初始运动强度,可由低强度逐渐过渡至中等强度,建议进行低负荷的抗阻运动,如利用弹力带进行训练;进行盆底肌锻炼,如凯格尔运动[17(证据等级5,推荐强度B)]
	时间	16;17	每周至少5天,每天至少30分钟体力活动[16(证据等级高,推荐强度弱)]。每次运动时间控制在30~40分钟,运动后休息30分钟[17(证据等级5,推荐强度B)]
	类型	16;17	运动方式可选择有氧运动、抗阻运动和非负重运动(如伸展、游泳和瑜伽[16(证据等级高,推荐强度弱)]。有氧运动作为孕妇运动的主要方式,包括步行、游泳、固定自行车、慢跑、太极和低冲击的拜操拍类运动等[17(证据等级1,推荐强度A)]
护理	其他体力活动建议	16;17	某些不适宜的运动类型可能导致孕妇致关节伤或跌倒,造成孕妇受损或死亡[16(证据等级2,推荐强度A),16(证据等级2,推荐强度B)]。伴有运动绝对禁忌证的患者可在产科医护人员的指导下适度活动[17(证据等级5,推荐强度B)]。应避免①对抗性运动,如冰球、拳击、足球和篮球;②具有较高跌倒或撞击风险的运动;③潜水;④跳伞;⑤高温瑜伽或高温普拉提等[17(证据等级1,推荐强度B)]。建议既缺乏运动习惯的女性运动时间可由每次10~20分钟,每周3次开始,逐渐增加[17(证据等级5,推荐强度B)]。关注患者运动暂停指征等[17(证据等级5,推荐强度B)]。建议运动前后进行监测血糖,当血糖水平<3.9mmol/L或>13.9mmol/L时,应暂停运动[17(证据等级3,推荐强度B)]。运动最佳时机在餐后1小时[17(证据等级A)]。妊娠4~6周时,长时间高强度体力活动可能引起胎盘早剥及胎儿发育受损,引起胎盘或腹部创伤[16(证据等级5,推荐强度B)]。建议既往坚持,建议缺乏运动的一部分,并长期坚持;建议既往缺乏运动习惯的女性在孕前将运动作为孕妇进行规律的体力活动[17(证据等级1,推荐新的运动)]。运动强度可通过交谈测试,靶心率由每次产后开始新的运动[17(证据等级A)]。运动可能引起孕妇核心温度过高,从而影响胎儿神经系统发育[16(证据等级5,推荐强度B)]。可继续坚持日常体力活动,或者产后可开始新的运动[17(证据等级1,推荐新的运动)]。超重或肥胖(孕前BMI≥25kg/m²)的孕妇在孕期将运动作为孕期进行规律的体力活动[17(证据等级1,推荐强度A)]。伴有运动禁忌证的患者在无妊娠并发症的情况下,可继续坚持日常体育锻炼,或者产后可开始新的运动[17(证据等级1,推荐强度B)]。运动期间注意防止低血糖反应和延迟性低血糖,建议产后及时进行体力活动[17(证据等级1,推荐强度A)]

表 3.7　特定糖尿病患者体力活动证据推荐意见汇总

特定类型	运动处方原则	证据编号	证据内容
糖尿病防治	频率	28	每周至少 3 次[28(证据等级推荐,推荐强度 A)]
	强度	28	需要进行有计划的辅导性运动,强度达到引发间歇性跛行后休息[28(证据等级推荐,推荐强度 A)]。建议进行低强度、短时间、多频次的体力活动(28)
	时间	28	每次 30~45 分钟,每周至少 3 次,连续 3 个月[28(证据等级推荐,推荐强度 A)]。总运动时间在病情稳定的情况下,可达到或者超过每天 30 分钟(28)
	类型	7	推荐以低强度有氧运动为主,建议进行步行、太极拳等舒缓性有氧运动(7)
	其他体力活动建议	7;28	建议进行中等强度步行,中等强度步行不会增加遗疡或再发风险,有足部损伤、开放性伤口、遗疡未愈合者仅限做非承重上肢运动,但要避免跳跃等运动形式(7)。建议患者积极进行规律及适量的体力活动,运动方式和运动剂量应在医师指导下进行,在确保安全的前提下,根据性别、年龄、体型、体力、运动习惯和爱好及并发症的严重程度制定个性化的运动方案;运动前后要加强血糖监测,以免发生运动的发生率;建议通过健康的饮食,增加体力活动(28)。鼓励患者积极开展步行等体力活动,增加体力活动[28(证据等级推荐,推荐强度 A)]
糖尿病足	其他体力活动建议	7	建议在心血管专科医师指导和推荐下进行运动,运动时注意监测心率及观察运动中有无不适症状,运动早期以低强度运动为主,后期可缓慢调整,建议选用节律较为缓慢、上下肢大肌群参与的运动形式,如步行、太极拳等有氧运动(7)
糖尿病心肌病	其他体力活动建议	7	建议在心血管专科医师指导和推荐下进行运动,运动强度、运动时注意监测心率及观察运动中有无不适症状,建议以低中强度运动为主,根据机体状况,逐渐增加运动强度;急性心肌梗死患者早期需避免运动(7)
糖尿病合并冠心病	其他体力活动建议	7	建议在心血管专科医师指导下运动,运动强度、运动时注意监测心率及观察运动中有无不适症状,建议以低中强度运动为主,运动中有无不适症状,病情不稳定者应及时就诊,急性心肌梗死患者早期需避免运动(7)
糖尿病合并高血压	其他体力活动建议	7	建议以低中强度运动为主方式,尽量避免憋气、爆发用力动作或高强度运动,采用等长收缩和等速运动等速运动产生的协同降压作用,注重降压药物与运动产生的协同降压作用,血压控制不佳时优先给予降压药物控制(7)

续表

特定类型糖尿病防治	运动处方原则	证据编号	证据内容
糖尿病合并下肢动脉硬化闭塞症	其他体力活动建议	7	推荐进行中等强度有氧运动，主要为躯干和非受累肢体的承重有氧运动，在医师或运动健康管理师监督下进行平板及下肢抗阻运动，注意与血管外科医师加强合作，无溃疡者可进行中等强度负重运动（7）
糖尿病合并周围神经病变	其他体力活动建议	7	建议进行中等强度步行运动，运动时穿合适鞋袜，每天检查足部有无损伤，微量白蛋白尿者运动不受限制，临床显性肾脏病（如存在大量白蛋白尿）时，运动宜从低强度、低运动量起始，以低、中强度运动为主，终末期肾脏病时，建议在医师或运动健康管理师监督下进行运动，步态存在异常者尽可能选择非负重运动（7）
糖尿病合并慢性肾脏病	其他体力活动建议	7	建议以低或中等强度运动为主，运动前需要在心电监测下进行心肺运动试验检测心血管病，异常心率和血压反应，以保证运动安全性，要监测血压，关注肾功能，电解质和酸碱平衡，检测尿微量白蛋白，避免剧烈运动，注意避免运动中血压急剧升高（7）
糖尿病合并视网膜病变	其他体力活动建议	7	建议早期以低强度运动为主，后期可逐渐增加运动强度，可考虑步行、游泳等有氧运动，存在增殖性视网膜病变，增殖前期视网膜病变，黄斑变性者，开始运动前应进行细致眼科检查并在医师或运动健康管理师监督下进行运动，存在增殖性视网膜病变或严重非增殖性视网膜病变，运动会存在玻璃体出血和视网膜脱落风险，故不建议进行运动（7）
糖尿病合并肥胖	其他体力活动建议	7	鼓励进行日常体力活动，适度中等强度运动有助于减轻关节疼痛症状，配合关节健康运动，注意避免关节过度负重及进行快速转变方向的运动（7）
糖尿病合并关节炎	其他体力活动建议	7	推荐进行抗阻运动增加肌肉力量及耐力，身体条件欠佳者可选择低冲击性运动，如太极拳、步态训练等，运动强度不宜过大，需警惕骨折风险，在专科医师指导下进行抗骨质疏松治疗，多晒太阳，避免跌倒（7）
糖尿病合并骨质疏松	其他体力活动建议	7	建议以中等强度抗阻运动为主，结合平衡/柔韧性训练，以降低跌倒风险，另需兼顾有氧运动以增强心肺功能（7）

三、糖尿病体力活动建议

糖尿病患者进行运动前应在正规医疗机构或糖尿病管理中心进行全面的医学评估与风险筛查,尤其是对运动能力、运动禁忌证、心肺耐力以及运动安全性进行全面评估。针对糖尿病合并症、伴有运动相对禁忌证、运动绝对禁忌证的患者进行个性化医学评估与专业的运动指导,制定个性化的运动防治方案,满足患者多样化的运动需求,以便精准地、高效地防治糖尿病。一般情况下,建议所有无禁忌证的糖尿病患者积极参与体力活动,主动通过运动管理糖尿病。

针对糖尿病的预防,建议成年人应避免长时间久坐,定期进行体力活动。体力活动推荐总量每周至少 150 分钟中等强度或 75 分钟高强度有氧运动或两种强度等效组合的有氧运动。每周 250~300 分钟的体力活动量,能够达到更好的 2 型糖尿病预防效果。运动方式一般推荐有氧与抗阻运动,运动时间建议每周全部或大部分时间进行 30~40 分钟的中等强度有氧活动,并至少进行 2 天抗阻运动。建议孕妇在无禁忌证的情况下有规划地进行规律的体力活动,避免有身体接触、摔倒及受伤风险的运动方式,对于运动强度明显超过指南推荐的人群,应在专业人员指导下进行运动。

定期进行体力活动对 1 型糖尿病患者控制血糖水平至关重要,建议进行有氧运动和抗阻运动或两者等效组合的运动,并且减少久坐时间。对于高危人群,建议积极进行体力活动和改变久坐不动的生活方式,养成良好的运动习惯。2 型糖尿病患者应积极改变不良的生活方式,增加体力活动。针对妊娠糖尿病人群,运动前必须进行全面的医学评估,有运动绝对禁忌证的患者应尽量避免运动,有运动相对禁忌证的患者应在专业人员的指导和监护下参与运动。针对高危人群,运动前需要评估是否有运动禁忌证,同时应根据其身体状况制定个性化的运动方案。

一般在无禁忌证的情况下,推荐所有患者积极进行体力活动。体力活动总量方面,推荐每周进行至少 150 分钟中等强度体力活动,年轻且具备一定体能的患者可进行 75 分钟以上的高强度体力活动。运动时间方面,所有患者均可进行 30~60 分钟体力活动,特殊个体可按实际情况选择运动时间,量力而行。运动方式以有氧与抗阻运动为主,鼓励选择多样化的运动方式。老年人群建议进行柔韧性及平衡性训练。运动强度方面,一般推荐成年人进行中等强度体力活动,有运动习惯的成年人可选择中高强度体力活动,老年人、超重或肥胖等人群建议从低强度体力活动开始,坚持循序渐进的原则。推荐 1 型糖尿病患者定期进行有氧运动、短期高强度冲刺运动与混合运动,有一定运动基础者可以进行 HIIT。年轻或身体强壮的 2 型糖尿病患者可以进行高强度体力活动,敦励每周进行 3 次抗阻运动。妊娠糖尿病患者须重点考虑运动绝对禁忌证与相对禁忌证以及合并症情况,在无运动禁忌证的情况下,建议进行中等强度体力活动,并可根据患者的具体情况制定个性化的运动方案。所有患者的有氧运动频率推荐 3~7 天或在一周中大部分时间进行,两次有氧运动时间间隔不超过 48 小时。而抗阻运动则是每周 2~3 天,两次抗阻运动时间间隔至少 48 小时。同时,建议所有患者在餐后进行体力活动。

针对其他特定类型糖尿病患者,运动前需要根据不同疾病症状进行个性化的医学评估,运动前后要加强血糖监测,以免发生低血糖;在运动中选择适合个体状况的运动方式与运动强度,制定差异化运动方案。例如,针对糖尿病足者,其运动处方执行需在专业人员监督下进行,以减少不良事件发生。在 FITT 要素方面,建议根据疾病的类型及疾病严重程度采取与之对应的运动频率、强度、时间和类型,需要针对不同糖尿病类型提出针对性和个性化的运动建议。

第三节 防治糖尿病体力活动指南的国际比较

表 3.8—3.13 展示了不同地区关于防治糖尿病体力活动建议相关证据的分布情况。各国家和地区在指南、声明、专家共识、证据总结以及推荐实践等方面的研究成果各有侧重,本节的国际比较将按不同类型的糖尿病进行描述。

表 3.8 全球防治糖尿病体力活动建议总证据的地域及年份分布特征

年份	亚洲（中国）	亚洲（其他）	欧洲	非洲	北美洲	南美洲	大洋洲	国际	总计
1990	0	0	0	0	1	0	0	0	1
1991	0	0	0	0	0	0	0	0	0
1992	0	0	0	0	0	0	0	0	0
1993	0	0	0	0	0	0	0	0	0
1994	0	0	0	0	0	0	0	0	0
1995	0	0	0	0	1	0	0	0	1

续表

年份	亚洲（中国）	亚洲（其他）	欧洲	非洲	北美洲	南美洲	大洋洲	国际	总计
1995	0	0	0	0	0	0	0	0	0
1997	0	0	0	0	1	0	0	0	1
1998	0	0	0	0	0	0	0	0	0
1999	0	0	0	0	0	0	0	0	0
2000	0	0	0	0	1	0	0	0	1
2001	0	0	0	0	0	0	0	0	0
2002	0	0	0	0	1	0	0	0	1
2003	0	0	0	0	0	0	0	0	0
2004	0	0	0	0	2	0	0	0	2
2005	0	0	0	0	0	0	0	0	0
2006	0	0	0	0	1	0	0	0	1
2007	0	0	0	0	0	0	0	1	1
2008	0	0	0	0	1	0	0	0	1
2009	1	0	0	0	2	0	0	0	3
2010	0	0	0	0	1	0	0	0	1
2011	1	0	0	0	1	0	0	0	2
2012	3	1	0	0	2	0	0	0	6
2013	1	0	1	0	0	0	0	0	2
2014	2	0	0	0	1	0	0	0	3
2015	1	0	1	0	2	0	1	0	5
2016	0	0	1	0	2	0	0	0	3
2017	1	1	0	0	1	1	0	2	6
2018	2	1	1	0	2	0	0	0	6
2019	3	1	2	0	0	0	0	0	6
2020	2	1	0	0	1	0	0	0	4
2021	8	1	1	0	1	0	0	0	11
2022	5	0	0	0	0	0	0	0	5
总计	30	6	7	0	25	1	1	3	73

表 3.9　全球防治糖尿病体力活动建议证据类型的地域分布特征

证据类型	亚洲（中国）	亚洲（其他）	欧洲	非洲	北美洲	南美洲	大洋洲	国际	总计
指南	17	6	6	0	9	1	1	0	40
声明	0	0	0	0	8	0	0	1	9
专家共识	9	0	0	0	0	0	0	1	10
证据总结	4	0	0	0	0	0	0	0	4
推荐实践	0	0	1	0	8	0	0	1	10
总计	30	6	7	0	25	1	1	3	73

表 3.10　全球防治糖尿病体力活动建议发布机构的地域分布特征

发布机构	亚洲（中国）	亚洲（其他）	欧洲	非洲	北美洲	南美洲	大洋洲	国际	总计
医疗体育机构（国际）	0	0	0	0	0	0	0	0	0
医疗体育机构（洲际）	0	0	0	0	0	0	0	0	0
医疗体育机构（国家）	0	1	0	0	0	0	0	0	1
医疗机构（国际）	0	0	0	0	0	0	0	3	3
医疗机构（洲际）	0	0	2	0	0	0	0	0	2
医疗机构（国家）	24	4	4	0	14	1	0	0	47
体育机构（国际）	0	0	0	0	0	0	0	0	0
体育机构（洲际）	0	0	0	0	0	0	0	0	0
体育机构（国家）	0	0	1	0	4	0	1	0	6
个人	6	1	0	0	7	0	0	0	14
总计	30	6	7	0	25	1	1	3	73

表 3.11　全球防治糖尿病体力活动 FITT 要素证据的地域分布特征

体力活动要素	亚洲（中国）	亚洲（其他）	欧洲	非洲	北美洲	南美洲	大洋洲	国际	总计
频率	25	5	5	0	14	0	1	1	51
强度	25	4	7	0	15	0	1	0	52
时间	27	5	7	0	18	0	1	2	60
类型	27	4	5	0	16	0	1	1	54
总计	104	18	24	0	63	0	4	4	217

表 3.12　全球防治糖尿病体力活动指南类证据的地域及年份分布特征

年份	亚洲（中国）	亚洲（其他）	欧洲	非洲	北美洲	南美洲	大洋洲	总计
1995	0	0	0	0	1	0	0	1
1996	0	0	0	0	0	0	0	0
1997	0	0	0	0	0	0	0	0
1998	0	0	0	0	0	0	0	0
1999	0	0	0	0	0	0	0	0
2000	0	0	0	0	0	0	0	0
2001	0	0	0	0	0	0	0	0
2002	0	0	0	0	0	0	0	0
2003	0	0	0	0	0	0	0	0
2004	0	0	0	0	1	0	0	1
2005	0	0	0	0	0	0	0	0
2006	0	0	0	0	0	0	0	0
2007	0	0	0	0	0	0	0	0
2008	0	0	0	0	0	0	0	0
2009	1	0	0	0	1	0	0	2
2010	0	0	0	0	0	0	0	0
2011	1	0	0	0	1	0	0	2
2012	3	1	0	0	0	0	0	4
2013	1	0	1	0	0	0	0	2
2014	2	0	0	0	1	0	0	3
2015	0	0	0	0	0	0	1	1
2016	0	0	1	0	1	0	0	2
2017	0	1	0	0	0	1	0	2
2018	1	1	1	0	2	0	0	5
2019	1	1	2	0	0	0	0	4
2020	0	1	0	0	1	0	0	2
2021	4	1	0	0	0	0	0	5
2022	3	0	1	0	0	0	0	4
总计	17	6	6	0	9	1	1	40

表 3.13 全球防治糖尿病体力活动专家共识类证据的地域及年份分布特征

年份	亚洲（中国）	亚洲（其他）	欧洲	非洲	北美洲	南美洲	大洋洲	国际	总计
2007	0	0	0	0	0	0	0	1	1
2008	0	0	0	0	0	0	0	0	0
2009	0	0	0	0	0	0	0	0	0
2010	0	0	0	0	0	0	0	0	0
2011	0	0	0	0	0	0	0	0	0
2012	0	0	0	0	0	0	0	0	0
2013	0	0	0	0	0	0	0	0	0
2014	1	0	0	0	0	0	0	0	1
2015	1	0	0	0	0	0	0	0	1
2016	0	0	0	0	0	0	0	0	0
2017	1	0	0	0	0	0	0	0	1
2018	0	0	0	0	0	0	0	0	0
2019	0	0	0	0	0	0	0	0	0
2020	1	0	0	0	0	0	0	0	1
2021	3	0	0	0	0	0	0	0	3
2022	2	0	0	0	0	0	0	0	2
总计	9	0	0	0	0	0	0	1	10

一、糖尿病（未区分类型）体力活动指南制定背景与发展

中国的证据类型以指南为主，截至 2022 年 10 月，共检索到文献 7 篇，其中指南 4 篇、专家共识 3 篇。中国从 2012 年开始发布相关证据，除 2019 年，2017—2022 年基本保持每年至少有 1 篇文献发布。2012 年，中华医学会糖尿病学分会发布了我国第一部针对糖尿病治疗的体力活动指南《中国糖尿病运动治疗指南》，该指南从理论到实践较为详细地阐述了糖尿病与运动治疗的理论基础、发展趋势、治疗原则、具体实施、影响、机制以及并发症的处理等内容，为现代医学通过运动预防与治疗糖尿病提供了参考依据。其他大部分指南虽然针对糖尿病的治疗提出了体力活动建议，但只是对运动疗法进行了简要介绍，并未将其作为疾病防治的核心内容。同时，这些指南纳入的证据样本多源于中国以外的国家，由此类证据推出的体力活动建议是否适用于我国人群仍有待研究。另外，国内的部分原创性文献也很少

涉及完整的 FITT 要素内容。

日本的证据为 2 篇指南，均来自日本糖尿病协会（Japan Diabetes Society，JDS）。该指南最初于 2018 年发布，其中并未提及 FITT 要素，而是以问答的形式指出，增加体力活动可能在控制血糖、抑制体重增加等方面有积极效果，主要推荐进行有氧运动以提高患者的体力活动水平并增强其能量消耗，建议在进行营养和体力活动干预后血糖控制仍不佳的患者应进行药物治疗。该指南于 2020 年进行了更新，强调体力活动对改善糖尿病患者血脂异常的有效性，建议进行每周至少 150 分钟或更长时间中等强度有氧运动，每周至少运动 3 天且不连续休息 2 天或以上；同时，建议每周进行 2～3 次或每隔 1 天进行 1 次抗阻运动或有氧结合抗阻运动，无禁忌证患者建议通过轻度体力活动来进行久坐间断。该指南对糖尿病患者的运动总量、频率、强度、时间及类型建议均进行了阐述，展示了较为完整的 FITT 要素，在一定程度上为日本糖尿病人群开展体力活动提供了借鉴和参考。

印度的证据为 1 篇指南。2012 年由印度组建的体力活动共识小组发布的印度人群体力活动指南提出了较为完整的 FITT 要素及相关建议，推荐糖尿病患者每天进行 60 分钟的体力活动，包括至少 30 分钟中等强度有氧运动、15 分钟与工作相关活动以及 15 分钟抗阻运动。强调了有监督的抗阻运动能显著改善 2 型糖尿病患者的胰岛素敏感性、糖化血红蛋白和血脂水平。

伊朗的证据为 1 篇指南，2021 年由德黑兰医科大学运动医学研究中心联合德黑兰医科大学医学院内分泌与代谢研究中心、内分泌科学研究所等部门发布，该指南针对不同糖尿病类型包括 1 型糖尿病、2 型糖尿病与妊娠糖尿病提出体力活动建议和具体的 FITT 要素推荐，建议成人糖尿病患者每周进行 2～3 天非连续的抗阻运动，根据体能水平，建议强度控制在 50%～80%1-RM，柔韧性和平衡性训练每周 2～3 次或更多；鼓励 1 型糖尿病患者参加旨在降低心血管疾病风险的体力活动和有组织的运动；针对 2 型糖尿病患者建议每周进行至少 150 分钟中高强度有氧运动，如快步走，同时进行抗阻运动和柔韧性训练或同等水平运动。鼓励无禁忌证的 1 型和 2 型糖尿病患者进行抗阻运动，强调有氧和抗阻运动联合训练可能更好。针对妊娠糖尿病患者，除非有禁忌证，建议患有糖尿病或有糖尿病风险的孕妇在一周的大部分时间进行每天 20～30 分钟中等强度体力活动。久坐女性应从每天 10 分钟开始，然后每周增加 10 分钟，直到每天保持 30 分钟的运动时长。最后，建议任何体重的孕妇都定期进行体力活动。

韩国的证据为 1 篇指南,于 2019 年由韩国流行病学学会(Korea Society of Epidemiology,KSD)、韩国糖尿病协会(Korean Diabetes Association,KDA)与韩国内分泌学会(Korean Endocrine Society,KES)等 10 多个部门联合发布,其中包括完整的 FITT 要素相关推荐内容以及运动前评估建议。指南强调,有多种危险因素或心血管疾病的糖尿病患者,应该在运动前进行医学评估,通常建议每周进行至少 150 分钟中等强度有氧运动,每次至少 30 分钟,每周运动 4~6 天,运动强度约为最大心率(220-年龄)的 55%~75%,运动方案中包含热身与放松活动。同时,建议每周进行 2 次抗阻运动,但强度应根据年龄和身体状况而定,一般情况下,建议进行 8~10 组涉及大肌群的训练,每组动作至少重复 8~12 次。

欧洲组织的证据为 2 篇指南,由欧洲心脏病学会(European Society of Cardiology,ESC)与欧洲糖尿病研究协会(European Association for the Study of Diabetes,EASD)的糖尿病、糖尿病前期和心血管疾病工作组分别于 2013 和 2019 年发布,2013 年发布的证据未涉及完整的 FITT 要素,仅建议患者进行有氧结合抗阻运动以预防或控制糖尿病,认为有氧和抗阻运动对改善胰岛素抵抗、空腹血糖、血脂、血压和降低患心血管疾病的风险有积极效果,建议进行规律性体力活动。推荐糖尿病或糖耐量受损合并冠状动脉疾病患者每周进行 50 分钟中高强度体力活动,运动类型可以选择适合个人的最佳运动方式。2019 年发布的证据提出运动禁忌证、运动总量与运动强度,建议运动禁忌证患者,如严重的合并症或预期寿命有限者禁止运动,无禁忌证患者每周进行至少 150 分钟中高强度有氧与抗阻运动。

德国的证据为 1 篇指南,由德国联邦议院与联邦卫生部发布,该指南涉及完整的 FITT 要素,建议成年人定期进行体力活动,每周进行至少 150 分钟中等强度有氧运动或每周至少 75 分钟的高强度有氧运动或两种强度等效组合的有氧运动,每周 5 天,每天 3 次,每次 10 分钟。同时,建议成年人还应每周进行至少 2 天的抗阻运动,减少久坐时间,强调所有额外的体力活动都与健康益处相关,并且这些建议也适用于孕妇或近期分娩的女性。

西班牙的证据为 1 篇推荐实践,2015 年由西班牙内分泌与营养学会糖尿病工作组发布。该建议涉及运动频率、持续时间和运动强度,建议每周进行 150 分钟的中等强度体力活动或每周 75 分钟的高强度体力活动,每周至少 3 天,连续不运动不超过 2 天。

美国的证据共有 7 篇,包括 3 篇声明、1 篇指南、3 篇推荐实践。最早的证据发布于 1990 年,最新证据发布于 2020 年。以美国糖尿病协会为主的相关协会及组织在全球运动防治糖尿病指南的制定和形成方面起到了关键的推动作用。1990年,美国糖尿病协会发表了全球第一个关于糖尿病的防治声明《糖尿病与运动》。虽然当时证据尚少,但该声明提出了相对全面的糖尿病运动指导以及较为完整的FITT要素,强调所有35岁以上患者都应完成运动应激心电图,这是本次文献检索到的最早的关于运动防治糖尿病的声明,也是较全面的糖尿病运动防治方案。该声明具体包括运动前评估、运动处方及注意事项,建议在运动过程中,以个人最大摄氧量的50%～70%进行有氧运动,每周3天,每次持续20～45分钟,包括低强度热身和放松活动,也可以采取适合个人身体状况和生活方式的运动形式。最新证据于2020年由美国肾脏基金会(National Kidney Foundation,NKF)管理旗下的肾疾病:改善全球成果(Kidney Disease:Improving Global Outcomes,KDIGO)糖尿病工作组发布,建议患者进行中等强度体力活动,每周至少150分钟或达到与患者心血管和身体耐受性相适应的运动水平,建议患者减少久坐。针对肥胖患者,还要进行体重控制。美国发布的证据基本包含了FITT要素,证据内容较全面且发布时间较早,更重要的是这些证据将体力活动作为核心内容进行阐述,重视体力活动对糖尿病的防治效果。目前,许多国家将美国关于运动防治糖尿病的推荐证据作为重要参考。

加拿大的证据为2篇指南。最早的证据由加拿大糖尿病协会(Canadian Diabetes Association,CDA)于2009年发布,该证据所呈现的内容较简单,未涉及FITT要素,仅指出,生活方式的改善对糖尿病防治具有重要意义,建议将糖尿病患者转诊给运动专家,并通过体力活动咨询来提高患者的体力活动水平,以达到适度的、持续的体重减轻目标。最新证据为2018年由加拿大糖尿病协会发布的指南,该指南涉及完整FITT要素及具体内容,推荐每周进行至少150分钟中等至高强度有氧运动,每周至少3天,同时每周至少进行2次抗阻运动,连续不运动不超过2天。同时,间歇训练可以推荐给有意愿并有能力进行间歇训练的人群。并且建议患者可以采用一些提高自我效能和动机的策略来增加体力活动,避免久坐,试着每隔20～30分钟就站起来,打断久坐时间。从加拿大最新证据来看,加拿大针对糖尿病运动防治方面提出了较为完整的运动方案,为患者进行体力活动提供了参考。

二、1型糖尿病体力活动指南制定背景与发展

中国的证据文献有4篇,为指南3篇与证据总结1篇,指南于2012至

2022 年由中华医学会糖尿病学分会、中华医学会内分泌学分会联合其他多个组织发布,这些指南均围绕运动前医学评估、适应证、禁忌证、FITT 要素等内容进行阐述,建议患者在运动前进行血糖管理与体格检查,根据患者情况制定个性化的运动方案,病情稳定的患者应参加多种形式的有氧运动,而有禁忌证的患者需禁止运动或在监督下进行运动。建议体力活动均在餐后1.5 小时进行,选择低至中等或稍高强度的有氧运动,每天至少 1 次,每次30～60 分钟;针对无运动习惯的患者逐步达到每天至少 30 分钟的中等强度体力活动,若不能一次运动 30 分钟,可分次进行,每次 10～15 分钟。运动过程需遵循循序渐进、量力而行、持之以恒的原则,且在保证安全的前提下进行。来自中国的证据总结由南京医科大学护理学院于 2019 年发布,证据未涉及完整的 FITT 要素,强调运动中注意脱水、运动前要进行酮体检测等。鼓励所有患者定期参加体力活动或运动教育,认为进行混合训练比单一形式的运动更能有效改善血糖水平,视网膜病变或肾病的患者应避免抗阻运动或无氧运动。

英国共被检索到 2 篇关于运动防治 1 型糖尿病的证据,其中指南 1 篇、专家共识 1 篇。2019 年由英国糖尿病协会(Diabetes UK)发布 1 篇老年人1 型糖尿病临床指南,该指南涉及完整的 FITT 要素,建议将体力活动作为1 型糖尿病护理的重要组成部分,每周进行 120～150 分钟的适度有氧运动,每周至少进行 2 次抗阻运动,每次不少于 20 分钟。推荐进行低强度拉伸或柔韧性训练,可以每周完成步行活动 2～3 次,每次 30 分钟,以保持理想体重与身体机能,患者还可以根据自身的身体情况进行其他形式的运动。对于体弱的老年人,为了减缓肌肉力量和肌肉质量的下降,建议进行常规抗阻运动,每周最多进行 2 次,每次 15～30 分钟,建议对患有认知功能障碍的老年糖尿病患者进行运动安全教育。

美国共被检索到 4 篇关于运动防治 1 型糖尿病的证据,2000 年由美国糖尿病教育者协会(American Association of Diabetes Educators,AADE)发布 1 篇证据,该证据未涉及 FITT 要素,仅从糖尿病教育者角度出发鼓励1 型糖尿病患者积极进行体力活动,建议在运动前对患者进行全面了解后再制定个性化运动方案,以帮助患者调节血糖水平,确保运动计划能够有效满足患者的生理需求,改善其健康、体能和运动表现。2 篇证据于 2008 年由美国营养与饮食学会(Academy of Nutrition and Dietetics,AND)发布,并在 2015 年进行更新,针对 1 型糖尿病患者的体力活动推荐未涉及具体内容,仅推荐进行营养管理。

国际组织关于运动防治 1 型糖尿病的证据共发布 1 篇声明——《1 型糖尿病的运动管理：共识声明》，于 2017 年由全球多个国家的组织及研究中心联合制定，该声明未明确提出 FITT 要素及具体内容，仅推荐大多数糖尿病患者进行有氧和无氧运动。

三、2 型糖尿病体力活动指南制定背景与发展

中国共被检索到 12 篇文献，其中指南 7 篇、专家共识 4 篇、证据总结 1 篇，主要由中华医学会糖尿病学分会制定并发布，文献最早发布于 2009 年，最新证据发布于 2021 年，发布时间集中于 2013—2022 年。2009 年，中华医学会糖尿病学分会发布《中国 2 型糖尿病防治指南（科普版）》，指出有运动禁忌证的患者需要谨慎考虑是否进行运动或运动需要在专业的指导下进行。根据每位患者的实际情况、兴趣和环境等因素选择低中强度有氧运动，建议每周至少 150 分钟，可以分 5 天进行，每次运动 30 分钟左右。同时，每周进行 2 次低或中等强度的抗阻运动。最新证据为 2022 年发布的专家共识，该证据提出了较完整的 FITT 要素，包含运动前评估、运动处方及注意事项等内容，建议运动前要了解患者疾病史，记录机体状况和其他影响运动的疾病，评估其运动能力，建议每天进行至少 30 分钟中等强度有氧运动；同时，建议每周进行 2 次以上的抗阻运动，每次 30 分钟。在运动过程中需避免受伤、适时调整，选择适宜的运动方式、强度、运动环境和装备，并随时监测运动效果。当体重下降过快、感觉疲劳和运动功能下降时，应适当减少运动负荷；当体重变化不明显时，应增加运动负荷。

意大利共被检索到 1 篇指南，2022 年由意大利糖尿病学会（Italian Society of Diabetology，SID）联合意大利糖尿病医师协会（Italian Association of Diabetic Physicians，AMD）发布，该指南未提及 FITT 要素，推荐了运动总量与运动频率，建议成人糖尿病患者在至少 3 天的时间内进行 150 分钟的体力活动，连续不运动不超过 2 天，对于年轻患者，建议每周进行 75 分钟的高强度体力活动。

美国共被检索到 11 篇相关文献，其中 4 篇声明、3 篇指南、4 篇推荐实践，最新证据由美国运动医学会于 2021 年发布。最早的证据由美国内华达大学运动学系在 1995 年发布，强调有规律的运动是糖尿病管理的重要组成部分，推荐进行中等强度有氧运动，每周至少 3 次或隔天运动一次，每次运动 20～40 分钟，如果需要进行体重控制，建议每周运动 5～7 次，并且注意在运动中要采取适当措施预防低血糖。2006 年由美国糖尿病协会发布的

声明有针对性地提出糖尿病防治运动方案,其中包含 FITT 要素,强调在无禁忌证的情况下,应鼓励 2 型糖尿病患者每周进行至少 150 分钟中等强度有氧运动和/或每周至少 90 分钟的高强度有氧运动,每周至少 3 天,不超过连续 2 天不运动,有氧运动的推荐量和强度因个人目标而异。另外,建议每周进行 3 次抗阻运动,针对所有主要肌群,逐步进阶到 3 组,每组重复 8～10次,抗阻运动建议由运动专家进行监督和定期评估。2008 年美国糖尿病协会发布的推荐建议 2 型糖尿病患者每周进行 90～150 分钟的中等强度有氧运动以及每周 3 次的抗阻运动。该建议于 2015 年进行了更新,提出 2 型糖尿病运动防治的运动总量推荐,建议患者应接受饮食和体力活动咨询,将中等强度体力活动增加到每周至少 150 分钟。美国运动医学会在 2021 年发布的最新证据也包含 FITT 要素,是目前检索到完整度与参考度较高的证据,推荐运动方案如表 3.14 所示。

表 3.14 2 型糖尿病患者体力活动推荐方案

运动类型	运动项目	运动频率	运动强度	运动时间
有氧运动	散步、慢跑、骑自行车、游泳、水上活动、划船、跳舞、间歇训练等	每周 3～7 天,不运动时间不超过连续 2 天	中等强度为 40% 储备摄氧量或储备心率,RPE 为 11～12;高强度为 60%～89% 储备摄氧量或储备心率,RPE 为 14～17	每周至少 300 分钟中等强度体力活动或 75～150 分钟高强度体力活动,或两者等效组合
抗阻运动	举重、器械、弹力带或以体重作为阻力	每周 2～3 天,不连续进行运动	中等强度为 50%～69% 1-RM 或高强度 70%～85% 1-RM	每组重复 10～15 次,每天 1～3 组
柔韧性训练	静态、动态或 PNF 拉伸、平衡练习、瑜伽、太极等	每周至少 2～3 天	拉伸到紧绷或轻微不适	每次拉伸(静态或动态)10～30 秒,每组重复 2～4 次
平衡训练	平衡练习、下肢和核心抗阻运动、瑜伽、太极	每周至少 2～3 天	/	/

加拿大共被检索到 3 篇文献,分别发布于 2004 与 2012 年。这些证据基本包含 FITT 要素,如 2004 年由加拿大糖尿病协会临床实践指南专家委员会联合西安大略大学家庭医学研究中心发布的临床实践明确建议,糖尿病患者应积极进行生活方式干预,同时建议所有患者都应接受营养师的建议。推荐糖尿病患者每周应进行累计 150 分钟的中等强度有氧运动,分散

在非连续的 3 天,如果超重,还应在营养师指导下进行饮食管理;若患者愿意,应鼓励其进行每周累计 4 小时或更多时间的体力活动。同年,桑尼布鲁克女子学院健康科学中心内分泌科等发布了预防和管理糖尿病的临床实践,该证据认为,定期体力活动是糖尿病治疗的关键,建议糖尿病患者积极进行体力活动,推荐每周至少进行累计 150 分钟的中等强度有氧运动,在非连续的 3 天进行,如果愿意,每周运动时间可超过 4 小时。同时,鼓励所有患者每周进行 3 次抗阻运动。并且建议以前久坐不动的人进行比步行更剧烈的运动。2012 年由阿尔伯塔大学联合校内多个学科发布的专家共识推荐内容则较简单,未涉及 FITT 要素,鼓励患者积极参加体力活动,增强糖尿病管理意识,并在诊断后立即开始终生自我监测,定期学习糖尿病知识。

巴西共被检索到 1 篇声明,发布于 2017 年,该声明建议 2 型糖尿病患者将体育锻炼和饮食作为控制体重的一线治疗手段,未提及具体的体力活动建议。

国际组织共被检索到 1 篇专家共识、1 篇推荐建议与 1 篇声明,于 2007 年与 2017 年由国际糖尿病联盟的预防和流行病学工作组发布,均未提及 FITT 要素。2007 年发布的专家共识鼓励患者积极参与体力活动,保持健康体重;建议每个患者每周进行 30~40 分钟的适度体力活动,或者每周进行至少 30 分钟的中等强度体力活动(如快步走)。2017 年发布的建议鼓励患者增加体力活动,从每周步行至少 150 分钟开始,运动间隔时间不超过 48 小时,并推荐进行抗阻运动,如举重或瑜伽。对于超重患者可能需要每周进行至少 275 分钟的体力活动。同时,2017 年发布的声明除了建议糖尿病患者进行有氧和无氧运动,还将 HIIT 作为其可选择的运动方式,这可能对糖尿病前期或 2 型糖尿病患者有潜在运动收益。

四、妊娠糖尿病体力活动指南制定背景与发展

中国共被检索到 2 篇指南、2 篇证据总结与 1 篇专家共识,集中发布于 2020—2022 年。2021 年由中国妇幼保健协会妊娠合并糖尿病专业委员会联合中华医学会妇产科学分会产科学组发布《妊娠期运动专家共识(草案)》,建议无运动禁忌证孕妇积极进行体力活动,并且该证据包括妊娠糖尿病孕妇运动禁忌证、运动处方与注意事项等,涉及完整的 FITT 要素。但需要注意的是,大部分证据源自国外文献,国内证据较少,推荐内容是否适合我国人群还有待进一步论证。2021 年发布的指南建议无运动禁忌证的妊娠糖尿病孕妇保持适宜的运动,每周至少 5 天,每天至少 30 分钟,或每周至

少 150 分钟的中等强度体力活动,运动方式可选择有氧运动、抗阻运动或非负重运动。最新的证据于 2022 年由中华医学会妇产科学分会产科学组联合中华医学会围产医学分会、中国妇幼保健协会妊娠合并糖尿病专业委员会发布,内容涉及完整的 FITT 要素。对于无运动禁忌证的孕妇,建议每周进行至少 5 天、每天 30 分钟的中等强度体力活动,指南提出,有氧运动及抗阻运动均是妊娠期可接受的运动形式,当孕妇运动时出现阴道流血、规律并有痛觉的宫缩、阴道流液、呼吸困难、头晕、头痛、胸痛、肌肉无力影响平衡等情况时,应停止运动。建议妊娠期使用胰岛素治疗者,运动时要做好低血糖防范。

马来西亚共被检索到 1 篇指南,于 2017 年由马来西亚卫生部联合马来西亚内分泌代谢学会、马来西亚围产期协会、马来西亚家庭医学专家协会等发布,指南内容包括孕期运动的绝对禁忌证、每周运动总量、运动频率与运动时间,指出孕期进行有氧运动的绝对禁忌证(限制性肺病,宫颈功能不全,有无环扎术、多胎妊娠或有早产风险,持续妊娠中期或晚期出血,妊娠 26 周后前置胎盘,先兆早产,胎膜破裂,妊娠性高血压),推荐无禁忌证患者每周进行 150 分钟体力活动,每天 20～30 分钟,并根据需要进行相应调整,该证据未提及运动强度与运动类型。

希腊共被检索到 1 篇指南,于 2018 年发布,该指南涉及完整的 FITT 要素,推荐患者进行有氧运动、抗阻运动与柔韧性训练。其中,有氧运动每周 3～4 次,运动强度为 50%～60% 最大摄氧量,每次运动时间 45 分钟;抗阻运动包括 5～10 个练习动作,每个动作重复 10～15 次,分别做 1 组,若包括 8～10 个练习动作,则重复 8～10 次,分别进行 2 组,运动强度为(Brog 量表)RPE 12～13;柔韧性训练每周 2～3 次,拉伸至轻微不适,平衡性训练从低到中等强度,拉伸 10～30 秒,每个动作重复 2～4 次。对于正在接受胰岛素治疗的孕妇,应该更主动了解孕期运动,特别是孕早期建议从低强度运动开始,同时避免剧烈运动。

美国共被检索到 1 篇指南,2016 年由美国营养与饮食学会发布,该指南未涉及 FITT 要素,简单强调了妊娠期进行体力活动对孕期血糖控制、体重管理的积极影响,认为体力活动对妊娠糖尿病有预防作用。对于无禁忌证者,建议孕期进行适度运动,鼓励妊娠糖尿病患者每天进行 30 分钟或更多的适度运动,推荐进行有氧运动和非负重运动,如游泳、瑜伽、拉伸等。

加拿大共被检索到 1 篇指南,2011 年由墨尔本大学妇产科、圣地亚哥洛斯安第斯大学妇产科和生殖生物学实验室联合昆士兰大学临床研究中心发布，该指南未涉及 FITT 要素，简要提出妊娠期运动益处、运动类型及运动禁忌证，指出孕期定期进行体力活动对保持健康的重要性，建议孕期女性继续进行日常体力活动，可以选择上肢运动。若存在子宫收缩加重、多胎妊娠、严重高血糖和低血糖、脑卒中或心律失常病史、高血压等情况，建议避免进行运动。

澳大利亚共被检索到 1 篇指南，2015 年由昆士兰大学运动人体研究院和运动研究中心发布。该指南涉及完整的 FITT 要素，但具体的糖尿病运动防治证据主要源自美国运动医学会、美国妇产科医师协会、美国疾病控制与预防中心以及加拿大的产科医生和妇科学家学会（Society of Obstetricians and Gynaecologists of Canada，SOGC）、加拿大运动生理学家学会（Canadian Society of Exercise Physiologists，CSEG）、澳大利亚运动与体育科学协会（Exercise and Sports Science Australia，ESSA）等组织与协会发布的已有相关证据推荐。该指南建议，孕期女性每周最好进行 3 天的中等强度有氧运动和抗阻运动，有氧运动时间上限虽未提及，但建议每次不要连续运动超过 45 分钟；抗阻运动推荐每次 60 分钟。指南强调，患者应尽量达到推荐的运动量、运动强度及运动频率。久坐不动的超重或肥胖患者应从低强度运动开始，并适时进行调整，以达到最佳运动效益。

五、特定类型糖尿病运动指南制定背景与发展

针对特定类型糖尿病，我国于 2019 年发布《中国糖尿病足防治指南（2019 版）》与 1 篇专家共识，指南由中华医学会糖尿病学分会联合中华医学会感染病学分会与中华医学会组织修复与再生分会发布，包含 FITT 要素。专家共识包含了除 1 型糖尿病、2 型糖尿病、妊娠糖尿病以外的其他 10 种类型的糖尿病防治建议，未涉及 FITT 要素，简要阐述运动建议。指南推荐糖尿病足患者积极进行步行运动，增加步行距离，进行有计划的辅导性锻炼，强度达到引发间歇性跛行后休息，每次 30～45 分钟，每周至少 3 次，连续运动 3 个月，建议进行低强度、短时间、多频次的运动，在病情稳定的情况下，运动时间可达到或超过 30 分钟。对于高甘油三酯血症者，以控制饮食、增加体力活动为主。同时，鉴于特定类型糖尿病病种的复杂性，建议运动前进行有针对性的运动医学评估，全面了解患者病情与病史，运动方式和运动量的选择应在医师指导下进行，在确保安全的前提下，根据性别、年龄、体型、体力、运动习惯及并发症的严重程度制定个性化运动方案。一般情况下，建议进行中等强度体力活动。运动需要在医师指导和推荐下进行，运动

过程中需监测心率并观察有无不适症状。虽然另有11篇来自国外的文献也提到糖尿病足的问题,但主要针对运动前足部运动能力评估或足部护理、运动中避免足部损伤等提出建议,并未提出具体运动方案,缺少相关运动指导。

第四节　小　结

随着发病人数的不断攀升,糖尿病越发受到全世界的重视,通过体力活动的方式遏制糖尿病在全球的蔓延趋势已成为共识。各个国家、地区针对不同糖尿病类型提出了针对性的防治建议,为患者通过体力活动预防及治疗糖尿病提供了参考依据,其中,大多数证据是由国际或区域医疗机构、协会或组织等制定,主要分布在中国、美国、加拿大、英国等国家。制定指南的组织主要包括中华医学会糖尿病学分会、国际糖尿病联盟、美国糖尿病协会、加拿大糖尿病协会及欧洲糖尿病研究协会等,这些组织制定的糖尿病运动指南具有良好的实践指导意义,但仍需根据地域特征与人群差异不断完善与更新内容。

目前检索的证据主要来自15个国家,文献类型包括指南40篇、声明9篇、专家共识10篇、证据总结4篇、推荐实践10篇。其中,亚洲36篇(49.3%)、欧洲7篇(9.6%)、北美洲25篇(34.2%)、南美洲1篇(1.4%)、大洋洲1篇(1.4%)、国际组织3篇(4.1%)。在所有国家中,发文量排名前三的国家为中国、美国与加拿大。国外机构或组织发布的指南基本具有完整的FITT要素及相关推荐内容,体力活动建议相对完整,因此具有更高的参考价值,国内的大部分证据并不能完整地涵盖FITT要素,更多是阐述运动的意义、简要的运动建议及注意事项,若涉及FITT要素也多是参考其他国家或组织的推荐意见。不过值得一提的是,《中国糖尿病足防治指南(2019版)》针对糖尿病足提出了体力活动推荐标准,中国成为全球唯一针对糖尿病足制定体力活动指南的国家。总体而言,亚洲与北美洲在体力活动防治糖尿病指南制定领域积累了较多的证据,这些证据涵盖了糖尿病及不同类型(1型糖尿病、2型糖尿病、妊娠糖尿病以及特定类型的糖尿病)的防治与护理,较为全面地提出了从糖尿病一级预防到三级预防的体力活动总体建议及FITT要素推荐,为糖尿病防治提供了重要的科学依据。

因此,未来期望全球各个国家、地区能够进一步将运动作为防治糖尿病的核心内容进行证据汇总,尤其是高度关注糖尿病的预防,鼓励"治未病",

并能够根据不同种族、不同地域的人群制定出更加科学的、有针对性的本土化防治糖尿病体力活动指南。需要强调的是,我国的糖尿病体力活动指南还需要进一步提升其科学性和本土化程度,有必要根据人群特征与地域特色不断规范与细化符合本国国情的防治糖尿病运动标准,这就需要大量的原创研究和证据积累,需要体育科学与医学和公共卫生的融合发展。随着"体医融合""体卫融合"政策的不断推进,期待相关职能部门和研究团队更加注重我国人群的糖尿病防治与管理,加速基于循证的运动防治糖尿病研究进一步发展,以形成更高质量的运动指南,更好地通过科学运动预防、治疗、护理糖尿病。

第四章 防治心血管疾病体力活动指南的国际比较研究

第一节 概 述

一、心血管疾病类型与病因

(一)概念和类型

心血管疾病(Cardiovascular Disease,CVD)又称循环系统疾病,是一类涉及心脏和血管的疾病,包括冠心病、心肌病、心律失常、高血压、脑血管病和其他疾病。常见的症状包括发绀、呼吸困难、胸闷、心悸、水肿、晕厥,其他症状包括咳嗽、头晕、头痛或眩晕、上腹胀痛、恶心、呕吐等。[①] 心血管疾病具有高发病率、高复发率、高致残率和高致死率的特点[②],严重危害人体健康。目前,心血管疾病是人类过早死亡和残疾的主要原因,其发病率在全球范围呈上升趋势。[③] 根据 2019 年世界卫生组织发布的全球人口十大死因排名,缺血性心脏病位居榜首,占世界总死亡人数的 16%。另外,脑卒中是全球第二大死亡原因,占总死亡人数的 11%。[④] 两种疾病均属于心血管疾病,可见其对人类健康的危害之大,是需要关注和应对的重大公共卫生问题。目前,药物治疗是心血管疾病治疗的基础,其他治疗方式包括介入治疗、外科治疗、非药物治疗[⑤]和生活方式改变等。

---

① 葛均波,徐永健,王辰.内科学[M].9 版.人民卫生出版社,2018.

② 傅珩.北方某市社区居民健康素养水平与心血管疾病发生的相关性研究[D].石家庄:河北医科大学,2021.

③ Flora G D, Nayak M K. A brief review of cardiovascular diseases, associated risk factors and current treatment regimes[J]. Current Pharmaceutical Design, 2019,25(38): 4063-84.

④ World Health Organization. The top 10 causes of death [EB/OL]. (2020-12-09) [2023-12-12]. https://www. who. int/zh/news/item/09-12-2020-who-reveals-leading-causes-of-death-and-disability-worldwide-2000-2019.

⑤ 葛均波,徐永健,王辰.内科学[M].9 版.人民卫生出版社,2018.

（二）病因

心血管疾病是一种复杂的疾病，其发生和发展可能涉及多种因素，包括遗传、环境、衰老和生活方式等。我国心血管疾病主要归因于 14 种危险因素[1]，包括代谢风险、高收缩压、饮食、空气污染、吸烟、高空腹血糖、高身体质量指数、酒精摄入以及低体力活动水平等。

研究发现，体力活动可以降低患心血管疾病的风险，延长寿命。[2] 更大的体力活动总量和强度都与更低的心血管疾病发病率相关，而在相同的体力活动总量下，增大体力活动强度可使心血管疾病风险更大程度地减小。[3] 体力活动改善心血管健康、降低心血管疾病的发病风险存在多种机制。首先，定期进行有氧运动可改变心脏形态学特征，如使心脏发生生理性肥厚进而增强心脏功能[4]，从而导致更大的每搏输出量[5]。其次，运动期间的血流量增加会产生血液流体力学刺激，这可以诱导血管功能的急性和慢性变化，并产生抗粥样硬化适应。这种改善主要归因于剪切应力的增加，它可以释

① 张海玉，周琪，许立华，等. 1990 年和 2019 年中国心血管疾病负担及危险因素研究[J]. 现代生物医学进展，2022,22(16):3070-3075;沈德蕾，陈浩，赵超，等. 上海市徐汇区 45～55 岁居民动脉粥样硬化性心血管疾病风险的影响因素分析[J]. 中国全科医学，2020,23(6):716-720;陈忠山，曲捷，陈世明. 乌鲁木齐地区老年肥胖症患病率及与心血管疾病危险因素的相关性[J]. 中国老年学杂志，2020,40(15):3326-3330.

② Martinez-Gomez D, Esteban-Cornejo I, Lopez-Garcia E, et al. Physical activity less than the recommended amount may prevent the onset of major biological risk factors for cardiovascular disease: A cohort study of 198919 adults[J]. British Journal of Sports Medicine, 2020,54(4): 238-244; World Health Organization. Global Action Plan for the Prevention and Control of Noncommunicable Diseases 2013-2020 [M]. World Health Organization, 2013; Lee I M, Shiroma E J, Lobelo F, et al. Effect of physical inactivity on major non-communicable diseases worldwide: An analysis of burden of disease and life expectancy[J]. The Lancet, 2012,380 (9838): 219-229.

③ Dempsey P C, Rowlands A V, Strain T T, et al. Physical activity volume, intensity, and incident cardiovascular disease[J]. European Heart Journal, 2022,43(46): 4789-4800.

④ 张星，李嘉，高峰. 运动裨益心血管健康：从分子机制到临床应用[J]. 中国科学：生命科学，2022,52(2): 174-189.

⑤ Tucker W J, Fegers-Wustrow I, Halle M, et al. Exercise for primary and secondary prevention of cardiovascular disease: Jacc focus seminar 1/4 [J]. Journal of the American College of Cardiology, 2022,80(11): 1091-1106; Lavie C J, Arena R, Swift D L, et al. Exercise and the cardiovascular system: Clinical science and cardiovascular outcomes[J]. Circulation Research, 2015,117(2): 207-219; Sanchis-Gomar F, Lavie C J, Marín J, et al. Exercise effects on cardiovascular disease: From basic aspects to clinical evidence [J]. Cardiovascular Research, 2022,118(10): 2253-2266.

放一氧化氮（NO）刺激血管扩张。[1]再次，规律性的体力活动还可以带来其他健康效益，包括增加动脉粥样硬化斑块中胶原蛋白和弹性蛋白的含量，缩小斑块的坏死核心体积，从而减轻整本斑块的负担；通过释放肌因子减少慢性炎症的发生；改善心脏的自主神经平衡，预防心律失常。[2] 最后，运动还有助于增强抗氧化能力，使心肌细胞对损伤的抵抗力更强。[3] 对于心血管疾病患者来说，运动有助于改善患者的身体功能，提高健康水平。例如，脑卒中患者可能面临身体机能水平下降、单侧肢体麻痹等问题，研究发现，有氧运动对于脑卒中患者的步行速度和距离都具有积极的影响，其平衡功能也会得到改善。对于高血压患者来说，运动有利于降低血压，运动后导致的血压降低可以持续 4～10 小时，收缩压和舒张压分别平均降低 15mmHg 和 4mmHg。[4] 运动改善心血管疾病的机制是多因素的，包括训练诱导的纤维蛋白溶解增加、血小板聚集减少、血压调节改善、脂质谱优化、内皮介导的冠状动脉舒张改善、心率变异性和自主神经张力增加等。[5]总之，这些改变有助于预防心血管疾病的发展和心脏相关问题的发生。

在临床实践中，定期体力活动可以改善心血管疾病患者的运动功能、心肺健康，降低住院率，提高患者的生活质量，并在心力衰竭的一级和二级预防中扮演着至关重要的角色。[6] 然而，由于心血管疾病的发病机制复杂，不同患者存在各异的心血管疾病风险因素，不同类型的心血管疾病需要不同

[1] Maiorana A, O'driscoll G, Taylor R, et al. Exercise and the nitric oxide vasodilator system[J]. Sports Medicine, 2003,33(14): 1013-1035; Calvert J W, Condit M E, Aragón J P, et al. Exercise protects against myocardial ischemia-reperfusion injury via stimulation of β(3)-adrenergic receptors and increased nitric oxide signaling: Role of nitrite and nitrosothiols[J]. Circulation Research, 2011, 108(12): 1443-1458.

[2] Fiuza-Luces C, Santos-Lozano A, Joyner M, et al. Exercise benefits in cardiovascular disease: Beyond attenuation of traditional risk factors[J]. Nature Reviews Cardiology, 2018,15(12): 731-743.

[3] Kalogeris T, Baines C P, Krenz M, et al. Cell biology of ischemia/reperfusion injury[J]. International Review of Cell and Molecular Biology, 2012,298: 229-317.

[4] Pescatello L S, Franklin B A, Fagard R, et al. Exercise and hypertension[J]. Medicine and Science in Sports and Exercise, 2004,36(3): 533-553.

[5] Pedersen B K, Saltin B. Exercise as medicine-evidence for prescribing exercise as therapy in 26 different chronic diseases[J]. Scandinavian Journal of Medicine & Science in Sports, 2015,25 (Suppl 3): 1-72; Aarsland D, Sardahaee F S, Anderssen S, et al. Is physical activity a potential preventive factor for vascular dementia? A systematic review[J]. Aging & Mental Health, 2010,14(4): 386-395.

[6] Chen H, Chen C, Spanos M, et al. Exercise training maintains cardiovascular health: Signaling pathways involved and potential therapeutics[J]. Signal Transduction and Targeted Therapy, 2022,7(1): 306.

的治疗方式,而不同类型的体力活动对不同心血管疾病的影响也存在差异。因此,在对患者进行运动指导时,需要结合最新的证据,综合评估患者心血管疾病风险情况、药物使用、运动测试期间的表现等,推荐适宜的运动频率、运动强度、运动时间和运动方式,以帮助其获得更好的健康效益。[1]

二、国内外心血管疾病的疾病负担

根据全球疾病负担(Global Burden of Disease,GBD)数据,1990 年到 2019 年,全球心血管疾病患者急剧增加,发病人数从 2.7 亿增加至 5.2 亿,死亡人数从 1210 万增长至 1860 万。[2] 其中,因缺血性心脏病导致的伤残调整生命年(Disability Adjusted Life Years,DALYs)逐渐增加,2019 年达到了 1.8 亿 DALYs 和 914 万的死亡人数,患病人数约为 2.0 亿。同样,因脑卒中导致的 DALYs 也稳步增加,2019 年达到了 1.4 亿 DALYs 和 655 万的死亡人数,患病人数约为 1.0 亿。此外,全球受高收缩压影响的成年人数量从 1990 年的 21.8 亿增加到了 2019 年的 40.6 亿,2019 年约有 8.3 亿成年人收缩压大于 140mmHg,同时高血压性心脏病的全球流行率也逐年上升,2019 年因高血压性心脏病导致的 DALYs 为 2150 万,死亡人数约为 116 万,患病人数约为 1859.8 万。由心肌病和心肌炎引起的 DALYs 从 1990 年的 706 万增加到 2019 年的 914 万,死亡人数从 23.8 万增加至 34 万;由心房颤动和心房扑动导致的 DALYs 从 379 万增加至 839 万,预估病例数为 5970 万,与 1990 年相比增加了一倍;由低密度脂蛋白胆固醇(Low-Density Lipoprotein Cholesterol,LDL-C)水平超过正常范围引起的 DALYs 也稳步上升,2019 年达到 9860 万,死亡人数达 440 万。

由于人口数量庞大,人口老龄化问题不断加剧,我国成为全球心血管疾病负担最重的国家。2019 年,中国心血管疾病发病人数为 1234.1 万,死亡人数为 458.4 万,死亡率为 322.3/10 万,心血管疾病死亡人数和死亡率较 1990 年分别增加了 89.1% 和 57.4%。[3] 目前,我国心血管疾病负担仍在加

[1] Hansen D, Niebauer J, Cornelissen V, et al. Exercise prescription in patients with different combinations of cardiovascular disease risk factors: A consensus statement from the EXPERT Working Group[J]. Sports Medicine, 2018,48(8):1781-1797.

[2] Roth G A, Mensah G A, Johnson C O, et al. Global burden of cardiovascular diseases and risk factors, 1990-2019: Update from the GBD 2019 Study[J]. Journal of the American College of Cardiology, 2020,76(25):2982-3021.

[3] 张海玉,周琪,许立华,等. 1990 年和 2019 年中国心血管疾病负担及危险因素研究[J]. 现代生物医学进展,2022,22(16):3070-3075.

重,且速度快于全球平均水平。1990—2017 年的中国疾病负担数据显示,2017 年脑卒中和缺血性心脏病是我国人口死亡和残疾的最主要原因。虽然脑卒中引起的年龄标化的 DALYs 下降了 33.1%、死亡率下降了 33.5%,但依然是导致 2017 年伤残损失生命年(Years Lived with Disability,YLDs)的主要病因;缺血性心脏病 DALYs 增加了 4.6%,年龄标化死亡率上升了 20.6%,缺血性心脏病也是 2017 年导致 YLDs 排名前五的疾病之一。[1] 高收缩压是导致人口死亡和 DALYs 的四种主要危险因素之一。2017 年,高收缩压导致 254 万例患者死亡,其中 95.7% 死于心血管疾病。2019 年,全球死于心血管疾病人数排名前五的国家依次为中国、印度、俄罗斯、美国和印度尼西亚。[2] 在经济负担方面,2020 年中国心脑血管病住院总费用为 2709.0 亿元。其中,心血管疾病住院总费用为 1652.2 亿元,包括缺血性心脏病 1169.6 亿元(其中心绞痛 431.4 亿元、急性心肌梗死 346.9 亿元)、心律失常 170.8 亿元、心力衰竭 144.6 亿元、高血压 132.6 亿元(其中高血压性心脏病和肾脏病 25.0 亿元)、肺栓塞 18.5 亿元、慢性风湿性心脏病 15.2 亿元、急性风湿热 0.9 亿元。均次住院费用方面,缺血性心脏病为 14638.2 元(其中心绞痛 15369.9 元、急性心肌梗死 30159.1 元)、脑梗死 9824.9 元、脑出血 20397.6 元、心律失常 17587.4 元、心力衰竭 9416.2 元、高血压 6235.4 元(其中高血压性心脏病和肾脏病 8589.2 元)、肺栓塞 17528.3 元和慢性风湿性心脏病 9806.1 元。[3]

　　虽然中国多项以医院为基础的心血管疾病诊疗技术达到或接近世界领先水平,但根据预测,到 21 世纪中叶,中国心血管疾病的发病率依然呈现一定的上升趋势,心血管疾病的防控工作仍是重中之重,仅靠以医院为基础的技术进步难以减轻中国心血管疾病负担[4]。心血管疾病极大限制了中国人口健康和可持续发展,迫切需要采取干预措施以减轻心血管疾病造成的疾病和社会负担。

① Zhou M, Wang H, Zeng X, et al. Mortality, morbidity, and risk factors in China and its provinces, 1990-2017: A systematic analysis for the Global Burden of Disease Study 2017[J]. The Lancet, 2019,394(10204): 1145-1158.
② 施仲伟. 回眸过去 30 年全球和中国的心血管疾病负担及其危险因素——1990 年至 2019 年全球心血管疾病负担及其危险因素报告解读[J]. 诊断学理论与实践,2021,20(4): 349-355.
③ 中国心血管健康与疾病报告编写组. 中国心血管健康与疾病报告 2022 概要[J]. 中国循环杂志,2023,38(6): 583-612.
④ 杨继,张垚,马腾,等. 1990—2019 年中国心血管疾病流行现状、疾病负担及发病预测分析[J]. 中国全科医学,2024,27(2): 233-244,252.

第二节 防治心血管疾病的体力活动指南

一、研究方法

(一)主题的确立

基于指南主题,研究团队按照 PICOS 模型,目标人群 P 为心血管疾病患者;干预措施 I 为预防与治疗心血管疾病的体力活动干预措施;对照措施 C 和结局指标 O 不限制;证据类型 S 为临床决策、推荐实践、最佳实践、临床指南、证据总结、专家共识和政府文件等。

(二)检索策略

按照证据金字塔 6S 模型①,由上至下依次检索:计算机决策支持系统,BMJ Best Practice、Up To Date;专题证据系统,世界卫生组织指南网、国际指南协作网、英国国家卫生与临床优化研究所网站、美国国立指南库、加拿大安大略注册护士学会、加拿大医学会临床实践指南信息库、苏格兰院际间指南网、新西兰指南协作组网站、医脉通;英文数据库,PubMed、EMBase;中文数据库,中国知网、万方数据服务平台和维普中文期刊服务平台。英文数据库以 PubMed 为例,采用自由词和主题词相结合的方式进行检索,检索式为:[Cardiovascular Disease＊(Title) OR coronary heart disease＊(Title) OR Hypertension ＊ (Title) OR High blood pressure ＊ (Title) OR Hyperlipidemia＊(Title) OR Angina＊(Title) OR Myocardial infarction＊(Title) OR Arrhythmia＊(Title) OR Heart failure＊(Title) OR Cardiac failure＊(Title) OR Myocardial ischemia＊(Title) OR Atherosclerosis＊(Title) OR Coronary artery disease＊(Title) OR Stroke＊(Title) OR Apoplexy＊(Title) OR Cerebral stroke＊(Title) OR Cerebral infarction＊(Title) OR dyslipidemia ＊ (Title) OR hyperlipidemia ＊ (Title) OR dyslipoproteinemia ＊ (Title) OR hypercholesterolemia ＊ (Title) OR hypercholesteremia＊(Title) OR hyperlipidemia＊(Title) OR hyperlipemia＊(Title) OR lipidemia＊(Title) OR lipemia＊(Title) OR hyperlipoproteinemia＊(Title) OR hyperchylomicronemia＊(Title) OR lipoproteinemia＊(Title) OR

---

① Alper B S, Haynes R B. EBHC pyramid 5.0 for accessing preappraised evidence and guidance [J]. BMJ Evidence-Based Medicine, 2016,21(4):123-125.

hypertriglyceridemia * （Title）］AND［Exercis（Mesh）OR Sports（Mesh）OR exercise * （Title）OR activit * （Title）OR train * （Title）OR sport * （Title）］AND［Guideline（Publication Type）OR Consensus（Mesh）OR Professional Practice（Mesh）OR guideline（Title）OR consensus（Title）OR recommendation（Title）OR evidence summary（Title）OR Practice（Title）OR routine（Title）］。中文数据库以中国知网为例,检索式为:SU=（'运动'＋'训练'＋'锻炼'＋'体育'＋'活动'）*（'心血管疾病'＋'冠心病'＋'心脏病'＋'高血压'＋'高血脂'＋'心绞痛'＋'心肌梗死'＋'心律失常'＋'心力衰竭'＋'心肌缺血'＋'动脉粥样硬化'＋'中风'＋'脑梗塞'＋'血脂异常'＋'高脂血症'＋'脂蛋白'＋'高胆固醇血症'＋'高甘油三酯血症'）*（'指南'＋'临床实践指南'＋'指引'＋'常规'＋'共识'＋'推荐'＋'证据总结'）。检索计算机决策支持系统、指南网及证据综合知识库使用的英文检索策略为（exercise OR physical activity）AND（Cardiovascular Disease OR heart disease OR coronary heart disease OR Hypertension OR High blood pressure OR Hyperlipidemia OR Angina OR Myocardial infarction OR Arrhythmia OR Heart failure OR Cardiac failure OR Myocardial ischemia OR Atherosclerosis OR Coronary artery disease OR Stroke OR Apoplexy OR Cerebral stroke OR Cerebral infarction OR dyslipidemia OR hyperlipidemia OR dyslipoproteinemia OR hypercholesterolemia OR hypercholesteremia OR hyperlipidemia OR hyperlipemia OR lipidemia OR lipemia OR hyperlipoproteinemia OR hyperchylomicronemia OR lipoproteinemia OR hypertriglyceridemia）,中文检索策略为（运动 OR 活动 OR 锻炼）AND（心血管疾病 OR 冠心病 OR 心脏病 OR 高血压 OR 心绞痛 OR 心肌梗死 OR 心律失常 OR 心力衰竭 OR 心肌缺血 OR 动脉粥样硬化 OR 中风 OR 脑梗塞 OR 血脂）。根据各数据库要求适当调整检索式。检索时限均为建库至 2022 年 10 月 26 日。

（三）文献的纳入和排除标准

纳入标准:(1)文献类型为临床决策、推荐实践、最佳实践、临床指南、证据总结、专家共识、政府文件等;(2)研究对象为一般成年人、心血管疾病患者;(3)文献内容与体力活动有关;(4)不限制语言。

排除标准:(1)多个机构重复发表的文献;(2)无法获得全文;(3)指南的简要版本;(4)信息不全的文献。

（四）文献筛选和资料提取

由 2 名经过循证培训的研究员独立进行文献筛选和资料提取，存在分歧时，由第 3 位研究人员协同解决。文献资料提取包括编号、发布机构或组织、国家/地区、发布年份、文献主题、文献来源、是否基于循证、文献类型、证据分析系统、FITT 要素、人群、预防或治疗证据等。

（五）证据汇总

1. 专家团队组成

证据汇总的专家包括运动学专家、临床护理专家和循证方法学专家，共4 人，均具有硕士学位，所有成员均自愿参与本研究。

2. 证据汇总过程

2 名研究人员逐篇阅读纳入的文献，逐条提取证据的内容、来源、出处等信息，形成证据总结初稿，通过专家会议法将相同主题的内容分类汇总及合并，归纳证据主题，进行绘制证据表格和描述。

二、指南证据汇总

（一）纳入文献的一般情况

通过初步检索共获得 15580 篇文献，经查重和 2 名研究人员独立阅读文献题目和摘要后获得文献 562 篇，阅读全文后，最终纳入文献 194 篇，其中指南 135 篇、推荐实践 22 篇、声明 4 篇、专家共识 27 篇、证据总结 6 篇。具体筛选流程见图 4.1，纳入文献的一般特征见表 4.1。

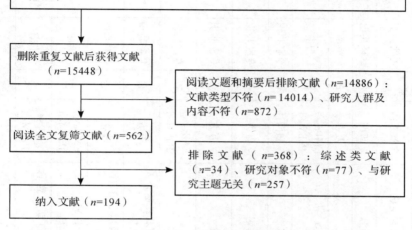

初步检索获得文献（*n*=15580）：世界卫生组织指南网（*n*=4）、国际指南协作网（*n*=96）、英国卫生与临床优化研究所网站（*n*=77）、美国国立指南库（*n*=168）、加拿大安大略注册护士学会（*n*=13）、加拿大医学会临床实践指南信息库（*n*=602）、苏格兰院际间指南网（*n*=110）、新西兰指南协作组网站（*n*=0）、医脉通（*n*=441）、Pubmed（*n*=440）、EMBase（*n*=12566）、中国知网（*n*=254）、万方数据服务平台（*n*=766）、维普中文期刊服务平台（*n*=43）

删除重复文献后获得文献（*n*=15448）

阅读文题和摘要后排除文献（*n*=14886）：文献类型不符（*n*=14014）、研究人群及内容不符（*n*=872）

阅读全文复筛文献（*n*=562）

排除文献（*n*=368）：综述类文献（*n*=34）、研究对象不符（*n*=77）、与研究主题无关（*n*=257）

纳入文献（*n*=194）

图 4.1　文献筛选流程

（二）证据描述及汇总

本章对纳入的 194 篇文献进行资料提取，包括 20 多个国家或地区，主要来自亚洲、北美洲、欧洲等。预防与治疗心血管疾病的体力活动证据涵盖了心血管疾病、心力衰竭、心律失常、冠脉疾病和冠心病、高血压、心肌病、心律失常、其他心血管疾病、卒中、血脂异常、动脉粥样硬化、主动脉和周围动脉疾病等方面的内容。

所有证据包括亚洲 48 篇、欧洲 57 篇、北美洲 77 篇、南美洲 4 篇、大洋洲 4 篇、非洲 1 篇和国际组织及协会 3 篇。其中，我国发布相关文献 34 篇。文献发表于 1994 年至 2022 年之间。证据分析系统主要有澳大利亚乔安娜布里格斯研究所推荐级别系统（2014 版）、SIGN 推荐级别系统、美国心脏协会评价系统、欧洲心脏病学会推荐评价系统、GRADE 证据评价系统（2004 版）和其他部分自拟起草的推荐等级。关于体力活动证据，有 30 篇文献未提及运动处方中的 FITT 要素相关内容，有 70 篇文献均提出较为完整的 FITT 要素及推荐意见，证据汇总内容见表 4.2—4.12。

表 4.1 纳入证据基本特征

编号	发布机构或组织	国家/地区		年份	文献主题	文献来源	基于循证	文献类型	证据分析系统	FITT要素
C1	胡大一（北京大学人民医院）	亚洲	中国	2006	下肢动脉	知网	否	专家共识	/	①③④
C2	中国高血压防治指南修订委员会	亚洲	中国	2010	高血压	万方	否	指南	/	①③④
C3	台湾心脏协会	亚洲	中国台湾	2010	高血压	EMBase/PubMed	否	指南	/	①③④
C4	中国康复医学会心血管专业委员会	亚洲	中国	2012	冠心病	知网	否	专家共识	/	①②③④
C5	中国康复医学会心血管专业委员会，中国老年学学会心脏病专业委员会	亚洲	中国	2014	心力衰竭	万方	否	专家共识	/	①②③④
C6	中华医学会心血管病学分会预防学组，中国康复医学会心血管专业委员会	亚洲	中国	2015	冠心病	万方	/	专家共识	/	①③④
C7	Sun N L（北京大学人民医院心内科）	亚洲	中国	2015	高血压	EMBase/PubMed	否	专家共识	/	①②③
C8	中国医师协会心血管内科医师分会预防与康复专业委员会	亚洲	中国	2016	经皮冠状动脉介入治疗术后	万方	是	专家共识	/	①③④
C9	中华医学会老年医学分会	亚洲	中国	2017	75岁及以上稳定性冠心病	维普	否	专家共识	/	①②③④
C10	Cheung B M Y（香港大学医学院）	亚洲	中国香港	2017	动脉粥样硬化性心血管疾病	EMBase/PubMed	否	声明	/	①②③④
C11	台湾脂质和动脉粥样硬化协会	亚洲	中国台湾	2017	血脂和动脉粥样硬化	EMBase/PubMed	是	指南	ACC/AHA	①③④

续表

编号	发布机构或组织	国家/地区		年份	文献主题	文献来源	基于循证	文献类型	证据分析系统	FITT要素
C12	上海市康复医学会心脏康复专业委员会·脑卒中合并稳定性冠心病运动康复专家共识编写组	亚洲	中国	2018	脑卒中合并稳定性冠心病	万方	否	专家共识	/	①②③④
C13	中国医学会老年医学会心血管组	亚洲	中国	2018	血管老化	EMBase	否	专家共识	/	①③
C14	国家心血管病专家委员会·国家血管疾病中心·中国心脏病学会·等	亚洲	中国	2018	血脂异常	EMBase	否	指南	/	①②③
C15	中华医学会心血管病学分会·中华心血管病杂志编辑委员会	亚洲	中国	2019	急性ST段抬高型心肌梗死	万方	否	指南	/	①②③④
C16	中国老年医学会高血压分会·国家老年疾病临床研究中心-中国老年心血管疾病联盟	亚洲	中国	2019	高血压	EMBase	是	指南	/	①③④
C17	中华预防医学会·中华预防医学会心脏病预防与控制专业委员会·中华医学会糖尿病学分会·等	亚洲	中国	2020	心血管疾病	万方	是	指南	/	①②③④
C18	中华医学会物理医学与康复医学分会康复治疗学组·中国医师协会水疗康复专业委员会	亚洲	中国	2020	脑卒中水中运动治疗	知网	是	指南	GRADE	①②③④
C19	国家心血管病中心·冠状动脉搭桥术后心脏康复专家共识编写委员会	亚洲	中国	2020	冠状动脉搭桥术后心脏康复	万方	是	专家共识	/	①②③④
C20	赵旭（山东大学附属省立医院护理部）	亚洲	中国	2020	心力衰竭	万方	是	证据总结	/	②④

续表

编号	发布机构或组织	国家/地区		年份	文献主题	文献来源	基于循证	文献类型	证据分析系统	FITT要素
C21	高敏（南京医科大学护理学院）	亚洲	中国	2020	心力衰竭	知网	是	证据总结	/	①②③④
C22	中国医师协会心血管内科医师分会·中国医院协会心脏康复管理专业委员会	亚洲	中国	2021	肺高压	万方	是	专家共识	/	④
C23	马骝（同济大学附属第十人民医院）	亚洲	中国	2021	急性心肌梗死患者经皮冠状动脉介入治疗后心脏运动康复	万方	是	证据总结	/	①②③④
C24	中国医师协会心血管内科医师分会·中国医院协会心脏康复管理专业委员会	亚洲	中国	2021	慢性冠状动脉综合征患者运动康复	万方	否	专家共识	/	①②③④
C25	陈丹丹（浙江大学医学院附属逸夫医院护理部）	亚洲	中国	2022	代谢综合征	万方	是	证据总结	/	①②③④
C26	汤一帆（南京医科大学第一附属医院护理部）	亚洲	中国	2022	缺血性心脏病	万方	是	证据总结	/	②④
C27	黑龙江省康复医学会	亚洲	中国	2022	脑卒中	医脉通	否	指南	GRADE	①③④
C28	李呈慧（南京中医药大学护理学院）	亚洲	中国	2022	高血压	万方	是	证据总结	/	①③④
C29	中国医药卫生文化协会心血管健康与科学运动分会	亚洲	中国	2022	运动相关心血管事件风险的评估与监测	知网	是	专家共识	/	①
C30	北京高血压防治协会·中国卒中学会高血压预防与管理分会·中国老年保健协会老年健康专业委员会 等	亚洲	中国	2022	老年心血管病	医脉通/万方	是	专家共识	/	④
C31	中国卒中学会神经介入分会	亚洲	中国	2022	脑卒中	医脉通/万方	是	专家共识	ACC/AHA	①②④

续表

编号	发布机构或组织	国家/地区	年份	文献主题	文献来源	基于循证	文献类型	证据分析系统	FITT要素
C32	中国老年学和老年医学学会	亚洲 中国	2022	脑卒中	医脉通/万方	是	指南	GRADE	①②③④
C33	中国医院协会心脏康复管理专业委员会,苏州工业园区心血管健康研究院	亚洲 中国	2022	心脏康复	医脉通	否	专家共识	/	①②③④
C34	北京高血压防治协会,中国卒中学会高血压预防与管理分会,中国老年保健协会养老与健康专业委员会,等	亚洲 中国	2022	冠心病与缺血性脑卒中共病	医脉通	是	专家共识	/	①②③
C35	日本厚生劳动省老年与健康综合研究项目"老年高血压长期预后"研究小组	亚洲 日本	1999	高血压	EMBase/PubMed	是	指南	/	①②③④
C36	日本循环学会联合工作组	亚洲 日本	2012	心血管疾病	EMBase/PubMed	是	指南	JCS	①②③④
C37	日本循环学会、日本心力衰竭学会联合工作组	亚洲 日本	2017	心力衰竭	EMBase/PubMed	是	指南	/	②③④
C38	日本循环学会	亚洲 日本	2018	稳定型冠状动脉疾病	EMBase/PubMed	是	指南	/	①②③④
C39	日本循环学会	亚洲 日本	2018	冠心病	EMBase/PubMed	是	指南	/	①③④
C40	日本心脏循环学会、日本心脏康复协会联合工作组	亚洲 日本	2022	心血管疾病	医脉通	是	指南	/	①②③④
C41	韩国流行病学会、韩国糖尿病协会、韩国内分泌学会,等	亚洲 韩国	2019	血脂管理	EMBase/PubMed	是	指南	其他	①②③④

续表

编号	发布机构或组织	国家/地区		年份	文献主题	文献来源	基于循证	文献类型	证据分析系统	FITT要素
C42	韩国卫生福利部	亚洲	韩国	2019	急性冠脉综合征后心脏康复	EMBase	是	指南	SIGN	④
C43	海湾糖尿病专家中心,苏丹卡布斯大学医学院临床生物化学系,阿拉伯联合酋长国迪拜卫生部,等	亚洲	中东	2016	血脂异常	EMBase/PubMed	否	推荐实践	/	②③④
C44	海湾糖尿病专家中心,阿拉伯联合酋长国阿布扎比克利夫兰诊所,沙特阿拉伯苏丹王子心脏中心,等	亚洲	中东	2022	血脂异常	EMBase/PubMed	否	推荐实践	/	①②③④
C45	印度医生协会,印度心脏病学会,印度内科医生学院,等	亚洲	印度	2020	高血压	EMBase/PubMed	是	指南	/	①③④
C46	阿曼心脏协会	亚洲	阿曼	2015	高血压	EMBase/PubMed	否	指南	/	①②③④
C47	马来西亚卫生部	亚洲	马来西亚	2017	心血管疾病	GIN	是	指南	AHA/ACC/ESC	①③④
C48	新加坡卫生部	亚洲	新加坡	2018	高血压	EMBase/PubMed	是	指南	其他	①②③④
C49	欧洲心脏病学会,欧洲动脉粥样硬化学会,欧洲高血压学会的特别工作组	欧洲		1994	冠心病	EMBase/PubMed	是	推荐实践	/	①②③④
C50	欧洲和其他社会关于冠状动脉预防的第二个联合工作组	欧洲		1998	冠心病	EMBase/PubMed	否	推荐实践	/	①③④
C51	欧洲心脏病学会心脏康复与运动生理学工作组,心力衰竭管理工作组	欧洲		2001	心力衰竭	PubMed	否	推荐实践	/	/

续表

编号	发布机构或组织	国家/地区	年份	文献主题	文献来源	基于循证	文献类型	证据分析系统	FITT要素
C52	欧洲和其他临床实践中心血管疾病预防协会的第三个联合工作组	欧洲	2003	心血管疾病	EMBase	否	指南	/	①②③
C53	欧洲和其他临床实践中心血管预防临床实践第三工作组	欧洲	2004	心血管疾病	PubMed	是	指南	/	①②③
C54	欧洲心脏病学会	欧洲	2004	高血压	EMBase	是	指南	/	①③④
C55	欧洲高血压学会·欧洲心脏病学会	欧洲	2004	肺高压	EMBase/PubMed	否	指南	/	/
C56	欧洲心脏病学会运动心脏病学研究组	欧洲	2005	高血压	PubMed	否	推荐实践	/	①
C57	欧洲高血压学会·欧洲心脏病学会	欧洲	2007	高血压	EMBase/PubMed	是	指南	/	①②③④
C58	欧洲心脏病学会和其他临床实践中心血管疾病预防的第四个联合工作组	欧洲	2007	心血管疾病	EMBase	是	指南	/	①②③④
C59	欧洲中风组织执行委员会和协作委员会	欧洲	2008	缺血性卒中和短暂性缺血性	EMBase/PubMed	是	指南	欧洲神经学学会联合会标准	/
C60		欧洲	2008	心力衰竭	EMBase/PubMed	是	指南	其他	/
C61	欧洲心脏病学会成人先天性心脏病管理特别工作组	欧洲	2010	先天性心脏病	EMBase/PubMed	是	指南	/	②④
C62	欧洲心脏病学会外周动脉疾病诊断和治疗特别工作组	欧洲	2011	下肢动脉疾病	EMBase/PubMed	是	指南	/	①③

续表

编号	发布机构或组织	国家/地区	年份	文献主题	文献来源	基于循证	文献类型	证据分析系统	FITT要素
C63	欧洲心脏病学会、欧洲动脉粥样硬化学会	欧洲	2011	血脂管理	EMBase/PubMed	是	指南	/	①③
C64	欧洲心力衰竭协会、心血管预防和康复协会	欧洲	2011	心力衰竭	EMBase/PubMed	是	专家共识	/	①②③④
C65	欧洲心脏病学会和其他心血管疾病预防学会	欧洲	2012	心血管疾病	PubMed	是	指南	GRADE	①②③④
C66	欧洲高血压学会、欧洲心脏病学会动脉性高血压管理特别工作组	欧洲	2013	高血压	EMBase/PubMed	是	指南	ESC	①②③④
C67	欧洲心脏病学会稳定型冠状动脉疾病管理特别工作组	欧洲	2013	稳定冠状动脉疾病	EMBase/PubMed	是	指南	/	①
C68	欧洲高血压学会、欧洲心脏病学会	欧洲	2013	高血压	EMBase/PubMed	是	指南	/	①②③④
C69	欧洲心脏病学会、欧洲呼吸学会的肺动脉高压诊断和治疗联合工作组	欧洲	2015	肺高压	EMBase/PubMed	是	指南	/	/
C70	欧洲心脏病学会室性心律失常患者管理和心源性猝死预防特别工作组	欧洲	2015	室性心律失常和心源性猝死	EMBase/PubMed	是	指南	其他	/
C71	欧洲心脏病学会联合其他心血管疾病预防学会	欧洲	2016	心血管疾病	EMBase/PubMed	是	指南	其他	①②③④
C72	欧洲心脏病学会、欧洲动脉粥样硬化学会的血脂异常管理特别工作组	欧洲	2016	血脂管理	EMBase/PubMed	是	指南	/	①③
C73	欧洲心脏病学会急性和慢性心力衰竭诊断和治疗工作组	欧洲	2016	心力衰竭	EMBase/PubMed	是	指南	其他	④

续表

编号	发布机构或组织	国家/地区	年份	文献主题	文献来源	基于循证	文献类型	证据分析系统	FITT要素
C74	欧洲心脏病学会房颤管理工作组	欧洲	2016	心房颤动	EMBase/PubMed	是	指南	其他	/
C75	欧洲心脏病学会和欧洲高血压学会的动脉性高血压管理工作组	欧洲	2018	高血压	EMBase/PubMed	是	指南	其他	①②③④
C76	欧洲心脏病学会	欧洲	2019	室上性心动过速患者	EMBase/PubMed	是	指南	ESC	/
C77	欧洲心脏病学会	欧洲	2020	心血管疾病	EMBase/PubMed	是	指南	其他	②
C78	欧洲心脏病学会	欧洲	2020	心血管疾病	EMBase/PubMed	否	推荐实践	/	①②⑦
C79	欧洲心脏病学会	欧洲	2021	心血管疾病	EMBase/PubMed	是	指南	其他	②③④
C80	欧洲心脏病学会的房颤诊断和管理工作组	欧洲	2021	心房颤动	EMBase/PubMed	是	指南	其他	/
C81	欧洲中风组织	欧洲	2021	隐匿性脑小血管病	EMBase	是	指南	GRADE	/
C82	欧洲心脏病学会急性和慢性心力衰竭诊断和治疗工作组	欧洲	2022	心力衰竭	EMBase/PubMed	是	指南	其他	/
C83	英国心脏协会，英国高血压协会，英国糖尿病协会，等	欧洲/英国	2005	心血管疾病	EMBase	是	指南	其他	①③④
C84	英国和爱尔兰的国家肺动脉高压中心	英国	2008	肺高压	EMBase/PubMed	否	专家共识	/	/

续表

编号	发布机构或组织	国家/地区		年份	文献主题	文献来源	基于循证	文献类型	证据分析系统	FITT要素
C85	Croom K（英国医学传播公司）	欧洲	英国	2008	血脂管理	EMBase	是	指南	/	①②③
C86	英国国家卫生与临床优化研究所	欧洲	英国	2014	心血管疾病	GIN	是	指南	/	①②③④
C87	苏格兰院际间指南网	欧洲	英国	2016	慢性心力衰竭	SIGN	是	指南	/	②④
C88	苏格兰院际间指南网	欧洲	英国	2017	心血管疾病	GIN	是	指南	/	②
C89	英国国家卫生与临床优化研究所	欧洲	英国	2020	冠状动脉	GIN	是	指南	/	②③
C90	意大利国家心血管病学学会研究中心，意大利卫生研究所，医学糖尿病专家协会，等	欧洲	意大利	2017	心血管疾病	EMBase	否	专家共识	/	①②③
C91	意大利医院心脏病学协会，意大利卫生研究所，医学糖尿病专家协会，等	欧洲	意大利	2017	慢性缺血性心肌病	EMBase	是	专家共识	/	①③④
C92	意大利心血管预防学会	欧洲	意大利	2022	心血管预防	EMBase/PubMed	否	推荐实践	/	④
C93	西班牙跨学科心血管预防委员会	欧洲	西班牙	2009	心血管疾病	PubMed	否	指南	/	①②③
C94	西班牙神经病学会	欧洲	西班牙	2011	缺血性脑卒中预防	PubMed	是	指南	/	①②③
C95	西班牙心血管预防跨学科委员会	欧洲	西班牙	2016	心血管疾病	PubMed	是	指南	/	②③
C96	捷克心脏病学会	欧洲	捷克	2012	心血管疾病	EMBase	是	指南	GRADE	①②③④
C97	捷克心脏病学会	欧洲	捷克	2013	冠心病	EMBase	是	指南	/	/

续表

编号	发布机构或组织	国家/地区		年份	文献主题	文献来源	基于循证	文献类型	证据分析系统	FITT要素
C98	捷克心脏病学会	欧洲	捷克	2020	心血管疾病	EMBase	是	指南	其他	①②③④
C99	波兰高血压学会	欧洲	波兰	2015	高血压	EMBase/PubMed	否	指南	/	①②③④
C100	波兰高血压学会	欧洲	波兰	2019	高血压	EMBase	否	指南	/	①②③④
C101	波兰脂质协会、波兰家庭医生学院、波兰心脏学会、等	欧洲	波兰	2021	血脂管理	EMBase	是	指南	/	②③
C102	德国心脏病学会	欧洲	德国	2001	心力衰竭	PubMed	否	指南	/	①②③④
C103	德国联邦医学会	欧洲	德国	2019	心力衰竭	GIN	是	指南	/	①②③④
C104	荷兰实践建议发展小组	欧洲	荷兰	2015	心力衰竭	EMBase	是	指南	EBRO/CBO	②④
C105	法国血管医学学会、法国血管与内外科学会	欧洲	法国	2020	下肢动脉	EMBase/PubMed	否	专家共识	其他	③④
C106	美国第六届全国联合委员会	北美洲	美国	1998	高血压	EMBase/PubMed	否	指南	/	①③④
C107	美国心脏协会	北美洲	美国	2001	缺血性脑卒中预防	PubMed	否	声明	其他	①②③④
C108	美国心脏协会和美国心脏病学会	北美洲	美国	2001	动脉粥样硬化性心血管疾病	PubMed	是	指南	/	①③④
C109	美国心脏病学会、美国心脏协会实践指南特别工作组	北美洲	美国	2002	心力衰竭	EMBase/PubMed	是	指南	ACC/AHA	/

续表

编号	发布机构或组织	国家/地区		年份	文献主题	文献来源	基于循证	文献类型	证据分析系统	FITT要素
C110	美国心脏病学会，美国心脏协会实践指南特别工作组	北美洲	美国	2002	慢性稳定型心绞痛	EMBase/PubMed	是	指南	ACC/AHA	/
C111	美国心脏病协会	北美洲	美国	2002	心血管疾病和中风	EMBase/PubMed	否	指南	/	①②③
C112	美国心脏协会运动、康复和预防委员会	北美洲	美国	2003	心力衰竭	PubMed	否	声明	/	①②③④
C113	国际黑人高血压协会非裔美国人高血压工作组	北美洲	美国	2003	高血压	PubMed	是	专家共识	/	①④
C114	美国心脏病学会，美国心脏协会实践指南特别工作组	北美洲	美国	2004	ST 段抬高型心肌梗死	EMBase/PubMed	是	指南	其他	①③④
C115	美国心脏协会	北美洲	美国	2004	脑卒中	PubMed	否	推荐实践	/	①②③④
C116	美国心脏协会，美国执业护士学会，等	北美洲	美国	2004	女性心血管疾病	EMBase/PubMed	是	指南	其他	①②③④
C117	美国心脏病学会，美国心脏协会实践指南特别工作组	北美洲	美国	2005	心力衰竭	EMBase/PubMed	是	指南	/	/
C118	美国心脏病学会，美国卒中协会中委员会	北美洲	美国	2005	缺血性卒中	万方	是	指南	AHA	①②③
C119	美国血管外科协会、血管造影和介入学会，等	北美洲	美国	2006	下肢动脉疾病	EMBase/PubMed	是	指南	ACC/AHA	①③
C120	美国血管外科协会、血管造影和介入学会，等	北美洲	美国	2006	下肢动脉疾病	EMBase/PubMed	是	指南	ACC/AHA	①③

续表

编号	发布机构或组织	国家/地区	年份	文献主题	文献来源	基于循证	文献类型	证据分析系统	FITT要素
C121	美国心脏病学会，美国心脏协会实践指南特别工作组	北美洲 美国	2006	瓣膜性心脏病	EMBase	是	指南	/	/
C122	美国心脏协会，美国心脏病学会	北美洲 美国	2006	冠状动脉和动脉粥样硬化性血管疾病	EMBase/PubMed	是	指南	ACC/AHA	①②③④
C123	美国心脏协会，美国中风协会中风理事会	北美洲 美国	2006	脑卒中	EMBase/PubMed	是	指南	ACC	①②③
C124	美国心脏病学会，美国心脏协会实践指南特别工作组	北美洲 美国	2007	不稳定型心绞痛	EMBase	是	指南	ACC/AHA	①②③④
C125	美国心脏协会，美国心脏协会实践指南编写小组特别工作组，美国妇产科学院	北美洲 美国	2007	慢性稳定型心绞痛	EMBase/PubMed	是	指南	ACC/AHA	①②③④
C126	美国心脏协会，美国妇产科学院，等	北美洲 美国	2007	心血管病	EMBase/PubMed	是	指南	其他	①②③④
C127	美国心脏协会，美国心脏协会实践指南特别工作组	北美洲 美国	2008	瓣膜性心脏病	EMBase/PubMed	是	指南	ACC/AHA	①②③④
C128	美国心脏病学会，美国心脏协会实践指南特别工作组	北美洲 美国	2008	先天性心脏病	EMBase/PubMed	是	指南	/	/
C129	美国心脏病学会基金会，美国心脏协会实践指南特别工作组	北美洲 美国	2009	心力衰竭	EMBase/PubMed	是	指南	/	/
C130	美国心脏病学会，美国神经病学会，美国老年病学协会	北美洲 美国	2010	高血压	EMBase/PubMed	是	专家共识	/	①③④

续表

编号	发布机构或组织	国家/地区		年份	文献主题	文献来源	基于循证	文献类型	证据分析系统	FITT要素
C131	美国心脏病学会基金会、美国心脏协会实践指南特别工作组	北美洲	美国	2011	不稳定型心绞痛/非ST段抬高型心肌梗死	EMBase	是	指南	ACC/AHA	①②③④
C132	美国心脏协会、美国中风协会	北美洲	美国	2011	脑卒中	EMBase/PubMed	是	指南	ACC/AHA	①②③④
C133	美国心脏协会、美国心脏病学会基金会	北美洲	美国	2011	冠状动脉和其他动脉粥样硬化性血管疾病	EMBase/PubMed	是	指南	ACC/AHA	①②③④
C134	美国心脏协会、美国中风协会	北美洲	美国	2011	脑卒中	EMBase/PubMed	是	指南	AHA	①③④
C135	美国心脏协会基金会、美国心脏协会实践指南特别工作组	北美洲	美国	2021	肥厚心肌病	EMBase/PubMed	是	指南	其他	②
C136	美国心脏病学会基金会、美国心脏病学会、等	北美洲	美国	2012	缺血性心脏病	EMBase/PubMed	是	指南	COR/LOE	①②③④
C137	美国内科医学会、美国心脏病学会、美国心脏协会	北美洲	美国	2012	缺血性心脏病	EMBase	是	指南	其他	①②③④
C138	美国心脏病学会基金会、美国心脏协会实践指南特别工作组	北美洲	美国	2013	心力衰竭	EMBase	是	指南	COR/LOE	/
C139	美国心脏病学会基金会、美国心脏协会实践指南特别工作组	北美洲	美国	2013	下肢动脉疾病	EMBase/PubMed	否	指南	其他	①③

续表

编号	发布机构或组织	国家/地区		年份	文献主题	文献来源	基于循证	文献类型	证据分析系统	FITT要素
C140	美国心脏病学会·美国心脏协会实践指南特别工作组	北美洲	美国	2013	心血管疾病	EMBase/PubMed	是	指南	NHLBI ACC/AHA	①②③
C141	美国心脏病学会·美国心脏协会实践指南特别工作组	北美洲	美国	2014	非ST段抬高型急性冠脉综合征	EMBase/PubMed	是	指南	/	①
C142	美国国家脂质协会	北美洲	美国	2014	血脂异常	EMBase/PubMed	否	推荐实践	/	①③
C143	美国预防服务特别工作组	北美洲	美国	2014	心血管病	PubMed	否	推荐实践	/	①②③④
C144	美国心脏协会·美国中风协会	北美洲	美国	2014	脑卒中幸存者	PubMed	是	推荐实践	/	①②③④
C145	美国心脏病学会·美国心脏协会·美国心血管和肺康复协会·等	北美洲	美国	2018	血液胆固醇	EMBase/PubMed	是	指南	/	①②③④
C146	美国卫生与公众服务部	北美洲	美国	2018	心血管病	PubMed	是	指南	/	①③④
C147	美国心脏病学会·美国心脏协会临床实践指南特别工作组	北美洲	美国	2019	心血管病	EMBase/PubMed	是	指南	ACC/AHA	①③④
C148	美国物理治疗协会	北美洲	美国	2019	心力衰竭	PubMed	是	指南	/	①③④
C149	美国内分泌协会	北美洲	美国	2019	动脉粥样硬化性心血管疾病和糖尿病	EMBase/PubMed	是	指南	/	①②③④
C150	美国心脏病学会·美国心脏协会临床实践指南联合委员会	北美洲	美国	2020	肥厚心肌病	EMBase/PubMed	是	指南	COR/LOE	②
C151	美国退伍军人事务部·美国国防部	北美洲	美国	2020	血脂异常	EMBase/PubMed	是	指南	GRADE	/

续表

编号	发布机构或组织	国家/地区		年份	文献主题	文献来源	基于循证	文献类型	证据分析系统	FITT要素
C152	美国心脏病学会，美国心脏协会	北美洲	美国	2020	心血管疾病	PubMed	是	指南	/	②③
C153	肾脏疾病:改善整体预后组	北美洲	美国	2021	肾病血压	EMBase/PubMed	是	指南	GRADE	②③
C154	美国神经病学会	北美洲	美国	2022	脑卒中	EMBase/PubMed	是	推荐实践	其他	/
C155	美国心脏病预防学会	北美洲	美国	2022	心血管疾病	医脉通	否	推荐实践	/	②③
C156	美国物理治疗协会	北美洲	美国	2022	心力衰竭	EMBase	是	指南	其他	①②③④
C157	美国预防服务特别工作组	北美洲	美国	2022	心血管疾病	医脉通	是	推荐实践	/	②③④
C158	加拿大心血管学会	北美洲	加拿大	2006	心力衰竭	EMBase/PubMed	是	专家共识	其他	①②③④
C159	加拿大高血压教育计划	北美洲	加拿大	2006	高血压	EMBase/PubMed	是	推荐实践	其他	①②③④
C160	加拿大心血管学会	北美洲	加拿大	2006	心力衰竭	EMBase	是	推荐实践	/	/
C161	加拿大高血压教育计划	北美洲	加拿大	2007	高血压	EMBase/PubMed	是	推荐实践	其他	①②③④
C162	加拿大高血压教育计划	北美洲	加拿大	2008	高血压	EMBase/PubMed	是	推荐实践	其他	①②③④
C163	加拿大高血压教育计划	北美洲	加拿大	2009	高血压	EMBase/PubMed	是	指南	其他	①②③④

续表

编号	发布机构或组织	国家/地区		年份	文献主题	文献来源	基于循证	文献类型	证据分析系统	FITT要素
C164	加拿大心血管学会	北美洲	加拿大	2009	血脂异常及心血管疾病	EMBase/PubMed	是	指南	/	①②③
C165	加拿大心血管学会	北美洲	加拿大	2012	血脂异常及心血管疾病	EMBase/PubMed	否	指南	GRADE	②③④
C166	加拿大高血压教育计划	北美洲	加拿大	2012	高血压	EMBase/PubMed	是	指南	其他	①②③④
C167	加拿大心血管学会	北美洲	加拿大	2013	心力衰竭	EMBase/PubMed	是	指南	GRADE	②④
C168	加拿大高血压教育计划	北美洲	加拿大	2013	高血压	PubMed	是	推荐实践	其他	①②③④
C169	Allan G M(阿尔塔初级保健临床医生及其团队)	北美洲	加拿大	2015	心血管疾病	CPG	是	指南	/	①②③④
C170	加拿大心脏中风基金会，加拿大中风最佳实践委员会	北美洲	加拿大	2015	卒中	EMBase/PubMed	是	推荐实践	其他	④
C171	加拿大心血管学会	北美洲	加拿大	2016	预防血脂异常	EMBase/PubMed	是	指南	/	②③④
C172	加拿大高血压教育计划	北美洲	加拿大	2016	高血压	EMBase/PubMed	是	指南	其他	①②③④
C173	加拿大心血管学会	北美洲	加拿大	2017	心力衰竭	EMBase/PubMed	是	指南	GRADE	/
C174	加拿大心脏和中风基金会，中风最佳实践委员会	北美洲	加拿大	2017	脑卒中	PubMed	是	指南	其他	①②③④

续表

编号	发布机构或组织	国家/地区		年份	文献主题	文献来源	基于循证	文献类型	证据分析系统	FITT要素
C175	加拿大心血管基层国家指南制定小组	北美洲	加拿大	2018	心血管疾病	EMBase/PubMed	是	指南	/	①②③④
C176	中风后康复和康复管理最佳实践写作小组，加拿大中风最佳实践和质量咨询委员会，加拿大中风联盟，等	北美洲	加拿大	2019	脑卒中	EMBase/PubMed	是	推荐实践	其他	④
C177	加拿大中风最佳实践建议咨询委员会，加拿大中风协会	北美洲	加拿大	2020	脑卒中	CPG	是	指南	其他	①③④
C178	加拿大伤口护理协会	北美洲	加拿大	2021	外周动脉	CPG	是	指南	/	①③④
C179	加拿大心血管学会	北美洲	加拿大	2021	血脂异常	CPG	是	指南	/	②③④
C180	英属哥伦比亚卫生部	北美洲	加拿大	2021	心血管疾病	CPG	否	指南	/	②③④
C181	加拿大血栓形成研究组	北美洲	加拿大	2021	中风	CPG	是	指南	/	①③④
C182	加拿大心血管学会	北美洲	加拿大	2022	下肢动脉疾病	EMBase	是	指南	GRADE	③④
C183	巴西心脏病学会，巴西高血压学会，巴西肾脏病学会，等	南美洲	巴西	2016	高血压	PubMed	是	指南	GRADE	①②③④
C184	巴西心脏病学会	南美洲	巴西	2019	心血管疾病	EMBase	否	指南	其他	②③
C185	巴西神经学会	南美洲	巴西	2021	脑卒中	医脉通	否	指南	/	①③④
C186	哥伦比亚心脏病和心血管外科学会	南美洲	哥伦比亚	2019	心力衰竭	EMBase	是	指南	GRADE	②④

续表

编号	发布机构或组织	国家/地区	年份	文献主题	文献来源	基于循证	文献类型	证据分析系统	FITT要素
C187	澳大利亚国家心脏基金会,澳大利亚和新西兰心脏协会	大洋洲 澳大利亚	2001	心力衰竭	EMBase/PubMed	否	指南	其他	/
C188	澳大利亚国家心脏基金会,澳大利亚和新西兰心脏协会	大洋洲 澳大利亚	2006	心力衰竭	EMBase/PubMed	否	指南	其他	/
C189	澳大利亚国家心脏基金会,澳大利亚和新西兰心脏协会	大洋洲 澳大利亚和新西兰	2011	心力衰竭	EMBase/PubMed	是	指南	/	/
C190	澳大利亚国家心脏基金会,澳大利亚和新西兰心脏协会	大洋洲 澳大利亚和新西兰	2018	心力衰竭	EMBase/PubMed	是	指南	GRADE	②
C191	南非心脏协会,南非脂质和动脉粥样硬化协会	非洲 南非	2018	血脂异常	EMBase	是	声明	/	/
C192	世界卫生组织	国际	1999	高血压	EMBase	是	指南	/	①②③④
C193	瑞典厄勒布罗大学医院外科	国际	2006	下肢动脉病	EMBase/PubMed	是	专家共识	其他	①③④
C194	心脏节律协会	国际	2019	心律失常	EMBase/PubMed	是	专家共识	ACC/AHA	/

注:JCS——日本循环学会(Japanese Circulation Society);EBRO——荷兰耳鼻喉科证据评价组织(Evidence-based Research in Otolaryngology);CBO——荷兰医疗改进研究所(Centrum voor Beoordeling en Dnderzoek);COR——推荐等级(The Class of Recommendation);LOE——证据级别(The Level of Evidence);NHLBI——国家心肺和血液研究所(National Heart, Lung, and Blood Institute);①频率(Frequency);②强度(Intensity);③时间(Time);④类型(Type)。

表 4.2　心血管疾病患者体力活动证据推荐意见汇总

阶段	运动处方原则	证据编号	证据内容
/	运动前评估	17;52;53;71;78;90;98;111	建议低风险人群进行体力活动,无需进一步评估(71)。应考对准备进行高强度运动或久坐风险运动人群的人群进行临床评估,其中包括久坐的,在开始高血管风险评估为低风险和中等风险人群在参与休闲运动之前不需要进行心脏病学评估[98(证据等级C,推荐强度运动Ⅱa)]。怀疑有心血管疾病或与神经科或骨科或神经系统疾病患者为中老年且长期久坐的,包括运动测强度运动前需咨询医生(111)。对于已确诊的心血管疾病患者,建议必须基于全面的临床评估,包括家族史,体格检查和12号联静息心试的结果(52;53)。35岁以上竞技运动员建议进行心脏不常运动前[98(证据等级C,推荐强度Ⅱa)]。35岁以上没有心血管病史的患者,建议进行体力活动或竞技运动前极高风险(但风险较高(SCORE≥10%,有疾病家族或家族性高胆固醇血症)并希望参加增加高强度体力活动的患者,建议进行体力活动测试[98(证据等级B,推荐强度Ⅱb)]。对于65岁以上不常运动的患者,包括运动功能评估,包括身体残障或心脏状况(81)。建议久坐病不良心脏事件高风险人群,如果进行高强度运动,应通过运动压力测据或功能成像进行选择(90)。冠心病不良心脏事件高风险人群,以便更准确地评估其心脏状况(81)。老年人需要根据自身状况,或经过专业评估来选择强度合适的体力活动[17(证据等级C,推荐强度D)]
预防	总量	17;47;71;79;95;96;98;140;146;147;152;164;165;155;180;184	每周至少进行150分钟中高强度有氧运动(164;165;180)。对于65岁以上身体健康且没有活动限制的人群,建议每周至少150分钟中等强度有氧运动(98)。每周至少进行150分钟中等强度有氧运动或75分钟中高强度运动,或两等运动(184)。成年人应该每周进行150~300分钟中等强度有氧运动[146;79(证据等级A,推荐等级A,推荐强度D);17(证据等级A;71;147(证据等级B—NR,推荐的有效组合[146;79(证据等级A,推荐强度D);155;140;152;95;96],鼓励每个人日在任何可能运动的时候进行抗阻性训练(47)。建议工作日进行有氧运动,每次至少10分钟(140)。身体情况允许下,可提高到每周300分钟中等强度或150分钟高强度运动,或两者的等效组合,但需遵循循序渐进原则[17(证据等级A,推荐强度D),即使低于这个推荐量,也有利于降低患动脉粥样硬化性心血管疾病(Atherosclerotic Cardiovascular Disease, ASCVD)的风险[147(证据等级B—NR,推荐强度Ⅱa)];184]。中老年人群中,尤其老年人、慢性疾病患者或残障人士、一些中等或高强度活动可能多活动[17(证据等级C,推荐强度D)。对于无法满足最基低剂量运动建议的成人,则在其自身允许情况下尽可能多进行每周150分钟中等强度的体力活动的目标[184]。

续表

阶段	运动处方原则	证据编号	证据内容
	频率、强度、时间、类型	58;98;111;116;126;143	每周大部分时间(最好是每天)至少进行30分钟中等强度体力活动,运动强度为最大摄氧量的40%~60%,相当于女性快走(111)。鼓励女性在一周中大部分时间,最好是每天进行至少30分钟的中等强度体力活动[116证据等级B,推荐强度D];126(证据等级B,推荐强度D)。目标心率为最大心率的60%~75%或Borg量表中的中等强度水平。运动方式可选择快步走、慢跑、骑自行车、游泳、园艺、有氧舞蹈、网球、高尔夫球和越野滑雪等(58)。每周3~5天进行每天20~40分钟高强度体力活动可获得健康益处。建议进行8~10种抗阻动作,每次1~2组,以中等强度运动为5~6级;高强度为7~8级;每周至少2天进行抗阻运动,每周8~10种动作,重复10~15次;每周进行2次柔韧性或平衡训练(98)。也可选用柔韧性训练或日常活动来补充这一方案(111)。老年人体力活动评估,采用Borg量表(0~10级)评估,中等强度为5~6级(111)。
预防	频率、时间、类型	83;96	在每周的大部分时间里,每天至少要行30分钟有氧运动(83)。每周4~5天进行体力活动,每次至少10分钟(96)。
	频率、强度、时间	52;53;90;93;164	建议健康人群根据自身喜好选择合适的运动方式,每周4~5天,每天30~45分钟,运动强度达到最大心率的60%~75%(52;53)。鼓励成年人进行中等强度体力活动,每周5次,每天进行30~40分钟,心率达到最大心率的40%~60%(90)。建议健康人群在一周中的大部分时间进行30~60分钟中高强度体力活动(164)。每周大部分时间进行30分钟中等强度运动。应强调,任何体力活动的增加都会对健康产生积极影响(93)。
	频率、时间	71	应考虑进行多次体力活动,每次持续至少10分钟,均匀分布于1周,即每周4~5天,最好是每天(71)。
	频率	98	建议每周4~5天进行体力活动,最好是每天(98)。
	强度	17;79;96;155	全天至少进行低强度运动[79(证据等级B,推荐强度D);17(证据等级B,推荐强度D);155]。应鼓励久坐不动的人群开始进行至少中等强度的运动(96)。

续表

阶段	运动处方原则	证据编号	证据内容
预防	时间	164;165	推荐患者每次运动10分钟或更长时间(164;165)
	类型	17;79;92;98	进行针对主要肌肉的抗阻运动的人，如俯卧撑、仰卧起坐，深蹲起立等[17(证据等级B,推荐强度Ⅱa)]。对于65岁以上有跌倒风险的人，除有氧运动和抗阻运动外，增加平衡性训练，以改善平衡功能和协调性(98)。建议老年人的运动形式多样化，除有氧运动和抗阻运动外[17(证据等级C,推荐强度I)]。运动计划应包括有氧运动(92)。运动计划应包括有氧运动，如广场舞、健身操等[17(证据等级I,推荐强度Ⅱa)]。除有氧运动外，建议每周至少2天进行抗阻运动[79(证据等级B,推荐强度I);17(证据等级Ⅱa)]
	其他体力活动建议	17	体力活动要根据自身状况和运动目标，选择合适的运动类型和强度，循序渐进达到推荐目标，减少运动损伤的发生。另外，应当充分利用运动器材，选择安全的环境进行体力活动，合理选择运动的时间、场地和方式，慢性疾病患者或残障人士的帮助下合理制定运动方案；在进行体力活动时，必要情况下应有专业人士的陪同或协助(17)
治疗	总量	65;78;86;148;169	对于心血管疾病患者，建议每周进行150分钟中等强度体力活动(如快步走)或每周75分钟高强度体力活动[65(证据等级A,推荐强度I);86;148]。心血管疾病患者每周至少进行150分钟中等强度体力活动，分5天进行，或75分钟高强度体力活动，分3天进行(78)。建议每周进行至少150分钟中等强度体力活动(中等强度体力活动包括快步走)，或每周进行4~7天，每次30~60分钟体力活动(169)
	频率、强度、时间、类型	40	建议抗阻运动进行8~10种动作，重复10~15次，每次进行1~3组，30~45分钟，以大肌群动作为主。两种运动之间进行90秒的休息以避免血压升高。运动强度，测量1-RM，也可以使用40%~60%1-RM，并使用Borg量表评分为11~13;频率应以2天为间隔，每周2~3次(40)
	频率、时间	65	体力活动/有氧运动应进行多次，每次持续10分钟，并均匀分布在一周，即每周4~5天[65(证据等级A,推荐强度Ⅱa)]

续表

阶段	运动处方原则	证据编号	证据内容
	强度	29;65;88	应鼓励久坐不动的患者在进行运动风险分层后开始低强度运动计划[65（证据等级 A，推荐等级 I）]。建议所有人至少进行中等强度体力活动（例如呼吸比正常更快速度的活动，除非因个人情况而有禁忌）（88）。心肺运动试验（CPET）结果阴性的人群，若无相关危险因素，可直接开始运动，逐渐加量，从低中强度开始，逐渐加量，从低中强度开始，逐渐增加运动量及频率。对于既往无运动习惯的人群，从低中强度开始，逐渐增加运动量，老年人需更加缓慢。对于既往有运动习惯的人群，可继续当前强度的运动。若 CPET 结果为阳性，给专业医疗机构警告，需进一步医疗诊治及运动指导建议。对于不同心脏疾病状态的个体，在确定疾病种类和稳定程度后，进行相应适宜的运动处方制定和运动指导（29）
	时间	40	每次运动时间应至少为 10 分钟，但对于运动能力严重受损的患者，每次运动时间应少于 10 分钟，然后逐渐增加 1～5 分钟，最终运动时间为 20～60 分钟（40）
治疗	类型	40;191	建议人们每周进行至少 2 天抗阻运动，锻炼所有主要肌肉群（腿部、臀部、腹部、背部、胸部、肩膀和手臂）（191）。一般来说，步行是最简单的运动，强度也很容易调节。其他形式的运动，如骑自行车、跳舞和水上运动也可以提供有氧运动的健康益处。抗阻运动，可以通过哑铃、铁片、弹力带和自身体重等进行训练，以上器械有使用困难的患者可以使用弹力带进行锻炼。关于大肌群的平衡训练也应被安排（40）
	其他体力活动建议	40;86;88;92,157	每周的运动频率和每次运动的平均持续时间应根据每个患者的心血管风险评估结果和心血管疾病史进行调整（92）。有关体力活动的建议并考虑患个人的需要、偏好和环境（86）。体力活动可以包括职业和/或休闲活动。对于那些没有禁忌证且身心健康状况、无论何种活动水平的人群，都应鼓励其逐渐提高活动水平（88）。运动方式是根据活动合并症和患者偏好来确定的。应结合多种方式有定期运动习惯运动如何，都应鼓励其逐渐提高活动水平。对于那些有禁忌证每周只进行 1～2 次不熟悉的运动，因为会增加受伤风险（40）。有氧运动频率提高一般性耐力（40）。不建议活动目标和身体功能等来确定，运动强度，运动量根据运动能力、运动目标或关节骨骼的负担，并帮助减轻单个关节受伤风险（88;157）。减少久坐时间（88;157）

续表

阶段	运动处方原则	证据编号	证据内容
康复期	康复方案	33;50	I期(院内康复期)运动处方建议:①心率适当增加(无心功能不全,小于30次/分)。②活动后收缩压适当增加(10～40mmHg)。③无新发心律失常或ST-T段活动性改变。④无心悸、呼吸困难、过度疲劳或活动性胸痛等新发症状。⑤如果出现不能耐受运动的症状体征,必须记录,由医师评估和批准后方可恢复活动,包括异常的血压降低≥10mmHg或升高>40mmHg)及心电图缺血改变。⑥患者最初的活动应根据患者室壁运动需要医疗干预。⑦患者活动进展个体差异很大,低危患者(无并发症的急性冠状动脉综合征患者或其他发症者恢复直立耐力差)具体情况,必要时需要医疗干预。II期康复室运动处方建议:同歇性有氧运动,每组3～5分钟,慢走或快走步等,以30%～40%储备心率/最大摄氧量/最大心率,每个动作重复1～3组,每次总时长为20～40分钟,每周进展较慢(33)。运动方式包括下肢或下肢功率自行车,跑步机、椭圆机、划船机,逐渐达到60%～85%储备心率/最大摄氧量/最大心率RPE 11～14作为起始强度,每次总时长10～15分钟,可通过对抗自身重力或使用哑铃、沙袋,弹力带等器械,每组进行2～3天,间隔1天或1天交替,下肢著疲劳感。每个动作维持15秒,至少重复4次,每次总时长5～10分钟,应每天进行,主要包括大关节和主要运动的大肌肉静态或动态拉伸。III期康复或运动处方建议:间歇性有氧运动,跑步机、椭圆机、划船机,逐渐达到70%～90%储备心率/最大摄氧量,慢走或快走步、游泳等,以50%～60%储备心率/最大摄氧量/最大心率,每个动作重复1～3组,每次总时长10～15分钟,每周2～3天,间隔1天或上肢交替,以四肢大肌群和核心肌群训练为主,上肢强度为50%～60%1-RM,动,每个动作重复1～3组,弹力带等器械,以四肢大肌群和核心肌群训练为主,至少重复4次,每次动作维持15秒,拉伸或动态拉伸,主要动或使用哑铃、沙袋,上肢50%～60%1-RM,下肢60%～70%1-RM,无显著疲劳感,拉伸动作维持15秒,每次总时长5～10分钟,应每天进行,主要包括大关节和主要运动的大肌肉静态或动态拉伸,并长期坚持(50)

注:休闲运动——从事休闲娱乐运动;竞技性运动——训练有素,更强调表现和胜利。患者除参加监督有监督的运动外,还应接受无监督的自主运动。门诊患者恢复直立耐力约为20～40分钟,慢走或快走步等,以30%～40%最大摄氧量。

表 4.3　心力衰竭患者体力活动证据推荐意见汇总

阶段	运动处方原则	证据编号	证据内容
/	运动前评估	21;65;78;158;167;186	建议在制定运动处方之前,由有经验的临床医生的临床治疗,评估药物治疗,评估功能和运动风险分层[167(强推荐,低质量证据)]。在为心力衰竭患者制定运动处方之前,需要优化药物治疗进行详细的评估及运动试验,应该进行运动之前,应提供重要依据[21(推荐级别 A,证据级别 Level1)]。在开始运动心率[158(证据等级 B,推荐强度Ⅱa)]。心脏康复计划必须由专业人员进行测试,6 分钟步行测定,并在运动评估后期间提供多学科医疗服务。基本内容包括临床评估,运动处方,运动质量评估,教育和咨询(186)。应鼓励对久坐不动的患者进行充分的运动相关风险评测后开始低强度运动(65)
	总量	156	每周进行 150 分钟中等强度体力活动(如快步走)或每周 75 分钟高强度体力活动[156(证据等级 A,推荐强度 I)]
		65	既往有急性心肌梗死,冠状动脉旁路移植术,经皮冠状动脉介入治疗,稳定型心绞痛或稳定型慢性心力衰竭的患者应进行中高强度有氧运动,每周至少 3 次,每次 30 分钟(65)
治疗	频率、强度、时间 类型	21;64;98;102;112;156	慢性心力衰竭的运动处方:有氧运动每周进行 3~4 次(最好每天进行),每次持续 20~60 分钟,可以是连续的或间歇性的运动,强度为 40%~80%最大摄氧量。抗阻运动,平衡训练每周 2~3 次,进行 8~10 种不同的上肢和下肢练习,每个动作重复 1~15 次,1 组,强度为 40%~60%1-RM,RPE<15。每 3~6 个月检查一次,逐渐增加体力活动(98)。对于病情稳定的,NYHA 分级为Ⅱ~Ⅲ级的心力衰竭患者,至少持续 8~12 周运动方案[156(证据等级 A,推荐强度 I)]。对于病情稳定的,NYHA 分级为Ⅱ~Ⅲ级的心力衰竭患者建议使用以下方案:每周 2~3 次,每次 35 分钟,休息时间间隔运动时间的有氧运动,NYHA 分级为Ⅱ~Ⅲ级,每周 5~7 天,每天 30 分钟[156(证据等级 B,推荐强度Ⅱ)]。对于病情稳定的,NYHA 分级为Ⅱ级高强度(90%最大摄氧量)持续至少 8~12 周,交替 1~5 分钟(40%~70%最大摄氧量)主动休息时间间隔的有氧运动,方案如下:每周 5~7 天,每天 30 分钟,强度大于 30%最大吸气压力(MIP),持续至少 8~12 周[156(证据等级 B,推荐强度Ⅱ)]。对于病情稳定的运动方式包括跑步或骑自行车,无论有无呼吸肌无力,除有氧运动外,还应进行吸气肌训练

续表

阶段	运动处方原则	证据编号	证据内容
治疗	频率、强度、时间、类型	21；64；98；102；112；156	NYHA 分级为 II～III 级的心力衰竭患者，建议使用以下抗阻运动方案：每周 3 次，每次 45～60 分钟，强度为 60%～80%1-RM，重复 2～3 组，持续至少 8～12 周[156（证据等级 A，推荐强度 I）]。最常用的强度范围是最大摄氧量的 70%～80%，非常虚弱的患者或那些不习惯有氧活动的患者可能需要以较低的强度进行运动，如 60%～65%，并进行休息的间歇性的运动 20～30 分钟或使用每周 3～5 次作为最佳的训练频率。训练后出现疲劳感的患者可能需要休息一天。在非训练日，应鼓励每周补充步行。抗阻运动可以加强单个肌肉群，建议进行规律的体力活动，如每周骑自行车 5 次，每次 20 分钟或每周 3 次，每次 30～45 分钟，强度为最大心率的 40%～80%(102)。对于病情较重的患者，建议从低强度运动开始，慢速进行（即每周进行 2 次低强度每次 5～10 分钟的运动）。如果耐受性良好，首先增加每一疗程的训练时间，持续时间不确定。建议强度为 40%～70%储备心率和 RPE 的 10～14(20 级)(64)。对于需呼吸训练的患者，建议每周进行 3～5 次，持续至少 8 周，强度建议从最大吸气口压(PImax)的 30%开始，每 7～10 天酌情降低频率，如每周 2～3 次，建议每次运动 20～30 分钟，最大为 60%(64)。建议每周进行 3～5 天中等强度有氧运动，但在运动的早期可酌情减少训练时间，如每次 10～15 分钟，建议运动持续时间至少 6 个月[21（证据等级 A，推荐强度 Level1)]
	强度、时间、类型、持续时间	21	建议进行高强度间歇性有氧运动，每次 30～60 分钟，运动康复建议 6～12 周[21（证据等级 A，推荐强度 Level1)]。建议进行中等强度持续有氧运动，每次 30～45 分钟，运动康复周期建议至少 6 个月[21（证据等级 A，推荐强度 Level1)]
	频率、强度、类型	21	建议患者进行高强度间歇性有氧运动，间歇期进行较低强度(40%～60%最大摄氧量)的运动，建议高强度运动时长与同歇期时长之比为 1.33(0.66～1.33[21（推荐级别 B，证据等级 Level1)]
	频率、时间、类型	5	有氧运动是慢性心力衰竭患者运动康复的主要形式；运动时间为 30～60 分钟，包括热身，运动及放松，体力衰弱的慢性心力衰竭患者可延长热身时间，通常为 10～15 分钟，运动时间为 20～30 分钟；运动频率为每周 3～5 次(5)

续表

阶段	运动处方原则	证据编号	证据内容
	强度、时间、类型	64	慢性心力衰竭患者可在稳定期定期进行中高强度有氧运动，患者可将运动时间延长至45～60分钟(64)
	强度、类型	21;167;186	建议心功能Ⅰ～Ⅳ级的慢性心力衰竭稳定期患者进行中高强度有氧运动[21(推荐级别A，证据等级Level1)]。在患者可耐受时无法耐受持续性有氧运动，若患者开始时无法耐受持续性有氧运动，建议选择低中强度同歇性有氧运动，建议心功能Ⅰ～Ⅲ级[建议心功能Ⅰ～Ⅲ级，证据等级Level1]。建议慢性心力衰竭稳定期患者进行高强度同歇性有氧运动，以便患者有更好的运动耐受性；运动与同歇比例为1：1，然后逐渐提高到2：1[21(推荐级别A，证据等级Level1)]。建议慢性心力衰竭稳定期患者进行低中强度同歇性有氧运动(如快步走、慢跑和骑自行车)，量是(0～10)评分为3～5，最大心率的50%～75%[167(强烈推荐，中等质量证据)]。建议在监督下进行中高强度持续有氧运动，或心力衰竭最大摄氧量65%～85%，或心力衰竭最大摄氧量的50%～75%[186(低质量证据，强烈优先推荐)]
治疗	频率、时间	158	对于NYHA分级为Ⅱ～Ⅲ级、左室射血分数(LVEF)低于40%的心力衰竭[158(证据等级B，推荐强度Ⅱa)]次体力活动，每次30～45分钟
	强度、时间	37	患者开始以50～80米/分钟的速度在室内步行5～10分钟，或以10～20瓦的功率在室内步行5～10分钟，并根据运动期的体征/症状来决定运动时间和强度。建议1个月内逐渐增加运动强度，或最大摄氧量的30%～50%，或储备心率的40%～60%，目标心率应为最大摄氧量的40%～60%(37)量表评分11～13(37)
	强度	5;21;37;64;158;190	建议慢性心力衰竭患者的目标心率为最大心率的50%～60%，或储备心率的40%～70%，多数位于储备心率的40%～70%，建议从40%储备心率开始，并逐步递增，运动强度的70%～80%，其中多数位于最大摄氧量的70%～80%(5)。体力衰弱或起初不适应最大摄氧量的50%开始，逐步增加(5)。针对中国人群慢性心力衰竭患者，特别是左心射血分数降低的患者，建议从最大心率的60%～70%(5)。对慢性稳定型慢性心力衰竭患者应按照适当的运动处方进行运动治疗[190(高质量，强烈推荐)]。心力衰竭稳定期患者应按照适当的运动处方进行运动治疗，即使中等强度持续性运动

续表

阶段	运动处方原则	证据编号	证据内容
治疗	强度	5；21；37；64；158；190	是低中强度,这些患者也可能从运动治疗中获益(37)。建议进行中等强度有氧和抗阻运动[158(证据等级B,推荐级别Ⅱa)]。建议进行中等强度持续性有氧运动[21(推荐等级Level1)]。心功能Ⅰ~Ⅱ级时,运动强度应低于心肌缺血阈值或最大摄氧量RPE 11~14[Borg评分6~20),或40%~75%最大心率,或40%~70%最大摄氧量[21(推荐级别B,证据等级Level1)]。心功能Ⅲ~Ⅳ级时,运动强度为RPE<13,运动强度1-RM不适合心力衰竭患者的运动强度评估,可以采用分级压力测试,根据Borg量表负荷可以逐步增加。对于有中度风险的患者,最大RPE应为15(64)
	类型	5；20；21；37；73；87；104；136；160；167；186	建议心力衰竭患者和稳定的心力衰竭患者定期进行有氧运动[20；73(证据等级A,推荐强度Ⅰ)]。有监督的定期运动可减少住院时间,建议定期的心力衰竭患者,定期进行有氧运动,以降低因心力衰竭导致住院风险[186(强烈优先推荐,低质量证据);186(弱推荐,低质量证据)]。建议有氧运动结合阻力运动[104(证据等级A,推荐,低质量证据]。室射血分数降低的患者,中等质量证据]。改善心力衰竭患者的生活质量[136(强烈优先推荐,低质量证据];186(强烈推荐,低质量证据)]。建议NYHA分级为Ⅱ~Ⅲ级稳定型心力衰竭患者在监督下进行有氧运动,以提高生活质量[186(弱推荐,低质量证据]。有氧等级[104(证据等级A,推荐,低质量证据]。建议NYHA分级为Ⅱ~Ⅲ级患者定期进行有氧运动[20；73(证据等级A,推荐强度Ⅰ)。有监督运动或同歇性运动可提高NYHA分级为Ⅱ~Ⅲ级且左心力衰竭患者的运动能力,尤其心功能分级为NYHA分级为Ⅱ~Ⅲ级导致住院风险[186(强烈优先推荐,低质量证据];186(弱推荐,低质量的有氧运动[87]。建议心力衰竭运动间歇性有氧运动[20；73(证据等级A,推荐强度Ⅰ)。HIIT比中等强度训练更能提高有氧耐力(104)。肌肉力量功能障碍患者适合进行抗阻运动,但训练需谨慎(相关研究只在相对低风险的慢性心力衰竭患者中进行),特别是左心室功能<35%的患者[104(证据等级Level4)。建议以有氧运动为主,辅以抗阻运动和柔韧性训练[21(推荐级别A,证据等级Level1)]。建议稳定型慢性心力衰竭(1级)患者进行有氧运动结合阻力运动,应尽快改善患者肌肉耐力[186(弱推荐,低质量证据]。建议步行(从有监督的室内行走开始),自行车,低强度,骑自群抗阻或柔韧性训练[167(强推荐,低质量证据)。建议NYHA分级为Ⅳ或近期抗阻运动,不建议慢跑,游泳进行慢跑,游泳的有氧运动方式建议步行,跑步,骑自行车,游泳[21(推荐级别A,证据等级Level1)]。有氧运动方式包括走路,跑步,爬楼梯,大有氧运动(1级)患者近期失代偿的心力衰竭(37),有氧强度包括走路,自行车,踏车,游泳,骑自行车,游泳,高强度(160)极拳等(5)。心力衰竭患者应避免无监督的高强度运动(5)

续表

阶段	运动处方原则	证据编号	证据内容
治疗	抗阻运动方案	21；64	抗阻运动：心功能分级为Ⅰ～Ⅱ级，RPE 11～15时，建议每组重复6～15次，每次练习1组开始，最多进行3组，4～8个主要肌肉群的不同运动；心功能分级为Ⅲ～Ⅳ级，RPE 10～13时，建议每组重复4～10次，每次练习1组开始，最多进行2组，3～4个主要肌肉群的不同运动，建议每周2～3次[21(推荐等级B，证据等级Level5)]。三个渐进步骤：①"指导阶段"，应该进行一个初步的步骤，以使患者无分习惯锻炼的方式，以反肌肉间的协调和身体体感知。这些准备必须缓慢进行。②"阻力/耐力阶段"，从高重复次数（12～25）和低强度（30%～40%1-RM）开始。③阻力运动，较高的强度（40%～60%1-RM），以提高肌肉质量(64)
	运动监督	20；37；64；82；87；102；104；158；167；186	稳定型心力衰竭患者需在医生监督下进行运动(102)。对于老年患者，有严重左心室功能不全，危险性心律失常或缺血风险的患者，需要在监督下进行运动(37)。建议NYHA分级为Ⅰ～Ⅲ级的患者都要考虑制定一个有监督的个性化运动处方[167(强推荐，中等质量证据)]。对于存在严重共患病、虚弱或共病的患者，应考虑患者的、以运动为基础肌的心肺康复计划[82(证据等级C，推荐强度Ⅱa)]。对于心力衰竭可耐受的患者，建议在监督下进行间歇性有氧运动，以提高心功能和生活质量[186(弱推荐，低质量证据)]。个性化运动处方最初可在监督下进行，配备专业人员和体外除颤器(158)。心功能Ⅱ～Ⅲ级稳定型心力衰竭患者必须在一名经验丰富的运动治疗师的监督下进行运动治疗，并特别注意运动处方进行运动。第一个月在专业人员的监督下进行低强度运动，然后结合门诊（家庭）式运动，并在此阶段观察主观症状的变化(37)。按照运动处方进行中等强度运动(20；87)。抗阻运动注意根据患者身体状况和运动习惯在运动的高风险患者谨慎应用HIIT，如果应用HIIT，应告知心内科专家，并严格遵守运动处方标准[104(证据等级Level4)]
	其他体力活动建议	30；36；60；82；98；109；112；117；129；138；158；160；173；190；186；187；188；189	心力衰竭患者接受评估并排除禁忌证后，经过治疗效果明显且NYHA分级为Ⅰ级保持4周，考虑进行体力活动[98(证据等级C，推荐强度Ⅱa)]。对于稳定无症状且经过治疗效果降低的射血分数轻度心力衰竭患者，可考虑低中强度体力活动[98(证据等级C，推荐强度Ⅱb)]。对于稳定无症状最佳治疗后的HFmrEF患者，可考虑低强度体力活动[98(证据等级C，推荐强度Ⅱb)]。HFrEF患者，如果心力衰竭能力年龄平均水平，可以考虑参加适应个体年龄相符的高强度有氧运动[98(证据等级C，推荐强度Ⅱb)]。对于稳定无症状且经过治疗效果降低的射血分数的高强度考虑参与低强度体力活动[98(证据等级C，推荐强度Ⅱb)]。无论症状如何，都不建议HFrEF患者参加高强

续表

阶段	运动处方原则	证据编号	证据内容
治疗	其他体力活动建议	30;36;60;82;98;109;112;117;129;138;158;160;173;190;186;187;188;189	度体力活动[98(证据等级C,推荐强度Ⅲ)]。在对患者(HFrEF 和 HFmrEF)病情进行年度评估的同时,应考虑增加运动强度[98(证据等级C,推荐强度Ⅱa)]。对于病情稳定的患者(HFrEF 和 HFmrEF),可考虑低中强度体力活动[98(证据等级C,推荐强度Ⅱb)]。对于希望恢复高强度体力活动的患者(HFrEF 和 HFmrEF),可考虑 HIIT[98(证据等级C,推荐强度Ⅱb)]。建议 HFpEF 患者进行中等强度的有氧和抗阻运动,以达健康的生活方式[98(证据等级D)]。对于负荷试验中无异常的稳定患者(射血分数减少保留的心力衰竭),可考虑参与竞技运动[82(证据等级C,推荐强度Ⅱb)]。心力衰竭住院时间,可提高生活质量及减少心力衰竭的进展[109(证据等级A)]。建议患者定期进行体力活动[98(证据等级C,推荐强度Ⅲ)]。运动可防止心力安全有效的心力衰竭进展[138证据Ⅱa],189,173[强烈建议;中等质量证据]。建议心力衰竭患者定期参与体力的运动处方执行[187;18;60(证据等级C,推荐等级C,推荐质量强度Ⅱa)]。对于[36,60(证据等级B,推荐强度D)]。建议射血分数降低的心力衰竭患者进行旨在改善心状和运动能力的运动[173(强烈建议)]。对于稳定型心力衰竭和左心室收缩功能受损的患者,建议定期进行体力活动[158(证据等级B,推荐强度Ⅱa)]。除了急性加重期的心为了防止肌肉萎缩,应鼓励心力衰竭患者,应鼓励心力衰竭患者定期进行体力活动(160)。除了急性加重期的心力衰竭或疑似心肌炎患者,应鼓励励体力活动(117)。虽然大多数患者不应该参加繁重的劳动或极高强度的运动,但应鼓励低强度的运动(129)。运动过程应包括热身和放松活动。对于虚弱的患者,热身期需要更长的时间,建议运动时间持续10~15分钟(112)。虽然慢性心力衰竭患者在家坚持锻炼,进行运动康复时,以提高心功能为目标[186(弱推荐、低质量证据)]。运动类型以有氧运动为主,强调抗阻运动对改善老年慢性心衰患者该必须进行全面评估和减少跌倒风险的风险分层。同时,呼吸肌训练对老年慢性心衰患者也很重要。患者人群进行全面评估和减少跌倒风险分层。老年、高龄、虚弱、失能、长期卧床、无主观运动意愿等而主动运动受限时,应以被动运动因危险分层较高、高龄、虚弱、失能、长期卧床、无主观运动意愿等而主动运动受限时,应以被动运动为主(30)

续表

阶段	运动处方原则	证据编号	证据内容
康复期	康复方案	5;103	建议慢性心力衰竭患者分三个阶段实施运动康复方案。第一阶段,需要在心电图、血压等监护下进行,多在医院完成,也可远程监护;第二阶段,需要在医务人员指导下进行,包括活动康复知识的培训;第三阶段,可以在医院进行;第三阶段,如果成功完成前两个阶段,疾病未出现任何不良事件,可实施家庭运动计划,并电话或门诊随访(5)。运动第一阶段,1~2周,进行有氧运动5~10分钟,每天1次,运动强度为最大摄氧量的40%~50%;运动第二阶段,3~4周,进行有氧运动10~15分钟,每天2次,运动强度为最大摄氧量的50%~60%;运动第三阶段,5~7周,进行有氧运动15~20分钟,每天1次,运动强度为最大摄氧量的50%~60%;运动第四阶段,进行有氧运动20~30分钟,每周3~4次,运动强度为最大摄氧量的50%~60%(103)
/	禁忌证	5;21;37;51;64;104	稳定型慢性心力衰竭患者运动相对禁忌证:体重在1~3天增加1.8千克(51;5;64,或心脏衰竭,或一周体重增加2.2千克(37);持续或间歇性多巴酚丁胺治疗者(51;5;64);运动可引导致稳定型心力衰竭(51;5;37;64);NYHA分级为IV级(51;37;5;64)或血流动力学不稳定(37);休息时或用力时出现复杂室性心律失常(51;64);仰卧时静息心率大于100次/分(51;5;64;104)。或静息心率>120次/分[21(推荐级别A,证据等级Level5)];存在其他并发症(51;5;64);左室流出道中度狭窄(37);运动诱发中度心律失常(37),运动诱发短促或心悸[21(推荐级别A,证据等级Level5)];三度房室传导阻滞,运动诱导时的莫氏Ⅱ型房室传导阻滞[51;37;5;64;21(推荐级别A,证据等级Level5)];稳定型慢性心力衰竭患者运动绝对禁忌证:在过去的3~5天内,运动前量运动时出现明显缺血或呼吸困难加重[51;37;5;64;21(推荐级别A,证据等级Level5)];低强度运动时出现明显缺血或发热[51;5;64;21(推荐级别A,证据等级Level5)];急性全身性疾病或发热[51;5;64;21(推荐级别A,证据等级Level5)];近期栓塞[51;5;64;21(推荐级别A,证据等级Level5)];血栓性静脉炎[51;5;64;21(推荐级别A,证据等级Level5)];糖尿病控制不佳[51;5;64;21(推荐级别A,证据等级Level5)];近期栓塞[51;21(推荐级别A,证据等级Level5)];活动性心包炎或心肌炎[51;5;21(推荐级别A,证据等级Level5)];严重的瓣膜狭窄[51;5;64;21(推荐级别A,证据等级Level5)];活动性心包炎[51;21(推荐级别A,证据等级Level5)];运动诱发的瓣膜狭窄)104];中重度主动脉狭窄(37);高需要手术治疗的瓣膜疾病[51;21(推荐级别A,证据等级Level5)];新发房颤[51;5;64;21(推荐级别A,证据等级需要手术治疗者(37);高需要手术治疗的瓣膜疾病;或严重主动脉瓣狭窄)心肌梗死[51;104;21(推荐级别A,证据等级Level5)];前3周内发生Level5)]

续表

阶段	运动处方原则	证据编号	证据内容
/	禁忌证	5;21;37;51;64;104	Level5)]或心房扑动(5;64);不稳定型心绞痛或在平板上缓行走引起的低阈值心肌缺血(37);严重左室流出道狭窄(肥厚性梗阻性心肌病)(37);未经治疗的严重高血压,重度高血压,血栓性静脉炎,2周内发生栓塞、重要脏器的严重疾病(37)。其他运动疗法禁忌证:中重度动脉瘤,重度心力衰竭或病情不稳定[21(推荐等级 Level5;104];用力时心肌严重缺血,呼吸频率超过30次/分,用力时发生室性心动过速,具有心肌梗死手术量$<10\text{mL}\cdot\text{kg}^{-1}\cdot\text{m}^{-1}$,严重的认知问题,儿日内体重增加$>3$千克,有急性心力衰竭(在血流动力学不稳定的初期);急性冠状动脉综合征后,未经治疗的危及生命的心律失常,急性心肌炎和心包炎,无法控制的高血压,三度房室传导阻滞,急性心肌炎和心包炎,有症状的主动脉瓣狭窄,严重肥厚梗阻性心肌病,心血栓(64)。

注:NYHA——心力衰竭分级(New York Heart Association);HFrEF——心力衰竭伴收缩功能降低(Heart Failure with Reduced Ejection Fraction);HFmrEF——心室射血分数(LVEF)位于心力衰竭的中间范围,通常为40%~49%(Heart Failure with mid-range Ejection Fraction)。

表4.4 心律失常患者体力活动证据推荐意见汇总

阶段	运动处方原则	证据编号	证据内容
/	运动前评估	77;98	运动时房颤患者应评估心率,可通过动态心电图监测,并且应在医疗监督下调整药物以控制心率(98)。推荐运动前进行评估,并避免导致房颤的因素,如甲状腺功能障碍、酗酒或滥用药物等;不推荐正在接受抗凝治疗的房颤患者进行有身体接触或容易受伤的运动(77)
预防	/	74;77;78;80;98	建议房颤患者定期进行体力活动以预防房颤发生[77;98(证据等级A,推荐强度I)]。建议适度规律的体力活动以预防房颤,而运动员长期的高强度运动会诱发房颤[74(证据等级A,推荐强度I)]。有规律的体力活动可能会增加一些中老年男性发生房颤的风险(78)。有终身有氧运动的基础;然而,终身有氧运动可能会发生或预防于房颤的发生或恢复,但也有研究指出,体力活动可能诱发房颤发生[80(证据等级C,推荐强度Ⅱa)]
治疗	/	76	室上性心动过速患者应考虑一个规律制循序渐进的运动方案(证据等级B,推荐强度Ⅱa)
未明确区分	其他体力活动建议	70;194	心律失常性右室心肌病患者不应参加竞技性或剧烈运动,因为这会增加心律失常或室性心律失常的风险[194(证据等级B,推荐强度Ⅲ)]。对于儿茶酚胺敏感性多形性室速(CPVT)患者,建议避免竞技性运动,高强度运动和压力环境[70(证据等级A,推荐强度I)]

表 4.5　冠脉疾病和冠心病患者体力活动证据推荐意见汇总

疾病类型	阶段	运动处方原则	证据编号	证据内容
冠心病	预防	运动前评估	98；77；49；6	对于无症状的慢性冠状动脉综合征患者，如果功能成像或常规运动负荷试验未能诱发心肌缺血，根据个体情况选择有氧运动类型，一般可以参与竞技运动，包括竞技运动(77)。当久坐不动人群开始运动时，建议将有氧运动的初始强度设定在较低水平，并随着健康状况的改善逐渐增加。在开始运动前，进行风险评估是很重要的(49)。所有冠心病患者在实施运动计划之前都需要进行体检检查。评估内容包括：心血管病史及其他器官系统检查；体格检查、12导联心电图、冠状动脉造影、超声心动图、运动负荷试验、血运重建效果以及起搏器或植入式心脏复律除颤器的功能情况；了解目前服用的药物，包括剂量、服用方式以及可能的不良反应；评估心血管危险因素的控制程度；了解患者日常饮食习惯和运动习惯(6)。出院前应对每例冠心病患者进行运动压力试验评估，目的是评估患者出院后的运动风险，为患者出院后的日常活动提供建议，同时提供运动后运动指导。评估时间为急性心肌梗死发病7天后，如果患者置入未24小时后，冠状动脉旁路移植术7天后(6)。冠状动脉畸形患者手术矫正后三个月，可以考虑参加所有类型的运动[98(证据等级C，推荐等级Ⅱb)]。对于未发生心律失常和心脏事件进行冠状动脉风险分层[98(证据等级Ⅰb)]。对于确诊为慢性冠状动脉综合征患者，建议在开始运动前对运动风险较高的个体和无症状的冠状动脉[98(证据等级C，推荐强度Ⅱb)]。对于被筛查出冠状动脉疾病风险较高的个体和无症状的持续性缺血患者，可以考虑进行低于心绞痛和缺血阈值的休闲运动[98(证据等级C，推荐强度Ⅱb)]
		频率、强度、时间、类型	49	健康人群的运动强度以最大心率(220−年龄)的60%～75%为目标心率。运动方式可以选择快步走、慢跑、骑自行车、除草、游泳、网球、排球、羽毛球、越野滑雪、有氧舞蹈和跳绳。每周4～5次，每次运动时间同为30～40分钟，包括5～10分钟的热身活动，20～30分钟有氧运动，以及5～10分钟放松活动(49)
		频率、时间、类型	50	建议每周进行4～5次有氧运动(如步行、游泳或骑自行车，每次20～30分钟(50)
		其他体力活动建议	49	长期久坐不动的人群最初进行有氧运动时，运动强度和时间应控制在较低水平，可根据健康状况而逐渐提高(49)

续表

疾病类型	阶段	运动处方原则	证据编号	证据内容
冠心病	治疗	频率、强度、时间、类型	6;9;38;39	针对心血管健康或体能裨益处的最大运动强度阈值需通过运动负荷试验获得。心脏康复以有氧运动为主,抗阻运动必不可少。每周3~5天有氧运动,最好每周7天,运动方式可选择步行、慢跑、游泳和骑自行车等。每周2~3天抗阻运动和柔韧性训练,中间至少间隔1天,包括静态抗阻和负重等。心脏患者的最佳运动时长为每天30~60分钟。近期心血管疾病发病患者,应从每天10分钟开始,逐渐增加运动时间,最终达到每天30~60分钟(6)。建议患者每周至少运动5天,每天进行30~60分钟中高强度有氧运动(38;39)。对于75岁及以上稳定性冠心病患者,采用渐进性抗阻运动、等速肌力训练等方式。推荐娱乐球类活动以及传统养生功法等(6)。运动方式建议如下。低危患者应根据患者的风险状况确定(39)。①有氧运动方案:从每次15~30分钟开始,逐渐延长至每次60分钟,RPE为11~13。②抗阻运动可采用弹力带训练,如利用悬吊装置、泡沫球等辅助训练,也可选择器械练习,逐渐进行抗阻运动,等速肌力训练等,强度为1-RM的50%,RPE分级13~16。③注意事项。提高患者整体运动协调性以及平衡功能,降低运动意外发生风险。抗阻运动每周进行2~3次,每次训练4~10个肌群,3~4组/肌群,10~15个/组,强度为1-RM的60%~80%,RPE分级13~16。③注意事项。以主动运动康复为宜。以有氧运动训练、呼吸训练、老年体操等为主。有氧训练推荐逐步达到最大摄氧量的40%~60%为宜。中危患者运动方案:①有氧运动从最大摄氧量的40%~60%方案,逐渐开始,视情况可安排低强度核心稳定训练。抗阻运动每周进行11~13,RPE分级11~13,不超过16。起始强度通常低于50%,RPE分级11~13。②抗阻运动可采用弹力带训练,也可选择核心稳定练习。时间从每次15~30分钟开始,也可选择脚踏车,手摇车,坐位至每次60分钟。尽量以主动运动康复为主。坐位老年有氧操等为主,一般不超过40%~强度。每次训练3~4个肌群,3~4组/肌群,8~15个/组。③注意事项。高危患者运动方案:①有氧运动以卧位脚踏车、手摇车为主,也可按安静时增加心率较安静时增加不超过最大摄氧量的20%~40%为宜。逐渐到最大摄氧量的30%,逐渐收低很差高龄患者,也可延长至30~60分钟有氧休息,运动中可短暂休息。起始强度低于最大摄氧量的30%,对于身体情况很差的高龄患者,逐步延长至30~60分钟有氧休息,运动中可短暂休息,也可按运动安静时增加心率较安静时增加不超过40%。RPE分级10~12。时间从每次5~10分钟开始,逐步延长至30~60分钟。②抗阻运动以弹力带、橡皮球训练为主,极虚弱患者也可10~20次/分为标准。时间每周运动3~5次。抗阻运动以弹力带、橡皮球训练为主,极虚弱患者也可一般不超过每次5分钟,每周运动3~5次。

续表

疾病类型	阶段	运动处方原则	证据编号	证据内容
	治疗	频率、强度、时间、类型	6;9;38;39	采用等长训练，但需要避免屏气。视情况可安排悬吊装置下的核心稳定训练。运动强度为1-RM的20%～30%，不超过40%，RPE分级10～11，不超过13。抗阻运动每周进行2～3次，每次训练1～3组，肌群8～15次/组。③注意事项。被动康复为主，尤其被动或助力运动，呼吸训练/作业治疗等，尽量增加主动运动所占比例(9)
		强度、时间	89	建议每天进行20～30分钟体力活动，以循序渐进的原则逐渐增加运动量(89)
		强度	36	老年冠心病患者以中等强度抗阻运动为宜，即1-RM的40%～60%[36(证据级别B，Ⅱa)]
		类型	42	建议心脏康复运动处方包括有氧运动和抗阻运动[42推荐强度:1+；证据等级:1+]。HIIT可能比有氧运动具有更好的效果[151弱建议]。冠心病患者以有氧运动抗阻运动伴，证据等级:1+/推荐强度:有条件推荐，证据等级:1+]
冠心病		其他体力活动建议	49;97;151	长期久坐人群开始进行有氧运动时，运动强度(即心肌耗氧化为冠心病患者)提供结构化心脏康复计划，运动时间不要过长，可视健康状况而逐渐增加(49)。建议以近期诊断为近期诊疗手术患者)冠心病患者与冠心病患者心血管发病率和死亡率的降低有关。应考虑对所有冠心病患者(包括慢性心绞痛)进行心脏运动康复，以提高心脏负荷耐受性，减少心肌耗氧量(97)
	康复期	康复方案	4;6	第一期(院内康复)：运动康复于入院24小时内开始，运动强度宜控制在静息心率增加20次/分左右，如果病情不稳定，应延迟至3～7天后进行。运动康复应循序渐进，应延迟至静息心率增加20次/分左右，同时患者感觉不到费力(Borg量表评分<12)。如果运动术后的患者进行呼吸训练，促进排痰，预防肺部感染(4)。第二期(院外早期康复或门诊康复期)：一般在出院后1～6个月进行。除医学评估、健康教育、日常活动指导、心理支持外，需每周进行3～5次心电监护下的中等强度有氧运动、抗阻运动和柔韧性训练等，每次持续30～90分钟，持续3

续表

疾病类型	阶段	运动处方原则	证据编号	证据内容
冠心病	康复期	康复方案	4；6	个月左右。推荐总的运动康复次数为36次，不低于25次（4）。住院患者早期运动康复计划和日常生活活动指导：①适应证。入院后8小时，无胸痛和呼吸困难等不适，穿刺部位无出血和血肿，心率50～90次/分，收缩压90～150mmHg和舒张压60～100mmHg，呼吸16～24次/分，血氧饱和度95%以上。②功能锻炼方案。A级：上午取仰卧位，双腿分别做直腿抬高运动，抬腿高度为30度；下午在床旁坐和站立5分钟。B级：上午在床旁站立5分钟；下午在床旁行走5分钟。C级：上午取床旁站立，每天2次，每次10分钟。D级：在病室内活动，如出现胸闷、胸痛，行床旁活动。高（吸气）、放（呼气），5组/次；下午取床旁行走5分钟。③运动监测。使用心电监护仪严密监测患者症状及穿刺部位情况，心率比静息时增加≥20次/分、呼吸≥30次/分，或血氧饱和度<95%，应立即停止运动（6）。第2天运动量减半，或推迟运动计划（6）。患者出院后应尽早开始门诊运动康复。定期随访，患者需有医务人员指导，并在心电监护下进行心脏康复。除禁忌证患者外，大多数患者可进行门诊心脏康复。建议低危患者至少在心电监护下运动6～18次（或运动至出院后运动1个月），中危患者至少在心电监护下运动18～36次（或运动至出院后运动2个月），高危患者至少在心电监护下运动12～24次（或运动至出院后运动3个月）（6）。运动计划包括三个步骤：①准备阶段，即热身，多采用低强度有氧运动和静力拉伸，持续5～10分钟。②训练阶段，包含有氧运动、抗阻运动和柔韧性训练等，时长30～90分钟。③放松阶段，运动强度逐渐降低，可以保证血液循环的再分布，减少关节僵硬和肌肉酸痛，避免静脉回流突然减少导致运动后低血压和晕厥的风险。有氧运动方式可选择步行、慢跑、骑自行车、爬楼梯和游泳等运动，建议据患者病情程度决定放松时间，一般5～10分钟。有氧运动时间为10～60分钟，正式运动每次5分钟，然后根据患者的体适能水平，运动开城上步行为主，脚踏车和划船等。出院后每次放松活动时间从15分钟开始，以每周增加1～5分钟的速度逐渐延长有氧运动时间，运动频率为每周3～5次。建议以步行为主，包括热身和放松运动，建议患者根据患者建议有氧运动时间从15分钟开始，床症状采用心率和Borg量表评分来测运动强度，目的是使患者获得心血管健康或体能益处。建议

续表

疾病类型	阶段	运动处方原则	证据编号	证据内容
冠心病	康复期	康复方案	4；6	在心脏康复医师监测下进行心脏康复，推荐的最小运动强度是中等强度有氧运动（如最大摄氧量的40%～60%，或接近无氧阈时的心率值，或40%～60%的最大心率），或逐渐达到最大摄氧量或最大心率的80%，Borg量表评分从达到11～13，对于低下危险性患者，评分可以在短期内达到14～16。同样性运动可有效地改善身体功能，可有效地改善与心血管疾病相关的代谢因素。抗阻运动可选择运动方法有如下三种：徒手训练，包括俯卧撑、仰卧起坐、仰卧蹬腿、腿背弯举等；自制器械训练，器械训练，包括哑铃、多功能组合训练器械、握力器和弹力带等；器械组合训练，包括沙袋和500ml矿泉水瓶等。上肢肌群，每次训练8～10个肌群，每个肌群每次训练1～4组（从1组开始逐渐增加组数），减少训练次数同日期交替进行，核心肌群训练2～3次。老年人可以增加每组重复次数（如每组15～25次），推荐上肢初始运动强度为30%～40%1-RM，下肢为50%～60%1-RM，同一肌群练习时间应间隔至少48小时。通常抗阻运动的最大运动强度不超过80%1-RM，Borg量表评分为11～13分，切记运动中要运用正确的阻运动方式，举起时呼气，放下时吸气，避免屏气动作。如果患者体能尽快恢复。促进在经皮冠状动脉介入治疗后至少3周，且应在连续2周有医学监护的肌肉活动之后进行；冠状动脉旁路移植术后应进行关节活动度是指患者能举起≥50%1-RM的肌肉力量训练之后进行；心肌梗死冠状动脉旁路移植术后3个月内不应进行中到高强度上肢力量训练，且应在连续4周有医学监护的有氧训练的稳定性和胸骨伤口的愈合。老年人和心血管疾病患者柔韧性差，保持躯干、颈部和臀部的柔韧性训练尤其重要。每个动作重复6～15秒，逐渐增加到30秒，每次训练总时间以缓慢，可控原则进行，逐渐增加到有牵拉感觉同时无疼痛平衡性，柔韧性训练和预防摔倒的重要性。每一部位拉伸时间6～15秒，逐渐增加到30秒，每次训练总时间可增加至90秒，每周3～5次，正常呼吸，强度为有牵运动，神经肌肉训练包括牵拉感觉提高体适能和本体感觉训练。运动方式可选择步行、慢跑、骑自行车、10分钟左右，每周3～5次。神经肌肉训练作为老年心血管疾病患者提高体适能和预防摔倒，蛇形走、单腿站立和直线走等，每周进行2～3次（6）。有氧运动方式可选择步行、慢跑、骑自行车、

续表

疾病类型	阶段	运动处方原则	证据编号	证据内容
冠心病	康复期	康复方案	4；6	游泳、爬楼梯，以及在器械上完成步行、脚踏车、划船等，每次20~40分钟，初始可从20分钟干始，根据患者的情况逐步延长运动时间；每周3~5次。通常采用心率评估运动强度为个体最大运动强度的50%~80%，体能较差患者的运动强度设为50%，随着体能改善逐步增加运动强度；对于体能较好患者的运动强度可达到80%。抗阻运动每次运动8~10个肌群，上肢和下肢训练可交替训练；每周2~3次，上肢初始运动强度为1-RM的30%~40%，下肢为50%~60%，Borg量表评分11~13分。应注意运动前进行5~10分钟热身，不要憋气，避免瓦尔萨尔瓦动作。且应在连续4周有氧运动之后进行有氧监护的有氧力量训练。以免影响胸骨的稳定和胸骨伤口愈合(4)。阻抗运动的时期选择在经皮冠状动脉介入治疗后至少3周，心肌梗死后至少5周，冠状动脉旁路移植术后3个月内不应进行中到高强度上肢力量训练。采取性训练每一个部位应伸持时间6~15秒，逐渐增加到30秒，如果可以耐受可增加到90秒，正常呼吸，强度为有牵拉感觉同时无疼痛感，每个动作重复3~5次，每次训练总时间10分钟左右，每周2~3次(4)
	/	运动前评估	23；131	在运动康复前，应对心肌梗死患者进行个性化的运动评估，危险分层和运动负荷试验，以评估结果为基础制定个性化运动处方[23(证据等级A，推荐强度D)]。运动评估应贯穿整个康复周期，包括初始评估，每次运动治疗前评估，新发或异常症状的紧急评估。以及步行结局评估[23(证据等级A，推荐强度D)]。心脏康复治疗每个周期(每30天)的再评估，可以使用6分钟步行试验作为替代方案[23(证据等级A，推荐强度D)]。在没有设备条件完成运动负荷试验时，非ST段抬高型心肌梗死患者应根据体力活动史或运动试验评估评估结果来制定运动处方[131(证据等级B，推荐强度D)]
冠心病心肌梗死	治疗	频率、强度、时间、类型	15；131	非ST段抬高型心肌梗死患者恢复后建议每周进行7天中等强度有氧运动，每周至少5天，每次30~60分钟，如快步走。同时增加日常体力活动，加工作、园艺等家务、园艺等家务[131(证据等级B，推荐强度D]。对于急性ST段抬高型心肌梗死的患者，建议病情稳定后每天进行30~60分钟中等强度有氧运动，如快步走，每周至少5天，并逐渐循序渐进，避免诱发心绞痛和心力衰竭(15)

续表

疾病类型	阶段	运动处方原则	证据编号	证据内容
冠心病心肌梗死	治疗	频率、时间、类型	23;114	心肌梗死患者最佳运动时长为每天30～60分钟,其中有氧运动每周3～5天,最好每周7天;抗阻运动,柔韧性训练每周2～3天,至少间隔1天(23)。在风险评估的基础上,根据运动测试评估结果指导运动处方,应鼓励ST段抬高心肌梗死(STEMI)患者恢复每周进行3～4次有氧运动,最好是每天进行,每次至少30分钟,如散步、慢跑、骑自行车和其他有氧运动,并增加日常生活中的体力活动(如工作、园艺和家务)[114(证据等级B,推荐强度I)]
		频率、时间	36	根据风险评估,进行15～60分钟的运动,每周至少运动3次(最好7次),并增加日常生活体力活动[36(证据等级B,推荐强度I)]
		强度	36	运动在无氧阈值(AT)水平,最大心率的40%～60%,或Borg量表评分12～13分[36(证据等级I,推荐强度A级)]
		类型	23;131	医院内运动康复:早期运动包括床上运动,床旁坐,床旁站立,5分钟各运动1次;床旁行走,10分钟/次,2次/天;床旁站立,5分钟/次,2次/天;运动强度控制在静息心率下增加20次/分的运动[23(证据等级I,推荐强度A)]。医院外运动康复:有氧运动,运动平板、运动自行车、固定踏车、游泳,运动频率为3～5天/周,每次30～60分钟,逐渐达到最大摄氧量的80%[23(证据等级I,推荐强度A级)],运动强度为中等强度,建议患者从最大摄氧量的50%开始,逐渐达到最大摄氧量的80%;有氧运动可每天进行;抗阻运动间隔48小时为宜[23(证据等级I,推荐强度A级)];抗阻运动,每周进行2天抗阻运动是合理的[131(证据等级C,推荐强度IIb)]
		教育	23	对患者进行运动安全教育,教会患者识别不适症状,避免运动过度[23(证据等级I,推荐强度A)]
		运动监测	23	在院内运动康复期,患者必须在心电和血压监护下进行运动。如果在运动过程中出现胸闷、胸痛、心率超过静息心率20次/分,呼吸频率超过30次/分,或血氧饱和度低于95%,则应立即暂停运动。在中高危患者,运动量应减半或延缓运动[23(证据等级I,推荐强度D)]。在院外运动康复,中高危患者应在康复中心接受心电监护下的运动康复,而低危患者则可以通过远程心电监测接受家庭心脏康复[23(证据等级A级,推荐强度I)]

续表

疾病类型	阶段	运动处方原则	证据编号	证据内容
冠心病心肌梗死	治疗	其他体力活动建议	23;36	运动康复场地配备心电监护和心肺复苏设备（除颤仪和急救药品）[23（证据等级Ⅰ，推荐强度A级）。建议瓣膜手术后患者进行运动康复，以改善症状和运动能力[36（证据等级A，推荐强度Ⅰ）]
	/	运动前评估	125;131	中高危患者进行医疗监督下康复项目之前应进行体力活动史和运动测试评估，以指导运动处方的制定[125（证据等级B，推荐强度Ⅰ）。不稳定型心绞痛患者应根据体力活动史或运动测试结果来制定运动处方[131（证据等级B，推荐强度Ⅰ）]
		频率、强度、时间、类型	124;125;131	建议每周进行7天中等强度有氧运动，每周至少5天，每次30～60分钟，如快步走。同时增加日常体力活动，如工作、园艺或家务等[124（证据等级B，推荐强度Ⅰ）;125（证据等级B，推荐强度Ⅰ）。不稳定型心绞痛建议每周进行7天中等强度有氧运动，每周至少5天，每次30～60分钟，如快步走。同时增加日常体力活动，如工作、园艺或家务等[131（证据等级B，推荐强度Ⅰ）]
冠心病心绞痛	治疗	强度、类型、开始时间	124	不稳定型心绞痛/非ST段抬高型心肌梗死患者通常可以在血管重建后1～2周内开始运动。无监督的运动目标心率为最大心率的60%～75%；有监督运动的目标心率为最大心率的70%～85%，还可以在有氧运动后2～4周增加低中强度抗阻运动(124)
		类型	124;126;131	增加体力活动，每周进行2天抗阻运动是合理的[126证据等级C，推荐强度Ⅰ;124证据等级C，推荐强度Ⅰ];131（证据等级C，推荐强度Ⅱb）
缺血性心脏病	/	运动前评估	137	建议进行体力活动史和/或运动测试的风险评估，以指导运动处方的制定[137（证据等级B，推荐强度Ⅰ）]
		频率、时间、类型	136;137	鼓励缺血性心脏病(IHD)患者每周至少进行5天（最好7天）中等强度有氧运动，每次30～60分钟，如快走，并增加日常生活体力活动（如工作、园艺、家务）来改善患者心肺健康和生活方式；137（中等质量，强烈推荐）
缺血性心脏病	治疗	类型	26;137	推荐患者进行有氧运动，尊重患者在运动强度方面的选择[26（证据等级1b，推荐强度A）]建议每周至少进行2天抗阻运动[137证据等级C，推荐强度Ⅱa）]
		其他体力活动建议	26	为参与运动的患者提供节奏与动作同步的个性化音乐[26（证据等级2c，推荐强度A）]

续表

疾病类型	阶段	运动处方原则	证据编号	证据内容
缺血性心脏病	治疗	其他体力活动建议	137	对于首次被诊断为高危患者的人群，我们推荐参与医疗监督下的心脏康复项目或由医生指导的家庭为基础的康复计划[137（证据等级A，推荐强度D]
	/	运动前评估	19	冠状动脉旁路移植术后的患者在开始运动训练计划之前，应进行临床综合评估，并进行个性化运动处方(19)
经皮冠状动脉介入术后或冠状动脉旁路移植术后	康复期	康复方案	36;19;141;8;23	建议冠状动脉旁路移植术后的患者的安全运动范围，并进行肺功能康复。因素[36（证据等级A，推荐强度D]。早期床上活动，有助于促进肺功能康复。①早期床上活动的逐渐增加：早期床上活动可从逐渐增加床头角度开始，使患者逐步从半坐卧位过渡到坐位，独立坐到坐位和床旁坐位。对于肌力评级低于3级的患者，可进行被动的关节活动训练，主动助力活动和静力性肌肉收缩训练。对于肌力评级达到或超过3级的患者，可开始进行主动关节活动训练和抗阻运动。②逐步增加肢体活动，肢体活动的起始时间通常为5～10分钟，之后逐渐增加。在床上活动过程中，强度应根据心率、血压、血氧饱和度、呼吸频率和Borg量表评分来确定(12～13分为理想强度)。③ICU阶段的肢体活动(19)。可以逐步开始肢体活动。对于在ICU中停留超过3天的患者，在排除禁忌证后，可进行呼吸式呼吸，可进行腹式呼吸，鼓励患者进行腹式呼吸训练。在冠状动脉旁路移植术后的ICU期间，针对呼吸肌力不足和肺不张的患者，可通过高强度吸气肌训练、腹部抗阻训练、深部抗阻训练、增加最大吸气压力、加强膈肌及腹部力量、改善术后肺活量，增加潮气量。对于术后可能出现的常规非机械通气功能障碍的患者，增加肺功能障碍感染风险(19)。呼吸，呼吸训练器，有效咳嗽，胸部叩击和呼吸操等呼吸训练。对于冠状动脉旁路移植术后的常规非机械通气，增加肺部感染，降低肺部感染风险(19)。术后病房心脏康复方案包括肺部训练和功能训练。（1）肺部功能训练。①对于需改善肺功能治疗，也可配合使用呼吸训练器，提高通气效率和目标效果效果，增强呼吸肌力量。②对术后体位呼吸训练，缩唇呼吸，深呼吸训练，进行气道廓清技术。若咳嗽未达到加强体位吸气训练，一直坚持至出院。③对于心肺功能需改善的患者，可以加强体位管理，结合术后留，可在保护伤口的基础上，进行气道廓清的早期和胸部活动，结合术后早期管理和胸廓晨起辅助咳嗽与呼吸训练。②功能训练。②肢体训练：冠状动脉旁路的早期活动，提高摄氧量与肢体活动能力，减少并发症。（2）功能训练。

续表

疾病类型	阶段	运动处方原则	证据编号	证据内容
经皮冠状动脉介入术后或冠状动脉旁路移植术后	康复期	康复方案	36;19;141;8;23	植入急性期后，在患者循环稳定及排除禁忌证后，即可开展早期肢体活动。从术后第1天开始，在医护人员的监督下，在床上进行肢体被动或主动活动。之后每天逐步从床上肢上肢主动活动，过渡至床旁劳动、病房内步行、上下楼行走，控制运动当量在2~4代谢当量（梅脱）。②有氧训练：在患者的耐受范围内，按步频增加至低中强度的有氧运动，可选择床旁踏车训练，或下地步行。进行间歇或持续性有氧运动，逐渐增加运动时间，从5分钟进阶至10~20分钟。在运动过程中，密切监测患者的症状、体征和心电图等。RPE分级在11~13，运动后的最大心率不超过静息心率增加20次/分。③肩关节训练：冠状动脉旁路移植术后患者，从术后第1天开始，每天2次，在未引起不适的情况下，进行适当车及肩关节活动，直至患者出院。冠状动脉旁路移植术后患者可进行提肩、肩绕环、头颈环绕等动作。短期内暂停使用手摇车及柔韧性划船机，保护好伤口(19)。冠状动脉旁路移植术后常规运动康复：有氧运动在出院后1~3周内至门诊运动康复试验结果，制定有氧运动处方。通常规定患者采用中等运动强度，一般每周3次，持续36次或更多。应根据运动训练时间，可以适当增加运动时间，包括30分钟跑步机运动和功率踏车运动，当心率达到80%的最大摄氧量。训练方案：冠状动脉旁路移植术后患者进行呼吸肌训练（哑铃、峰值吸气压，最大呼气压，脚踝负重训练），10分钟伸展和放松，连续12周，每周2次，每次训练8~10组肌群，上肢、下肢、躯干肌群可交替训练。柔韧性及生活质量评分。按照运动处方的要求，每次训练前必须有5~10分钟的热身运动。切忌运动过程中出现瓦尔萨尔瓦动作。柔韧性运动时间应注意以上肢、下肢、躯干大肌群为主，以缓慢伸身或牵拉运动为主有牵拉感但不感疼痛，每个动作持重复同为10分钟左右，逐渐增至30~90秒，正常呼吸，强度较低强高强度穿插运动之间的训练方案，延长运动时间6~15秒，逐渐增至3~7次/周。其他运动康复形式。冠状动脉旁路移植术后可同并与主的训练方案包括HIIT，以神经系统训练之间穿插高强度大摄氧，延长运动时间。如太极、瑜伽等神理缺血训练。①HIIT：持续时间可重复多次的高强度运动，每两次高强度运动后患者最大摄氧或生无负荷运动进行主动恢复，可显著提高冠状动脉旁路移植术后患者最大摄氧率，延长运动时间且在长期疗效维持及改善运动心肺功能方面优于恒定功率运动。②以神经系统运动为主的训练方案低强度且可同并生经系统运动康复形式。冠状动脉旁路移植术后每天30分钟瑜伽训练可显著提高患者的心脏射

续表

疾病类型	阶段	运动处方原则	证据编号	证据内容
经皮冠状动脉介入术后或冠状动脉旁路移植术后	康复期	康复方案	36;19;141;8;23	血分数，降低 BMI、血糖、低密度脂蛋白胆固醇（LDL-C），增加高密度脂蛋白胆固醇（HDL-C），缓解压力与焦虑。③生理性缺血训练（PIT）：可采用等长收缩训练和血压计袖带加压训练（19）。对于接受经皮冠状动脉介入或冠状动脉旁路移植术治疗的患者，有氧运动通常可在出院后 1～2 周开始，可以多患者中强度抗阻运动，并在有氧运动后 2～4 周开始。根据患者的运动压力测试，无监督运动目标心率范围可为最大心率的 60%～75%，有监督患者更需进一步限制性活动。大多数患者在出院后更高心率可能达到的 70%～85%）。当存在残余心肌缺血时，需要进一步限制性活动。急性心肌梗死后经皮冠状动脉介入术后患者，应尽早开始运动康复。康复开始时同一般急性心肌梗死后经皮冠状动脉介入术不久就可鼓励每天步行（141）。经皮冠状动脉介入术后尽早开始运动康复，益获越大[23（证据等级 A，推荐度 I）]。经皮冠状动脉介入木后有氧运动，通常采用低强度有氧运动，持续 5～10 分钟。这样做的目的是放松和伸展关节肌肉，增加关节活动度，并提高心血管适应性，预防运动引起的心血管事件和运动损伤。②有氧运动。有氧运动是康复的基础，制定并执行相应的有氧运动处方。对于低风险人群和中高风险患者，抗阻运动包括每个动作进行 1 次开始，然后根据身体逐渐恢复正常状态(8)。有氧运动至少每周进行 3 次，制定自身情况逐渐延长至 30～60 分钟。抗阻运动可以从每个动作 1 次开始，然后根据身体逐渐恢复正常状态。有氧运动至少每周进行 3 次，进行至少 5 分钟的放松活动。③放松。在康复运动的最后，进行至少 5 分钟的放松训练。
急性冠状动脉综合征	治疗	类型	91	建议最近诊断为急性冠脉综合征的患者在早期阶段进行有氧运动，作为心脏康复计划的一部分(91)
慢性冠状动脉综合征	治疗	频率、类型	24	每周至少进行 3 天有氧运动，最好多于 5 天，每周 2～3 天进行抗阻运动。有氧运动可以选择上肢或下肢交替；每周 2～3 天进行柔韧性训练。有氧运动可以选择下肢或上肢功率自行车、椭圆机、划船机、慢跑或快步走、游泳等方式。抗阻运动可以选择自重训练、哑铃、弹力带或抗阻运动器械，沙袋、弹力带等。柔韧性训练可以选择四肢大关节和下背部的静态或动态拉伸(24)

续表

疾病类型	阶段	运动处方原则	证据编号	证据内容
慢性冠状动脉综合征	治疗	强度、类型	24	当慢性冠状动脉综合征完成心肺运动试验、测试结果无症状限制时，建议大多数患者可开展中等强度有氧运动：储备心率（储备心率）的40%～60%，最大心率（最大摄氧量）的40%开始，逐渐达到储备心率的60%（最大摄氧量）或最大心率的50%～70%开始，逐渐增加并达到最大心率的50%～60%（最大摄氧量）的低危患者，中危患者从储备心率（最大摄氧量）的40%～60%或最大心率达50%～60%或最大摄氧量的50%～70%储备心率的低危患者，在达到储备心率的70%后，可进行储备心率的低危患者，RPE分级11～14。高危患者：储备心率（最大摄氧量）为70%～90%的HIIT，RPE分级14～16。慢性冠状动脉综合征患者的心肺运动试验显示有缺血或症状限制时，目标心率应小于缺血阈值：目标心率应减少10次/分，RPE分级11～14。对于未完成心肺运动试验的患者，目标心率≤安静心率+30次/分，RPE分级13～14，低危患者，目标心率≤安静心率+20次/分，中危患者：目标心率≤安静心率+30次/分，RPE分级13～16。抗阻运动以回归大肌群和核心肌群训练为主。上肢：30%～40%1-RM，下肢：50%～60%1-RM，每个动作重复10～15次为1组，完成1～3组，无显著疲劳感RPE分级（高危患者：11～12；中危患者：13～14；低危患者：13～14）。柔韧性训练：有牵拉感觉，但无疼痛（24）。
	/	运动前评估	67	应强烈鼓励久坐不动患者在进行充分运动相关风险分层后开始低强度运动（67）
		频率、强度、时间	67	既往有急性心肌梗死、冠状动脉旁路移植术、经皮冠状动脉介入治疗后，稳定型心绞痛或慢性心力衰竭患者可进行中等强度有氧运动，每次30分钟（67）
冠状动脉疾病	治疗	其他体力活动建议	93;98	向冠状动脉疾病患者提供个性化心血管疾病康复计划，在初始阶段考虑动机和心理支持，以减少心血管疾病死亡率和再住院率[93证据等级B，推荐强度A，推荐强度I]。对于冠状动脉异常常且不在主要动脉之间运行，可以考虑参与竞技运动[98证据等级C，推荐强度II]。建议冠状动脉无症状患者，在充分的风险评估后，可以参与竞技运动[98证据等级C，推荐强度II b]。不建议冠状动脉畸形患者参加中高强度竞技运动[98证据等级C，推荐强度III]）。
		运动监测	4;6;12;24;26;34;36;38	建议缺血性心脏病患者使用生物传感器，如计步器、24小时动态心电图等，加强对运动频率、强度和时间的监测[26证据级别Ib，推荐强度A]。对于计划接受最大冠状动脉手术的患者，在血压监测期间适当进行运动，以增强心肺功能[36级别证据C，推荐强度II a]。冠心病住院患者必须心电监护下

续表

疾病类型	阶段	运动处方原则	证据编号	证据内容
冠状动脉疾病	治疗	运动监测	4;6;12;24;26;34;36;38	进行运动康复和恢复日常活动（4；6）。对于慢性冠状动脉综合征患者，运动训练初期应进行心电监护，以了解和评估安全运动水平。经过医师评估后，可以减少停止心电监测，采用心率带或心率表监测目标心率。具体监测方案如下。①低危患者：开始进行6～12次运动时需持续心率，经过心电监测心脏康复专业医务人员评估后，可停止心电监测，采用心率带或心率表监测心率。②中危患者：开始进行至少12次运动心率带或心率表时需持续监测心率，经过心脏康复专业人员评估后，可减少或停止心电监测，并全程做好急救准备（24）。③高危患者：所有应进行运动压力测试由专业人员实施运动计划。对于心功能较好的患者，心力衰竭，低运动耐受性或严重残余缺血的患者，建议在专业医务人员实施运动计划。此外，还应鼓励患者在日常生活中增加体力活动，建议改善残余运动生活习惯（38）。低危患者：主要以主动康复为主、体力活动限制较少；初始运动强度较低，逐渐增加到30～40分钟，建议以储备心率的50%～70%进行；建议从体力活动可能有一定的限制。初始运动强度较低，低强度运动为主，逐渐增加运动强度，心率增加到20次/分；在运动过程中需严密医学监护（34）。中危患者：主要以主动康复为主，从每次10分钟开始，逐渐增加到10～30分钟，心率增加不超过20次/分；在运动过程中需要严密医学监护。脑卒中合并稳定性冠心病患者在急性期的运动康复方案如下。①被动运动：神经肌肉电刺激可以提高下肢肌肉的力量和耐力，动日常活动的患者，应尽早开始进行关节的被动活动，以防止关节疼痛和挛缩。每天进行2～3次，每次每个关节重复活动5～10次。②主动运动：神经肌肉电刺激，防止肌肉萎缩（12）。脑卒中合并稳定性冠全身运动训练（12）。脑卒中合并稳定型冠心病患者床边活动、体位转移训练，建议躯干控制能力训练，脑心病患者在稳定期可包括冠心病患者在恢复期的运动康复方案建议：每周进行3～5次有氧运动（12）。每次20～行训练（12）。脑卒中合并稳定型冠心病，上下肢功能训练，肌肉力量训练，平衡功能训练，步行训练和步40分钟，从20分钟开始，根据患者运动能力逐步增加运动时间，目标心率应低于诱发心肌缺血，明显主动和/或被动关节活动，建议增加有氧运动。每次进行3～5次有氧运动。每次20～心律失常或明显心绞痛的心率的10次以下。有氧运动强度：以最大摄氧量的50%～80%进行；

续表

疾病类型	阶段	运动处方原则	证据编号	证据内容
冠状动脉疾病	治疗	运动监测	4;6;12;24;26;34;36;38	以无氧阈为标准，为最大摄氧量的60%，储备心率的40%～70%；对于无法进行运动试验的患者，采用储备心率法，即在静息心率的基础上增加20～30次/分，体能差的患者增加20次/分，体能好的患者增加30次/分；如果患者合并心房颤动或不易监测心率，则采用Borg量表评分标准，将运动强度控制为12～16(12)。脑卒中合并稳定性冠心病患者在恢复期的有氧运动康复方案建议如下。①热身：选择低强度有氧运动，如步行，并进行颈部、上肢、躯干和下肢的关节活动，持续5～10分钟。②保持目标运动强度下氧运动，建议初始时进行20分钟有氧运动，并根据患者的运动能力逐步增加运动的时间，最终达到预定的目标运动强度的有氧运动。③放松活动：进行5分钟的慢节奏有氧运动，让心率和呼吸恢复到运动前水平(12)。在这个阶段，建议使用心率带、心电监护等设备监测患者的心率变化，确保心率保持在预定的目标心率水平。
禁忌证	/	/	6;19;24;36;42	运动禁忌：血压≥180/100mmHg；胸部X线检查结果、心电图提示严重心律失常或缺血性改变（运动应激试验结果不良灯者除外），心胸比(CTR)为≥55%；心电图提示严重心律失常；尿蛋白≥100mg/dL；不稳定型心绞痛；严重且有症状的高血压病变化（Ⅱ级或更严重）；尿失禁；急性心肌梗死2天内；其他可能因运动而加重的疾病(36)。先天性心脏病；失代偿性心力衰竭；冠状动脉旁路移植术后运动康复对禁忌证包括：急性心律失常；新发严重主动脉狭窄；药物无法控制的不稳定型心绞痛；引发症状和血流动力学障碍时的末控制性心律失常；急性主动脉狭窄。相对禁忌证包括：明显的心动过速或过缓；中度瓣膜狭窄性心脏病；肥厚型心肌病；急性肺动脉栓塞；急性心肌炎病或其他原因所致的流出道梗阻性病变；高度房室阻滞；严重房室传导阻滞；严重高血压(19)。医院外体力活动禁忌证包括：不稳定型心绞痛并伴有症状；重度主动脉狭窄；急性全身疾病或发热；未控制的房性或室性心动过速(>120次/分)；未控制的窦性心动过速；血栓性静脉炎；近期血栓栓塞；安静时ST段压低或抬高(>2mm)；严重的血压下降>20mmHg；未控制的高血压（>180/110mmHg）；主动脉夹层马凡氏综合征；活动性心包炎或心肌炎；加急性甲状腺炎、低血钾、高血糖或血容量不足(6)。三度房室传导阻滞；严重和症状性主动脉瓣狭窄；糖尿病视网膜病变；糖尿病所包括的主要危险因素；未控制高血压（>160/100mmHg）；肌肉骨骼限制；低功能能力(<4MET)。可限制运动能力的运动系统异常，其他甲状腺异常；失代偿心力衰竭；植入起搏器或植入起搏器除颤器(42)。慢性冠状动脉综合征

续表

疾病类型	阶段	运动处方原则	证据编号	证据内容
禁忌证	/	/	6;19;24;36;42	患者运动康复禁忌证：未控制的、血流动力学不稳定的严重心律失常；梗阻性肥厚型心肌病；主动脉夹层急性期或者主动脉夹层需要手术治疗者；重度心脏瓣膜病变；失代偿性心力衰竭；严重电解质异常（如高钾血症、严重低钾血症、低钠血症等）；急性非心源性疾病，不适宜运动；急性心肌炎或心包炎；急性血栓性静脉炎；静息时收缩压>200mmHg和(或)舒张压>110mmHg；精神障碍无法配合(24)

注：休闲运动——从事休闲娱乐运动；竞技性运动——训练有素，更强调表现和胜利；CTR——指胸部X线检查中的心脏横径比（Cardiothoracic Ratio）；HIIT——高强度间歇性训练。

表 4.6　高血压患者体力活动证据推荐意见汇总

阶段	运动处方原则	证据编号	证据内容
／	运动前评估	16;28;35;54;57;98;99;100;183	对于心脏病患者，建议进行运动心电图测试，并在医学监督下进行康复训练(99;100)。训练前对心血管状况的评估应取决于患者喜好，症状和体征，心血管风险和相关临床情况(57)。每个参加竞技运动或高强度运动的高血压患者都应进行完整的心血管评估[183(证据等级C，推荐强度Ⅱa)]。血压较高，心血管危险因素超过3个，糖尿病，靶器官损伤，有心脏病的高血压患者在进行中等强度运动前应进行运动测试[183(证据等级C，推荐强度Ⅱa)]。对于高血压控制良好，但心血管疾病评估高风险的患者，不建议使用高强度运动来控制血压[98(证据等级C，推荐强度Ⅲ)]。对于高血压控制不佳或严重的高血压患者，在未得到有效的药物治疗控制好血压之前，不鼓励或应推迟进行高强度体力活动(54,57)。高血压的运动治疗并不适用于伴有缺血性心脏病，心力衰竭或肾功能衰竭或骨科并发症患者(35)。不建议老年患者进行高强度体力活动(28,16)
预防	频率、强度、时间、类型	140	建议成年人每周进行3~4次中高强度有氧运动，每次持续40分钟[140(NHLBI Grade 证据等级B，推荐强度中等);(ACC/AHA证据等级A，推荐程度Ⅱa)]
治疗	总量	153;35;46;57;66;68;75;98;99;100	建议高血压和慢性肾病患者每周累计进行至少150分钟的中等强度体力活动，或达到与其心血管和身体耐受性相容的水平[153(证据等级C，推荐强度Ⅱ)]。对于血压控制良好的患者建议每周进行5~7次中等强度有氧运动[100;98(证据等级D，推荐强度Ⅰ;68;66(证据等级A，推荐强度Ⅰ);100;98(证据等级D，每次至少30分钟中高强度有氧运动(如下蹲，跑步，跑步，骑自行车，慢跑，游泳)，辅以抗阻运动)]。定期进行有氧运动(如步行，跑步，游泳)，每周至少300分钟中高强度有氧运动(如下蹲，并根据年龄，身体状况和患者爱好进行调整[100;98证据等级A，推荐强度D]。除日常生活活动外，建议每周进行4~7次中等强度有氧运动(如散步，慢跑，骑自行车，游泳)为主，辅以抗阻运动(57)。每天进行30~45分钟中等强度体力活动，强度为最大摄氧量的40%~60%，每周3~5次，每次30~60分钟(46)。建议久坐不动患者定期进行中等强度体力活动，每天30~45分钟运动。运动类型主要以有氧运动和等张收缩抗阻运动(如步行，慢跑，游泳)为主，根据年龄，身体状况和患者喜好进行调整(99)。建议轻度高血压患者每周进行3~5次体力活动，每次30~40分钟中等强度有氧运动，运动强度为最大摄氧量的40%~60%(35)建议一周

续表

阶段	运动处方原则	证据编号	证据内容
	频率、时间、类型	2;3;28;45;46;51;54;130;192	中的大部分时间进行有规律的有氧运动，每天至少30分钟(130)。建议进行规律的有氧运动和抗阻运动，每周不少于5天、每天不少于30分钟(28,51)。建议定期进行有氧运动，每天至少30分钟，如步行、慢跑、骑自行车、游泳、健美操和非比赛性划船等(3)。每周进行3次以上中等强度有氧运动(2)。建议高血压患者每周进行30~45分钟的快步走或游泳，每周3~4次，每次30~45分钟，如快步走、游泳(192,54)。建议久坐不动患者定期进行中等强度有氧运动，每周3~4次运动，每次30~45分钟，如快步走、游泳(46)。
	频率、强度、时间	48;183	建议患者每周进行5~7天中等强度运动，单次连续30分钟，或2次15分钟的运动(183)。建议患者每周进行5~7天中等强度运动，每次至少30分钟，每周大约150分钟[48推荐强度Level1+，证据等级A]]
治疗	强度	35	对所有患者进行最大摄氧量测定是困难的，建议根据最大心率评价运动强度，如最大心率的50%,60岁以上人群以110次/分作为运动目标心率(35)
	类型	183	有氧运动可降低高血压前期和高血压患者的随意血压，可作为预防和治疗动脉性高血压的优先运动方式[183(证据等级A，推荐强度Ⅱa)]。建议将动态抗阻运动作为预防和治疗高血压患者有氧运动的有效补充[183(证据等级B，推荐强度Ⅱb)]
	运动方案	2;113	典型的运动计划一般分为三个阶段，包括5~10分钟的低强度热身活动，20~30分钟的耐力活动或有氧运动以及5分钟左右的放松活动(2)。增加体力活动，可以在商家6个街区的地方下车，或者在晚上和配偶或朋友一起散步，逐渐增加运动时间30~45分钟(113)
	其他体力活动建议	46;183	减少久坐时间，建议每30分钟起来活动至少5分钟，对于经常久坐不动者，可以在商家6个街区的地方下车，或者晚上和配偶偶或朋友一起散步一定更有效(46)
未明确区分预防或治疗	总量	149	每周进行90~150分钟有氧运动，强度为最大心率的65%~74%，以及每周进行90~150分钟的动态抗阻运动，强度为最大心率的50%~80%，选择6个动作，每个动作进行10次，重复3组(149)

续表

阶段	运动处方原则	证据编号	证据内容
未明确区分预防或治疗	频率、强度、时间、类型	159;162;163;166;168;172;175	对于非高血压患者（为了减少患高血压的可能性）或高血压患者（为了降低血压），除日常生活体力活动外，每周进行4~7天每天30~60分钟的中等强度有氧运动（如步行、慢跑、骑自行车、游泳），但更高强度运动并不一定更有效[175（推荐等级D）；163（推荐等级D）；162（推荐等级D）；166（推荐等级D）；172；159（推荐等级D）；159；168（推荐等级D）]
	频率、时间、类型	16	建议老年人定期进行中等强度有氧运动，每周不少于5天，每天不少于30分钟，推荐的运动方式包括散步、慢跑和游泳(16)
	频率、强度、时间	7	建议增加体力活动，运动强度为最大摄氧量的50%，且每天运动至少30分钟，每周尽可能多地参加体力活动(7)
	频率、时间	106	每周大部分时间进行体力活动，如每天快步走30~45分钟(106)
	其他体力活动建议	35;54;56;99;100;168;172;192	对于非高血压或1级高血压患者，进行抗阻运动（如自由举重，固定举重，握力练习）不会对血压产生不利影响[172;168(D级推荐)]。根据心血管风险筛查情况，对于低风险运动员可以参加所有运动项目，不限制运动态和静态运动。高风险人群只能进行低中强度运动免等张运动(99)（举重），因为其可能导致升压作用(192;100;54;35)。心脏病患者避免等张运动（举重）。中等风险人群可以参加所有运动态和静态运动(56)

表 4.7 心肌病患者体力活动证据推荐意见汇总

疾病类型	阶段	运动处方原则	证据编号	证据内容
心肌炎	/	运动前评估	98	肌钙蛋白、炎症生物标志物，超声心动图，心脏磁共振以及左心室射血分数正常，心脏功能良好且动态心电图监测或运动压力测试无心律失常/或复杂性室性心律失常的患者，应考虑在3~6个月后恢复所有强度的体力活动[98(证据等级C，推荐强度Ⅱa)]
	/	其他体力活动建议	77	对于疑似或诊断为心肌炎或心包炎患者，不推荐在炎症反应活跃期进行体力活动(77)
	/	运动前评估	77;98;135;150	专家评估结果为无风险增加群体，可以考虑高强度体力活动；专家评估为有风险增加群体，表型阴性，表现阴性心肌病者，可以参加任何强度的体力活动[98证据等级C，推荐强度Ⅱb)]。基因型阴性，表型阴性心肌病者，可以参加任何强度的体力活动[150(证据等级C，推荐强度Ⅱa)]。肥厚型心肌病者可以参加低强度体力活动，如高水平大球水平和保龄球[135(证据等级C，推荐强度Ⅱa)；150(证据等级C，推荐强度Ⅱa)]。急性心肌炎评估结果为有风险增加群体，不建议进行中高强度体力活动[77,98(证据等级C，推荐强度Ⅲ)]。急性心肌炎患者发病3~6个月内，不建议进行中高强度体力活动[98(证据等级C，推荐强度Ⅲ)]。电图监测或运动压力测试显示左心室射血分数<40%和/或出现频繁和/或复杂性室性心律失常的非瓣膜性心肌病患者，不建议进行高强度体力活动[98(证据等级B，推荐强度Ⅲ)]。对于疑似或确诊为急性心肌炎的患者，不建议进行中高强度体力活动[98(证据等级B，推荐强度Ⅲ)]；对于心肌纤维化和持续性炎症障碍的个体，不建议进行高强度体力活动[98(证据等级C，推荐强度Ⅲ)]。肥厚型心肌病者植入心脏转复器治疗后，不应参与竞技性运动[150(证据等级C，推荐强度Ⅲ)]。无论年龄、性别、种族，有无左室流出道阻塞、既往室间隔缺损治疗或肥厚型心肌病者植入心脏转复颤器病史的患者，均不应参加中高强度体力活动前需要进行综合评估[150(证据等级C，推荐强度Ⅱb)]
肥厚型心肌病	治疗	强度	150	低中强度体力活动有利于改善肥厚型心肌病(HCM)患者心肺健康、身体功能和生活质量[150(证据等级B，推荐强度Ⅰ)]
	/	其他体力活动建议	77	有心脏病症状、心搏骤停史、或不明原因晕厥、静息状态下左室流出道峰值压差>30mmHg的肥厚型心肌病患者，不推荐进行中高强度体力活动(77)

续表

疾病类型	阶段	运动处方原则	证据编号	证据内容
致心律失常性心肌病	治疗	强度、总量	98	建议每周进行150分钟低强度体力活动[98(证据等级C,推荐强度Ⅱa)]
	/	其他体力活动建议	77	不推荐致心律失常性心肌病患者参加高强度体力活动(77)
缺血性心肌病	治疗	频率、时间、类型	91	建议每周进行几天的体力活动,每天进行30~60分钟有氧运动(91)
非紧凑型心肌病	/	其他体力活动建议	98	非梗阻性心肌病和左心室射血分数(EF)≥50%的患者,可考虑进行高强度体力活动[98(证据等级C,推荐强度Ⅱb)]。进行动态心电图监测或运动压力测试,未发生晕厥和频繁心律失常和/或复杂室性心律失常的患者,可考虑进行低中强度体力活动[98(证据等级C,推荐强度Ⅱb)]。基因型阳性/表型阴性的个体,可以考虑高强度以上体力活动[98(证据等级C,推荐强度Ⅱb)]
心肌病	/	其他体力活动建议	77	扩张性心肌病患者如果有心搏骤停或不明原因晕厥病史、左心室射血分数<45%、动态心电图或运动试验中频发室性心律失常、心脏磁共振出现晚期钆增强(>20%)、高危基因型等,不建议进行高强度体力活动(77)

表4.8 其他心血管疾病患者体力活动证据推荐意见汇总

疾病类型	阶段	运动处方原则	证据编号	证据内容
心脏瓣膜病	/	运动前评估	121;127	瓣膜性心脏病患者进行体力活动前需基于临床检查，特别关注疾病变部位血流动力学的严重程度。对于无症状轻度主动脉瓣狭窄患者，不限制其进行体力活动；中重度主动脉瓣狭窄患者应避免参与高强度体力活动和静态抗阻运动。左室收缩功能正常的无症状瓣膜性心脏病患者在运动之前需要进行运动评估(121;127)
	治疗	类型	127	鼓励瓣膜性心脏病患者进行低强度有氧运动，以维持心血管健康(127)
	/	其他体力活动建议	98;121;127	无二尖瓣反流，左室、左房尺寸增大(≥60mm)，肺动脉高压或肺动脉高压休息时出现左室收缩功能障碍时的患者可以进行体力活动(但左室明显增大(≥60mm)，肺动脉高压或肺动脉高压休息时出现左室射血分数<60%的患者，不建议进行中高强度体力活动[98(证据等级C，推荐强度Ⅲ)]。对于无症状重度二尖瓣狭窄(左心室射血分数<60%)的患者，不建议进行中高强度竞技性运动[98(证据等级C，推荐强度Ⅲ)]。对于无症状轻度二尖瓣关闭不全患者，不限制休闲运动和竞技性运动[98(证据等级C，推荐强度Ⅰ)]。对于无症状中度二尖瓣关闭不全患者，静息情况下，肺动脉收缩压<50mmHg且血压正常，可考虑进行低中强度体力活动[98证据等级C，推荐运动强度Ⅱa]。对于无症状重度二尖瓣关闭不全患者，静息情况下，肺动脉收缩压<50mmHg且血压正常，可考虑进行低中强度体力活动[98(证据等级C，推荐强度Ⅱb)]。对于无症状轻度二尖瓣狭窄，可不限制其进行体力活动[98证据等级C，推荐强度Ⅰ]。对于无症状中度二尖瓣狭窄，静息情况下，肺动脉收缩压<40mmHg且血压正常，可以考虑进行低中强度体力活动[98(证据等级C，推荐强度Ⅱb)]。左室收缩功能正常的无症状瓣膜性心脏病患者可参与各种日常体力活动，包括低强度体力活动，但应避免进行静态抗阻运动(121;127)
肺动脉高压	/	运动前评估	22	肺动脉高压患者出院前应进行心功能和深静脉血栓相关检查，确定患者无运动试验禁忌后进行运动试验，建议选择6分钟步行试验，2分钟踏步试验、递增功率心肺运动试验等。如果患者无运动禁忌证，建议出院后尽早到专业机构进行心脏康复。应进行早期运动康复，建议患者定期到心脏康复中心随访(22)

续表

疾病类型	阶段	运动处方原则	证据编号	证据内容
肺动脉高压	康复期	/	22	肺动脉高压住院患者需要进行早期康复干预(参考临床路径进行),并为患者出院后持续康复做好充分准备。应根据患者临床评估结果,确定每天的运动康复内容,并逐渐增加运动量。对于有咯血或晕厥史者,建议在严密医学监测下进行运动康复。高度关注晕厥前兆症状,如头晕、黑嚎等(22)
	/	其他体力活动建议	69;84	建议肺动脉高压患者在其症状允许的情况下尽可能地多运动。如果患者出现中重度呼吸困难,或发展为劳力性头晕或胸痛,应建议患者停止运动(84)。建议肺动脉高压患者尽可能地多运动,同时避免运动过度导致临床症状发生,当身体不适时,患者可以在医学监督下进行运动康复(69)
代谢综合征	治疗	频率、强度、时间、类型	25	每周至少运动5天,每次30~60分钟中等强度体力活动(如健步走)[25(证据等级Vb,推荐等级A)]。建议每周进行4~6天30分钟中等强度有氧运动,以及每周2次抗阻运动[25(证据等级Ia,推荐级别A)]
		频率、强度、类型、持续时间	25	推荐每周至少中高强度有氧运动3次,连续运动至少12周[25(证据等级Ia,推荐等级A)]。建议每周3次HIIT,连续运动至少12周[25(证据等级Ia,推荐级别A)]
		频率、时间、类型	25	建议每天进行30~60分钟体力活动,包括有氧运动、职业体力活动以及肌肉力量训练[25(证据等级Vb,推荐等级A)]。推荐每周至少2次,每次至少40分钟有氧运动[25(证据等级Vb,推荐级别A)]
		强度、类型	25	建议进行中等强度(最大心率的80%~90%)有氧运动,同时结合抗阻运动[25(证据等级Vb,推荐级别A)]
		强度	25	推荐中等强度体力活动[25(证据等级Ic,推荐等级B)]
		时间	25	体力活动每周不少于4小时[25证据等级Vb,推荐级别B)]
		其他体力活动建议	110;25	代谢综合征患者建议保持健康体重并增加体力活动[110(证据等级C,推荐强度Ⅱa)]。结合患者健康状况和疾病综合并制定个性化运动处方(25)

续表

疾病类型	阶段	运动处方原则	证据编号	证据内容
先天性心脏病	治疗	强度、类型	61	建议血流动力学良好的先天性心脏病患者定期进行体力活动，避免静态抗阻运动，血流动力学不理想的患者应避免高强度体力活动或竞技性运动，但鼓励低强度进行定期进行体力活动（散步、游泳、骑自行车）（61）
隐匿性脑小血管病	治疗	其他体力活动建议	81	对于隐匿性脑小血管病患者，体力活动对认知功能有益，也可能改善患者运动能力，降低脑脑血管不良事件发生率和全因死亡率，因此建议该人群定期进行体力活动（81）
血管老化	治疗	频率、时间	13	建议患者每周进行 3～7 次体力活动，每次从 20 分钟开始，逐渐增加到 40～60 分钟（13）
心包疾病	康复期	其他体力活动建议	98	建议急性心包炎已康复患者在 30 天至 3 个月后（取决于疾病的临床严重程度）恢复所有形式的体力活动，包括竞技性运动［98（证据等级 C，推荐强度 I）］
	/	其他体力活动建议	98	疑似或确诊急性心包炎活动性炎症期患者，无论性别、年龄或射血功能障碍程度，都不建议进行体力活动［98（证据等级 C，推荐强度 Ⅲ）］

表 4.9 卒中患者体力活动证据推荐意见汇总

阶段	运动处方原则	证据编号	证据内容
/	运动前评估	18;115;144;185;176	运动可能对脑卒中患者有一定风险，如骨骼肌损伤和心源性猝死。根据残障程度和其他医疗条件，一些患者需要在医学监督下进行运动康复。在开始运动前，建议所有脑卒中患者进行医学评估，旨在识别并发症，运动禁忌证和其他特殊问题(115;144)。建议脑卒中患者运动前、中、后监测心率、体格检查、血压和RPE量表。如果进行运动压力测试，建议增加心电监测[185(证据等级A,推荐强度I)]。运动前应进行病史和体格检查，以确定有无有氧运动禁忌证和其他特殊问题[176(证据等级：早期B;晚期B;晚期B)]。对于已知心血管疾病病史患者，运动前应考虑有无有氧运动压力测试，并关注疾病症状[176(证据等级：早期C;晚期C)]。如果目标运动强度较低(小于储备心率的40%),6分钟步行测试等方法可评估进行有氧运动的推备情况[176证据等级：早期C;晚期C]。患者采用水中运动之前应进行风险筛查，需要排除具有心血管事件风险、活动性出血、皮肤破溃(压疮)、骨密度低(骨折风险大)、认知障碍、单侧忽略、癫痫发作、严重抑郁及焦虑症的患者，以保证运动安全。患者接受至少2次康复评定、初期评定应在接受治疗的第1周内完成，末期评定应在治疗结束前1周完成[18(专家意见、强支持)]
预防	总量	134	建议成年人每周进行至少150分钟中等强度或75分钟高强度有氧运动[134(证据等级B,推荐强度I)]
	频率、强度、时间	107;118;136	建议每天进行规律运动，每天至少30分钟中等强度体力活动[118(证据等级B,推荐强度IIa)]。建议每天进行至少30分钟中等强度体力活动，如快步走、慢跑、骑自行车或其他方式有氧运动[107(证据等级C,推荐强度IIb)]。对于有能力进行体力活动的脑卒中或短暂性脑缺血发作(TIA)患者，建议每周的大多数日子，每次进行至少30分钟中等强度体力活动[136(证据等级C,推荐强度IIb)]
	其他体力活动建议	59;118	建议定期进行体力活动[59(推荐强度III)]。建议增加体力活动，降低脑卒中发生风险[118(证据等级B)]
治疗	总量、频率、时间、类型	177;181	建议短暂性脑缺血发作或缺血性脑卒中患者每周进行4~7天有氧运动，每周至少累计运动150分钟，每次至少10分钟[177(证据级别B)]。建议病情稳定的脑卒中患者每周每周进行4~7天有氧运动150分钟，每次运动，每次至少10分钟(181)

续表

阶段	运动处方原则	证据编号	证据内容
	频率、强度、时间、类型	115	建议每周进行 3~7 天有氧运动，每次 20~60 分钟（或多次 10 分钟）。有氧运动方式包括步行、跑步机、固定踏车、脚踏车与手摇车混合运动、坐式踏步机运动等。运动强度为最大摄氧量的 40%~70%，或最大心率的 50%~80%，或 RPE 分级 11~14；每周进行 2~3 天抗阻运动，每个动作重复 10~15 次，进行 1~3 组；每周进行 2~3 天柔韧性训练，建议安排在有氧或抗阻运动之前或之后，每个动作保持 10~30 秒；每周进行 2~3 天神经肌肉协调与平衡训练，考虑安排在有氧或抗阻运动的同一天进行 (115)
	频率、强度、时间、类型	18;32; 132;174	有能力进行体力活动的老年患者，建议每周进行至少 4 次中等强度有氧运动，可降低脑卒中复发风险[32]（证据等级 B，推荐强度 1）。建议缺血性脑卒中或短暂性脑缺血发作患者每周进行 1~3 次，每次至少 30 分钟中等强度体力活动，如快步走、可降低脑卒中复发病风险[132（推荐强度 Ⅱb，证据等级 C）]。建议短暂性脑缺血发作或脑卒中患者进行中等强度有氧运动，如慢跑、游泳、骑自行车，每周至少 150 分钟，每周 4~7 天，每次至少 10 分钟[174（证据等级 B）]。在水温 30~35℃的环境下进行水中运动，每周 2~5 次，每次 20~40 分钟，每个疗程 20 次，进行 1~3 个疗程，以低中强度有氧运动及抗阻运动为主 (18)
治疗	频率、时间、类型	27	根据患者的临床表现和功能障碍情况从以下四种运动方案中选择：①痉挛等张运动或恢复期良太极功改良太极功训练，每周 5 天，每天 2 次，每次 30 分钟（推荐强度 1，证据等级 B）；②每周 5 天，每天 1 次，每次 60 分钟（推荐强度 C）；③每周 5 天，每天 1 次，每次 30 分钟（推荐强度 1，证据等级 B）；④每周 7 天，每天 1 次，每次 30 分钟（推荐强度 C）
	频率、强度	31	每周进行 3~5 次中等强度体力活动，并控制其他危险因素以降低脑卒中复发风险[31（证据等级 B，推荐强度中等）]
	强度	154	临床医生应建议症状性质内动脉狭窄 (sICAS) 患者在安全的情况下进行中等强度体力活动[154（证据等级 B）]

续表

阶段	运动处方原则	证据编号	证据内容
	类型	18;115;170;176;185	可以考虑使用有氧运动改善认知障碍,记忆力和执行力[170(证据等级 B)]。做好脑卒中后上肢功能管理,以提升认知活动度,进行关节活动度(ROM)练习,使患者的视野内[176(证据等级 C)]。建议肩膀,手臂和手痉挛患者通过抑制痉挛模式,运动范围练习和运动控制症状[176(证据等级 C;晚期 C)]。练习改善痉挛症状[176(证据等级:早期 C;晚期 B)]。卒中后肩痛和复杂区域疼痛综合征(CRPS)的治疗建议,对于手部水肿患者,可考虑以下干预措施:主动,被动,主动辅助被动 ROM 练习(证据等级 C;休息时抬高手臂(证据等级 C);逆时针按摩(证据等级 C);手和辅助手指的温和 1~2 级运动(证据强度 Ⅱ a)。平衡复治疗师应考虑以步态训练和抗阻运动对于脑卒中患者具有健康效益[185(证据等级 C,推荐等级 C。步态训练下治疗方法来改善脑卒中患者的平衡功能:躯干训练(适用于晚期患者),坐姿平衡训练,站立练习,生物反馈和任务导向训练,使用具有平衡反馈的平衡训练等(18;115)。一旦医学状况稳定,不稳定表面训练,应由具有有氧运动训练专业知识。水上平衡训练,跑步机训练,太极,结合视觉反馈的平衡的平衡训练专业人员筛选具有参加有氧运动能力的患者进行有氧运动[176(证据等级 C)]
治疗	运动监督	59;123;132;174;177	在卫生保健专业人员监督下开始运动,并防止跌倒或受伤[174(证据等级 C)]。缺血性脑卒中后的残障患者需要在卫生保健专业人员(如物理治疗师,心肺康复专业人员)监督下进行运动治疗(123)。缺血性脑卒中后进行运动治疗[132(证据等级 C,推荐等级 Ⅱ b)]。建议缺血性脑卒中后中后的残障受伤[174(证据级别 B)],建议缺血性脑卒中后需要在卫生保健专业人员监督下进行运动[174(证据等级 C)]
	其他体力活动建议	59;174;177	建议定期进行体力活动[59(证据等级 Ⅳ,Good Clinical Practice,药物临床测试质量管理规范)]。大多数短暂性脑缺血发作或脑卒中后病情稳定患者可进行定期运动[177(证据级别 B);174(证据等级 C)]。建议短暂性脑缺血发作或脑卒中后中患者减少久坐行为,并在脑卒中后恢复期增加可耐受的体力活动[174(证据等级 B)]

续表

阶段	运动处方原则	证据编号	证据内容
康复期	康复方案	144；32；176；185	建议住院和门诊患者每周进行3～5天大肌肉群运动治疗，每次治疗康复运动群，每次20～60分钟（或多次10分钟），运动强度为40%～70%最大摄氧量或储备心率的55%～80%或RPE分级11～14，并包括5～10分钟热身和放松活动；每周进行2～3天抗阻运动，可使用负重量或弹力带等器械，每次8～10组动作，每个动作10～15次，重复1～3组，运动强度控制在1-RM的50%～80%，强度可根据患者耐受程度逐渐增加；每周进行2～3天柔韧性训练（包括躯干、上肢和下肢），每个动作保持10～30秒，可安排有氧或抗阻运动之前或之后；每周进行2～3天神经肌肉平衡性训练，如太极、瑜伽、手眼协调训练和交互式游戏(144)。建议早期康复期（急性期）和住院患者在可耐受情况下执行运动处方，可采用闭眼训练法。运动方式可选择低强度早进行康复训练。缺血性脑卒中患者尽早在床上和床旁的肢体康复训练，应在循序渐进原则下进行。建议脑卒中患者在发病24～48小时内可以进行站立3分钟，或每隔30分钟站立3分钟，或进行体位转移训练[32（证据等级B，推荐强度I）]。卧床的患者应尽早在医护人员的帮助下逐渐进行体位转移训练[185（证据等级A，推荐强度I）]。康复计划中建议采用有氧运动，并增加针对肌肉强化，运动控制、平衡、步态和上肢功能的任务导向训练（证据等级I）。脑卒中康复计划中建议采用涉及大肌肉群的个性化有氧运动，该运动类型可提高患者耐受程度和认知功能(176)
未明确区分预防或治疗	频率、强度、时间	94	建议在一周内的大部分时间进行每天30分钟中等强度体力活动(94)
/	禁忌证	27	脑卒中急性期，既往痴呆症精神病史，视听力障碍，沟通困难，理解障碍，合并严重心肺肝肾器官疾病，恶性肿瘤患者，以及其他运动禁忌证(27)

注：CRPS——卒中后肩痛和复杂区域疼痛综合征(Complex Regional Pain Syndrome)；"早期"是指适用于卒中中后6个月以内患者的治疗的证据等级；"晚期"是指适用于指标卒中事件后6个月以上患者的治疗的证据等级。

表 4.10　血脂异常患者体力活动证据推荐意见汇总

阶段	运动处方原则	证据编号	证据内容
预防	运动前评估	14;41	对于有多种危险因素或确诊心血管疾病人群，应在运动前进行医学评估[41（证据等级 A，推荐强度 I）]。动脉粥样硬化性心血管疾病患者应先进行运动压力测试，在充分评估安全性后，再进行体力活动（14）
	频率、强度、时间、类型	140	建议成年人每周进行 3~4 次中高强度有氧运动，每次持续 40 分钟[140（证据等级 A，推荐强度 II a）]
	总量、强度	142;101	建议进行中高强度体力活动，每周 150 分钟（142）。建议每周进行 3~5 天中等强度体力活动，每天至少 30 分钟（101）
	总量、强度、时间	43	建议患者定期参加中等强度体力活动，每天至少 30 分钟。中等强度为最大摄氧量的 40%~75%，其中减重患者可以逐渐延长运动时间每周达到 250~300 分钟（43）
治疗	频率、强度、时间、类型	41;145	建议成年人每周进行 3~4 次中高强度有氧运动，每次达 30~40 分钟[41（推荐强度 A，证据等级 I；145]
	频率、时间、类型	11	建议每周进行 3~4 天有氧运动，每次至少 40 分钟（11）
	强度、时间、类型	44	建议患者每周大部分时间定期参加体力活动，中等强度为最大摄氧量的 40%~75%（44）
	频率、强度、时间	85;110	每周进行 5~7 天中等强度体力活动，每次至少 30 分钟（85;110）
	频率、时间	63;72;191	鼓励患者每天进行至少 30 分钟体力活动（72;63;191）
	频率、类型	41	每周进行至少 2 次抗阻运动[41（证据等级 B，推荐强度 II a）]
	其他体力活动建议	11;41	建议定期进行体力活动，以降低甘油三酯，增加高密度脂蛋白（HDL）[11（证据等级 A，推荐强度 I）]。建议增加体力活动[41（证据等级 A，推荐强度 I）]

表4.11 动脉粥样硬化患者体力活动证据推荐意见汇总

阶段	运动处方原则	证据编号	证据内容
/	运动处方前评估	10;108;122;133;	患者在执行运动处方前应咨询专业医生(10)。建议患者在运动前,进行运动测试评估,并结合运动习惯来制定运动处方[133(证据等级 D;122(证据等级 B,推荐强度 D;108]
	总量和建议	179	建议针对存在患动脉粥样硬化性心血管疾病风险的孕妇开展孕期保健知识咨询活动,强化健康行为,如保持体重,每周进行150分钟中等强度有氧运动,做好情绪管理,坚持健康饮食(地中海饮食),避免吸烟饮酒[179(强烈建议,低质量的证据)]
	频率、强度、时间、类型	10;108;122;133	建议每周至少进行5次中等强度体力活动,每次至少30分钟,或至少15分钟高强度体力活动。中等强度最大心率为最大心率的64%~76%,可选择快步走、园艺、园跑、缓慢骑自行车、高尔夫、网球双打、交际舞和水上有氧运动等。高强度为最大心率的77%~93%,可选择竞走、游泳和网球单打等(10)。建议每周至少进行5天中等强度有氧运动,每天进行30~60分钟,可选择快步走(如散步、园艺、家务),以及日常生活步走,以及日常生活活动(如散步、园艺、家务)[133(证据等级 B,推荐强度 D;122(证据等级 D;108]建议每周至少进行5天中等强度有氧运动,每天30~60分钟,可选择散步、慢跑、骑自行车或其他有氧运动,同时增加日常生活活动(如工作时的步行、园艺、家务)(108)
治疗	频率、时间	108;122	建议每周至少进行5天体力活动,每天30分钟(122)。建议每周进行3~4天体力活动,每天30分钟(108)
	类型	10;122;133	太极拳对存在患动脉粥样硬化性心血管疾病风险的人群有健康收益(10)。建议每周至少进行2天抗阻运动,将其作为有氧运动的有效补充[122(证据等级 C,推荐强度 IIa)]等级 C,推荐强度 IIb;133(证据
	其他体力活动建议	108	为中高危患者提供医疗监督服务(180)

表 4.12　主动脉和周围动脉疾病体力活动证据推荐意见汇总

疾病类型	阶段	运动处方原则	证据编号	证据内容
/		运动前评估	1	由于跛行患者经常伴有或存在着在冠心病、高血压和糖尿病，运动中可能出现心血管疾病相关反应，因此在运动计划实施前必须实施安全评估，ST-T 改变或心律失常。运动试验还可以为提供跛行患者提供跛行阈值、心率和血压等信息，为制定运动处方提供依据(1)
		总量	102	建议每周进行至少 150 分钟中等强度体力活动，或每周 75 分钟高强度体力活动，并将其作为外周动脉二级预防策略的一部分(102)
		频率，时间，类型，持续时间	1	建议外周动脉疾病患者每周至少进行 3 次步行活动，每次 30～45 分钟，接近无法耐受的疼痛程度，每周至少 3 次，至少持续 12 周(1)
外周动脉疾病	治疗		193	建议外周动脉疾病患者每周进行 3 次步行活动，每次 30～60 分钟，引发跛行后休息[193(证据等级 A)]
			178	当患者报告中度跛行疼痛时，医生应指示患者停止运动并休息，直到症状消退，重复这个歇性跛行 30 分钟以上。随访时，如果患者能够忍受行走 10 分钟或更长时间而不发生间歇性跛行，则可以增加步行速度和或跑步机坡度。其他运动方式也可能对患者有益，如快步走、骑自行车、每周步行 3～5 次，每次 30 分钟。建议基于以家庭康复为基础的，开展自我指导的运动康复计划，不建议有下肢创伤和严重间歇性跛行的患者参加跑步机运动(178)
			119；120；139	建议外周动脉疾病患者监督下每周至少进行 3 次运动，每次 30～45 分钟，至少 12 周[139(证据等级 I)；119(证据等级 A，推荐强度 I)；120(证据等级 A，推荐强度 A，推荐强度 I)]
		频率，时间，持续时间	105；162	建议在专业医疗中心进行有监督的间歇步行训练至少 12 周，每周至少 3 次，每次至少 30 分钟[162(证据等级 A，推荐强度 A，推荐强度 I/证据等级 B，推荐强度 B、推荐强度 I)]。患者可在家中进行结构化自主运动，每周 3～5 次，每次 30 分钟，持续 12 周(105)
		时间	62	建议每天进行 30 分钟日常体力活动(62)

续表

疾病类型	阶段	运动处方原则	证据编号	证据内容
		类型	182	建议将步行作为间歇性跛行运动康复计划中的首选运动方式[182(证据等级:高,推荐强度:强烈)]。建议不能进行步行或运动康复腿部锻炼的跛行患者,进行其他运动方式,如功率自行车,手摇车,撑杆跨步,北欧式步行或动态腿部运动方式的运动[182(弱推荐,中等质量证据)]。在北欧式步行中,抗阻运动可以作为步行疗法的有效补充,但不能替代步行疗法[182(弱推荐,中等证据)]
外周动脉疾病	治疗	其他体力活动建议	30;36;105;110;119;120;139;145;182;193	当患者无法希望进行有监督运动时,可以结构化社区运动康复计划来改善患者腿部症状和生活行距离[182(证据等级:高,推荐强度:强烈)]。轻中度间歇性跛行患者采用运动疗法可有效增加步行距离(使步行距离增加50%~200%,并维持2年以上)[105]。同歇性跛行源动脉源性患者进行运动康复计划需要根据身体状况来决定运动内容,预防心血管运动不良事件[30]。同歇性跛行患者在卫生保健专业人员监督下进行结构化运动康复是一线治疗方案[110(证据等级A,I或证据等级B,D)]。推荐由于慢性疾病而导致间歇性跛行作为间歇性跛行和间歇性跛行患者进行有监督的运动康复患者的一线治疗方案[36(证据等级A,推荐强度D)]。建议有监督的运动康复[145(证据等级A,推荐强度A,推荐者的一线治疗方案[182(强烈推荐,高质量的证据D];120;119(证据等级A,推荐强度D);139;强度D;193(证据等级A)]
无症状主动脉瓣狭窄	/	其他体力活动建议	98	轻度:不限制运动[98(证据等级C,推荐强度Ⅱa)],或考虑低强度中强度竞技性运动[98证据等级C,推荐强度Ⅱb)]。中度:考虑低中强度体力活动[98(证据等级C,推荐强度Ⅱb)]。重度:左心室射血分数≥50%可考虑进行中高强度休闲运动和竞技性运动[98(证据等级C,推荐强度Ⅱb)],不建议进行中高强度休闲运动和竞技性运动[98(证据等级C,推荐强度ⅡD)]
无症状主动脉瓣关闭不全	/	其他体力活动建议	98	轻度:不限制休闲运动和竞技性运动[98(证据等级C,推荐强度Ⅱa)]。中度:不限制休闲运动[98(证据等级C,推荐强度Ⅱa)]。重度:考虑低中强度的休闲运动[98(证据等级C,推荐强度Ⅱb)]。不建议进行中高强度休闲运动和大多数低中强度竞技性运动和竞技性运动[98(证据等级C,推荐强度ⅡD)]

续表

疾病类型	阶段	运动处方原则	证据编号	证据内容
主动脉病	/	其他体力活动建议	98	主动脉病患者选择动态运动优于静态运动[98(证据等级 C,推荐强度 II a)]。对于高危人群,可根据个体评估情况选择休闲运动[98(证据等级 C,推荐强度 II b)]。不建议高风险人群进行竞技性运动[98(证据等级 III,推荐强度 III)]。低风险人群可考虑竞技性或休闲运动,但不包括抗阻运动[98(证据等级 C,推荐强度 II a)]

注:休闲运动——从事休闲娱乐运动;竞技性运动——训练有素,更强调表现和胜利。

三、心血管疾病体力活动建议

心血管疾病是全球范围内的主要健康问题,不仅严重影响个人的生活质量和健康,还给公共卫生和经济带来了巨大负担。在防治心血管疾病的多种策略中,体力活动的作用日益凸显,当前的指南证据表明,适度的、有规律的体力活动可以预防心血管疾病的发生,有助于改善心血管疾病患者的临床症状,提高其生活质量。本节对于预防和治疗不同类型心血管疾病防治的体力活动建议进行了分类归纳和总结,主要结论如下。

关于心血管疾病的体力活动建议,共总结 61 条,其中预防 31 条,治疗 30 条,主要包括体力活动 FITT 要素及相关建议、康复期指导意见、风险评估及其他建议。就疾病预防层面而言,通常建议每周进行至少 150 分钟中等强度有氧运动或 75 分钟高强度有氧运动,在身体状况允许的情况下,可提高到每周 300 分钟中等强度或 150 分钟高强度有氧运动,或两者的等效组合,但需遵循科学评估、循序渐进的锻炼原则。同时鼓励每周额外进行 2～3 天抗阻运动和柔韧性训练。对于中老年人群,尤其老年人、慢性疾病患者或残障人士,若不能达到每周 150 分钟中等强度的体力活动目标,则应在其身体状况允许的情况下尽可能多活动。就心血管疾病治疗而言,同样建议每周进行至少 150 分钟中等强度体力活动或每周 75 分钟高强度体力活动,或在一周的大部分时间进行体力活动,每天至少 30 分钟。此外,鼓励患者进行抗阻运动和柔韧性训练。运动处方应根据患者具体情况(如年龄、性别、身体状况、健康状况等)合理安排和调整,制定个性化的运动方案,特别是对于身体虚弱或者处于康复期的患者应鼓励其进行低强度有氧运动,以维持心血管健康,如从卧位到坐位、坐位到站位、站位到行走逐步增加体力活动。

有关心力衰竭的体力活动建议,共总结出 98 条建议,主要内容包括心力衰竭患者体力活动 FITT 要素及相关内容、运动方案、康复期指导、禁忌证及其他建议。心力衰竭患者参与体力活动前建议进行医学评估,排除运动的相对及绝对禁忌证,如 NYHA 分级为Ⅳ级、中重度主动脉瓣狭窄、前 3 周内发生心肌梗死等,再在医学监督下进行体力活动,通常建议心力衰竭患者每周进行 3～4 次(最好每天进行)有氧运动,每次持续 20～60 分钟,可以是连续或间歇性的运动,强度为 40%～80% 最大摄氧量。同时建议进行每周 2～3 次的抗阻运动和平衡训练,包含 8～10 种不同的上肢和下肢动作练习,每种动作重复 1～15 次,强度为 40%～60%1-RM,RPE<15。另外,需

每 3～6 个月进行医学检查,逐渐增加体力活动。虚弱患者需要延长热身活动时间,如热身 10～15 分钟,正式运动 20～30 分钟。有关心律失常的体力活动建议,共总结出 9 条建议,主要关于心律失常的预防、治疗、心律失常患者运动参与建议及运动前评估。相关证据提出,体力活动可以预防房颤发生,但过高强度的运动也可能诱发房颤。对于房颤患者,建议执行一个有规律的、循序渐进的运动方案,并在动态心电监督下进行,同时应该避免高强度运动。

关于冠脉疾病和冠心病,共计有 88 条建议,其中冠心病的预防 3 条,治疗 10 条,康复期指导 5 条,禁忌证 5 条。其他证据针对具体的疾病类型和治疗方式提出了体力活动建议,如不稳定型心绞痛/非 ST 段抬高型心肌梗死、缺血性心脏病、冠状动脉旁路移植术、冠状动脉旁路移植术、经皮冠状动脉介入术等。就冠心病预防而言,建议普通人群每周进行 4～5 次、每次 30 分钟左右的中等强度有氧运动。而对于冠心病患者来说,运动前应进行安全性评估,排除运动禁忌证并在医师指导下参与体力活动。心脏康复应该以有氧运动为主,建议进行每周至少 5 天、每次 20～60 分钟的运动,并增加每周 2～3 天的抗阻运动。当久坐无运动习惯人群想要开始参与体力活动时,强度、时间应设置在较低水平,循序渐进地增加运动量。冠状动脉旁路移植术后的患者大多数可在出院后 1～3 周内开始门诊运动康复,一般每周 3 次,持续 36 次或更多。门诊期康复即在医师参与、心电监护下的运动康复方案,应根据心肺运动试验结果制定有氧运动处方。通常规定患者采用中等强度体力活动,随着时间的推移,若患者表现出耐受性,可以适当增加运动持续时间,当心率反应随着训练强度的增加而降低时,运动强度可以增加,逐渐达到最大摄氧量的 80%。主要的运动方式包括有氧运动、抗阻运动和柔韧性训练。其他运动康复方式还包括 HIIT、以神经系统运动为主的训练方案(如太极、瑜伽)、生理性缺血训练等。急性心肌梗死经皮冠状动脉介入术后患者,应在急性期治疗后尽早开始运动康复,康复开始时间越早,获益越大。

关于高血压疾病共整理出 42 条建议,其中关于预防高血压的体力活动建议 1 条,其余为高血压治疗或综合防治、风险评估及其他相关建议。为了预防高血压,建议成年人每周进行 3～4 次中高强度有氧运动,每次持续 40 分钟。对于高血压患者,如果血压控制良好,建议每周进行 5～7 天中等强度有氧运动,每天至少 30 分钟,同时每周可辅以抗阻运动。对于血压控制不佳或严重的高血压患者,在未得到有效的药物治疗控制好血压之前,不鼓励或应推迟进行高强度体力活动。

关于心肌病共整理出 20 条建议，主要是对致心律失常性心肌病、缺血性心肌病、肥厚型心肌病等五种心肌疾病患者提出的体力活动 FITT 要素及相关内容建议、运动参与建议。肥厚型心肌病患者可以参加低强度体力活动，如高尔夫球和保龄球；建议致心律失常性心肌病患者每周进行 150 分钟低强度体力活动，但不建议进行中高强度体力活动；不建议急性心肌炎患者发病 3～6 个月内进行中高强度体力活动。

关于脑卒中，共有 43 条建议，其中预防脑卒中的体力活动建议 4 条，其他包括治疗脑卒中的体力活动 FITT 要素及相关建议、康复期指导、运动前评估及禁忌证等相关内容。就预防脑卒中而言，建议成年人每周进行至少 150 分钟中等强度或每周 75 分钟高强度有氧运动。脑卒中后的患者，需要在卫生保健专业人员监督下开始运动，并防止跌倒或受伤。建议每天进行至少 30 分钟中等强度体力活动，降低脑卒中复发风险。脑卒中后的患者上下肢功能和平衡功能可能会受到损害，因此，建议患者进行关节活动度练习、躯干训练/坐姿平衡训练、站立练习、生物反馈和任务导向训练、跑步机训练、与虚拟现实相结合的平衡性训练、不稳定表面训练、平衡板训练、水上平衡训练、太极、结合视觉反馈的平衡训练等。

关于血脂异常，共有 14 条体力活动建议，其中关于预防的建议 1 条，其他包括治疗血脂异常的体力活动 FITT 要素及相关建议、运动前评估等内容。通常建议成年人每周进行 3～4 次中高强度有氧运动，每次持续 40 分钟以预防血脂异常疾病。对于血脂异常患者，建议执行与预防相同的运动处方，即每周进行 3～4 次中高强度有氧运动，每次持续 40 分钟。对有多种危险因素或确诊心血管疾病人群，应在运动前进行医学评估。

关于动脉粥样硬化，共有 11 条体力活动建议，内容包括治疗动脉粥样硬化的体力活动 FITT 要素及相关内容、运动风险评估。对于动脉粥样硬化患者，建议每周至少进行 5 次中等强度有氧运动，每次至少 30 分钟，同时每周进行 2 天抗阻运动。在运动开始前，应该咨询医生并进行身体评估。

关于主动脉和周围动脉疾病，共有 28 条体力活动建议，主要为对外周动脉疾病、无症状主动脉瓣关闭不全、无症状主动脉瓣狭窄的患者提供的体力活动 FITT 要素及相关建议、运动前评估的内容。对于外周动脉病变的患者，步行是首选的治疗方式，建议每周进行 3～5 次步行活动，当患者报告中度跛行痛时，医生应指示患者停止运动并休息，直到症状消退，重复这个运动周期至 30 分钟以上。随访时，如果患者能够忍受行走 10 分钟或更长时间而不发生间歇性跛行，则可以加快步行速度和/或加大跑步机倾斜度。

其他运动方式也可能对患者有益,如快步走、骑自行车、爬楼梯和动态腿部锻炼。有下肢创伤和严重间歇性跛行的患者不建议进行跑步机运动。对于轻度的无症状主动脉瓣狭窄患者,不限制参与运动,中度患者考虑参与低中强度的体力活动,而重度患者不建议进行中高强度休闲运动和竞技性运动。对于轻度和中度的无症状主动脉瓣关闭不全患者,不限制参与运动,但建议重度患者考虑低中强度的休闲运动和竞技性运动,不建议进行中高强度的休闲运动或竞技性运动。

不论是预防还是康复治疗,在保证体力活动参与有效性的同时,也要充分重视运动安全性。心血管疾病患者在进行体力活动时,如果出现胸痛、气短、晕厥等症状,应立即停止运动,并寻求医务人员帮助。患者在开始新的运动项目或提高运动强度之前,建议进行医疗评估,以确保运动的安全性。在预防疾病情况下,对于无运动习惯或长期久坐的患者,在开始运动时,选择强度较低的体力活动,不宜在刚开始就进行大量的、强度较高的、不熟悉的体力活动,以免造成运动损伤。康复治疗情况下,应按照医师或运动专家的建议,循序渐进、科学、有计划地进行运动康复,如果不按照相关指导意见盲目参与体力活动,可能会对心血管疾病患者造成更为严重的损害。例如,心血管事件加剧,不适宜的运动强度或频率可能导致心血管系统过度负荷,增加心脏负担,从而引发心脏病发作、心绞痛、心肌梗死等严重事件;引起心律失常,某些剧烈的运动或过度运动可能引发心律失常,包括心房颤动、心室颤动等,严重可能威胁生命;血压升高,过度剧烈运动或者不适宜的运动可能导致患者血压骤然升高;动脉血管破裂,不科学运动可能导致动脉壁损伤,尤其对动脉粥样硬化的患者,运动过度可能导致动脉破裂,引发出血及其他严重后果。

综上所述,体力活动是防治心血管疾病的重要措施。对于心血管疾病患者,除药物治疗和医疗照护外,体力活动是改善病情、提高生活质量的重要途径之一。但同时要强调的是"运动是良医"这一概念是有边界的,针对不同类型心血管疾病的防治需求,体力活动频率、强度、时间、类型的选择要求科学性、适宜性和个性化,否则不仅效果欠佳还可能适得其反,与药物处方一样存在副作用。因此,作为全民健身科学化实施和运动处方实践的重要环节,确保科学运动知识普及与运动参与支持是确保"运动是良医"的关键,确保最大限度地发挥出体力活动对健康促进的积极效益,避免运动不当诱发的心血管不良事件。一方面,健康教育可以提供关于心血管疾病和体力活动的知识,教导人们如何进行适当的运动和管理风险。另一方面,社区支持可以提供健身活动、运动小组和社交支持，以鼓励人们积极参与体力活动。通过以上各类措施，可以营造有利于运动健康促进的环境，鼓励和帮助人们改变不健康的生活方式，也有助于降低心血管疾病的发病率和提高整体健康水平。

第三节 防治心血管疾病体力活动指南的国际比较

本节对防治心血管疾病体力活动指南方面的成果进行了国际比较，各个国家和地区在指南、证据总结、推荐实践、专家共识以及声明等方面的研究成果各有侧重。表 4.13—4.19 展示了不同地区关于体力活动与心血管疾病防治证据的分布情况。

表 4.13　全球防治心血管疾病体力活动建议总证据的地域及年份分布特征

年份	亚洲（中国）	亚洲（其他）	欧洲	非洲	北美洲	南美洲	大洋洲	国际	总计
1994	0	0	1	0	0	0	0	0	1
1995	0	0	0	0	0	0	0	0	0
1996	0	0	0	0	0	0	0	0	0
1997	0	0	0	0	0	0	0	0	0
1998	0	0	1	0	1	0	0	0	2
1999	0	1	0	0	0	0	0	1	2
2000	0	0	0	0	0	0	0	0	0
2001	0	0	1	0	2	0	1	0	4
2002	0	0	0	0	2	0	0	0	2
2003	0	0	1	0	2	0	0	0	3
2004	0	0	3	0	3	0	0	0	6
2005	0	0	3	0	2	0	0	0	5
2006	1	0	0	0	8	0	1	1	11
2007	0	0	2	0	4	0	0	0	6
2008	0	0	4	0	3	0	0	0	7
2009	0	0	1	0	3	0	0	0	4
2010	2	0	1	0	1	0	0	0	4
2011	0	0	4	0	4	0	0	1	9
2012	1	1	2	0	4	0	0	0	8

续表

年份	亚洲（中国）	亚洲（其他）	欧洲	非洲	北美洲	南美洲	大洋洲	国际	总计
2013	0	0	4	0	5	0	0	0	9
2014	1	0	1	0	4	0	0	0	6
2015	2	1	4	0	2	0	0	0	9
2016	1	0	6	0	2	1	0	0	10
2017	3	2	3	0	2	0	0	0	10
2018	3	4	1	1	3	0	1	0	13
2019	2	1	3	0	4	2	0	1	13
2020	6	2	5	0	4	0	0	0	17
2021	2	1	4	0	6	1	0	0	14
2022	10	1	2	0	6	0	0	0	19
总计	34	14	57	1	77	4	4	3	194

表 4.14　全球防治心血管疾病体力活动指南类证据的地域及年份分布特征

年份	亚洲（中国）	亚洲（其他）	欧洲	非洲	北美洲	南美洲	大洋洲	国际	总计
1998	0	0	0	0	1	0	0	0	1
1999	0	1	0	0	0	0	0	1	2
2000	0	0	0	0	0	0	0	0	0
2001	0	0	1	0	1	0	1	0	3
2002	0	0	0	0	2	0	0	0	2
2003	0	0	1	0	0	0	0	0	1
2004	0	0	3	0	2	0	0	0	5
2005	0	0	1	0	2	0	0	0	3
2006	0	0	0	0	5	0	0	0	6
2007	0	0	2	0	3	0	0	0	5
2008	0	0	3	0	2	0	0	0	5
2009	0	0	1	0	3	0	0	0	4
2010	2	0	1	0	0	0	0	0	3
2011	0	0	3	0	4	0	1	0	8
2012	0	1	2	0	4	0	0	0	7
2013	0	0	4	0	4	0	0	0	8

续表

年份	亚洲（中国）	亚洲（其他）	欧洲	非洲	北美洲	南美洲	大洋洲	国际	总计
2014	0	0	1	0	1	0	0	0	2
2015	0	1	4	0	1	0	0	0	6
2016	0	0	6	0	2	1	0	0	9
2017	1	2	1	0	2	0	0	0	6
2018	1	4	1	0	3	0	1	0	10
2019	2	1	3	0	3	2	0	0	11
2020	2	0	4	0	4	0	0	0	10
2021	0	0	4	0	6	1	0	0	11
2022	2	1	1	0	3	0	0	0	7
总计	10	12	46	0	58	4	4	1	135

中国共被检索到 34 篇文献,包括 10 篇指南、17 篇专家共识、6 篇证据总结和 1 篇声明。其中,专家共识和指南所占比重较大,这两种类型的成果主要是对相关证据进行检索、评估和整合后形成初稿,并经讨论达成一致性意见,或提出最佳推荐意见,修订后发布的权威文件。但是,在这两类成果中严格遵循循证医学方法的比例并不高,仅为 44.4%,证据形成的科学性和规范性仍有提升空间。另外,来自我国的相关证据均由医疗机构独立或主导发布,总体上缺乏体育相关机构的深度参与和指导。作为手段,能否科学化制定运动处方决定了心血管疾病预防和康复治疗的实际效果,因此在指南类证据制定工作的开展过程中,医学和运动科学领域专家的通力合作是形成高质量体力活动指南的基础。运动科学专家在运动训练、运动生理学、运动医学以及运动康复等领域拥有独特的专业知识。未来由多学科专家团队参与防治心血管疾病体力活动指南的起草与制定,可以提供更全面、准确、实用的运动建议,从而确保相关政策与指南的质量和实效性。相关证据发布时间集中在 2006—2022 年,我国最早的证据来自胡大一等发表于 2006 年的《下肢动脉疾病诊疗的专家共识》,该共识鼓励下肢动脉疾病患者在运动治疗前进行安全评估,如 12 导联心电监测的平板运动试验,确认患者是否存在缺血症状、ST-T 改变或心律失常。运动试验还可以为跛行患者提供跛行阈值、心率和血压等信息,为制定运动处方提供依据。该证据建议下肢动脉疾病患者每周至少进行 3 次步行活动,每次 30~45 分钟,接近无法耐受疼痛程度,每周至少进行 3 次,至少持续 12 周。2022 年共发布 10 篇

有关心血管疾病体力活动建议的证据,涉及代谢综合征、缺血性心脏病、脑卒中、高血压、运动相关心血管事件风险评估与监测、老年心血管病、心脏康复、冠心病合并缺血性脑卒中等八大主题。其中,由中国老年学和老年医学学会发起并组织专家撰写的《老年缺血性脑卒中慢性疾病管理指南》提出,缺血性脑卒中患者需尽早进行运动康复训练,轻、中度的缺血性脑卒中患者在发病 24～48 小时内可以进行床上和床旁的肢体康复训练,应在循序渐进原则下进行。同时,建议脑卒中患者减少久坐,每隔 30 分钟站立 3 分钟,或进行低强度体力活动。卧床的患者应尽早在医护人员的帮助下逐渐进行体位转移训练。对于有能力进行体力活动的老年患者,建议每周进行至少 4 次中等强度有氧运动,以降低脑卒中复发风险。

我国作为本次检索中证据发布篇数较多的国家,仅次于美国,且相关证据较为完整,其中有 15 篇(44.1%)涉及完整的 FITT 要素。发布证据的文献主题排在前三位的分别为冠状动脉疾病(26.5%)、脑卒中(17.7%)、高血压(14.7%)。同时,我国也是就脑卒中相关主题发布体力活动指南证据最多的国家,但首次发布时间较晚(2018 年),2022 年发布了 4 篇脑卒中有关体力活动证据和 1 篇冠心病与缺血性脑卒中共病的证据,提出了脑卒中水中运动疗法的证据。冠心病主题的证据主要发布于 2012 年、2015 年、2017年、2018 年和 2022 年,早期为单一冠心病证据,后期专门针对 75 岁以上人群提出了体力活动相关专家共识,最新证据还包括脑卒中合并冠心病等共病相关的体力活动证据。此外,2022 年还发布了运动相关心血管事件发生风险评估与监测的专家共识。

表 4.15　全球防治心血管疾病体力活动推荐实践类证据的地域及年份分布特征

年份	亚洲（中国）	亚洲（其他）	欧洲	非洲	北美洲	南美洲	大洋洲	国际	总计
1994	0	0	1	0	0	0	0	0	1
1995	0	0	0	0	0	0	0	0	0
1996	0	0	0	0	0	0	0	0	0
1997	0	0	0	0	0	0	0	0	0
1998	0	0	1	0	0	0	0	0	1
1999	0	0	0	0	0	0	0	0	0
2000	0	0	0	0	0	0	0	0	0
2001	0	0	1	0	0	0	0	0	1
2002	0	0	0	0	0	0	0	0	0

续表

年份	亚洲（中国）	亚洲（其他）	欧洲	非洲	北美洲	南美洲	大洋洲	国际	总计
2003	0	0	0	0	0	0	0	0	0
2004	0	0	0	0	1	0	0	0	1
2005	0	0	1	0	0	0	0	0	1
2006	0	0	0	0	2	0	0	0	2
2007	0	0	0	0	1	0	0	0	1
2008	0	0	0	0	1	0	0	0	1
2009	0	0	0	0	0	0	0	0	0
2010	0	0	0	0	0	0	0	0	0
2011	0	0	0	0	0	0	0	0	0
2012	0	0	0	0	0	0	0	0	0
2013	0	0	0	0	1	0	0	0	1
2014	0	0	0	0	3	0	0	0	3
2015	0	0	0	0	1	0	0	0	1
2016	0	0	0	0	0	0	0	0	0
2017	0	0	0	0	0	0	0	0	0
2018	0	0	0	0	0	0	0	0	0
2019	0	0	0	0	1	0	0	0	1
2020	0	1	1	0	0	0	0	0	2
2021	0	1	0	0	0	0	0	0	1
2022	0	0	1	0	3	0	0	0	4
总计	0	2	6	0	14	0	0	0	22

表 4.16 全球防治心血管疾病体力活动专家共识类证据的地域及年份分布特征

年份	亚洲（中国）	亚洲（其他）	欧洲	非洲	北美洲	南美洲	大洋洲	国际	总计
2003	0	0	0	0	1	0	0	0	1
2004	0	0	0	0	0	0	0	0	0
2005	0	0	0	0	0	0	0	0	0
2006	1	0	0	0	1	0	0	1	3
2007	0	0	0	0	0	0	0	0	0
2008	0	0	1	0	0	0	0	0	1
2009	0	0	0	0	0	0	0	0	0
2010	0	0	0	0	1	0	0	0	1

续表

年份	亚洲（中国）	亚洲（其他）	欧洲	非洲	北美洲	南美洲	大洋洲	国际	总计
2011	0	0	1	0	0	0	0	0	1
2012	1	0	0	0	0	0	0	0	1
2013	0	0	0	0	0	0	0	0	0
2014	1	0	0	0	0	0	0	0	1
2015	2	0	0	0	0	0	0	0	2
2016	1	0	0	0	0	0	0	0	1
2017	1	0	2	0	0	0	0	0	3
2018	2	0	0	0	0	0	0	0	2
2019	0	0	0	0	0	0	0	1	1
2020	2	0	1	0	0	0	0	0	3
2021	1	0	0	0	0	0	0	0	1
2022	5	0	0	0	0	0	0	0	5
总计	17	0	5	0	3	0	0	2	27

亚洲其他国家共发布文献 14 篇,发布证据以指南为主,通过循证方法制定的证据占比 78.6%,制定方法较为规范,但所有证据均由医疗机构发布,缺乏体育专业机构或相关领域专家的深度参与和指导。中东共发布证据 2 篇,证据类型均为推荐实践,最早发布于 2016 年的关于血脂异常人群体力活动的推荐意见于 2022 年更新,基本包含了体力活动 FITT 要素。日本是发布篇数较多且较早的国家,内容中包含的 FITT 要素较为完善,于 1999—2022 年共发布 6 篇证据,均为指南,其中有关心血管疾病 2 篇 (33.3%)、高血压 1 篇 (16.7%)、心力衰竭 1 篇 (16.7%)、冠状动脉疾病 1 篇 (16.7%) 和冠心病 1 篇 (16.7%)。2018 年发布了 2 篇证据,主要涉及冠状动脉疾病主题证据。最早发布的证据是由日本厚生劳动省老年与健康综合研究项目"老年人高血压预后"研究小组在 1999 年发布的高血压运动指南,涉及完整 FITT 要素。在针对高血压患者体力活动的建议中,考虑到对所有患者进行最大摄氧量测试是困难的,因此建议用最大心率法评价运动强度,如最大心率的 50%,60 岁及以上人群以 110 次/分作为运动的目标心率;建议轻度高血压患者进行有氧运动和等张收缩运动,强度为最大摄氧量的 40%~60%,每周 3~5 次,每次 30~40 分钟,形成规律运动习惯;建议非高血压人群或 1 级高血压患者进行抗阻运动(如自由举重、固定举重、握力训练)。此外,高血压的运动治疗并不适用于伴有缺血性心脏病、心力衰竭、

肾功能衰竭和骨科并发症患者。最新证据是由日本心脏循环学会（Japanese Society for Cardiac Circulation，JSCC）联合日本心脏康复协会（Japanese Cardiac Rehabilitation Association，JCRA）在 2022 年发布的关于心血管疾病的运动指南，涉及完整的 FITT 要素。该指南建议心血管疾病患者进行步行或骑自行车、水上运动、舞蹈等有氧运动，同时也建议其进行抗阻运动，可以通过哑铃、铁片、弹力带和自重等方式进行训练，每周进行 2～3 次，每次 8～10 种动作，分别重复 10～15 次，进行 1～3 组，总共 30～45 分钟。每组动作之间休息 90 秒，以避免血压的升高。抗阻运动强度为 40％～60％1-RM 或 Borg 量表评分 11～13，频率应以 2 天为间隔。韩国分别于 2018 年和 2019 年发布了有关血脂管理和急性冠脉综合征后心脏康复的证据，建议成年人定期进行 30～40 分钟的中等强度有氧运动，每周 3～4 次，并进行每周至少 2 次的抗阻运动。对于有多种危险因素或确诊心血管疾病人群，应在运动前进行医学评估。在关于急性冠脉综合征的运动康复方案中，对推荐的体力活动方式进行了描述，推荐有氧和抗阻运动，而 HIIT 可能比有氧运动效果更好。阿曼心脏协会（Oman Heart Association，OHA）在 2015 年发布了 1 篇指南，指南涉及完整 FITT 要素，建议高血压患者除日常活动外，应积极进行中等强度有氧运动（如散步、慢跑、骑自行车、快步走、游泳），每周 4～7 次，每次 30～60 分钟。同时，该指南认为高强度运动对于高血压的防治可能并不会更有效。新加坡卫生部在 2018 年发布了 1 篇指南，建议患者每周至少累计 150 分钟中等强度体力活动，每天至少 30 分钟，每周 5～7 天。马来西亚卫生部在 2017 年发布了 1 篇心血管疾病运动防治指南，该指南包含运动总量、运动频率及运动时间，建议为了预防心血管疾病，成年人应该每周进行 150～300 分钟的中等强度有氧运动或 75～150 分钟高强度有氧运动，或两者的等效组合，并鼓励个人在任何可能或必要的时候进行抗阻运动和柔韧性训练。2020 年，印度医生协会联合印度心脏病协会、印度内科医生学院和印度高血压协会发布《印度高血压指南》，指南建议高血压患者进行每周 3～4 次、每次 30～45 分钟的快步走或游泳活动。

欧洲是最早发布心血管疾病体力活动指南的地区，共发布 57 篇文献，其中包括 46 篇指南、6 篇推荐实践、5 篇专家共识。这些文献中 75.5％的证据通过循证方法制定，具有较高的规范性，这些证据的发布年份跨越了 1994—2022 年。尤其自 2000 年以后，每年都有至少 1 篇证据发布，其中 2016 年发布的文献最多，达到 6 篇。证据发布的机构主要是医疗机构，洲际医疗机构发布 34 篇,国家级医疗机构发布 23 篇,其中英国发布 7 篇,意大利、西班牙、捷克和波兰分别发布 3 篇,德国发布 2 篇,荷兰和法国各发布 1 篇。57 篇文献中有 16 篇文献涉及完整的 FITT 要素。欧洲发布的文献主题主要涵盖心血管疾病,其中心血管疾病领域涉及心血管 17 篇(29.8%)、心力衰竭 9 篇(15.8%)、高血压 8 篇(14.0%)、冠状动脉疾病(包括冠心病)5 篇(8.8%)、血脂管理 4 篇(7.0%)。此外,还有其他心血管疾病的文献,如心房颤动、隐匿性脑小血管病、室性心律失常和心源性猝死、脑卒中、慢性缺血性心肌病、肺动脉高压等。1994 年,欧洲心脏病学会、欧洲动脉粥样硬化学会(ESA)和欧洲高血压学会(ESH)的特别工作组联合发布了关于冠心病患者的推荐实践,该推荐实践涵盖了具体的 FITT 要素及相关内容,为冠心病患者的体力活动防治提供了依据,并为后来的相关证据制定奠定了基础。2003 年,针对心血管疾病预防的临床实践由欧洲心脏病学会心脏康复与运动生理学工作组、心力衰竭工作组发布,并于 2003 年、2007年、2016 年、2021 年分别对内容进行了更新。尽管该指南未提及完整的体力活动 FITT 要素,但给出了心血管疾病患者可以进行的运动时间、强度和频率等建议。2003 年发布的推荐实践建议健康人群根据自身喜好选择合适的运动方式,每周 4~5 天,每天 30~45 分钟,运动强度达到最大心率的60%~75%。2021 年发布的推荐实践对运动总量提出了建议,成年人应该每周进行 150~300 分钟中等强度有氧运动或 75~150 分钟高强度有氧运动,或两者的等效组合。除了有氧运动,还建议每周进行至少 2 天的抗阻运动以预防心血管疾病。新的证据在运动时间总量上有所增加,在运动强度、方式的推荐上也更为全面。针对防治心力衰竭的体力活动建议,最早的证据可以追溯到 2001 年,当时欧洲心脏病学会心脏康复与运动生理学工作组和心力衰竭工作组联合发布了相关推荐,然而该推荐未涉及具体的 FITT要素。针对高血压的最新证据由波兰高血压学会发布,对血压控制良好的患者建议每周进行 5~7 次中等强度有氧运动,每次至少 30 分钟,同时也建议避免等张运动,因为可能会诱发血压升高。

表 4.17　全球防治心血管疾病体力活动建议证据类型的地域分布特征

证据类型	亚洲(中国)	亚洲(其他)	欧洲	非洲	北美洲	南美洲	大洋洲	国际	总计
指南	10	12	46	0	58	4	4	1	135
推荐实践	0	2	6	0	14	0	0	0	22
声明	1	0	0	1	2	0	0	0	4

续表

证据类型	亚洲（中国）	亚洲（其他）	欧洲	非洲	北美洲	南美洲	大洋洲	国际	总计
专家共识	17	0	5	0	3	0	0	2	27
证据总结	6	0	0	0	0	0	0	0	6
总计	34	14	57	1	77	4	4	3	194

非洲共被检索到 1 篇文献。由南非心脏协会和南非脂质与动脉粥样硬化协会联合发布的关于血脂异常的体力活动声明，虽不包含完整的 FITT 要素，但强调应鼓励血脂异常患者积极参与体力活动，至少达到每天 30 分钟的体力活动时长。

北美洲是发布证据最多的地区，共发布文献 77 篇，所有证据均来自美国和加拿大，其中指南 58 篇、推荐实践 14 篇、声明 2 篇、专家共识 3 篇。来自北美洲的证据类型主要为指南，发布于 1998—2022 年，其中基于循证方法的证据占比为 85.7%，指南的制定流程具有较好的科学性和规范性。证据的发布机构多为国家级医疗机构，国家医疗和体育机构共同发布 2 篇，也是唯一包含体育类机构深度参与证据发布的地区。

美国从 1998 年开始发布关于高血压疾病管理的指南《预防、检测、评估和治疗高血压的新指南：全国第六期联合委员会》(*New Guidelines for Prevention, Detection, Evaluation, and Treatment of Hypertension: Joint National Committee* Ⅵ)，美国是本次检索中发表证据篇数最多的国家(52 篇)，并且也是较早发布证据的国家之一。其中 19 篇证据涉及完整的 FITT 要素及相关内容，9 篇不涉及 FITT 要素。发布的证据中文献主题主要包括心血管疾病 10 篇(19.2%)、脑卒中 8 篇(15.4%)、心力衰竭 7 篇(13.5%)、心绞痛和心肌梗死 6 篇(11.5%)、冠状动脉和其他动脉粥样硬化性血管疾病 4 篇(7.7%)、高血压 4 篇(7.7%)和其他如下肢动脉疾病、瓣膜性心脏病、先天性心脏病、血脂管理等心血管疾病证据。2004 年，美国发布了针对女性预防心血管疾病的指南，并于 2007 年进行更新，该指南鼓励女性在一周中大部分时间，最好是每天进行至少 30 分钟的中等强度体力活动。关于心力衰竭，最早的证据由美国心脏病学会、美国心脏协会实践指南特别工作组于 2002 年发布，但未提及具体的体力活动建议，最新的证据由美国物理治疗协会于 2022 年发布，并为心力衰竭患者提供了详细的体力活动指导意见：对于病情稳定、NYHA 分级为 Ⅱ～Ⅲ级的射血分数下降的心力衰竭患者，建议每周进行 3～5 次、每次 20～60 分钟、强度为 50%～90%

最大摄氧量的有氧运动,至少持续 8～12 周,运动方式主要包括跑步、骑自行车、跳舞;或每周进行 2～3 次、每次 35 分钟、1～5 分钟高强度(90％最大摄氧量)交替 1～5 分钟(40％～70％最大摄氧量)主动休息间隔的有氧运动,主动休息时长需短于高强度运动时长,持续至少 8～12 周,运动方式包括跑步、骑自行车。同时还建议进行抗阻运动,每周 3 次,每次 45～60 分钟,强度为 60％～80％1-RM,重复 2～3 组,持续至少 8～12 周。关于脑卒中证据,美国在 2001 年发布预防缺血性卒中声明,美国也是该主题发布证据最早的国家,随后,2004 年、2005 年、2006 年、2011 年、2014 年、2022 年均有发布关于脑卒中预防或治疗的证据。此外,关于心绞痛的证据均为美国发布,最早证据发布于 2002 年,而后在 2007 年和 2011 年发布了新证据。在高血压的体力活动建议方面,美国是发布相关证据最早的国家,于 1998 年首次发布,之后分别于 2003 年和 2010 年发布了相关证据。

加拿大共检索到 25 篇文献,主要分布于 2006—2022 年。加拿大于 2006 年开始发布心力衰竭的体力活动建议相关证据,文献主题包括高血压 7 篇(28％)、心力衰竭 4 篇(16％)、脑卒中 4 篇(16％)、血脂疾病管理与预防 4 篇(16％)以及其他主题 6 篇(24％)。加拿大自 2006 年发布高血压主题证据后,分别于 2007 年、2008 年、2009 年、2012 年、2013 年和 2016 年对内容进行更新,是发布防治高血压运动指南相关证据最多的国家。加拿大高血压教育计划建议,非高血压患者(为了减少患高血压的可能性)或高血压患者(为了降低血压),除了日常生活体力活动,还需要每周 4～7 天,每天进行 30～60 分钟的中等强度有氧运动(如步行、慢跑、骑自行车、游泳),更高强度的运动并不一定更有效,认为进行抗阻运动(如自由举重、固定举重、握力运动)不会对血压产生不利影响。最新证据是由加拿大心血管学会(Canadian Cardiovascular Society,CCS)于 2021 年发布的分别关于外周动脉疾病、血脂管理、心血管疾病的 3 篇指南。当患者报告中度跛行痛时,医生应指示患者停止并休息,待症状消退后,仍需步行,直至运动时长达到 30 分钟以上。随访时,如果患者能够忍受行走 10 分钟或更长时间而不发生间歇性跛行,则可以增加步行速度和/或跑步机坡度。其他运动方式也可能对患者有益,如快走、骑自行车、爬楼梯和动态腿部锻炼。建议基于家庭康复基础的自我指导下的运动康复,做到每周步行 3～5 次、每次 30 分钟,下肢创伤和严重的患者不建议进行跑步机运动康复。在血脂管理的指南中,针对孕期女性提出了单独的建议:为存在动脉粥样硬化性心血管疾病风险的孕妇开展孕期保健知识咨询活动,改善其健康行为,如保持体重、每周进行

150分钟中等强度有氧运动、避免吸烟喝酒、管理情绪、健康饮食模式（地中海饮食）。心血管疾病指南建议每周至少进行150分钟的中高强度有氧运动，以预防心血管疾病。

表4.18　全球防治心血管疾病体力活动建议发布机构的地域分布特征

发布机构	亚洲（中国）	亚洲（其他）	欧洲	非洲	北美洲	南美洲	大洋洲	国际	总计
医疗体育机构（国际）	0	0	0	0	0	0	0	0	0
医疗体育机构（洲际）	0	0	0	0	0	0	0	0	0
医疗体育机构（国家）	0	0	0	0	2	0	0	0	2
医疗机构（国际）	0	0	0	0	0	0	0	3	3
医疗机构（洲际）	0	0	34	0	0	0	0	0	34
医疗机构（国家）	34	14	23	1	75	4	4	0	155
体育机构（国际）	0	0	0	0	0	0	0	0	0
体育机构（洲际）	0	0	0	0	0	0	0	0	0
体育机构（国家）	0	0	0	0	0	0	0	0	0
个人	0	0	0	0	0	0	0	0	0
总计	34	14	57	1	77	4	4	3	194

表4.19　全球防治心血管疾病体力活动 FITT 要素证据的地域分布特征

体力活动要素	亚洲（中国）	亚洲（其他）	欧洲	非洲	北美洲	南美洲	大洋洲	国际	总计
频率	29	10	29	0	45	2	0	2	117
强度	22	11	34	0	51	3	1	1	123
时间	28	13	35	0	30	3	0	2	111
类型	29	14	27	0	52	3	0	2	127
总计	108	48	125	0	178	11	1	7	478

南美洲共被检索到4篇指南，其中巴西发布了3篇指南，哥伦比亚发布了1篇指南。巴西在2016年、2019年和2021年分别就高血压、心血管疾病和脑卒中发布相关证据，仅1篇指南涉及完整的体力活动 FITT 要素。哥伦比亚心脏病学和心血管外科学会于2019年发布了关于心力衰竭运动防治指南，提出了详细的建议：对于 NYHA 分级为Ⅰ～Ⅲ级的患者，都要考虑制定一个有监督的个性化运动处方，建议稳定期心力衰竭患者进行定期有监督的有氧运动并结合抗阻运动，在患者可耐受且有监督的情况下进行间

歇性有氧运动。

　　大洋洲共被检索到 4 篇文献，主要以澳大利亚和新西兰为主，证据类型均为指南，由澳大利亚国家心脏基金会、澳大利亚和新西兰心脏协会共同发布。证据最早发布于 2001 年，于 2006 年、2011 年和 2018 年进行内容更新或新证据的发布，证据主题为心力衰竭。但早期版本的指南缺少对体力活动 FITT 要素的建议，仅在 2018 年发布的证据中提及了心力衰竭患者进行运动治疗时的推荐运动强度。运动强度是决定运动效益的一个重要参数，特别是心力衰竭患者，强度过高的运动可能对其心脏产生额外负担，而强度过低则可能达不到预期的健康收益。因此，在指南中完整表述包括运动强度在内的 FITT 要素对于为心力衰竭患者制订运动计划而言至关重要。总体上，大洋洲的相关证据以心力衰竭疾病管理为核心内容，涉及体力活动的推荐及建议十分有限。

　　国际组织共被检索到相关文献 3 篇，包括 1 篇指南和 2 篇专家共识。世界卫生组织于 1999 年发布的高血压指南是一份具有重大影响力的文件，它为全球的公共卫生工作者和医疗专业人士提供了具体的高血压预防和治疗策略。该指南考虑到不同国家和地区的差异性，如经济条件和公共卫生环境等因素，内容的普遍适用性较好。该指南中的体力活动建议包含了完整的 FITT 要素，为医疗人员和患者提供了全面、可操作的防治高血压体力活动建议。该指南强调久坐不动的高血压患者应定期进行中等强度有氧运动，如快步走或游泳 30～45 分钟，每周 3～4 次；同时建议高血压患者应避免等张运动，因为可能会诱发血压升高。于 2006 年发布的《外周动脉疾病管理的社会共识》[Inter-society Consensus for the Management of Peripheral Arterial Disease（TASC Ⅱ）]为下肢动脉疾病的研究提供了关于该疾病的早期见解。这篇共识分析了下肢动脉疾病的发病率、风险因素和危险因素的管理，为下肢动脉疾病的研究和治疗提供了宝贵的理论基础。该证据提出，跛行患者最有效的运动方式是利用跑步机或跑道进行步行活动，运动直到引起跛行后方可休息，每次步行 30～60 分钟，每周 3 次，治疗周期为 3 个月。此外，国际组织心脏节律协会于 2019 年就心律失常病症发布 1 篇专家共识，这篇共识提出了新的疾病定义、诊断和治疗建议，为心律失常的研究和临床治疗提供了新的视角。然而，该证据中并未包含体力活动 FITT 要素，这意味着它没有提供关于疾病治疗和管理的具体且可操作的体力活动建议，该共识建议心律失常性右室心肌病患者不应参加竞技性运动或频繁的高强度有氧运动。

第四节 小 结

心血管疾病对全球公共卫生构成了重大威胁,而在预防、治疗和管理心血管疾病方面,体力活动指南起着至关重要的作用。全球范围内,多个国家和地区正在积极推进防治心血管疾病体力活动相关研究活动和证据梳理工作,凸显体力活动科学化开展在心血管疾病防治中的重要现实意义。目前的相关文献类型主要包括指南、推荐实践和专家共识,该领域的科研成果正在不断更新、高质量证据不断积累,已逐渐转化为具有较强可操作性及可实施性的临床实践指导文件。

亚洲地区的指南制定工作进展良好,尤其是中国、日本和韩国等东亚国家。其中,中国在心血管疾病、高血压、心力衰竭、脑卒中和血脂异常等综合或细分领域均发布了相关研究成果。一部分证据详尽地描述了体力活动FITT要素,为防治心血管疾病的运动指导提供了科学依据。在该领域,中国显示出持续发展的态势,并对早期相关证据进行了多次更新和修订。针对心血管术后,如冠状动脉旁路移植术、经皮冠状动脉介入治疗,中国的相关证据提出了患者住院期间、门诊期以及院外康复期的具体体力活动建议,内容详尽,为患者提供了完整、全面、灵活、兼具安全性的体力活动指导意见,是临床实践与运动处方结合较好的工作案例。在体力活动类型的选择上,中国很多证据推荐心血管疾病患者进行太极拳运动,太极拳运动诞生于中国,练习特点是柔和、缓慢和流畅、动作重心较低,对于心血管患者来说,太极拳不仅能够改善心血管系统的功能,增强心脏的泵血能力,促进血液循环,还有助于调节神经,改善平衡功能。此类证据汲取了中华优秀传统文化的精华,极具中国特色。虽然中国证据在数量、独特性上具有优势,但是按照循证医学方法制定的证据比例较低(35.3%),科学性及规范性依然存在进步空间。除此之外,还有部分证据将三种或其中两种评估运动强度的方法混同,如将强度推荐表述为"以 30%~40%储备心率/最大摄氧量/最大心率作为起始强度"。虽然最大摄氧量、最大心率、储备心率都可以用作强度推荐的指标,但是评价标准存在较大差异,30%~40%这个范围涵盖了最大心率法的低强度、储备心率法的较低至中等强度、最大摄氧量的较低强度,因此没有对运动强度进行统一。此类操作定义的混同使用,会导致体力活动推荐的科学性和适用性受到较大影响,使患者接受无效或者不安全的体力活动方案,因此在对心血管疾病患者进行体力活动强度推荐时,应该详细区分三种方法的差异及应用范围,以保障运动的安全性和有效性。这体现了对相关证据进行完善和更新的必要性,更需要运动科学领域专家参与其中,真正实现在疾病防治体力活动标准制定工作中的"体医融合",切实推进"健康中国"政策高质量落实。

其他亚洲国家,如日本自 1999 年开始发布相关证据,共有 9 篇文献,涉及高血压、心力衰竭、冠心病及心脏康复多个主题,这些证据大多涵盖了FITT 完整要素,为推动亚洲地区心血管疾病的防治工作做出了一定贡献。韩国于 2000 年首次发布了有关心血管疾病防治的证据,覆盖了高血压、冠心病、心肌梗死等常见心血管疾病,还包含心律失常、下肢动脉疾病等相对关注度较低的疾病。此外,马来西亚、新加坡、泰国等也开始积极参与制定体力活动防治心血管疾病的证据。总体而言,亚洲国家在防治心血管疾病体力活动标准的制定工作方面展现了积极的态度和持续的发展动力,丰富了全球心血管疾病防治的证据库,并为该地区心血管疾病患者的预防、治疗和预后提供了重要的科学依据。

欧美地区在心血管疾病体力活动指南定制方面起步较早,且覆盖疾病种类最为全面,除了高血压、脑卒中、冠心病、心力衰竭等常见心血管疾病,还包括了心律失常、先天性心脏病等关注度相对较低的心血管疾病。在人群方面,北美洲针对女性(尤其是孕期女性)提出了专门的体力活动建议,因为怀孕会给身体带来一系列生理和代谢变化,女性需要为胎儿提供足够的氧气和营养物质,因此心脏必须增加泵血量,心血管系统负担也随之增加。但是在证据方面,建议女性每周进行的体力活动内容与一般人群建议相差无几,虽然强调了女性参与体力活动的重要性,为女性更好地生活和健康维护做出了重要的帮助,但对各类细分人群的原始证据积累仍有较大的完善空间,现阶段还难以通过循证的方法从根本上实现不同人群体力活动建议的真正差异化。这一问题十分重要,针对单一人群的防治心血管疾病体力活动指南可以提供更为精准的运动指导及建议,作为一项长期任务,为不同人群制定体力活动指南的工作依然值得持续推进。此外,欧美地区的一些证据还将运动分为两类:休闲性运动和竞技性运动,对不同的疾病、患病程度与治疗方式提出了专门化的体力活动建议。

大洋洲发布的证据数量有限,主要针对心力衰竭提出了体力活动建议。从 2001 年到 2018 年共有 4 版更新,虽然体现了良好的连续性,但没有提出完整的体力活动 FITT 要素建议,需要进一步完善。在南美洲同样仅检索到 4 篇证据,但涵盖的疾病种类较为全面,包括心血管疾病、脑卒中、高血压、心力衰竭。最早的证据于 2016 年发布,证据内容较新,除了对高血压患者提出体力活动 FITT 要素建议,还面向久坐人群、参加竞技性和高强度运动的患者提出了建议。虽然检索到的文献数量较少,但这些研究展示了南美洲对心血管健康的关注,并提供了适用于不同人群的体力活动建议,南美洲的心血管体力活动指南的不断更新和补充将对该地区的公众健康产生积极影响。非洲地区的相关证据发布相对较少,仅检索到关于血脂异常管理的证据,一方面需要加强该地区心血管疾病体力活动指南制定工作的推进,另一方面也需要认识到非洲地区的主要疾病负担来自传染性疾病,其防治慢性非传染性疾病相关工作的迫切性可能低于其他地区。

国际组织就心血管疾病体力活动防治发布了 3 篇证据,第 1 篇证据发布较早,于 1999 年由世界卫生组织发布,主题为高血压,该证据也是最早提出完整体力活动 FITT 要素的证据之一。建议中提供了高血压患者进行体力活动的具体指导意见,包括活动频率、强度、时间和类型等。这些指导为患者提供了实用的运动方法,帮助他们在安全有效的范围内进行体力活动。相比于国家和地区发布,由国际组织发布的指南通常针对全球范围内的人群,考虑不同国家和地区的文化、社会习惯和健康状况,具有更广泛的适用性。国际组织牵头发布的指南更容易综合最新科学研究和健康数据,制定流程和方法的规范性与严谨程度高,因此指南内容更具权威性和科学性,是推动各个国家和地区的运动健康政策制定和实施的主要参考资料,有助于促进全球心血管健康事业的发展和进步。

总体而言,世界各地都在积极探索和制定关于体力活动防治心血管疾病的指南或标准,这些证据为医务人员和运动学专家预防、诊断和治疗心血管疾病提供了宝贵参考,也为普通人群或患者提供了健康教育和疾病管理的科学信息,帮助他们加强个体的健康管理能力。目前,世界各地在运动治疗或管理心血管疾病方面已总结出大量证据和研究成果,为控制心血管疾病的高致死风险奠定了理论基础。然而,在预防层面还存在较大证据缺口,针对不同类型心血管疾病的预防措施需要开展更多的大规模队列研究或运动干预试验,尤其需要明确不同类型体力活动及其 FITT 要素与预防各类心血管疾病的量效关系。更重要的是,在积累足够证据的基础上,医疗及体育专业机构应通过更多的国内及国际合作,坚持"体医融合""体卫融合"发展路线,互相学习和借鉴,致力于制定更加科学化、精细化、符合不同人群特征的防治心血管疾病体力活动标准和指南。

第五章 防治恶性肿瘤体力活动指南的国际比较研究

第一节 概 述

一、恶性肿瘤类型与病因

(一)概念和类型

恶性肿瘤(Malignant Tumor),又名癌症(Cancer,CA),中医学中称岩,是一种由异常细胞增殖引发的疾病,这些细胞具有侵犯周围正常组织并通过血液循环或淋巴系统转移到身体其他部位的能力。[①] 恶性肿瘤的发生与细胞分裂和增殖机制失常有关。[②]

国际疾病分类(International Classification of Diseases,ICD)是由世界卫生组织制定的一种疾病和相关健康问题的分类标准。[③] 在 ICD-10 中,恶性肿瘤被归类在 C00-C97,分类主要根据肿瘤发生的部位和组织类型,涵盖了大部分常见的恶性肿瘤,如口腔、咽部、食管、胃肠道、肝胆、胰腺、呼吸系统、骨关节、皮肤、乳腺、生殖器官、泌尿系统、眼、脑、甲状腺、淋巴结、造血和淋巴组织等部位的癌症。ICD-10 的分类为临床诊断、流行病学研究和卫生管理提供了一个统一的疾病分类和编码体系,帮助人们更好地了解癌症的流行趋势、风险因素和预防策略。

在国际肿瘤学疾病分类 ICD-O-3 中,分类主要通过拓扑代码和形态代码进行描述。[④] 拓扑代码表示恶性肿瘤发生的部位,形态代码则表示肿瘤

---

① Hanahan D, Weinberg R A. Hallmarks of cancer: The next generation[J]. Cell, 2011,144 (5): 646-674.

② Sung H, Ferlay J, Siegel R L, et al. Global cancer statistics 2020: GLOBOCAN estimates of incidence and mortality worldwide for 36 cancers in 185 countries[J]. CA: A Cancer Journal for Clinicians, 2021,71(3): 209-249.

③ World Health Organization. International classification of diseases, tenth revision, Clinical Modification (ICD-10-CM) [EB/OL]. (2023-06-29) [2023-12-12]. https://www.cdc.gov/nchs/icd/icd-10-cm.htm.

④ World Health Organization. International classification of diseases for oncology, 3rd edition (ICD-O-3) [EB/OL]. (2019-10-08) [2023-12-12]. https://www.who.int/standards/classifications/other-classifications/international-classification-of-diseases-for-oncology.

的组织学类型和生物学行为。《国际疾病分类肿瘤学专辑》第 3 版（ICD-O-3）作为一个专门针对肿瘤学领域的分类系统，为肿瘤学领域提供了一个详细的分类和编码体系，有助于实现对肿瘤数据的标准化、统一和可比较性，以支持肿瘤登记、流行病学研究和癌症统计工作。

（二）病因

肿瘤是一种复杂的疾病，其发生和发展可能涉及多种因素，包括遗传、环境和生活方式等。近年来，许多研究表明，体力活动与肿瘤的发生和发展密切相关。①

体力活动能够通过多种机制影响肿瘤的发病过程。首先，体力活动可以调节体重、能量代谢和内分泌水平等，从而影响人体的代谢状态和免疫系统功能，这些作用可能直接影响肿瘤细胞的生长和扩散，降低肿瘤的发生风险。② 其次，体力活动可以提高机体的抗氧化能力和 DNA 修复能力，减少 DNA 损伤和突变的发生，这些作用有助于降低肿瘤细胞的突变和癌变风险。③ 体力活动还可以改善心血管健康、促进血液循环和氧气供应等，从而提高肿瘤治疗的效果和生存率。④ 再次，体力活动可以通过降低炎症水平和抑制肿瘤细胞的增殖、侵袭和转移，减少肿瘤的发生和发展。⑤ 有研究表明，体力活动可以降低肿瘤相关炎症因子的水平，如白细胞介素-6（IL-6）、肿瘤坏死因子-α（TNF-α）等，从而降低肿瘤的发生风险。⑥ 体力活动还可以通

---

① Mctiernan A, Friedenreich C M, Katzmarzyk P T, et al. Physical activity in cancer prevention and survival: A systematic review[J]. Medicine and Science in Sports and Exercise, 2019,51 (6): 1252; Lugo D, Pulido A L, Mihos C G, et al. The effects of physical activity on cancer prevention, treatment and prognosis: A review of the literature[J]. Complementary Therapies in Medicine, 2019,44: 9-13.

② Mctiernan A. Mechanisms linking physical activity with cancer[J]. Nature Reviews Cancer, 2008,8(3): 205-211.

③ Li T, Wei S, Shi Y, et al. The dose-response effect of physical activity on cancer mortality: Findings from 71 prospective cohort studies[J]. British Journal of Sports Medicine, 2016,50 (6): 339-345.

④ Courneya K S, Friedenreich C M. Physical Activity and Cancer: An Introduction [M]. Springer, 2011.

⑤ Demark Wahnefried W, Rogers L Q, Alfano C M, et al. Practical clinical interventions for diet, physical activity, and weight control in cancer survivors[J]. CA: A Cancer Journal for Clinicians, 2015,65(3): 167-189.

⑥ Friedenreich C M, Neilson H K, Lynch B M. State of the epidemiological evidence on physical activity and cancer prevention[J]. European Journal of Cancer, 2010,46(14): 2593-2604.

过提高肿瘤细胞的凋亡率和减少细胞周期的进程抑制肿瘤的增殖和转移。[1] 体育锻炼还可以通过改善身体健康状况和心理状态提高患者的生存质量和预后。[2] 例如,体力活动可以提高身体素质、缓解疲劳、提高睡眠质量等,从而帮助患者更好地应对治疗和康复。此外,体力活动可以促进社交、增强自我效能感和自我管理能力,从而提高患者的心理健康水平和生活质量。[3]

总之,体力活动作为一种重要的生活方式,对肿瘤的预防和治疗具有积极影响。提高体力活动水平有助于降低肿瘤的发生风险,提高患者生活质量。[4] 需要注意的是,体力活动对于肿瘤的病因和治疗的影响还需要进一步深入研究和探讨。不同的肿瘤类型、治疗方案以及体力活动频率、强度、时间、类型等因素可能对恶性肿瘤患者产生不同的影响,需要根据患者具体情况进行个性化管理和指导。[5]因此,恶性肿瘤患者在进行体力活动时,应该遵循医生和运动专业人员的建议,并根据个体差异情况进行适当的体力活动安排和调整。[6]

二、国内外恶性肿瘤的疾病负担

肿瘤是一个受到社会广泛关注的公共卫生问题,是导致全球死亡的主要原因之一。为了更好地理解肿瘤的流行病学特征,预测未来肿瘤负担,以

① Ballard-Barbash R, Friedenreich C M, Courneya K S, et al. Physical activity, biomarkers, and disease outcomes in cancer survivors: A systematic review[J]. Journal of the National Cancer Institute, 2012,104(11): 815-840.

② Mustian K M, Alfano C M, Heckler C, et al. Comparison of pharmaceutical, psychological, and exercise treatments for cancer-related fatigue: A meta-analysis[J]. JAMA Oncology, 2017,3(7): 961-968.

③ Speed-Andrews A E, Courneya K S. Effects of exercise on quality of life and prognosis in cancer survivors[J]. Current Sports Medicine Reports, 2009,8(4): 176-181.

④ Rock C L, Doyle C, Demark Wahnefried W, et al. Nutrition and physical activity guidelines for cancer survivors[J]. CA: A Cancer Journal for Clinicians, 2012,62(4): 242-274.

⑤ Grimmett C, Corbett T, Brunet J, et al. Systematic review and meta-analysis of maintenance of physical activity behaviour change in cancer survivors[J]. International Journal of Behavioral Nutrition and Physical Activity, 2019,16(1): 1-20; Abdin S, Lavallee J F, Faulkner J, et al. A systematic review of the effectiveness of physical activity interventions in adults with breast cancer by physical activity type and mode of participation[J]. Psycho-Oncology, 2019,28(7): 1381-1393; Tock W L, Maheu C, Johnson N A. Considerations of control conditions designs in randomized controlled trials of exercise interventions for cancer survivors[J]. Canadian Journal of Nursing Research, 2022,54(4): 377-391.

⑥ Patel A V, Friedenreich C M, Moore S C, et al. American College of Sports Medicine roundtable report on physical activity, sedentary behavior, and cancer prevention and control [J]. Medicine and Science in Sports and Exercise, 2019,51(11): 2391-2402.

及制定有效的干预措施,在全球范围内开展与肿瘤相关的流行病学研究非常重要。全球疾病负担数据库是一个旨在了解不同疾病在全球范围内的发病率、患病率、死亡率和生存率等情况的数据库。[①] 依据 2019 年的 GBD 数据分析和预测,全球新诊断的癌症病例预计达 2360 万(95% 不确定区间:2220 万~2490 万),癌症致死病例预计达 1000 万(95% 不确定区间:936 万~1060 万)。2010 年至 2019 年,新诊断的癌症病例从 1870 万增加至 2360 万,增幅为 26.3%;癌症导致的死亡病例从 829 万增长至 1000 万,增幅为 20.9%。癌症引发的死亡在所有死亡中的比例也出现了增长,从 2010 年的 15.7% 增长至 2019 年的 17.7%。这十年,全球癌症的年龄标准化发病率并未发生显著变化,年平均变化率为 -0.1%;而年龄标准化死亡率则减少了 5.9%,年平均变化率为 -0.7%。其中,有 131 个国家/地区(占 64.2%)的癌症年龄标准化死亡率呈现下降趋势。[②]

2019 年,全球有五种癌症在与癌症相关的伤残调整生命年中占据较大比例,依次为气管、支气管和肺癌(Tracheal, Bronchial, and Lung Cancer)(18.3%),结直肠癌(9.7%),胃癌(8.9%),乳腺癌(8.2%)和肝癌(5.0%)。

中国恶性肿瘤发病人数从 1990 年的 176.2 万增至 2019 年的 475.8 万,中国标化发病率从 1990 年的 197.1/10 万升至 2019 年的 244.8/10 万;中国恶性肿瘤死亡人数从 1990 年的 145.7 万增至 2019 年的 271.2 万,标化死亡率从 1990 年的 173.8/10 万降至 2019 年的 140.7/10 万;无论发病率还是死亡率均表现为男性高于女性。[③] 1990—2019 年,在中国恶性肿瘤伤残损失生命年、过早死亡寿命损失年以及 DALYs 的各年龄组构成中,50 岁至 70 岁的群体所占比例最高。在 YLDs 的男女构成比例中,男性的占比超过女性。男性在 YLLs 和 DALYs 的占比也高于女性,比例大约为 3∶2。图 5.1 为中国分年龄、性别的恶性肿瘤疾病负担构成概况。1990—2019 年,中国恶性肿瘤标化 YLDs 在不同社会人口指数(Socio-Demographic Index, SDI)级别的国家中呈现中等程度,且逐步向全球平均水平靠拢。中

---

① 张记收,王梦龙,刘剑芳,等. 基于 2019 年全球疾病负担研究数据分析 1990—2019 年中国高血压心脏病疾病负担变化趋势[J]. 中华高血压杂志,2023,31(2):141-149.

② Kocarnik J M, Compton K, Dean F E, et al. Cancer incidence, mortality, years of life lost, years lived with disability, and disability-adjusted life years for 29 cancer groups from 2010 to 2019: A systematic analysis for the global burden of disease study 2019[J]. JAMA Oncology, 2022,8(3):420-444.

③ 高蓓,初海超,芦文丽,等. 1990—2019 年中国恶性肿瘤疾病负担变化趋势分析[J]. 中华疾病控制杂志,2022,26(4):430-436.

国标化 YLLs 率一直显示下降的态势,但在各级 SDI 国家中,仍然是最高的。中国标化 DALYs 率和标化 YLLs 率的变化轨迹相互吻合(见图 5.2)。

2023 年国家癌症中心首次公布各省癌症高发地图,数据显示,中国当前的主要恶性肿瘤包括肺癌、结直肠癌、胃癌、肝癌、女性乳腺癌等,前五位恶性肿瘤发病约占全部新发病例的 57.3%。肺癌、肝癌、胃癌、结直肠癌、食管癌是主要的肿瘤死因,约占全部肿瘤死亡病例的 69.3%。恶性肿瘤发病率方面,肺癌发病率在除西藏、甘肃和青海之外的省份居于首位;尽管鼻咽癌在全国恶性肿瘤发病排名中位于第 20 位,但在广东、广西、海南、江西和贵州,其发病率位列前十;甲状腺癌全国发病排名第 7 位,但在天津、浙江和新疆,其发病率上升至第 2 位;北京、天津、上海和广东的食管癌发病率相对较低,大致位于第 15 位;而前列腺癌的发病高峰则呈现在经济较为发达的城市,如北京、上海、江苏、浙江等。关于恶性肿瘤的死亡率,肺癌死亡率在除甘肃、青海、广西、海南和西藏之外的省份均排名第 1 位;虽然鼻咽癌在全国恶性肿瘤死亡率中排名第 15 位,但在广东、广西和海南,其位列死亡率前五;前列腺癌在上海和新疆已进入死亡率前十;食管癌在上海和天津已降至第 10 位;另外,子宫颈癌的死亡率在山西、河南、湖南、贵州、甘肃和青海等省均位列前十。[①]

有研究预测,2030 年中国的恶性肿瘤死亡病例和标化死亡率预计会分别达到 361.9 万和 154.0/10 万,相较于 2015 年的 234.4 万和 150.2/10 万的标化死亡率,都呈现出增长的趋势。[②] 其中,肺癌的死亡病例可能从 2015 年的 58 万例上升至 2030 年的 117.7 万例,这是所有癌症中增幅最大的一类癌症(102.9%),其次是结直肠癌(73.9%)和肝癌(31.8%)。结直肠癌和肺癌的标化死亡率会上升,而食管癌、肝癌和胃癌的标化死亡率会逐渐下降。无论是恶性肿瘤总体,还是其各亚类,男性的死亡病例、标准化死亡率和过早死亡概率均超过女性。2030 年我国 30～70 岁人群恶性肿瘤的过早死亡概率为 8.9%,较 2015 年的 8.8% 略有上升。在各种癌症中,肺癌和结直肠癌的过早死亡概率上升,而食管癌、胃癌和肝癌的过早死亡概率降低。

---

① 郑荣寿,张思维,孙可欣,等. 2016 年中国恶性肿瘤流行情况分析[J]. 中华肿瘤杂志,2023,45(3):212-220.

② 傅晏红,饶蓁蓁,李若瞳,等. 2030 年中国恶性肿瘤疾病负担预测研究与危险因素控制效果模拟[J]. 中华流行病学杂志,2022,43(1):37-43.

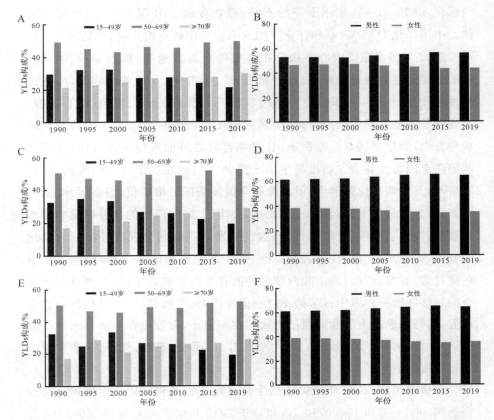

图 5.1　1990—2019 年中国分年龄、性别的恶性肿瘤疾病负担构成

资料来源：高蓓，初海超，芦文丽，等. 1990—2019 年中国恶性肿瘤疾病负担变化趋势分析[J]. 中华疾病控制杂志，2022，26（4）：430-436.

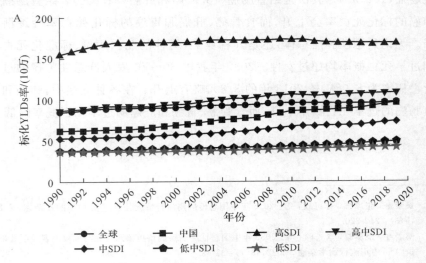

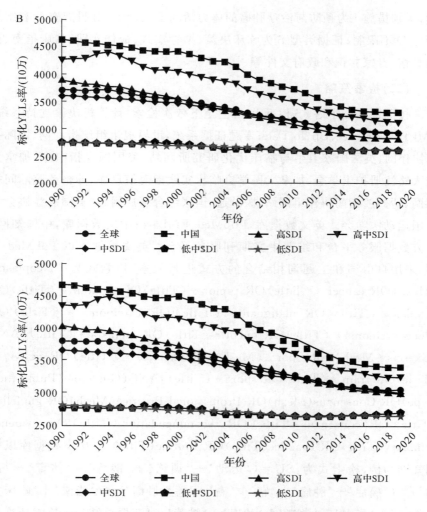

图 5.2　1990—2019 年中国与各级 SDI 国家疾病负担比较

资料来源：高蓓，初海超，芦文丽 等. 1990—2019 年中国恶性肿瘤疾病负担变化趋势分析[J]. 中华疾病控制杂志，2022,26(4)：430-436.

第二节　防治恶性肿瘤的体力活动指南

一、研究方法

(一)主题的确立

基于指南主题,研究团队按照 PICOS 模型,目标人群 P 为恶性肿瘤患者；干预措施 I 为预防与治疗肿瘤的体力活动干预措施；对照措施 C 和结局指标 O 不限制；证据类型 S 为临床决策、推荐实践、最佳实践、临床指南、证据总结、专家共识和政府文件等。

（二）检索策略

按照证据金字塔 6S 模型①，由上至下依次检索：计算机决策支持系统，BMJ Best Practice、Up To Date；专题证据系统，世界卫生组织指南网、国际指南协作网、英国国家卫生与临床优化研究所网站、美国国立指南库、加拿大安大略注册护士学会、加拿大医学会临床实践指南信息库、苏格兰院际间指南网、新西兰指南协作组网站、医脉通、国家综合癌症网络、美国癌症协会和美国运动医学会。英文数据库，PubMed、EMBase；中文数据库，中国知网、万方数据服务平台和维普中文期刊服务平台。英文数据库以 PubMed 为例，采用自由词和主题词相结合的方式进行检索，检索式为：[Neoplasms (Mesh) OR cancer * (Title) OR tumor * (Title) OR tumour * (Title) OR neoplas * （Title） OR malignan * （Title） OR carcinoma * （Title） OR adenocarcinoma * (Title) OR oncol * (Title) OR metasta * (Title)] AND (Exercis (Mesh) OR Sports (Mesh) OR exercise * (Title) OR activit * (Title) OR train * (Title) OR sport * (Title)] AND (Guideline (Publication Type) OR Consensus(Mesh) OR Professional Practice(Mesh) OR guideline (Title) OR consensus (Title) OR recommendation (Title) OR evidence summary(Title) OR Practice(Title) OR routine(Title)]。中文数据库以中国知网为例，检索式为：SU=（'运动'+'训练'+'锻炼'+'体育'+'活动'）*（'癌症'+'肿瘤'+'瘤'+'癌'+'恶性肿瘤'）*（'指南'+'临床实践指南'+'指引'+'常规'+'共识'+'推荐'+'证据总结'）。检索计算机决策支持系统、指南网及证据综合知识库使用的英文检索策略为（exercise OR physical activity）AND（cancer OR neoplasms），中文检索策略为（运动 OR 活动 OR 锻炼）AND（癌症 OR 肿瘤）。根据各数据库要求适当调整检索式。检索时限均为建库至 2022 年 10 月 26 日。

（三）文献的纳入和排除标准

纳入标准：（1）文献类型为临床决策、推荐实践、最佳实践、临床指南、证据总结、专家共识、政府文件等；（2）研究对象为一般成年人、肿瘤患者；

---

① Alper B S, Haynes R B. EBHC pyramid 5.0 for accessing preappraised evidence and guidance [J]. BMJ Evidence-Based Medicine，2016，21(4)：123-125.

（3）文献内容与体力活动有关；（4）不限制语言。

排除标准：（1）多个机构重复发表的文献；（2）无法获得全文；（3）已有更新的版本；（4）指南的简要版本；（5）信息不全的文献。

（四）文献筛选和资料提取

由 2 名经过循证培训的研究员独立进行文献筛选和资料提取，存在分歧时，由第 3 位研究人员协同解决。文献资料提取包括编号、发布机构或组织、国家/地区、发布年份、文献主题、文献来源、是否基于循证、文献类型、证据分析系统、FITT 要素、人群、预防或治疗证据等。

（五）证据汇总

1．研究团队组成

证据汇总的研究者研究领域包括运动学、临床护理和循证方法学，共 4 人，均具有硕士以上学位，所有成员均自愿参与本研究。

2．证据汇总过程

2 名研究人员逐篇阅读纳入的文献，逐条提取证据的内容、来源、出处等信息，形成证据总结初稿，通过专家会议法将相同主题的内容分类汇总及合并，归纳证据主题，进行绘制证捱表格和描述。

二、指南证据汇总

（一）纳入文献的一般情况

通过初步检索共获得 10533 篇文献，经查重和 2 名研究人员独立阅读文献题目和摘要后获得文献 193 篇，阅读全文后，最终纳入文献 59 篇，包括指南 30 篇、专家共识 5 篇、证据总结 14 篇、推荐实践 8 篇、临床决策 2 篇。具体筛选流程见图 5.3，纳入文献的一般特征见表 5.1。

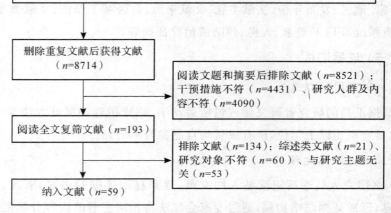

图 5.3　文献筛选流程

(二)证据描述及汇总

本章纳入文献主要来自亚洲(中国)和北美洲(美国、加拿大),一些来自欧洲(法国、比利时、苏格兰)、大洋洲(澳大利亚)和南美洲(智利),以及一些来自国际组织及协会间合作。文献发表时间在 1996 年至 2022 年之间。证据分析系统主要有澳大利亚乔安娜布里格斯研究所推荐级别系统(2014版)和 GRADE 证据评价系统(2004 版)。

对纳入的 59 篇文献进行提取,共获得推荐条目 81 条。将提取到的证据进行综合评价,经过整理后汇总为恶性肿瘤幸存者,预防癌症,乳腺癌患者,消化系统恶性肿瘤患者,结直肠癌患者,肺癌患者,肝癌患者,多发性骨髓瘤、下肢肉瘤和骨转移患者,头颈癌患者,前列腺癌患者,恶性肿瘤患者运动与营养,癌因性疲乏患者,癌性疼痛患者和非转移癌症骨质疏松患者等14 个方面体力活动证据,具体内容见表 5.2—5.15。

表 5.1　纳入证据基本特征

编号	发布机构或组织	国家/地区	发布年份	文献主题	文献来源	基于循证	文献类型	证据分析系统	FITT要素
D1	韦小夏（北京大学护理学院内外科护理学教研室）	亚洲	中国	2022	乳腺癌患者淋巴水肿自我管理	知网	是	证据总结	JBI	①②③④
D2	高洪莲（山东大学第二医院胃肠外科）	亚洲	中国	2022	胃肠道恶性肿瘤患者术后功能恢复	万方	是	证据总结	JBI	/
D3	刘婷婷（上海交通大学医学院附属胸科医院）	亚洲	中国	2022	肺癌患者围手术期术期加速康复护理	万方	是	证据总结	GRADE	/
D4	陈静（西南医科大学附属医院肝胆外科）	亚洲	中国	2022	加速康复理念下经导管置管肿瘤患者管理	万方	是	证据总结	JBI	②④
D5	宋继红（福建医科大学护理学院）	亚洲	中国	2022	肿瘤患者放化疗期间癌因性运动乏运动干预	知网	是	证据总结	JBI	①②③④
D6	中国抗癌协会肿瘤营养专业委员会、国家市场监管重点实验室	亚洲	中国	2022	恶性肿瘤患者运动治疗	知网	否	专家共识	/	①②③④
D7	Wang L（北京大学护理学院）	亚洲	中国	2022	乳腺癌术后上肢淋巴水肿抗阻运动	PubMed	是	证据总结	/	①②④
D8	刘飞（北京大学第一医院普通外科）	亚洲	中国	2021	乳腺癌相关淋巴水肿患者抗阻力训练	知网	是	证据总结	JBI	①②④
D9	中华医学会肿瘤学分会肿瘤支持康复治疗学组	亚洲	中国	2021	中国癌症相关性疲乏临床实践诊疗指南	万方	/	指南	/	①②④
D10	赵慧（南方医科大学南方医院护理部）	亚洲	中国	2020	乳腺癌相关淋巴水肿患者运动指导	知网	是	证据总结	JBI	①②③④
D11	章孟星（复旦大学附属肿瘤医院护理部）	亚洲	中国	2020	乳腺癌和妇瘤患者淋巴水肿风险及预防干预	万方	是	证据总结	JBI	/

续表

编号	发布机构或组织	国家/地区	发布年份	文献主题	文献来源	基于循证	文献类型	证据分析系统	FITT要素
D12	李方（南京医科大学第一附属医院胸外科）	亚洲	中国 2020	肺癌患者围手术期运动管理干预	万方	是	证据总结	JBI	①②③④
D13	史博慧（西安交通大学第一附属医院乳腺外科）	亚洲	中国 2020	乳腺癌术后上肢淋巴水肿预防策略	万方	是	证据总结	JBI	①②③④
D14	王自盼（北京中医药大学护理学院）	亚洲	中国 2020	癌症幸存者体力活动	知网	是	证据总结	JBI	①②④
D15	王自盼（北京中医药大学护理学院）	亚洲	中国 2020	大肠癌幸存者体力活动	万方	是	证据总结	JBI	①②④
D16	丁晓彤（安徽医科大学护理学院）	亚洲	中国 2018	乳腺癌患者术后早期功能锻炼	知网	是	证据总结	JBI	①③④
D17	中华预防医学会妇女保健分会乳腺学组	亚洲	中国 2017	中国乳腺癌患者生活方式指南	知网	是	指南	牛津循证医学中心证据分级	①②③④
D18	中华医学会胃肠病学分会、中华医学会胃肠道肿瘤专业委员会	亚洲	中国 2017	中国大肠癌预防的共识	EMBase	/	专家共识	美国预防服务工作组分级	/
D19	美国运动医学会	北美洲	美国 2022	ACSM运动测试与运动处方指南	PubMed	是	指南	/	①②③④
D20	美国癌症协会	北美洲	美国 2022	癌症幸存者营养和体力活动指南	EMBase	是	指南	/	②
D21	纪念斯隆-凯特琳癌症中心	北美洲	美国 2021	肺癌生存者的管理	Up to Date	是	推荐实践	/	/
D22	美国癌症协会	北美洲	美国 2020	预防癌症的饮食和体力活动指南	PubMed	/	指南	/	②

续表

编号	发布机构或组织	国家/地区	发布年份	文献主题	文献来源	基于循证	文献类型	证据分析系统	FITT要素
D23	美国物理治疗协会肿瘤物理治疗学会	北美洲 美国	2020	乳腺癌相关淋巴水肿的干预	EMBase	是	指南	/	②④
D24	美国临床肿瘤学会	北美洲 美国	2019	非转移性成年癌症幸存者的骨质疏松管理	PubMed	是	指南	/	④
D25	美国综合肿瘤学会	北美洲 美国	2018	乳腺癌治疗期间和康复复期的综合治疗	EMBase	是	指南	/	④
D26	Loconte N K(威斯康星大学卡本癌症中心)	北美洲 美国	2018	一级二级癌症预防的生活方式改变和政策影响	EMBase	/	推荐实践	/	②③
D27	美国国立医疗保健研究与质量局	北美洲 美国	2017	疼痛管理的临床决策	美国国立指南库	否	临床决策	/	/
D28	美国国立医疗保健研究与质量局	北美洲 美国	2017	慢性疼痛的非侵入性非药物治疗	美国国立指南库	是	临床决策	/	/
D29	美国癌症协会,美国临床肿瘤学会	北美洲 美国	2016	乳腺癌幸存者护理指南	PubMed	是	指南	JBI	①②③④
D30	美国癌症协会	北美洲 美国	2016	头颈部癌症幸存者护理指南	PubMed	是	指南	JBI	①②④
D31	美国癌症协会	北美洲 美国	2015	结直肠癌癌症幸存者护理指南	PubMed	是	指南	JBI	①②④
D32	美国癌症协会	北美洲 美国	2014	前列腺癌癌症幸存者护理指南	PubMed	是	指南	JBI	④
D33	美国癌症协会	北美洲 美国	2012	预防癌症的营养和体力活动指南	PubMed	是	指南	美国癌症协会利益与危害等级	①②③
D34	美国癌症协会	北美洲 美国	2012	癌症幸存者营养和体力活动指南	医脉通	是	指南	/	①②③④

续表

编号	发布机构或组织	国家/地区		发布年份	文献主题	文献来源	基于循证	文献类型	证据分析系统	FITT要素
D35	美国癌症协会	北美洲	美国	2006	预防癌症的营养和体力活动指南	EMBase	是	指南	美国癌症协会利益与危害等级（2001）	①②③
D36	美国癌症协会	北美洲	美国	2002	癌症治疗期间和康复期营养和体力活动指南	EMBase	是	指南	/	①②③
D37	美国癌症协会	北美洲	美国	1996	饮食、营养和癌症预防指南：通过健康食品选择和体力活动降低癌症风险	PubMed	/	指南	/	②③
D38	Fong A J（英国女王大学运动与健康研究学院）	北美洲	加拿大	2021	加拿大护士和患者之间促进体力活动的咨询	PubMed	是	指南	/	/
D39	美国物理治疗协会	北美洲	加拿大	2021	多发性骨髓瘤的运动疗法	PubMed	是	指南	/	④
D40	Capozzi L C（卡尔加里大学运动学系）	北美洲	加拿大	2021	晚期癌症患者的体力活动	EMBase	否	推荐实践	/	①③
D41	安大略癌症护理中心	北美洲	加拿大	2018	癌症患者的运动	EMBase	是	指南	/	①②④
D42	欧洲肿瘤内科学会	欧洲		2021	成人癌症恶病质的临床实践指南	EMBase	是	指南	GRADE	①④
D43	欧洲临床营养和代谢协会	欧洲		2021	癌症患者的临床营养	EMBase	是	指南	GRADE	/
D44	法国消化肿瘤学、营养学和支持性护理学会	欧洲	法国	2021	消化系统肿瘤营养和体力活动	EMBase	是	指南	GRADE	①②④
D45	Assi M（雷恩大学）	欧洲	法国	2017	体力活动在下肢肉瘤治疗中的应用	EMBase	是	推荐实践	/	①②③④

续表

编号	发布机构或组织	国家/地区		发布年份	文献主题	文献来源	基于循证	文献类型	证据分析系统	FITT要素
D46	Gebruers N（安特卫普大学医学和健康科学系，康复科学和理疗系）	欧洲	比利时	2017	乳腺癌相关淋巴水肿	EMBase	是	指南	/	①②③④
D47	苏格兰医学会	欧洲	苏格兰	2016	结直肠癌的诊断与管理	苏格兰医学会	是	指南	GRADE	①②③
D48	澳大利亚临床肿瘤学会	大洋洲	澳大利亚	2019	癌症的运动疗法	EMBase	是	指南	/	①②④
D49	Hayes S C（澳大利亚昆士兰科技大学健康和生物医学创新研究所）	大洋洲	澳大利亚	2019	运动医学在癌症管理中的作用	EMBase	是	推荐实践	/	①②③④
D50	Crovetto M（瓦尔帕莱索安东普拉亚大学卫生科学系）	南美洲	智利	2014	营养和体力活动与癌症预防	PubMed	是	推荐实践	/	/
D51	国际骨转移运动工作组	国际		2022	骨转移患者的运动建议	PubMed	是	专家共识	/	/
D52	国际骨转移运动工作组	国际		2022	骨转移患者的运动建议	EMBase	是	推荐实践	/	/
D53	国家综合癌症网络	国际		2020	为健康生存者的生存者护理	国家综合癌症网络	是	指南	/	①②③④
D54	国家综合癌症网络	国际		2020	癌症幸存者相关的迟发和长期影响的护理	国家综合癌症网络	是	指南	/	④
D55	世界癌症研究基金会和美国癌症协会	国际		2018	饮食、营养、体力活动与癌症	医脉通	是	专家共识	/	②
D56	体力活动指南咨询委员会	国际		2018	体力活动指南	体力活动指南咨询委员会	是	指南	GRADE	/

续表

编号	发布机构或组织	国家/地区	发布年份	文献主题	文献来源	基于循证	文献类型	证据分析系统	FITT要素
D57	美国老年人理事会	国际	2018	管理老年人慢性疼痛的循证计划	美国老年人理事会	是	推荐实践	/	/
D58	美国运动医学会、美国癌症协会、澳大利亚运动与体育科学协会、等	国际	2018	恶性肿瘤幸存者的运动指南	PubMed	是	指南	/	④
D59	世界癌症研究基金会	国际	2008	食物、营养、体力活动与癌症预防	EMBase	是	专家共识	世界癌症研究基金会制定等级	/

注:①频率(Frequency);②强度(Intensity);③时间(Time);④类型(Type)。

表5.2　恶性肿瘤幸存者体力活动证据推荐意见汇总

运动处方原则	证据编号	证据内容
运动前评估	6；14；20；34；40；41；49	诊断后应尽快开始体力活动评估和咨询，目的是帮助患者做好治疗准备和应对治疗，并控制与癌症相关的症状和治疗相关的副作用(20；34)。评价当前体力活动水平和病史，患者病史及家族史，特别是心血管疾病、代谢性疾病及肾脏疾病；血脂、血糖等；对已经诊断出心血管疾病，在开始运动之前需要进一步的医学检查，建议评估发生风险；评估治疗后的外周神经和肌肉骨骼的继发性疾病变；如果采用激素治疗，如果采用激素剥夺治疗之前，应该评价患者是否已经建立预防淋巴水肿措施。评估目前的体力活动水率，评估进行体力活动的障碍和运动损伤史；常规医学评估的安全性包括心率、血压、心电图、血体征(继发或原发于恶性肿瘤)；已知骨转移疾病的患者，在开始运动之前需要做骨密度评估；结直肠癌造瘘患者在参加较高强度运动之前需要评估；前列腺癌患者需评估前需要做恶性肿瘤病位特异性绷带来制约的运动风险；在进行较高强度有氧或抗阻运动之前推荐对下肢淋巴水肿进行评估(推荐强度B；41；49)。必须由专业人士进行运动风险评估(40)。特定癌种的医学评估：乳腺癌患者运动之前需要评估上肢和肩部的情况；妇科肿瘤伴有严重肥胖的价肌肉力量和肌肉丢失程度，或≥60%储备心率)之前(大于快速步行强度，如接受雄激素剥夺治疗[6；14患者运动风险超过恶性肿瘤进行评估[6；14]。
运动测试	6	恶性肿瘤患者应接受相关的体适能评估(心肺耐力、肌肉力量和耐力、柔韧性，身体成分和平衡能力)，并不要求恶性肿瘤患者在进行低强度的步行之前，但在开始运动之前进行全面的体适能评估，可能会对开始运动造成不必要的阻碍。在进行健康相关体适能评估或制定运动处方之前，应了解患者行、渐进性的抗阻运动和柔韧性训练之前进行评估。的病两史、慢性疾病合并症，健康状况以及运动禁忌证(6)
运动总量	6；19；34；53	有氧运动每周150分钟中等强度或每周75分钟较高强度，或两种强度相结合的等量运动；抗阻运动至少1组8~12次重复次数；柔韧性运动静力拉伸保持10~30秒
运动频率、时间	6；19；34；40；42；49；53	有氧运动每周3~5天。抗阻运动每周2~3天。柔韧性训练每周2~3天，每天进行更有效，在下一次锻炼相同的肌肉群之前至少有48小时的恢复时间[6；19；34；42]。活动持续2~16周以上，每周1~7次，每次活动时间为20~120分钟，强度循序渐进(证据等级Ⅱ，推荐强度B；49；53)。有氧运动每次至少能持续20分钟的患者，应将锻炼时间同分散在一周内，避免连续两天没有运动计划，对于有功能问题的同患者，建议每天分多次进行(每次有效持续时间<20分钟，可每天都进行(49)。在高强度运动的两天中每天至少拉伸主要肌肉，进行2~3组练习，每组练习2~3次重复10~15次，每组练习钟，可每天都进行(49)。在高强度运动的两天中每天至少拉伸主要肌肉，进行组休息2~3分钟(53)

续表

运动处方原则	证据编号	证据内容
运动强度	6；19	有氧运动中等（储备心率的40%～59%；最大心率的60%～89%；主观体力感觉表12～13分）到较高强度（储备心率的64%～75%；最大心率的76%～95%；主观体力感觉表14～17分）。抗阻运动从低强度（如30%1-RM）开始，小幅度地增加。柔韧性训练在可以忍受的情况下在关节活动范围内活动
运动类型	6；19；58	有氧运动包括快步走、骑车、有氧舞蹈、慢跑、游泳等（6；19）。有中心静脉导管、造瘘口、或免疫功能受损，或正接受放射治疗的幸存者不适合游泳（19）。抗阻运动包括自身自由重量、抗阻器械或自身体重的功能活动（6；19）。明确因类固醇、放射线或外科手术治疗引起的关节或肌肉受限的拉伸或关节活动范围的运动（6；19）。推荐接受积极放化疗（包括抗化疗和放疗）的癌症幸存者进行有氧运动。柔韧性训练包括所有大肌群的拉伸或关节活动范围的运动受限的特定区域（6）。太极拳和瑜伽可首选（19）。太极拳和瑜伽的特定区域活动和抗阻运动（58）
运动方案	6；14；40；41；42；48；49；58	多学科癌症团队的所有成员都应该重视运动，并建议癌症患者遵守运动指南（41；48）。体力活动建议应根据幸存者存在的自身情况和喜好量身定制，运动处方包括运动频率、强度、持续时间、类型和进阶，并应考虑采取特殊预防措施[14；42（证据强度B）；40；42（证据强度B）；49；58]。体力活动应包括有氧运动和抗阻运动[14（推荐强度B）；6；14（证据强度B）；48]。建议癌症幸存者每周进行至少150分钟涉及大肌肉群的中等强度有氧运动，每周至少进行3～5次，建议每周进行2～3次涉及主要大肌肉群经认证的抗阻运动的具有癌症经验的运动生理护理学家和/或物理治疗师转诊，经认证的健康专业人士（48）。癌症护理应包括向经认证的抗阻运动或癌症护理专家开具运动处方和提供运动方案的健康专业人士[14；48；49]。运动生理学家和物理治疗师最适合为癌症患者开具运动处方（48）
决策方案	38	被诊断为癌症的成年人如果出现以下任一情况，则不建议任何体力活动，包括主动脉夹层动脉瘤、主动脉瓣狭窄程度（严重）、充血性心力衰竭、渐进性心绞痛、急性肌炎、血栓性静脉炎、室性心动过速及其他危险性心律失常、急性传染病。如果被诊断为癌症的成年人没有出现上述任何一种情况，需要第二步看是否有以下症状。合并症评估为高风险；服用心脏药物，不稳定的神经系统疾病或癌症状况、心血管疾病史、肺部症状、消化系统症状、肾脏疾病、血液病、中性粒细胞减少症、严重的肌肉骨骼问题、已知或疑似的骨转移、低强度体力活动或很少进行体力活动。合并症评估为中风险人群、已知或疑似高风险人群无法进行30分钟的快步走、自理能力有限，在过去的6个月里孩子没有进行体力活动。已知或疑似骨骼疾病问题，已知或疑似转移性疾病（非骨转移），骨质疏松/骨骼状态、骨转移，关节炎和/或肌肉疾病恶化，关节活动受限、轻中度平衡困难。

运动处方原则	证据编号	证据内容
决策方案	38	中等强度体力活动/功能能力评估为中风险人群能进行30分钟快步走，能自理活动，在过去的6个月里做了一些体力上的快步走，能够从事轻体力或从事久坐至工作（如办公室工作），在过去6个月经常参与体力活动(38)。合并症评估为低风险人群；无显著合并症。高强度体力活动/功能能力评估为低风险人群能够进行30分钟
运动处方的调整	6；48	基于患者的耐受性对运动处方进行调整，运动处方以低强度、渐进式进行以降低症状加重的风险(6；48)。可考虑的调整因素包括降低运动的强度、减少运动的持续时间，减轻运动疲劳状态(6；48)。短时间的抗阻运动可改善恶性肿瘤患者的机体功能减退和疲劳的机体。抗阻运动中可调整的因素包括减少每个肌群的训练组数，降低负荷，减少同等负荷下的重复次数，增加每组之间休息的时间(6；48)
效果评价	6；14；20；41；42；48；53；56	无论在治疗中还是治疗后，可以安全地进行中等强度运动，体力活动能改善癌症幸存者的心血管健康状况，增强肌肉力量、改善身体机能，增强免疫功能，提高生活质量以及减轻疲乏和抑郁6；14（推荐强度A）；20；41；42（证据等级Ⅱ，推荐强度B）；53]。运动应该作为癌症护理标准实践的一部分，并被视为一种辅助疗法，运动有助于减小癌症直肠癌结直肠癌死亡率的降低(56)
运动禁忌证	6；14；38	应保证手术伤口愈合的时间，通常由于心脏病和肺部疾病患者制定的运动禁忌证也会有所不同(6)。在开始运动计划前，可遵循美国运动医学会运动治疗省南中为心血管患者制定的运动禁忌证[6；14推荐强度B]。不同类型肿瘤患者的运动禁忌证有所不同(38)
终止指标	6	正处于治疗中或合并有心脏病患者禁止参加较高强度(≥60%储备心率)体力活动或体力活动不足者。心电图显示心肌缺血，心律失常，头晕，胸闷气短，共济失调等，出现中重度心绞痛、极度疲劳、贫血，共济失调，尤其是缺乏规律运动或体力活动不足者，应该由医生检查并排除危险后再恢复运动(6)

续表

运动处方原则	证据编号	证据内容
注意事项	6;14;34;40;48	恶性肿瘤患者需要延缓运动量提升的进度，如果运动进度导致疲劳其他不良反应增加，运动处方的 FITT 要素需要降低到患者可以耐受的水平，已完成治疗的患者在不加重症状或没有出现症状加重或副作用的情况下，可以逐渐延长运动时间，增加运动频率，提高运动强度；如果患者可以耐受，没有进行柔韧性训练（6）。在治疗期也可以进行柔韧性训练（6）。重点关注因手术、皮质类固醇使用和/或放疗而导致关节活动度下降的家关节（6）。正在接受系统治疗的恶性肿瘤患者，也可以增加日常生活中的体力活动，做一些力所能及的家务[6;14;推荐强度 A]。每天几次短时间的运动比一次较长时间的运动可以改善疲乏（6;48）。发生骨转移的恶性肿瘤患者需要调整运动处方（如减少撞击性运动，降低强度和减少每次运动的时间）[6;14;推荐强度 B]。对消化道恶性肿瘤患者或者进行化疗的患者或者进行化疗的患者）时，在家或者在医疗机构运动比在公共健身区域运动更安全[6;14;推荐强度 B;34]。体内留置导管、中心静脉置管或胃管的患者，以及正在接受放疗的患者应避免在水中运动或游泳，患者在化疗治疗期间需要调整运动处方，如根据病情恶化或有活动性感染的患者在手术后不应立即进行中等强度或较高强度的运动（6;34;40）
其他体力活动建议	6;14;41;42;55	建议癌症幸存者遵循由美国运动医学会召集的专家小组编写的不同类型癌症幸存者专门化体力活动指南[14(推荐强度 B)]。建议癌症患者在可能的情况下，将中等强度体力活动作为生活方式的一部分，持续进行，以改善生活质量，保持健康（41）。增加癌症幸存者体力活动的干预策略，可以采用医生和/或健康专家的建议，监督下的运动项目或课程、电话咨询、动机性谈话、评估行为改变意愿、自我效能、癌症生存相关的宣教资料，设置短期和长期目标，使用计步器和可穿戴的健康设备监测运动锻炼目标，鼓励社会支持（锻炼伙伴、运动群）等策略[6;14;推荐强度 A;41;55]。对于恶病质的患者，建议将营养支持与运动训练和心理支持相结合[42(证据等级Ⅱ，推荐强度 B)]

表 5.3　预防癌症体力活动证据推荐意见汇总

运动处方原则	证据编号	证据内容
保持体重	18;20;22;26;33;34;35;37;50;59	保持体重在健康范围,避免成年后体重增加(20;22;26;34;35;37;50;59)。平衡热量摄入和体力活动能量消耗,目前超重或肥胖者需减肥(33;34;35)。肥胖是结直肠癌的潜在高危因素[18(证据等级2a,推荐强度B)]
运动方案	18;20;22;26;33;35;37;49;55;59	成人每周应进行 150～300 分钟的中等强度体力活动,或 75～150 分钟的高强度体力活动,或等效的组合运动方案;达到或超过 300 分钟的中等强度体力活动,或等效的中等强度体力活动或 150 分钟中高强度体力活动高强度体力活动(26)。每周至少有 5 天强度体力活动,最好在一周内进行,或每天进行 30 分钟的中高强度体力活动,或每周 5 天以上进行 45 分钟以上的中高强度体力活动可降低患乳腺癌和结肠癌的发病风险[18(证据等级 2a,推荐强度 B)]。把体力活动进行至少 30 分钟的中等强度体力活动(37)。中结肠癌的风险(33;35)。合理的运动是日常生活的一部分(59)。在一周中的大部分时间进行至少 30 分钟或更长时间的中等强度体力活动包括跑步、快速游泳、快速等强度体力活动包括散步、骑自行车、做家务、园艺、游泳和跳舞等。高强度体力活动包括跑步、快速游泳、快速骑自行车、健美操和一些团队运动(49)
建议	18;20;22;26;33;50;56	限制久坐行为,比如坐着、躺着、看电视,以及其他形式的屏幕娱乐(20;22;26;33)。做一些日常活动之外的体力活动对健康有益(26)。改善生活习惯,可降低结直肠腺瘤切除术后的复发率[18(证据等级 2b,推荐强度 B)]。公共、私人和社区组织应努力创造社会和物质环境,以支持采用和保持健康的营养和保持健康的体力活动行为,在学校提供安全、愉快且便利的体育活动环境,促进通勤性体力活动(33)。鼓励所有人进行推荐水平的体力活动,以降低患癌症的风险(50;56)

表5.4　乳腺癌患者体力活动证据推荐意见汇总

运动处方原则	证据编号	证据内容
学习淋巴水肿相关知识	1,54	学习淋巴水肿相关知识,如病因、危险因素、预防措施、症状和体征等[1(证据等级2);54]
患肢保护	1	避免患肢长时间保持某一姿势不活动[1(证据等级5)]。避免患肢过度负重[1(证据等级3)]。避免患肢长时间做重复性离心运动,如甩手、拖地等[1(证据等级5)]
促进淋巴回流	1	在方便的时候抬高患肢[1(证据等级2)]
运动前评估	7;10;13;16	体格检查:身体状况、上肢关节活动度、上肢功能[7;10(证据等级5,推荐强度A);16(证据等级1,推荐强度A)]。淋巴水肿状况:淋巴水肿分期、淋巴皮肤颜色、质地,是否处于水肿期[7;10(证据等级5,推荐强度A)]。患者个人需求、偏好及其平时运动情况[10(证据等级5,推荐强度B)]。淋巴水肿患者评估:评估老年患者和/或激素治疗相关的骨折风险,评估与特定类型癌症治疗相关的神经变或肌肉骨骼疾病,评估癌症相关疲劳。骨转移的患者开始锻炼之前需要进行安全性的医学评估(7)或接受神经毒性化疗患者的跌倒风险,评估癌症相关需要进行安全性的医学评估。已知心脏疾病的患者在开始运动前需要进行评估,患有全面回顾疾病史、用药史、血液生化检查、血流动力学[7;10(证据等级5,证据等级5b,推荐等级5b,推荐强度A);13(证据等级A)]
运动前测试	10	步行、柔韧性训练或抗阻运动之前不需要进行运动测试;进行中等强度、高强度有氧运动前,需遵循美国运动医学会的运动前测试指南[10(证据等级5,推荐强度B)]
运动强度	10	低强度:运动时呼吸无明显改变,如散步、太极拳,做家务(拖地、手洗大件衣物);中等强度:运动时呼吸、心率加快,如慢跑、骑自行车、游泳、感觉身体变暖,如快步走、跳舞;高强度:运动时心率更快,呼吸急促,如跑步、跳绳、快速跑车、健身操、比赛训练、重体力劳动等[10(证据等级1,推荐强度A)]

续表

运动处方原则	证据编号	证据内容
术后早期功能锻炼时间	7;8;11;16;23	肩部主动及被动伸展锻炼不可过早开始,术后第7天应该进行温和的关节活动度练习;肩部伸展锻炼的时间可以在术后第7~10天开始(或引流管拔除之后),创口愈合之后伸展强度应该逐渐增加,一直持续6~8周或术侧肢体能够达到完全的肩关节活动度[7;16(证据等级1,推荐强度A)]。另有证据显示,开始肩部伸展锻炼的时间可以是术后出院3~5天之后,术后4周后[16(证据等级1b,推荐强度A)]。术后1个月左右,排除运动禁忌证后,可以开始抗阻运动(即手臂外侧运动和前屈)在短期内效果更好[11(证据等级3)]。较早开始(术后7天内)肩部锻炼比较晚开始(或改良根治)乳房切除手术的患者,术后何时开始肩关节锻炼,只与创口引流量有关,与患侧肩关节的功能恢复无关[16(证据等级3,推荐强度B)]
术后早期功能锻炼方案	8;13;16	手指、手腕、肘关节活动:推荐术后第1天肩关节静止不动,术后1~2天可以循序渐进式进行手指、手腕、肘关节活动,如常鼓励患者进行手指握拳、松拳运动,然后轻轻地进行握球运动(如手臂肌肉泵运动)以促进淋巴回流,值得注意的是,这些功能锻炼要保持前臂肌群的运动;肘关节的主动屈伸和肌肉泵运动(如手臂长运动)。肩关节活动:目前术后肩关节活动开始时间,功能锻炼内容有关的证据存在争议,术后3天可以被动或主动进行肩关节活动,如坐位曲肘抬外展,肩关节屈伸内旋外旋,梳头,举臂;当主动或辅助的肩关节上举、外展功能达到90°时,锻炼的强度和活动角度可以增加;在肩关节活动之后,可以进行伸展运动,可以帮助伸展拉伸瘢痕组织,预防瘢痕挛缩,维持肌肉强度[16(证据等级2d,推荐强度B)]。手术后引流管拔除后,推荐渐进性功能锻炼并在无痛状态下进行,可从3分钟/次开始,逐步过渡至等级2,推荐强度B]。手术后引流管拔除后,推荐渐进性功能锻炼并在无痛状态下进行,可延长至20~30分钟/次,功能锻炼的推荐频率为2~3次/天,5~10分钟/次,在活动大关节(如肩关节)时,可延长至8周或直到达到基线(术前)时期的活动范围也可以进行抗阻运动[8(证据等级1,推荐强度A)]。放疗、化疗期间也可以进行抗阻运动[16(证据等级1c,推荐强度A)]

续表

运动处方原则	证据编号	证据内容
运动方案	1;7;8;10;13;17;23;29;46	医护人员和患者应根据实际情况，权衡利弊后制定个性化的运动方案[7;8证据等级1a,推荐强度A]。10(证据等级5,推荐强度1b,推荐强度A);13(证据等级1b,推荐强度A)。个性化的运动方案应包括抗阻运动[1次≥10分钟,或每周5次,30分钟/次)或者75分钟中等高强度有氧运动(1次≥10分钟]。有氧运动：方式有快步走、慢跑、骑自行车、爬山、跳舞、爬楼梯、游泳、北欧式行走、普拉提等[1证据等级1];10(证据等级1);46(证据等级1a]。抗阻运动：每周2~3次，每组2~3次，每组重复8~10次，每2次训练至少间隔48小时[8证据等级1a,推荐强度1a,推荐强度B];17;29(推荐强度B;1A)。对于接受辅助化疗或激素治疗的女性，应强调抗阻运动[29(推荐强度1A)]。举重训练每组以50%1-RM(一次举起的最大重量)重复举10次[7;8证据等级1b,推荐强度B]。还有证据从低强度开始，训练应从低强度开始，在可耐受范围内逐渐过渡到中等至高强度训练[10证据等级1,推荐强度1a,推荐强度A]。还有证据建议，低强度抗阻运动65%~75%1-RM,每个动作8~12次，推荐强度B]。还有证据抗阻运动65%~75%1-RM,每个动作8~12次，推荐强度1a,推荐强度A];13(证据等级1b,推荐强度B);46(证据等级1b,推荐强度B);23(推荐强度B);46(证据等级1次能举起的最大重量)，每个动作的最大重量[8证据等级1a,推荐强度1a,推荐强度A];23(证据等级B)。抗阻运动应专注于大肌肉群(7),方式可选哑铃、举重、拉力带、卧推、杠铃等[8证据等级1b,推荐强度B]。抗阻运动可与有氧运动单独应用于上肢，也可以与有氧运动度的运动[8(推荐强度A)],13(证据等级1a,推荐强度A);10(证据等级1,推荐强度1b,推荐强度A)或下肢抗阻运动联合进行干预[8证据等级1a,推荐强度A];13(证据等级1b,推荐强度A)。恢复关节活动度的运动(7),方式有肩关节、肘关节、腕关节、胸关节联合进行干预[8证据等级1a,推荐强度A];13(证据等级1b,推荐强度A)。伸展柔韧性训练：瑜伽、太极[10证据等级1a,推荐强度A];23(推荐强度A)。抗阻运动可以单独[7;8证据等级1a,推荐强度A]。伸展柔韧性训练：瑜伽、太极;旋转、指关节的伸屈、旋转[10证据等级1b,推荐强度A];13(证据等级1b,推荐强度A)]

续表

运动处方原则	证据编号	证据内容
运动安全性	7；8；10；11；13；16	渐进性、有规律地进行以下运动是安全的：有氧运动、抗阻运动、肢体锻炼（关节活动）、拉伸训练等混合式运动[7；8证据等级 1a，推荐强度 A]；10（证据等级 1，推荐强度 A）；16（证据等级 1，推荐等级 A）。运动对淋巴水肿患者或有淋巴水肿风险的患者是安全自有益的，并可增加患者肌肉力量，提高生活质量[7；8证据等级 1a，推荐强度 A]；11（证据等级 1）；13（证据等级 1a，推荐强度 A）。临床医生应鼓励有淋巴水肿风险或已受影响的淋巴水肿患者进行体力活动。抗阻运动和有氧运动是安全的[11证据等级 5]
功能锻炼效果评价：关节活动	7；8；16	术后早期功能锻炼可以明显改善短期内的肩关节活动，术后早期、渐进性功能锻炼可明显改善乳腺癌术后 1个月、3个月患者肩关节活动前屈、后伸（仅术后 1个月有差异）、外展、内收（术后 3个月有差异）的范围，与晚期功能锻炼（推迟肩关节功能锻炼 1周）相比，早期功能锻炼对肩关节活动度在短期内优于晚期锻炼组，但从术后 6 个月开始两者没有差异，早期功能锻炼对于肩关节短期内的效果明确，对于肩关节活动的长期效果还需进一步探讨[16证据等级 1，推荐强度 A]。抗阻运动可以缓解患者的上肢症状、缓解抑郁等情绪状况，从而改善患者的生活质量[7；8证据等级 1b，推荐强度 A]
功能锻炼效果评价：引流量	16	与晚期肩关节活动（推迟 1 周）相比，早期肩关节活动（术后第 3 天起）会增加创口引流量[16（证据等级 1，推荐强度 A]
功能锻炼效果评价：皮下积液	16	目前有关功能锻炼对皮下积液发生率影响的证据存在争议，有证据指出，延迟肩关节功能锻炼 1周能够降低皮下积液发生率。但也有证据指出，延迟术后肩关节活动不会降低皮下积液发生率。没有证据表明，早期肩关节活动会对患者皮下积液发生率产生影响，对于肩关节活动下积液是否对皮下积液产生影响还需进一步探讨[16（证据等级 1，推荐强度 B]
功能锻炼效果评价：淋巴水肿	7；8；16；54	尚未确定功能锻炼是否会对淋巴水肿产生影响，有研究指出，功能锻炼不会增加或降低淋巴水肿发生率的风险，对于淋巴水肿的远期效果需进一步探讨，但也有研究指出，早期渐进性功能锻炼能够有效改善乳腺癌术后肢体淋巴水肿，且不会增加淋巴水肿发生率，并具有较好的长期效果，仍需进一步探讨功能锻炼是否对淋巴水肿的发生和发展，抗阻运动是安全的，不会导致乳腺癌相关淋巴水肿的发生[7；8证据等级 1a，推荐强度 B]；54。抗阻运动对乳腺癌相关淋巴水肿有预防作用[7；8证据等级 1c，推荐强度 B]；54]

续表

运动处方原则	证据编号	证据内容
功能锻炼效果评价：体成分和心功能	8	抗阻运动有助于改善患者身体成分和心功能，帮助患者保持 BMI[8(证据等级 1b，推荐强度 A)]
评价指标	7;10;16;23;25	术后早期功能锻炼效果评价指标如下：肩关节活动能（达到头顶，解开胸衣的扣子，从后面拉拉链）、上肢肌力、术后并发症（皮下积液、创口感染率、创口愈合情况）、上肢和肩关节活动能、日常活动能力、功能锻炼依从性[7;16(证据等级 2，推荐强度 A)]以及心肺功能[16(证据等级 2，推荐强度 C)]。瑜伽可能是一种安全的运动，但没有证据表明它对减轻淋巴水肿有效[23(推荐强度 B)]。瑜伽可改善治疗后疲劳和生活质量[25(推荐强度 B)]。瑜伽可改善情绪障碍及抑郁症状，可改善减轻焦虑、减轻疲乏感[10(证据等级 5，推荐强度 A)]。不建议进行水疗法或在水中进行运动[10(证据等级 5，推荐强度 B)]
运动禁忌证	7;8;10;13	处于极度疲乏、重度贫血、共济失调、病情恶化、感染活动期、术后伤口未愈、有心肺疾病、代谢性疾病、发生骨转移等医学上明确诊断禁止运动等情况[7;8(证据等级 5，推荐强度 A)；10(证据等级 5，推荐强度 A)；13(证据等级 5b，推荐强度 A)]。抗阻运动禁忌证：水肿处于手臂定期(水肿稳定期指过去 3 个月未进行水治疗；没有需抗感染治疗的手臂炎症；日常活动能力无改变；肢体周径变化<10%)[8(证据等级 1a，推荐强度 A；10(证据等级 1，推荐强度 A)]
健康教育	10;29	教育患者积极运动，避免久坐，尽快恢复诊断前的日常体力活动，提高运动依从性[10(证据等级 0)；29(证据等级 3)]。幸存者应保持健康体重[29(证据等级 0)]。如果超重或肥胖，限制高热量食物和饮料的摄入并增加体力活动以促进减轻和维持体重[29(证据等级 1A)]

续表

运动处方原则	证据编号	证据内容
注意事项	1;2;7;8;10;11;13;16;17;23	运动前后应进行5～10分钟热身和放松活动[7;10(证据等级5,推荐强度B)]。建议淋巴水肿患者在运动中使用弹力袖套[1(证据等级2);2(证据等级2)]。不建议淋巴水肿高危患者在运动中使用弹力袖套[1(证据等级5);8(证据等级1c,推荐强度B)]。患者应在专业人员指导下安全地进行运动[7;8(证据等级1a,推荐强度A);10(证据等级1,推荐强度A);11(证据等级5);13(证据等级5b,推荐强度A);16(证据等级1,推荐强度A);54]。因癌症相关而出现合并症及不良反应,建议每周同监测耐受度[23(推荐强度B)]。在抗阻运动中,建议每周同监测耐受度[23(推荐强度A)]。建议患者在团体或监督环境中进行锻炼以提高其依从性[10(证据等级1,推荐强度B)]。以家庭为基础的运动能显著降低水肿体积[11(证据等级5,推荐强度A)]。相比单独进行基础自我护理组,拉[13(证据等级5);17]。运动期间定期评估,若水肿加重或出现手臂或出现手臂疼痛,发红等,应停止运动并咨询师或治疗师咨询或治疗医师,推、拉[16(证据等级1,推荐强度A)]。患者致更多的引流量,会导致保持健康的BMI[16(证据等级1,推荐强度A)]。患者应保持引流量[7;10(证据等级5,推荐强度A)]。如果在引流量披除之前进行跨越头顶有关节活动,会导致后背损伤、踝部损伤、手腕损伤、肩袖损伤、肌肉酸痛等,一般持续数周后缓解,并未观察到长期存在的不良反应[8(证据等级1c,推荐强度B)]。正在接受化疗或放射治疗或免疫功能受损的患者,感染风险较高(7

表 5.5　消化系统恶性肿瘤患者体力活动证据推荐意见汇总

运动处方原则	证据编号	证据内容
运动前评估	44	体能由心肺耐力、肌肉力量、肌肉耐力、平衡性、柔韧性，并导致病情的加速恶化。体力活动水平的降低和久坐时间的增加会影响癌症患者身体素质，并导致病情的加速恶化。临床因素。必须对身体状况进行初步评估，并定期再次评估。评估由物理治疗师或适应性体力活动专业人员进行。评估的目的是评价既往史的变化。制定个性化的体力活动计划，并随时评估身体状态的变化（44）
放射治疗期间运动方案	44	向患者宣教体力活动（降低疲劳和术后并发症风险）的益处。限制久坐行为（坐着或睡觉），并鼓励定期体力活动（渐进性实施，并考虑到术后限制），在术前和术后结合有氧和抗阻运动。有运动障碍的患者，需体力活动专业人士指导（44）
全身治疗期间运动方案	44	向患者宣教体力活动在治疗和之后进行体力活动的益处（减少疲劳和之后的益处（渐进性实施，并考虑到实施，并考虑治疗期的副作用），结合有氧和抗阻运动。尽可能向专业人士寻求监督，特别是有体力活动障碍或有风险的患者（如肌少症、共病、转移患者、严重疲劳和或有体力活动水平下降，对体力活动恐惧）（44）
晚期缓和期运动方案	44	进行物理治疗，以避免卧床休息引起的并发症和不适症状。带有幸福感目标的适应性体力活动（44）
治疗后运动方案	44	大肠癌：鼓励和支持行为改变，以逐步提高体力活动水平，并随时间推移定期保持。体力活动包括自发的日常体力活动和有组织的自愿锻炼课程，无论监督与否；目标是每周进行 150 分钟中等强度有氧运动，每周两次大肌肉群（上肢、下肢和躯干）的抗阻运动，同时在两次练习之间有 1~2 天的恢复时间（44）。所有肿瘤部位：从疾病诊治中，向患者宣教体力活动的益处（减少疲劳，改善生活质量和身体状况，以及对复发和生存风险的潜在影响）；限制久坐行为（坐着或睡觉）；鼓励定期进行体力活动（渐进性实施，并考虑到治疗后的影响），结合有氧和抗阻运动（44）

续表

运动处方原则	证据编号	证据内容
围术期运动方案	2;44	向患者宣教体力活动(降低疲劳和术后并发症风险)的益处,由物理治疗师在术后早期动员(44)。限制久坐行为(坐着或睡觉),并鼓励定期体力活动(渐进性实施,推荐术后早期活动(44)。术后卧床平卧位抗阻运动员(44)。术前和术后结合有氧运动或半卧位为平卧位调整为半卧位活动,无需去枕平卧6小时,术后第1天开始下床活动,建立每日活动目标,逐日增加活动量[2(证据等级1B);44]。多模式术前准备计划包括如营养,控制糖尿病或高血压,戒烟戒酒,心理护理以及结构化的有氧和抗阻运动(44)。有运动障碍时需体力活动专业人士指导。
围术期禁忌证	44	极度疲劳,贫血,严重的活动性感染综合征,心肺疾病失代偿,溶骨性骨病变(44)。
围术期注意事项	44	合并症患者在体力活动计划中考虑适应这一原则,必须在专业人员指导下进行,以获得安全支持。腹部手术术后患者进行早期活动需注意以下几点,剖腹术后避免对腹壁肌肉造成压力的同心练习(躯干屈曲/旋转后),开胸术后早期避免瓦尔萨尔瓦动作和躯干屈伸展练习;肛门失禁(手术和/或放疗后)患者尽量避免增加腹压的动作或心向运动(44)。造口术患者避免盆腔肌肉向心运动,并促进会阴肌肉的阻力练习(44)

表 5.6　结直肠癌患者体力活动证据推荐意见汇总

运动处方原则	证据编号	证据内容
运动前评估	15	需要重点进行的临床评价：BMI、血压、贫血史、功能状态、评价进行体力活动水平、评估进行体力活动的障碍；疾病状态；评估影响治疗的因素：疼痛、疲乏、情绪困扰、营养不良/不平衡、药物等；药物评估和治疗效果；心血管疾病、肺疾病、关节炎、肌肉骨骼/神经病变、存在吻合口瘘或造口、肤倒的风险评估等；进行体力活动诱发不良事件的风险评估，确定体力活动诱发不良事件的风险等级[15（推荐强度 B）]
运动方案	15;31;47	运动形式包括有氧运动和抗阻运动。建议每周进行至少 150 分钟的中等强度有氧运动，每周至少进行 3~5 次，建议每周进行 2~3 次涉及主要肌肉群的抗阻运动或柔韧性训练[15（推荐等级 B）；31（证据等级 0.1b）] 成年人每周至少 150 分钟的中等强度运动，每次至少 10 分钟，也可以是每周至少 5 天、每天 30 分钟。应尽量减少坐行为[47（证据等级 3，推荐强度 4D）]
禁忌证	15	遵循美国运动医学会运动处方指南中为心血管疾病和肺部疾病患者以及极度疲劳、贫血和共济失调者制定的运动禁忌证[15（推荐强度 B）]
建议	15;31	增加幸存者体力活动的干预策略，可以采用医生和/或健康专家的建议、监督下的锻炼项目或课程，如电话咨询、动机性谈话，评估改变意愿和自我效能，癌症生存支持（锻炼伙伴，运动群）等策略（15）。诊断后避免不活动，并尽快恢复正常的日常活动；体力活动可显著改善癌症患者生活质量，身体机能值耗氧和峰值氧量并减少疲劳并症状[31（证据等级 0,1b）]。如果超重或肥胖，限制高热量食物和饮料的摄入并增加体力活动以促进减肥，体重管理被视为优先护理措施[31（证据等级 0,3）]

表 5.7　肺癌患者体力活动证据推荐意见汇总

运动处方原则	证据编号	证据内容
运动前评估	12；58	肺癌患者可在围手术期进行运动(58)。低强度运动对大多数患者是安全的,术后即可以开始低强度运动[12(证据等级5,推荐强度B)]。老年患者为降低各种风险,应先做好健康水平的评估[12(证据等级A)]。基线肺功能水平较差的患者,手术风险高,应通过术前运动管理改善其手术前耐受力[12(证据等级5,推荐强度A)]
运动场所	12	术后的运动管理是一个长期恢复的过程,仅在医院内进行具有一定的局限性,应提倡监督下的医院内运动和自主家庭运动方式相结合[12(证据等级5,推荐强度A)]
运动时机	3；12	运动康复不应局限于医院,应在多学科环境中实施术前和术后运动康复[3;12(证据等级5,推荐强度B)]。患者在术后需根据自身状况合理把握运动时机。减少卧床时间,尽快恢复床时间,待贫血状况改善后再开始运动[12(证据等级5,推荐强度B)]
运动方案	12	运动干预的方式众多,应设计多种替代运动,应设置至多种模式相结合的康复计划[12(证据等级5,推荐强度A)]。HIT具有起效快,时间短的特点,可作为有氧运动的最佳替代方式[12(证据等级5,推荐强度A)]。呼吸操等非特定的呼吸肌训练方式相结合[12(证据等级1,推荐强度B)]。HIIT替代有氧运动时间不宜过长。常规来说,成年人每周进行至少150分钟的中等强度有氧运动或75分钟的高强度有氧运动。抗阻运动对运动能力有显著改善。术后患者的运动量要循序渐进,术后5天的步行从每天5分钟开始,每周增加时间,以达到第6周每天持续30分钟的运动目标[12(证据等级5,推荐强度B)]
运动安全性	12	对免疫功能低下这类特殊患者,在白细胞恢复正常前应减少公共场所的进出[12(证据等级5,推荐强度B)]。老年患者存在各种安全风险,在评估的基础上应在运动过程中注意运动过程中的安全保护[12(证据等级5,推荐强度B)]
运动必要性	12；21	基线体重高和治疗期同体重增加运动项目可改善肺癌患者术后的治疗效果改善与肺癌结局是否真正相关(21)。肺癌患者术后参加运动项目可改善肺癌切除术后的结局和缩短住院时长,这提示体重与肺癌结局之间是否真正相关(21)。围手术期患者适度的运动可以改善疲劳、焦虑,肌力和BMI等[12(证据等级5,推荐强度B);21]

表 5.8 肝癌患者体力活动证据推荐意见汇总

运动处方原则	证据编号	证据内容
术后早期活动强度	4	肝细胞癌患者经动脉化疗栓塞术后骨骼肌质量显著降低,有肌肉萎缩的风险,影响患者预后。住院期间中等强度运动有利于增加肝细胞癌患者骨骼肌质量,防止肌肉量减少[4证据等级3b,推荐强度A]
		肝动脉栓塞术后拔除导管和导管鞘压迫止血,在穿刺部位止血,包扎伤口后,采用缝合器或其他止血器成功止血后,在穿刺点上方沿动脉走行人工压迫止血成功止血后,下肢制动时间缩短至少15分钟[4证据等级5b,推荐强度B]。患者仰卧,穿刺侧下肢伸直,制动6~12小时,采用弹力绷带行8字或十字交叉加压包扎。桡动脉入路患者,拔动脉入路点以可触及桡动脉搏动,皮肤颜色正常为准[4证据等级5b,推荐强度B]。股动脉入路患者,纱布卷向加压束颜色用气囊加压束或气囊压迫程度,包括患者自身条件,血管受损程度,凝血功能和血小板功能,止血效果以及患者是否配合[4证据等级1b,推荐强度A]
术后早期活动时间	4	推荐使用肝癌外科血栓风险评估风险量表(Caprini模型)进行静脉血栓栓塞风险评估,推荐中、高危患者(评分≥3分)术前2~12小时开始进行预防性抗血栓治疗,并持续用药至出院或术后14天。高危患者除药物治疗外,必要时应联合机械措施,如间歇性充气压缩采或穿着弹力袜等[4证据等级5b,推荐强度B]
		早期下床活动可促进呼吸、胃肠、肌肉骨骼等多系统功能恢复,有利于预防肺部感染、压力性损伤和下肢深静脉血栓形成,术后制动3~4小时,4小时后床上活动,6~12小时下床的手术的患者无出血风险,且不增加相关出血风险[4证据等级1a,推荐强度A]。建议临床实践中,经股动脉穿刺介入术后无出血风险的患者,采用双下肢体活动,尿潴留、失眠焦虑等的不良反应,多模式镇痛的手术的患者,采用传统的手术自行的基础之上,特别是建立在患者自行的基础之上[4证据等级1a,推荐强度A]
术后早期活动类型	4	术后即指导患者或家属帮助患者进行四肢体活动和翻身活动,对于肢体活动较差的患者,采用双下肢抗栓采以预防下肢深静脉血栓的形成[4证据等级1b,推荐强度A]
术后早期活动注意事项	4	解除制动前应评估并排除出血风险因素,包括患者身体条件,血管受损程度,凝血和血小板功能、止血效果以及患者是由于术前活动量减少,术后制动,术中制动,术后静脉血栓栓塞风险,恶性肿瘤,复杂性手术、化疗是静脉血栓栓塞症的危险因素[4证据等级5b,推荐强度B]。围术期患者应评估并排除静脉血栓栓塞相关出血风险,包括患者自身出血风险因素[4证据等级1b,推荐强度A]。以及自身因素包括高龄、肥胖等,可能会增加患者静脉血栓栓塞症

表 5.9 多发性骨髓瘤、下肢肉瘤和骨转移患者体力活动证据推荐意见汇总

运动处方原则	证据编号	证据内容
骨转移患者运动前评估	51；52	骨转移患者在运动测试或训练之前，应进行风险评估，以了解运动可能导致骨骼相关并发症的可能性(51；52)
多发性骨髓瘤运动方案	39	当血小板计数低于1万/μL时，如无出血迹象或近期无出血史；当血小板计数为1万/μL～2万/μL时，如无出血迹象或近期无出血史，可在辅助或监督下进行基本的下床活动，可进行包括静态自行车在内的低强度有氧运动，可使用橡皮筋进行抗阻力量训练；当血小板计数范围内下床活动，以及在耐受范围内的力量训练，可使用橡皮筋进行抗阻运动。当血小板计数大于4万/μL时，如无出血迹象或近期无出血史，可进行包括静态自行车在内的低强度有氧运动[39（证据等级5，推荐强度P）]。临床医生可以为多发性骨髓瘤患者提供基于家庭/无监督的有氧和抗阻混合运动[39证据等级3，推荐强度C]。临床医生可以为接受化疗/造血干细胞移植的多发性骨髓瘤患者提供基于家庭/无监督的有氧和抗阻混合运动[39证据等级3，推荐强度C]。以提高造血干细胞移植前自身的心肺功能和体力活动水平。临床医生可以在任何运动[39证据等级3，推荐强度B]。以提高造血干细胞移植前自身的心肺功能和体力活动水平。临床医生可以在任何运动[39证据等级3，推荐强度B]。临床医生可以为接受化疗/造血干细胞移植后病情稳定时，临床医生可在门诊和/或家庭环境中单独提供有监督和/或无监督的个性化有氧/抗阻运动[39证据等级2，推荐强度B]
下肢肉瘤术后活动	45	术后开始支持性康复治疗和低强度体力活动。术后开始逐渐增加体力活动强度。在居家期间逐渐增加体力活动。因为这些特殊人群，即使安全的，女性和年轻人、女性和接受含铂化疗的患者，因为这些特殊人群更容易发生疾病恶化。手术后进行中等强度的抗阻和有氧运动(30～60分钟/天)是安全的，即使是接受辅助或放化疗/放疗患者。对癌症患者体力活动的一般建议，在康复18～24个月后，150分钟/周的中等强度有氧/抗阻运动是可行的(45)
多发性骨髓瘤注意事项	39	血小板低时，物理治疗师应健康宣教患者摔倒的风险，出血的风险，受伤的警告的重要性，以及遵守医务人员的建议，包括协助，监督和辅助设备[39（证据等级5，推荐强度P）]。物理治疗师应咨询医生关于骨折风险和负重状况，并运用批判性思维技能和临床判断来选择适当的鞋子和衣服，为骨性病变多发生骨髓瘤患者来选择适当的预防措施，患者开具体运动处方[39（证据等级5，推荐强度P）]

表 5.10　头颈癌患者体力活动证据推荐意见汇总

运动处方原则	证据编号	证据内容
运动方案	30	应避免不活动并在诊断后尽快恢复正常的日常活动[30(证据等级3)]。每周至少150分钟中等强度或75分钟高强度有氧运动[30(证据等级1,IA)]。至少2天/周的抗阻运动[30(证据等级IA)]
注意事项	30	达到并保持健康体重[30(证据等级3)],保持健康体重[30(证据等级0)]。如果超重或肥胖,应建议幸存者存限制高热量食物和饮料的摄入,并增加体力活动以促进减轻和维持体重[30(证据等级IA)]

表 5.11　前列腺癌患者体力活动证据推荐意见汇总

运动处方原则	证据编号	证据内容
运动方案	32	建议幸存者每周进行至少150分钟体力活动,还要进行抗阻运动。建议幸存者通过限制高热量食物和饮料的方式达到并保持健康体重[32(证据等级Ⅲ,0)]

表 5.12　恶性肿瘤患者运动与营养证据推荐意见汇总

运动处方原则	证据编号	证据内容
运动方案	36	每周至少5天,每次进行至少30分钟的中等强度活动;每周至少5天,每次进行至少45分钟的中高强度活动可进一步降低患乳腺癌和结直肠癌的风险(36)
运动必要性	43	癌症患者维持或增加体力活动水平,以保持肌肉质量,身体功能和代谢模式。在有氧运动的基础上进行个性化的抗阻运动,以保持肌肉质量和肌肉质量[43(证据等级高,推荐强度强)]
其他体力活动建议	36	保持健康的体重。平衡热量摄入和体力活动热量消耗(36) 增加体力活动的方法:爬楼梯而不乘电梯。如果可以,步行或骑车前往目的地;和家人,朋友,同事一起运动;运动10分钟,如舒展筋骨或快走;步行去拜访附近的朋友或同事,而不是发电子邮件;规划积极性假期安排,规划锻炼方案,逐渐增加每周锻炼的天数和每次锻炼的时间(36) 治疗期间增加体力活动,对乳腺癌生存质量,结直肠癌生存质量,前列腺癌生存质量有积极影响;治疗后增加体力活动对肺癌以及前列腺癌复发影响无充分证据(36)

表 5.13　癌因性疲乏患者体力活动证据推荐意见汇总

运动处方原则	证据编号	证据内容
化疗期间运动频率、强度和时间	5	建议根据患者情况从低强度开始,可逐步增加至正常成人体力活动水平(≥5天/周,≥30分钟/天,55%~75%最大心率的中等强度运动;或≥3天/周,≥20分钟/天的高强度体力活动均是安全的),并根据患者的身体情况适时调整[5(证据等级1,推荐强度弱)]
化疗期间运动类型	5	各类型的运动(如瑜伽、气功、行走、各类有氧及抗阻运动等)均可缓解治疗过程中的疲乏状况,多模式结合的运动形式效果相对稳定[5(证据等级1,推荐强度弱)]
运动方案	9;54	建议进行瑜伽运动,可改善癌症患者癌因性疲乏症状,提高其生活质量[9(证据等级1,推荐强度2C)]。八段锦、太极拳和气功有助于缓解肿瘤化疗患者的癌因性疲乏、提高患者的生活质量(9)。需要一名物理治疗师或者运动专家帮忙制定体力活动策略(54) 推荐每周进行150~300分钟的中等强度体力活动,或每2周进行75~150分钟的高强度有氧运动,或两者的等效组合(9)
化疗期间运动禁忌证	5	骨转移、血小板减少症、贫血、发热或急性感染期、继发远处转移;其他并发症,如心功能异常、血栓等;可能的安全风险如跌倒等[5(证据等级1,推荐强度强)]
运动禁忌证	9	骨转移、血小板减少、贫血、发热、活动性感染及由于肿瘤转移或其他疾病导致的限制(9)
化疗期间运动注意事项	5	在步行、柔韧性或抗阻运动前无需额外的运动前测试;中高强度有氧运动前可遵循美国运动医学会运动测试指南(5)

表 5.14　癌性疼痛患者体力活动证据推荐意见汇总

运动处方原则	证据编号	证据内容
运动必要性	27;28;54;57	非药物治疗包括自我管理、拉伸运动、水疗、放松练习、步行、日记记录、减肥、药物管理、瑜伽、太极拳、阅读疗法、运动(27;54)。慢性疼痛时,运动通常是被推荐的(28)。运动可以降低慢性疼痛的风险(57)

表 5.15　非转移癌症骨质疏松患者体力活动证据推荐意见汇总

运动处方原则	证据编号	证据内容
运动方案	24	临床医生应积极鼓励患者参与多种类型组合的运动,包括平衡训练、柔韧性训练、有氧运动以及抗阻运动,以降低跌倒导致骨折的风险。对妨碍步态或平衡的患者应提供医疗康复治疗[24(证据等级低,推荐强度中)]
注意事项	24	在任何情况下,运动都应根据患者的需要和能力而定[24(证据等级低,推荐强度中)]

三、恶性肿瘤体力活动建议

恶性肿瘤患者应该在医生或运动专业人士的指导下进行体力活动,应根据个体特征、恶性肿瘤类型和治疗方式等因素进行个性化评估和指导,制定适合自身的体力活动方案。从精准化医疗角度出发,这有助于缓解身体疲劳、提高生活质量,并对肿瘤治疗产生积极的影响。

一般来说,对于恶性肿瘤患者而言,应避免久坐不动,每周循序渐进地计150~300分钟的中等强度有氧运动,或75~150分钟较高强度的有氧运动,每周至少2天进行抗阻运动,在进行有氧运动和抗阻运动时,结合平衡性和柔韧性训练。有氧运动可以是快走、慢跑、游泳、骑车等,抗阻运动可以采用哑铃、弹力带等辅助工具进行。恶性肿瘤患者应该尽量选择适合自己身体状况的运动方式,并根据情况适当调整运动的强度和时间。恶性肿瘤患者在进行体力活动前应该进行适当的热身活动,以避免受伤或不适。运动后也应该进行适当的放松活动,以缓解身体疲劳和肌肉酸痛。如果恶性肿瘤患者在进行体力活动时感到任何不适或疼痛,应该立即停止运动,并咨询医生或运动专业人士的意见。

不同类型的恶性肿瘤对体力活动的耐受性有所不同。例如,血液系统肿瘤患者的身体较为虚弱,应选择低强度、低风险的运动,如瑜伽、普拉提等;而乳腺癌患者应适当增加上肢运动,以促进淋巴引流,预防淋巴水肿等并发症。恶性肿瘤患者在进行体力活动时,要定期监测身体状况,如心率、血压、血糖等指标,以便及时发现异常情况,并做出相应调整。

恶性肿瘤患者的个体差异较大,如体重、年龄、性别等因素都可能影响体力活动的选择和强度。因此,应当针对不同个体特征提出体力活动建议。

不同的恶性肿瘤治疗方式,如化疗、放疗等,对身体的影响也各不相同。恶性肿瘤患者在进行体力活动时,应根据治疗方式的不同,调整运动的强度、频率和类型。同时,要及时与医生或运动专业人士沟通,随时调整运动方案,以避免对身体造成伤害。

第三节　防治恶性肿瘤体力活动指南的国际比较

各地区在指南、临床决策、推荐实践、证据总结和专家共识等方面的研究成果各有侧重。以下针对各地区在体力活动与癌症防治方面的贡献进行阐述,展示了不同地区关于体力活动与癌症防治证据的分布情况(见表

5.16—5.21）。

表 5.16　全球防治恶性肿瘤体力活动建议总证据的地域及年份分布特征

年份	亚洲（中国）	亚洲（其他）	欧洲	非洲	北美洲	南美洲	大洋洲	国际	总计
1996	0	0	0	0	1	0	0	0	1
1997	0	0	0	0	0	0	0	0	0
1998	0	0	0	0	0	0	0	0	0
1999	0	0	0	0	0	0	0	0	0
2000	0	0	0	0	0	0	0	0	0
2001	0	0	0	0	0	0	0	0	0
2002	0	0	0	0	1	0	0	0	1
2003	0	0	0	0	0	0	0	0	0
2004	0	0	0	0	0	0	0	0	0
2005	0	0	0	0	0	0	0	0	0
2006	0	0	0	0	1	0	0	0	1
2007	0	0	0	0	0	0	0	0	0
2008	0	0	0	0	0	0	0	1	1
2009	0	0	0	0	0	0	0	0	0
2010	0	0	0	0	0	0	0	0	0
2011	0	0	0	0	0	0	0	0	0
2012	0	0	0	0	2	0	0	0	2
2013	0	0	0	0	0	0	0	0	0
2014	0	0	0	0	1	1	0	0	2
2015	0	0	0	0	1	0	0	0	1
2016	0	0	1	0	2	0	0	0	3
2017	2	0	2	0	2	0	0	0	6
2018	1	0	0	0	3	0	0	4	8
2019	0	0	0	0	1	0	2	0	3
2020	6	0	0	0	2	0	0	2	10
2021	2	0	3	0	4	0	0	0	9
2022	7	0	0	0	2	0	0	2	11
总计	18	0	6	0	23	1	2	9	59

表 5.17 全球防治恶性肿瘤体力活动指南类证据的地域及年份分布特征

年份	亚洲（中国）	亚洲（其他）	欧洲	非洲	北美洲	南美洲	大洋洲	国际	总计
1996	0	0	0	0	1	0	0	0	1
1997	0	0	0	0	0	0	0	0	0
1998	0	0	0	0	0	0	0	0	0
1999	0	0	0	0	0	0	0	0	0
2000	0	0	0	0	0	0	0	0	0
2001	0	0	0	0	0	0	0	0	0
2002	0	0	0	0	1	0	0	0	1
2003	0	0	0	0	0	0	0	0	0
2004	0	0	0	0	0	0	0	0	0
2005	0	0	0	0	0	0	0	0	0
2006	0	0	0	0	1	0	0	0	1
2007	0	0	0	0	0	0	0	0	0
2008	0	0	0	0	0	0	0	0	0
2009	0	0	0	0	0	0	0	0	0
2010	0	0	0	0	0	0	0	0	0
2011	0	0	0	0	0	0	0	0	0
2012	0	0	0	0	2	0	0	0	2
2013	0	0	0	0	0	0	0	0	0
2014	0	0	0	0	1	0	0	0	1
2015	0	0	0	0	1	0	0	0	1
2016	0	0	1	0	2	0	0	0	3
2017	1	0	1	0	0	0	0	0	2
2018	0	0	0	0	2	0	0	2	4
2019	0	0	0	0	1	0	1	0	2
2020	0	0	0	0	2	0	0	2	4
2021	1	0	3	0	2	0	0	0	6
2022	0	0	0	0	2	0	0	0	2
总计	2	0	5	0	18	0	1	4	30

表 5.18　全球防治恶性肿瘤体力活动推荐实践类证据的地域及年份分布特征

年份	亚洲（中国）	亚洲（其他）	欧洲	非洲	北美洲	南美洲	大洋洲	国际	总计
2014	0	0	0	0	0	1	0	0	1
2015	0	0	0	0	0	0	0	0	0
2016	0	0	0	0	0	0	0	0	0
2017	0	0	1	0	0	0	0	0	1
2018	0	0	0	0	1	0	0	1	2
2019	0	0	0	0	0	0	1	0	1
2020	0	0	0	0	0	0	0	0	0
2021	0	0	0	0	2	0	0	0	2
2022	0	0	0	0	0	0	0	1	1
总计	0	0	1	0	3	1	1	2	8

表 5.19　全球防治恶性肿瘤体力活动建议证据类型的地域分布特征

证据类型	亚洲（中国）	亚洲（其他）	欧洲	非洲	北美洲	南美洲	大洋洲	国际	总计
指南	2	0	5	0	18	0	1	4	30
专家共识	2	0	0	0	0	0	0	3	5
证据总结	14	0	0	0	0	0	0	0	14
推荐实践	0	0	1	0	3	1	1	2	8
临床决策	0	0	0	0	2	0	0	0	2
总计	18	0	6	0	23	1	2	9	59

表 5.20　全球防治恶性肿瘤体力活动建议发布机构的地域分布特征

发布机构	亚洲（中国）	亚洲（其他）	欧洲	非洲	北美洲	南美洲	大洋洲	国际	总计
医疗体育机构（国际）	0	0	0	0	0	0	0	1	1
医疗体育机构（洲际）	0	0	0	0	0	0	0	0	0
医疗体育机构（国家）	0	0	0	0	0	0	0	0	0
医疗机构（国际）	0	0	0	0	0	0	0	7	7
医疗机构（洲际）	0	0	2	0	0	0	0	0	2
医疗机构（国家）	18	0	4	0	22	1	2	0	47
体育机构（国际）	0	0	0	0	0	0	0	1	1
体育机构（洲际）	0	0	0	0	0	0	0	0	0

续表

发布机构	亚洲（中国）	亚洲（其他）	欧洲	非洲	北美洲	南美洲	大洋洲	国际	总计
体育机构（国家）	0	0	0	0	1	0	0	0	1
个人	0	0	0	0	0	0	0	0	0
总计	18	0	6	0	23	1	2	9	59

表 5.21 全球防治恶性肿瘤体力活动 FITT 要素证据的地域分布特征

体力活动要素	亚洲（中国）	亚洲（其他）	欧洲	非洲	北美洲	南美洲	大洋洲	国际	总计
频率	13	0	5	0	10	0	2	1	31
强度	13	0	4	0	14	0	4	0	35
时间	8	0	3	0	9	0	1	1	22
类型	14	0	4	0	11	0	2	3	34
总计	48	0	16	0	44	0	7	7	122

亚洲的所有证据均来自中国，主要为证据总结，提供了 14 篇相关文献，另外有 2 篇指南和 2 篇专家共识。从 2017 年开始发表相关文献，总计发表 18 篇，集中在 2020—2022 年。这些报告所收录的研究证据主要来自国外，研究背景、临床应用和受众与我国实际情况可能存在差异，因此，研究结果能否直接适用于我国癌症患者需要进一步研究。其中有 7 篇文献提供了完整的 FITT 要素，然而，另外 11 篇并未全面展现 FITT 要素。此外，这些发表的研究均来自我国的医疗机构，并非由体育行业协会主导，这显示了在制定防治癌症体力活动指南时，运动学专家的参与度十分有限。实际上，运动学专家的参与可以确保 FITT 要素在相关指南中的完整性和科学性，运动学专家与医学专家的通力协作有助于为患者提供更科学、精确的运动康复方案。运动专业知识和实践经验也将为制定更加实用、具有操作性的指南提供支持。

欧洲的证据来自法国、比利时、苏格兰以及欧洲组织和协会，主要为指南，提供了 5 篇相关文献，另外有 1 篇推荐实践。欧洲于 2016 年首次发表相关文献，主要集中在 2017 年和 2021 年。这些发表的研究均源自医疗相关机构，2 篇文献描述了完整的 FITT 要素，1 篇文献完全未涉及 FITT 要素，还有 3 篇提到部分 FITT 要素。总体而言，欧洲关于体力活动要素的内容不够完整，这可能与原创性研究证据不足、指南制定过程中缺少运动学专家指导有关。

北美洲的证据分别来自美国和加拿大,主要为指南、推荐实践和临床决策,一共提供了 23 篇相关文献,包括 18 篇指南、3 篇推荐实践和 2 篇临床决策,其中预防癌症相关证据均来自美国。于 1996 年首次发表相关文献,主要集中在 2020—2022 年。这些发表的文献有 1 篇证据源自体育机构,其他均源自医疗机构,大部分证据都涉及 FITT 要素,但是仅有 3 篇包含完整的 FITT 要素。其中,美国运动医学会在推动体力活动/运动与恶性肿瘤防治方面起到了引领作用。2010 年,美国运动医学会发表了全世界第一个恶性肿瘤患者与运动的指南。[1] 由于当时证据尚少,该指南的建议主要强调安全问题,并参考了美国卫生与公众服务部在 2008 年发布的美国人体力活动指南。[2] 具体建议包括避免不活动、推荐每周累计 150 分钟中等强度的有氧运动,每周进行 2 次抗阻运动,以及进行柔韧性训练。然而,每个人的实际情况不同,因此在开始任何运动计划之前,务必咨询医生或治疗师以确保运动的安全性和适宜性。

美国运动医学会在 2012 年出版了《ACSM 运动与癌症生存者指南》,指南详细阐述了癌症患者进行体力活动的益处、心肺耐力测试、运动处方和运动适应性等内容。[3] 此外,2018 年美国运动医学会年会上发布了《体力活动与癌症防治:陈述与证据》。随后,各种相关指南相继发布,以帮助癌症患者更好地进行体力活动,进而提高康复效果和健康水平。《2018 美国人体力活动指南科学证据报告》(2018 Physical Activity Guidelines Advisory Committee Scientific Report,2018 PAGACSR)也阐述了关于体力活动与癌症防治的相关内容。该报告的主要结论包括运动与癌症预防、适量的体力活动可以降低多种癌症的发病风险等。2008 年委员会的结论只有强有力的证据支持体力活动能显著降低患乳腺癌和结肠癌的风险,证据表明这两者之间存在中度的负相关性。此外,尽管证据有限,但得出体力活动可能降低罹患肺癌、子宫内膜癌、卵巢癌、前列腺癌和直肠癌风险的结论。2018PAGACSR 指出,体力活动不足与 16 种癌症风险有关,并已对体力活动与癌症的保护性联系进行了分级。与体力活动紧密相关的癌症包括膀胱

① Schmitz K H, Courneya K S, Matthews C, et al. American College of Sports Medicine roundtable on exercise guidelines for cancer survivors[J]. Medicine and Science in Sports and Exercise,2010,42(7):1409-1426.

② Hootman J M. 2008 Physical activity guidelines for Americans:An opportunity for athletic trainers[J]. Journal of Athletic Training,2009,44(1):5-6.

③ Irwin M L,American College of Sports Medicine. ACSM's Guide to Exercise and Cancer Survivorship[M]. Human Kinetics,2012.

癌、乳腺癌、结肠癌、子宫内膜癌、食管癌、胃癌和肾癌。中度相关的癌症以及证据有限的关联癌症包括头颈部癌症、血液癌症、卵巢癌、胰腺癌和前列腺癌。研究还指出,久坐行为是罹患癌症的一个重要风险因素。增加体力活动可以降低由久坐不动引发的癌症风险,特别是患子宫内膜癌、结肠癌和肺癌的风险。此后,相继有3篇有关体力活动与癌症管理的重要文献发布,分别为《ACSM 关于体力活动、久坐行为和癌症预防和控制的圆桌会议报告》《癌症生存者运动指南:国际多学科圆桌会议共识声明》《肿瘤学中的运动是良医》。

除此之外,美国的其他组织也制定了重要指南,如美国癌症协会发布的《癌症幸存者营养和体力活动指南》(*Nutrition and Physical Activity Guidelines for Cancer Survivors*)于 2006 年首次发布,并于 2012 年对内容进行了修订和更新,2022 年更新发布了第三版指南。新版指南旨在提出基于证据的建议,涵盖人体测量参数、体力活动、饮食和酒精摄入等方面内容,以减少复发和增加幸存者的生存时间,降低癌症特异性死亡率和总体死亡率。相较于早期版本,新版指南整合了更多可改变的风险因素与诊断后复发和生存之间关系的证据,特别是以系统文献综述的形式提供更全面的证据,并且偏倚风险较低。新版指南还强调了高质量、系统的文献综述的重要性,并结合了科学共识和专家小组建议,以确保提供的信息统一、精确,避免信息冗余。这份指南主要聚焦降低癌症幸存者的疾病复发和死亡风险,并致力于延长患者的生存周期。然而,需要指出的是,尽管它提供了大量关于这些目标的证据,但对于来自观察性和干预性研究的中间结果证据,该指南并未进行详细探讨。同时,该指南还提供了未经系统审查的与癌症幸存者、家人和医疗保健提供者相关的信息,还涵盖了其他热门话题,如健康相关行为与合并症、长期后遗症以及患者报告结果之间的关系,并关注幸存者对建议的遵循情况。此外,指南还提供了有关癌症诊断后的临床护理和营养、体力活动咨询资源的信息。[1]

加拿大运动学会组织制定了1篇针对晚期癌症患者的体力活动推荐实践,但是并未基于循证方法进行证据总结。其他3篇证据的内容比较完善,均由医疗相关机构制定,主要是由护理工作者团队制定的运动管理方面的证据。

---

[1] Rock C L, Thomson C A, Sullivan K R, et al. American Cancer Society nutrition and physical activity guideline for cancer survivors[J]. CA: A Cancer Journal for Clinicians, 2022,72(3): 230-262.

　　南美洲的相关证据来自智利的 1 篇由医疗相关机构发布的推荐实践，主要关注营养和体力活动在预防癌症方面的作用。然而，该推荐实践并没有对 FITT 要素进行详细的描述，仅仅提到"保持体重是预防癌症最重要的方式之一，且体力活动可以预防某些类型的癌症"。这使得该证据在针对如何制定和实施体力活动方案方面显得证据支撑不足。尽管这份推荐实践强调了保持体重和进行体力活动的重要性，但是并没有提供具体的运动频率、强度、时间以及类型的建议，这可能在实际操作中给患者带来困扰。同时，它也忽视了部分患者由于不同的疾病状态和体能限制，对制定个性化运动方案的需求。这篇推荐实践的局限性提醒我们，为了有效地预防和管理癌症，单纯强调体力活动的重要性是不够的，更需要具备科学、系统和具体的运动指导与建议。在智利以及更广泛的南美洲地区，有必要进一步发展和完善这方面的研究和指南，以提供更具操作性的体力活动建议，从而更好地服务该地区的癌症预防和管理。

　　大洋洲的证据均来自澳大利亚，包括 1 篇指南和 1 篇推荐实践，均于 2019 年由医疗相关机构发布，但是具有较完整的 FITT 要素推荐，主要为癌症患者提供运动管理与指导。这 2 篇文献的发布，反映了澳大利亚医疗机构对癌症患者运动管理的重视，也说明了澳大利亚在癌症治疗方面，特别是在运动康复方面对科学研究和临床实践的投入力度较大，这对其他国家和地区而言具有一定参考和借鉴价值。

　　国际组织共同发布了 4 篇指南、3 篇专家共识和 2 篇推荐实践，时间跨度为 2018 年至 2022 年。这些证据都是基于循证的方法，依托最新的科学证据和研究成果。指南制定过程遵循完善的规范和程序，以确保其质量和内容可靠性。尽管这些全球组织共同制定的证据是基于循证，但是其中大部分文献并未包含体力活动 FITT 要素的完整内容。

　　综上所述，不同国家和地区在制定体力活动与癌症防治证据方面各有侧重点。美国指南方面贡献较多，而中国则在证据总结方面表现突出。不同国家和地区在不同时间段对体力活动与癌症防治证据的研究关注度不同。总体而言，近年来相关研究逐渐受到重视，发表的文献数量逐年增加，我国从 2017 年首次发表癌症与体力活动的相关证据，2017—2022 年实现文献迅速积累。通过这些证据，可以了解各个国家和地区在体力活动与癌症防治方面的研究成果和实践经验，为进一步提高癌症防治效果提供参考。

第四节 小 结

防治恶性肿瘤的体力活动指南是针对恶性肿瘤患者提供的体力活动证据和建议,旨在帮助患者提高生活质量、恢复身体功能并提高生存率。随着越来越多的研究证实体力活动对防治恶性肿瘤具有重要作用,相关指南的内容也不断得到更新和完善。体力活动指南的制定是一个综合性的过程,涉及多个国家和地区的机构和研究团队。证据主要来自亚洲、欧洲、北美洲、南美洲、大洋洲以及国际组织和协会,主要国家分别为中国、美国、加拿大、澳大利亚和法国等。由于不同地区的环境、文化和生活方式存在差异,恶性肿瘤体力活动指南需要根据具体情况进行调整,以确保其在当地的可实施性和可接受性。这些指导方案可能会针对不同类型的癌症、不同治疗阶段的患者和不同年龄、性别等个体特征进行差异化建议。同时,发布机构也会根据最新的研究成果和临床实践,不断完善和更新指南。需要强调的是,运动建议应明确规定运动的频率、强度、持续时间及类型等活动要素,这些证据和指南将为制定个性化运动处方提供必要的参考依据。

目前检索的证据主要来自全球五个大洲、八个国家,文献类型分别为指南 30 篇、专家共识 5 篇、证据总结 14 篇、推荐实践 8 篇、临床决策 2 篇。其中,来自亚洲 18 篇(30.5%),欧洲 6 篇(10.2%),北美洲 23 篇(39.0%),南美洲 1 篇(1.7%),大洋洲 2 篇(3.4%),国际组织 9 篇(15.3%)。八个国家中发文量前三的国家分别为美国、中国和加拿大,排名前两位的区域为北美洲和亚洲。美国从 1996 年开始发表相关文献,共发表了 19 篇,也是本次检索中发表最早、发表篇数最多的国家,在癌症防治的发展中起到了引领的作用。有 3 篇文献包含完整的 FITT 要素,有 3 篇文献未提及 FITT 要素。我国在 2017 年发布第一篇证据,并在 2020—2022 年发布 15 篇相关证据。针对 FITT 要素,各指南推荐的运动总量、频率和时间较为一致。在恶性肿瘤患者的体力活动证据中,常见的建议是结合有氧运动、抗阻运动和柔韧性训练。有氧运动包括快走、慢跑、游泳、骑自行车等,抗阻运动可以通过利用自身重量、弹力带或器械进行,柔韧性训练包括伸展、瑜伽和太极等。选择符合自己兴趣和能力的运动类型,并尽量结合多种类型的运动,可以帮助患者获得更全面的健康益处。美国是首个发布癌症体力活动建议证据的国家,且发展稳定;2020—2022 年发展最快的是我国,大部分都是基于循证医学的方法,具有完善的检索、筛选和评价流程,且 FITT 要素较全面。

根据本次检索结果可知,目前针对不同类型恶性肿瘤人群的证据较为缺乏,最多见的癌症类型是乳腺癌,而证据来源文献数量最多的是针对综合性癌症人群的防治策略。本次检索得到针对恶性肿瘤幸存者 16 篇、预防癌症 13 篇、乳腺癌患者 14 篇、消化系统恶性肿瘤患者 2 篇、结直肠癌患者 3 篇、肺癌患者 3 篇、肝癌患者 1 篇、多发性骨髓瘤患者 1 篇、下肢肉瘤患者 1 篇、骨转移患者 2 篇、头颈癌患者 1 篇、前列腺癌患者 1 篇、恶性肿瘤患者运动与营养 2 篇、癌因性疲乏患者 3 篇、癌性疼痛患者 4 篇和非转移癌症骨质疏松患者 1 篇。目前我国仅有 1 篇针对乳腺癌患者的临床指南,后期应该致力于制定适合我国国情的不同类型癌症临床指南,以填补当前研究的空白。虽然已有研究关注到恶性肿瘤幸存者参与运动的重要性,但仍需要更多的研究进一步验证运动对幸存者生活质量、康复和生存率的影响。这方面的研究可以探索不同癌症类型和不同治疗阶段的幸存者的运动需求和适应性。同时,结合运动和营养的研究也值得关注,恶性肿瘤患者的营养状况对其康复和治疗结果至关重要,因此探索运动与营养的综合干预效果是重要的研究方向。

随着对恶性肿瘤患者体力活动促进研究的深入和证据的积累,针对恶性肿瘤患者的体力活动指南将持续更新和完善,为癌症的预防和康复提供更加全面和精准的运动指导。此外,随着数字化和人工智能技术的发展,未来可能会出现更多系统化、个性化的运动处方,帮助恶性肿瘤患者更加科学、安全地参与体力活动。

第六章 防治慢性阻塞性肺疾病体力活动指南的国际比较研究

第一节 概　述

一、慢性阻塞性肺疾病类型与病因

(一)概念和类型

慢阻肺是一种常见的、可预防和治疗的,通常是以持续性的气流受限和出现相应的呼吸系统症状为特征的疾病①,它可进一步发展为肺心病或呼吸衰竭等更加严重的呼吸系统疾病②。

通常,只有经过肺功能检查后,才能确诊是否患有慢阻肺,即肺功能检查表现为持续气流受限是确诊慢阻肺的必要条件。具体为在吸入支气管舒张剂后,第一秒用力呼气量(Forced Expiratory Volume in first second, FEV_1)/用力肺活量(Forced Vital Capacity, FVC)$<70\%$ 即表明存在持续性的气流受限,可诊断为慢阻肺。③然而,当存在一些并发症如心力衰竭、肺纤维化或严重肥胖的情况时,慢阻肺的诊断还应该基于更加全面的临床症

---

① Liguori G, American College of Sports Medicine. ACSM's Guidelines for Exercise Testing and Prescription[M]. Lippincott Williams & Wilkins, 2020;中华医学会呼吸病学分会慢性阻塞性肺疾病学组,中国医师协会呼吸医师分会慢性阻塞性肺疾病工作委员会. 慢性阻塞性肺疾病诊治指南(2021年修订版)[J]. 中华结核和呼吸杂志, 2021,44(3):170-205.

② 阚婉容. 慢性阻塞性肺疾病发病机制的研究进展[J]. 临床医学进展, 2022,12(12):11970-11974.

③ Vogelmeier C F, Criner G J, Martinez F J, et al. Global strategy for the diagnosis, management, and prevention of chronic obstructive lung disease 2017 report. GOLD executive summary[J]. American Journal of Respiratory and Critical Care Medicine, 2017,195(5):557-582; Qaseem A, Wilt T J, Weinberger S E, et al. Diagnosis and management of stable chronic obstructive pulmonary disease: A clinical practice guideline update from the American College of Physicians, American College of Chest Physicians, American Thoracic Society, and European Respiratory Society[J]. Annals of Internal Medicine, 2011,155(3):179-191.

状评估,包括体检、影像学检查以及其他心肺功能参数的检查。[①] 当确诊为慢阻肺时,可根据 GOLD(Global Initiative for Chronic Obstructive Lung Disease,慢性阻塞性肺疾病全球倡议)机构发布的 FEV$_1$ 气流受限严重程度进行分级(见表 6.1)。

表 6.1 慢阻肺患者气流受限严重程度的肺功能分级

分级	严重程度	FEV$_1$/%
GOLD 1 级	轻度	≥80
GOLD 2 级	中度	50～79
GOLD 3 级	重度	30～49
GOLD 4 级	极重度	<30

　　轻度慢阻肺是慢阻肺疾病的早期阶段,此时患者可能开始出现临床症状表现,如咳嗽和痰,但可能不太明显,甚至患者本人不会察觉。在这个阶段,患者的 FEV$_1$ 预测值通常为 80% 或以上。在慢阻肺的第二阶段,也称中度阶段,患者的症状会更加明显,这些症状可能包括持续咳嗽、痰、呼吸困难和疲劳。在这个阶段,患者的 FEV$_1$ 预测值通常为 50%～79%。在第三阶段,也称重度阶段,患者的症状会变得更加严重,并开始影响他们的日常生活。这些症状可能包括持续的严重的咳嗽、大量痰、严重的呼吸困难、频繁的呼吸道感染、缺氧和疲劳。在这个阶段,FEV$_1$ 预测值通常为 30%～49%。在最后一阶段,也称极重度慢阻肺阶段,患者的症状会变得极其严重,并对他们的日常生活产生重大影响。主要临床症状包括严重的呼吸困难、严重的咳嗽、大量痰、频繁的感染、缺氧、疲劳和体重减轻。此外,患者可能会出现并发症,如肺心病和呼吸衰竭。在此阶段,FEV$_1$ 预测值通常在 30% 以下。

　　此外,根据临床表现慢阻肺可进一步分为慢性支气管炎和肺气肿两个子类型。[②] 慢性支气管炎主要由气管和支气管黏膜及周围组织的慢性非特异性炎症引起,临床上常表现为反复咳嗽、咳痰和黏膜上皮病变。肺气肿则指呼吸细支气管的远末梢肺组织持久的扩张状态,患者常感胸闷、气短,有

① Cheng S, Lin C, Chu K, et al. Update on guidelines for the treatment of COPD in Taiwan using evidence and GRADE system-based recommendations[J]. Journal of the Formosan Medical Association, 2021,120(10):1821-1844.

② Muller N, Coxson H. Chronic obstructive pulmonary disease. 4:Imaging the lungs in patients with chronic obstructive pulmonary disease[J]. Thorax, 2002,57(11):982-985.

时出现缺氧和酸中毒等症状。慢性支气管炎的发展与长期的烟草暴露、空气污染和呼吸道感染等因素密切相关。[1] 炎症引起的黏膜肿胀和黏液过多导致气流受限，进而影响气道通畅性和气体交换。患者常在晨起或寒冷环境中咳嗽，痰液呈黄绿色或白色，且常伴有痰中带血。随着疾病的进展，上皮细胞发生变性、坏死和脱落，导致气道结构和功能被破坏，症状加重。肺功能检测显示患者的 FEV_1/FVC 比值降低，这反映出气流受限程度的加重。治疗方面，患者需要戒烟、避免有害气体和颗粒物的暴露，同时药物治疗也是重要的手段。糖皮质激素、支气管扩张剂和黏液溶解剂等药物常用于缓解炎症和改善气道通畅性。[2] 比外，体力活动对于慢性支气管炎患者的治疗和康复也具有重要意义，适度体力活动可以改善肺功能、提高气道清洁能力、增强呼吸肌力量，缓解临床症状的加重。

肺气肿的发展与长期吸烟、空气污染和遗传等因素密切相关。[3] 患者的肺组织持久扩张，导致肺弹性减弱和气道阻力增加。在肺气肿早期，患者可能无明显症状，但随着病情的进展，患者会感到胸闷、气短，并在运动时表现出严重的气短症状。另外，肺功能检测显示 FEV_1/FVC 比值降低，FEV_1 值也明显减少。体格检查时，叩诊可能呈现过清音，听诊时呼吸音减弱，呼气时间延长。治疗方面，和慢性支气管炎患者一样，肺气肿患者也需要戒烟和避免有害气体的暴露。需要使月支气管扩张剂和黏液溶解剂等药物治疗，这可以帮助患者减轻症状、改善肺功能和提高生活质量。体力活动对于肺气肿患者也非常重要，适度的有氧运动可以提高肺部气体交换效率、增强呼吸肌耐力、改善心情和情绪状态。

（二）病因

一直以来，吸烟行为被认为是导致慢阻肺的主要诱因，但它并不是唯一因素，包括个体和环境在内的诸多因素都可能引发慢阻肺。先前的证据已经证实，慢阻肺具有遗传易感性，具体表现为 α1-抗胰蛋白酶或某些基因（如编码 Matrix Metalloproteinase 12、Glutathione S-transferase）的缺失与肺

[1] Salvi S S, Barnes P J. Chronic obstructive pulmonary disease in non-smokers[J]. The Lancet, 2009,374(9691)：733-743.

[2] Singh D, Agusti A, Anzueto A, et al. Global strategy for the diagnosis, management, and prevention of chronic obstructive lung disease：The GOLD science committee report 2019[J]. European Respiratory Journal, 2019,53(5)：1900164.

[3] Celli B R, Macnee W, Agusti A, et al. Standards for the diagnosis and treatment of patients with COPD：A summary of the ATS/ERS position paper[J]. European Respiratory Journal, 2004,23(6)：932-946.

功能的下降密切相关①。性别和年龄也是导致慢阻肺的病因之一。②基于我国的数据显示,年龄越大,慢阻肺的患病率越高,并且男性患病率高于女性。③ 此外,职业性粉尘(二氧化硅、棉尘、煤尘等)也是引发慢阻肺的重要病因。④

当前,越来越多的证据表明,体力活动不足也与慢阻肺发病率密切相关。一项来自英国生物库,涉及 73259 名成年受试者的队列研究显示,体力活动水平越高,慢阻肺患病风险越低。⑤ 此外,美国的大规模队列研究也证实,体力活动水平与慢阻肺的发病率呈负相关。⑥ 这些证据证明,体力活动不足可能是慢阻肺的潜在危险因素。同时,有研究发现,体力活动参与不仅

① Stoller J K, Aboussouan L S. α1-antitrypsin deficiency[J]. The Lancet, 2005, 365(9478): 2225-2236; Strnad P, Mcelvaney N G, Lomas D A. Alpha1-antitrypsin deficiency[J]. New England Journal of Medicine, 2020, 382(15): 1443-1455; Hunninghake G M, Cho M H, Tesfaigzi Y, et al. MMP12, lung function, and COPD in high-risk populations[J]. New England Journal of Medicine, 2009, 361(27): 2599-2608; Ding Z, Wang K, Li J, et al. Association between glutathione S-transferase gene M1 and T1 polymorphisms and chronic obstructive pulmonary disease risk: A meta-analysis[J]. Clinical Genetics, 2019, 95(1): 53-62.

② Brandsma C, De Vries M, Costa R, et al. Lung ageing and COPD: Is there a role for ageing in abnormal tissue repair? [J]. European Respiratory Review, 2017, 26(146): 170073; Mercado N, Ito K, Barnes P J. Accelerated ageing of the lung in COPD: New concepts[J]. Thorax, 2015, 70(5): 482-489.

③ Wang C, Xu J, Yang L, et al. Prevalence and risk factors of chronic obstructive pulmonary disease in China (the China Pulmonary Health [CPH] study): A national cross-sectional study [J]. The Lancet, 2018, 391(10131): 1706-1717.

④ De Matteis S, Jarvis D, Darnton A, et al. The occupations at increased risk of COPD: Analysis of lifetime job-histories in the population-based UK Biobank Cohort[J]. European Respiratory Journal, 2019, 54(1): 1900186; Marchetti N, Garshick E, Kinney G L, et al. Association between occupational exposure and lung function, respiratory symptoms, and high-resolution computed tomography imaging in COPDGene[J]. American Journal of Respiratory and Critical Care Medicine, 2014, 190(7): 756-762.

⑤ Steell L, Ho F K, Sillars A, et al. Dose-response associations of cardiorespiratory fitness with all-cause mortality and incidence and mortality of cancer and cardiovascular and respiratory diseases: The UK Biobank cohort study[J]. British Journal of Sports Medicine, 2019, 53(21): 1371-1378.

⑥ Behrens G, Matthews C E, Moore S C, et al. Body size and physical activity in relation to incidence of chronic obstructive pulmonary disease[J]. Canadian Medical Association Journal, 2014, 186(12): E457-E469.

可以预防慢阻肺的发生①,还与慢阻肺患者较低的死亡风险紧密相关②,而缺乏体力活动被认为是由慢阻肺诱发死亡的最有力预测因素之一③。通常,用力后呼吸困难或者气促是慢阻肺的主要症状,这是因为肺肌和骨骼肌异常限制了肺通气,进而导致体力活动受限,使体力活动成为一种不愉快的体验,慢阻肺患者也会进一步陷入体力活动不活跃的生活方式。这也形成患者体力活动水平下降和运动不适症状加重的恶性循环。④但实际上,体力活动是一种有效的康复手段,可以改善慢阻肺患者的临床症状、提高患者的生活质量,并减缓肺功能损害的进程。首先,体力活动可以通过增加肺泡和肺部血流量,提高气体交换效率,从而改善患者的肺功能。⑤其次,体力活动可以改善呼吸肌的功能,增强患者呼吸肌的力量和耐力。沃贾齐斯等发现,经过运动训练后,慢阻肺患者的外侧血管肌纤维横截面积变大,毛细血管与肌纤维的比值增大。⑥最后,体力活动还可以通过对患者的神经功能与激素水平进行调节,改善慢阻肺患者的心血管功能,从而提高其健康水平及生活质量。⑦因此,提高慢阻肺高危人群以及患者的体力活动水平,提升运动参与的科学化程度,是慢阻肺疾病预防和治疗康复工作中至关重要的内容。

① Garcia-Aymerich J, Lange P, Benet M, et al. Regular physical activity modifies smoking-related lung function decline and reduces risk of chronic obstructive pulmonary disease: A population-based cohort study[J]. American Journal of Respiratory and Critical Care Medicine, 2007,175(5): 458-463.

② Garcia-Aymerich J, Lange P, Benet M, et al. Regular physical activity reduces hospital admission and mortality in chronic obstructive pulmonary disease: A population based cohort study[J]. Thorax, 2006,61(9): 772-778.

③ Waschki B, Kirsten A, Holz O, et al. Physical activity is the strongest predictor of all-cause mortality in patients with COPD: A prospective cohort study[J]. Chest, 2011,140(2): 331-342.

④ Troosters T, Van Der Molen T, Polkey M, et al. Improving physical activity in COPD: Towards a new paradigm[J]. Respiratory Research, 2013,14(1): 1-8.

⑤ Elbehairy A F, Ciavaglia C E, Webb K A, et al. Pulmonary gas exchange abnormalities in mild chronic obstructive pulmonary disease: Implications for dyspnea and exercise intolerance[J]. American Journal of Respiratory and Critical Care Medicine, 2015,191(12): 1384-1394.

⑥ Vogiatzis I, Terzis G, Stratakos G, et al. Effect of pulmonary rehabilitation on peripheral muscle fiber remodeling in patients with COPD in GOLD stages Ⅱ to Ⅳ[J]. Chest, 2011,140(3): 744-752.

⑦ Gale N S, Duckers J M, Enright S, et al. Does pulmonary rehabilitation address cardiovascular risk factors in patients with COPD? [J]. BMC Pulmonary Medicine, 2011, 11(1): 1-7; Mereles D, Ehlken N, Kreuscher S, et al. Exercise and respiratory training improve exercise capacity and quality of life in patients with severe chronic pulmonary hypertension[J]. Circulation, 2006,114(14): 1482-1489.

二、国内外慢性阻塞性肺疾病的疾病负担

受全球人口老龄化进程加剧、不健康生活方式等因素的影响,慢阻肺已成为影响人类健康的重大公共卫生问题,给人们的健康、生活质量、预期寿命以及医疗资源带来了巨大的挑战。一项来自 65 个国家 260 个地区、涵盖 162 项人群调查的综述研究显示,截至 2019 年,按照 GOLD 分级标准(FEV_1/FVC<70%),全球 30～79 岁人群的慢阻肺流行率约为 10.3%,即约有 3900 万人患有慢阻肺,其中约 80% 的患者来自中等收入国家。[1] 受经济、文化等因素的影响,世界各国和地区呈现出不同的流行趋势。全球疾病负担数据库 2001—2019 年数据显示,2019 年整个欧洲男性和女性的年龄标准化慢阻肺流行率中位数分别为 3230/10 万人和 2202/10 万人,并且从 2001 年到 2019 年,女性的标准化流行率中位数提高了 4.3%。[2] 在美国,2011 年约有 6.5% 的成年人(约 1370 万人)被诊断为慢阻肺。[3] 在亚洲,来自南亚八个国家的数据表明,截至 2021 年,南亚人群的慢阻肺流行率约为 8.0%,其中印度和孟加拉国男性的流行率最高,分别为 19.4% 和 13.5%。[4] 在中国,"2018 年中国成人肺部健康研究"调查结果显示,我国 20 岁及以上的成年人慢阻肺患病率约为 8.6%,而 40 岁以上人群的患病率则高达 13.7%,预计我国慢阻肺患者约有 1 亿人。[5] 这些大规模的流行病学数据表明,当前全球范围内的慢阻肺发病仍呈高发态势。尤其是随着发展中国家吸烟率的上升以及高收入国家人口老龄化加剧,预计到 2060 年,全球慢

① Adeloye D, Song P, Zhu Y, et al. Global, regional, and national prevalence of, and risk factors for, chronic obstructive pulmonary disease (COPD) in 2019: A systematic review and modelling analysis[J]. The Lancet Respiratory Medicine, 2022,10(5): 447-458.

② Marshall D C, Al Omari O, Goodall R, et al. Trends in prevalence, mortality, and disability-adjusted life-years relating to chronic obstructive pulmonary disease in Europe: An observational study of the global burden of disease database, 2001-2019[J]. BMC Pulmonary Medicine, 2022,22(1): 1-11.

③ Ford E S, Croft J B, Mannino D M, et al. COPD surveillance-United States, 1999-2011[J]. Chest, 2013,144(1): 284-305.

④ Jarhyan P, Hutchinson A, Khaw D, et al. Prevalence of chronic obstructive pulmonary disease and chronic bronchitis in eight countries: A systematic review and meta-analysis[J]. Bulletin of the World Health Organization, 2022,100(3): 216-230.

⑤ Wang C, Xu J, Yang L, et al. Prevalence and risk factors of chronic obstructive pulmonary disease in China (the China Pulmonary Health [CPH] study): A national cross-sectional study [J]. The Lancet, 2018,391(10131): 1706-1717.

阻肺患病率将进一步上升。①

慢阻肺作为一种严重危害人类健康的常见疾病,严重影响患者的身心健康和生活质量,是导致人类死亡的重要病因。在很多国家,慢阻肺是导致死亡的最重要原因之一。比如在欧洲,2019 年男性和女性的年龄标准化死亡率中位数分别为 24/10 万人和 12/10 万人。② 美国统计中心的数据表明,2018 年慢阻肺已成为导致美国人死亡的第四大原因。③ 此外,美国疾病控制与预防中心的数据表明,经过年龄调整后,超过 45 岁的美国成年人慢阻肺的死亡率约为 105.6/10 万人,其中男性为 116.2/10 万人,女性为 98/10万人。④ 在我国,慢阻肺已成为居民第三大致死疾病。仅 2017 年,我国由于慢阻肺死亡的人数约为 965.9 万,约占全世界因慢阻肺导致死亡人数的三分之一。⑤ 世界卫生组织的数据显示,在 2019 年的全球死亡因素排行中,慢阻肺位居全球死亡原因的第三位,其导致的死亡人数已经超过了艾滋病和结核病的总和。⑥ 即便如此,与慢阻肺相关的死亡率仍可能被低估,主要是因为慢阻肺导致的其他致死并发症,如心力衰竭、癌症等,未被归类于慢阻肺诱发的死亡。⑦

需要强调的是,慢阻肺不仅严重威胁患者的生命,还给患者个人、家庭、社会带来了沉重的经济负担。根据 GOLD 分级标准,各级慢阻肺的药物治疗和非药物治疗方法不尽相同。随着疾病的进程,慢阻肺治疗给医疗系统带来的经济负担也越来越重。来自美国肺脏协会的数据表明,仅 2004 年到

① Colin Mathers. Projections of global deaths from 2016 to 2060 [EB/OL]. (2022-05-10) [2023-12-12]. https://colinmathers.com/2022/05/10/projections-of-global-deaths-from-2016-to-2060/.

② Marshall D C, Al Omari O, Goodall R, et al. Trends in prevalence, mortality, and disability-adjusted life-years relating to chronic obstructive pulmonary disease in Europe: An observational study of the global burden of disease database, 2001-2019[J]. BMC Pulmonary Medicine, 2022,22(1): 1-11.

③ Xu J, Murphy S L, Kochanek K D, et al. Mortality in the United States, 2018[EB/OL]. (2020-01-30) [2023-12-12]. https://www.cdc.gov/nchs/data/databriefs/db355-h.pdf.

④ Center for Disease Control and Prevention. National Trends in COPD[EB/OL]. (2021) [2023-12-12]. https://www.cdc.gov/copd/php/case-reporting/national-trends-in-copd.html? CDC_AAref_Val=https://www.cdc.gov/copd/data-and-statistics/national-trends.html.

⑤ Wen H, Xie C, Wang L, et al. Difference in long-term trends in COPD mortality between China and the U. S. , 1992-2017: An age-period-cohort analysis[J]. International Journal of Environmental Research and Public Health, 2019,16(9): 1529.

⑥ World Health Organization. Global Health Estimates: Life Expectancy and Leading Causes of Death and Disability[M]. World Health Organization, 2019.

⑦ Sin D D, Anthonisen N, Soriano J, et al. Mortality in COPD: Role of comorbidities[J]. European Respiratory Journal, 2006,28(6): 1245-1257.

2010年，美国慢阻肺的管理成本估计从372亿美元快速增加至500亿美元。[1] 欧洲的情况也很类似，2003年用于慢阻肺疾病的治疗费用占呼吸道疾病治疗总费用的56%，约为386亿欧元，到2011年这一数字增加至484亿欧元。[2] 在我国，2013年慢阻肺患者的人均直接医疗费用为726～3565美元。[3] Fang等的研究则预计中国慢阻肺的年总成本可能为1516～2663亿美元。[4] 另外，根据马尔可夫模型预估，2020—2039年，我国因慢阻肺而产生的直接和间接经济负担将分别达到3.1万亿美元和3605亿美元。[5] 可以预见的是，随着我国慢阻肺患者的增加，社会和医疗系统的负担也会越来越重，因此，实施具有成本效益的防治疾病策略（如运动防治策略），对于已经进入老龄化社会的中国而言，可以有效减轻慢性疾病管理的经济负担，对于高质量推进和落实"健康中国2030"规划具有重要意义。

第二节　防治慢性阻塞性肺疾病的体力活动指南

一、研究方法

（一）主题的确立

基于指南主题，研究团队按照PICOS模型，目标人群P为慢性阻塞性肺疾病患者；干预措施I为预防与治疗慢阻肺的体力活动干预措施；对照措施C和结局指标O不限制；证据类型S为临床决策、推荐实践、最佳实践、临床指南、证据总结、专家共识和政府文件等。

---

① Guarascio A J, Ray S M, Finch C K, et al. The clinical and economic burden of chronic obstructive pulmonary disease in the USA[J]. ClinicoEconomics and Outcomes Research, 2013,5：235-245.

② Rehman A U, Hassali M A A, Muhammad S A, et al. The economic burden of chronic obstructive pulmonary disease (COPD) in Europe：Results from a systematic review of the literature[J]. The European Journal of Health Economics, 2020,21(2)：181-194.

③ Zhu B, Wang Y, Ming J, et al. Disease burden of COPD in China：A systematic review[J]. International Journal of Chronic Obstructive Pulmonary Disease, 2018,13：1353-1364.

④ Fang L, Gao P, Bao H, et al. Chronic obstructive pulmonary disease in China：A nationwide prevalence study[J]. The Lancet Respiratory Medicine, 2018,6(6)：421-430.

⑤ Park J, Zhang L, Ho Y, et al. Modeling the health and economic burden of chronic obstructive pulmonary disease in China from 2020 to 2039：A simulation Study[J]. Value in Health Regional Issues, 2022,32：8-16.

（二）检索策略

按照证据金字塔 6S 模型①，由上至下依次检索：计算机决策支持系统，BMJ Best Practice、Up To Date；专题证据系统，世界卫生组织指南网、国际指南协作网、英国国家卫生与临床优化研究所网站、美国国立指南库、加拿大安大略注册护士学会、加拿大医学会临床实践指南信息库、苏格兰院际间指南网、新西兰指南协作组网站、医脉通；英文数据库，PubMed、EMBase；中文数据库，中国知网、万方数据服务平台和维普中文期刊服务平台。英文数据库以 PubMed 为例，采用自由词和主题词相结合的方式进行检索，检索式为：[chronic obstructive pulmonary disease（Title）OR chronic obstructive lung disease（Title）OR chronic pulmonary disease（Title）OR COPD（Title）OR chronic bronchitis（Title）OR emphysema（Title）] AND（exercis（Mesh）OR Sports（Mesh）OR exercise＊（Title）OR activit＊（Title）OR train＊（Title）OR sport＊（Title）]AND（guideline（Title）OR consensus（Title）OR recommendation（Title）OR evidence summary（Title）OR practice（Title）OR routine（Title）]。中文数据库以中国知网为例，检索式为：SU＝（'运动'＋'训练'＋'锻炼'＋'体育'＋'活动'）＊（'慢性阻塞性肺疾病'＋'慢性阻塞肺疾病'＋'慢阻肺病'＋'慢阻肺'＋'慢性支气管炎'＋'肺气肿'）＊（'指南'＋'临床实践指南'＋'指引'＋'常规'＋'共识'＋'推荐'＋'证据总结'）。检索计算机决策支持系统、指南网及证据综合知识库使用的英文检索策略为（exercise OR physical activity）AND（chronic obstructive pulmonary disease OR COPD），中文检索策略为（运动 OR 活动 OR 锻炼）AND（慢性阻塞性肺疾病 OR 慢阻肺）。根据各数据库要求适当调整检索式。检索时限均为建库至 2022 年 10 月 26 日。

（三）文献的纳入和排除标准

纳入标准：（1）文献类型为临床决策、推荐实践、最佳实践、临床指南、证据总结、专家共识、政府文件等；（2）研究对象为一般成年人、慢性阻塞性肺疾病患者；（3）文献内容与体力活动有关；（4）不限制语言。

排除标准：（1）多个机构重复发表的文献；（2）无法获得全文；（3）已有更新的版本；（4）信息不全的文献。

---

① Alper B S, Haynes R B. EBHC pyramid 5.0 for accessing preappraised evidence and guidance [J]. BMJ Evidence-Based Medicine，2016,21(4)：123-125.

(四)文献筛选和资料提取

由 2 名经过循证培训的研究人员独立进行文献筛选和资料提取,存在分歧时,由第 3 位研究人员协同解决。文献资料提取包括编号、发布机构或组织、国家/地区、发布年份、文献主题、文献来源、是否基于循证、文献类型、证据分析系统、FITT 要素、人群、预防或治疗证据等。

(五)证据汇总

1. 专家团队组成

证据汇总的专家包括运动学专家、临床护理专家和循证方法学专家,共4 人,均具有硕士学位,所有成员均自愿参与本研究。

2. 证据描述及汇总

2 名研究人员逐篇阅读纳入的文献,逐条提取证据的内容、来源、出处等信息,形成证据总结初稿,通过专家会议法将相同主题的内容分类汇总及合并,归纳证据主题,进行绘制证据表格和描述。

二、指南证据汇总

(一)纳入文献的一般情况

通过初步检索共获得 13347 篇文献,经查重和 2 名研究者独立阅读文献题目和摘要后获得文献 297 篇,阅读全文后,最终纳入文献 38 篇,具体筛选流程如图 6.1 所示,具体纳入文献包括指南 24 篇、推荐 2 篇、声明 6 篇、专家共识 3 篇、证据总结 3 篇,纳入证据基本特征如表 6.2 所示。

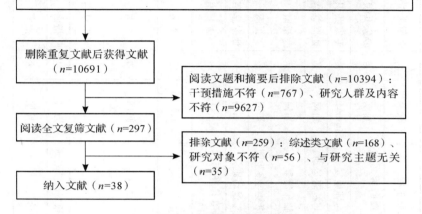

图 6.1　文献筛选流程

（二）证据描述及汇总

本章共纳入 38 篇文献,涉及五大洲的近 20 个国家或地区以及部分国际组织。这些证据主要源自亚洲(中国、韩国、新加坡等)、非洲(南非)、大洋洲(澳大利亚、新西兰)、欧洲(罗马尼亚、瑞士、西班牙等)、北美洲(加拿大、美国)以及国际组织。这些证据的发表时间跨越了 2005 年至 2022 年。两名研究组成员分别独立和交叉核对了证据内容,并归纳和分析了指南、专家共识和临床推荐等类型的证据。本章重点提取文献中关于慢阻肺患者体力活动推荐意见的内容,包括运动频度、强度、时间、类型、禁忌证等方面的证据,并对证据进行了分类汇总。其中,证据分析系统主要有澳大利亚乔安娜布里格斯研究所推荐级别系统(2014 版),澳大利亚国家卫生和医学研究委员会证据水平和建议等级系统(2009 版),慢性阻塞性肺疾病全球倡议和 GRADE 证据评价系统(2004 版)。这些系统评估了纳入文献中所提供的证据质量和推荐级别。共有 11 篇文献提供了完整的体力活动 FITT 要素的详细信息,仅有 2 篇文献未涉及 FITT 要素,表 6.2 和 6.3 归纳了文献中关于体力活动推荐意见的具体内容。

表6.2 纳入证据基本特征

编号	发布机构或组织	洲	国家/地区	发布年份	文献主题	文献来源	基于循证	文献类型	证据分析系统	FITT要素
E1	中国医药教育协会呼吸病运动康复专业委员会	亚洲	中国	2022	中医与慢阻肺运动康复	知网	否	专家共识	/	①②③④
E2	中华医学教育协会肺癌专业委员会	亚洲	中国	2022	慢阻肺与肺康复	PubMed	否	专家共识	/	①②③④
E3	陈小瑜(山西中医药大学护理学院)	亚洲	中国	2022	慢阻肺与抗阻运动	知网	是	证据总结	JBI	①②③④
E4	中国康复医学会循证医学工作委员会·中国康复研究中心	亚洲	中国	2021	慢阻肺临床康复	知网	是	指南	GRADE	①②③④
E5	中华中医药学会肺系病分会	亚洲	中国	2021	中医肺康复与慢阻肺	知网	是	指南	GRADE	④
E6	查慧贤(南京医科大学护理学院)	亚洲	中国	2021	慢阻肺与运动康复	知网	是	证据总结	JBI	①②③④
E7	中华医学教育协会呼吸病康复疾病专业委员会	亚洲	中国	2021	中西医结合肺康复与慢阻肺	PubMed	否	专家共识	/	①②③④
E8	台湾循证医学协会	亚洲	中国台湾	2021	慢阻肺治疗	PubMed	是	指南	GRADE	①③④
E9	中华医学会呼吸病学分会慢性阻塞性肺疾病学组·中国医师协会呼吸医师分会慢性阻塞性肺疾病工作委员会	亚洲	中国	2021	慢阻肺诊治	知网	否	指南	/	①④
E10	张小敏(复旦大学护理学院)	亚洲	中国	2020	慢阻肺与居家运动康复	知网	是	证据总结	JBI	①③④
E11	世界中医药学会联合会肺康复专业委员会	亚洲	中国	2020	中医肺康复与慢阻肺	万方	是	指南	GRADE	①③④
E12	中华医学会呼吸病学分会慢性阻塞性肺疾病学组	亚洲	中国	2013	慢阻肺诊治	其他	否	指南	/	④

续表

编号	发布机构或组织	国家/地区	发布年份	文献主题	文献来源	基于循证	文献类型	证据分析系统	FITT要素
E13	韩国结核病和呼吸道疾病学会	亚洲 韩国	2018	慢阻肺临床实践	医脉通	否	指南	/	④
E14	新加坡卫生部	亚洲 新加坡	2018	慢阻肺临床实践	医脉通	是	指南	其他	④
E15	慢阻肺指南工作小组	亚洲 印度	2013	慢阻肺诊治	PubMed	是	指南	其他	①
E16	亚太慢性阻塞性肺病圆桌小组	亚洲	2005	慢阻肺诊断、管理、预防	其他	否	声明	/	③④
E17	澳大利亚肺脏基金会、澳大利亚和新西兰胸科学会	大洋洲 澳大利亚和新西兰	2022	慢阻肺诊治	其他	是	指南	NHMRC&GRADE	④
E18	新西兰哮喘和呼吸基金会	大洋洲 新西兰	2021	慢阻肺诊治	PubMed	否	指南	/	①②③④
E19	澳大利亚运动与体育科学协会	大洋洲 澳大利亚	2020	运动与慢阻肺	指南网	无	声明	/	①②③④
E20	南非胸科学会	非洲 南非	2019	慢阻肺管理	其他	否	声明	GOLD	④
E21	南非胸科学会	非洲 南非	2011	慢阻肺管理	其他	否	指南	GOLD	①③④
E22	南非胸科学会	非洲 南非	2004	慢阻肺管理	其他	否	指南	GOLD	①③④
E23	西班牙胸肺外科学会	欧洲 西班牙	2021	慢阻肺诊治	其他	否	指南	GRADE	④
E24	西班牙胸肺外科学会	欧洲 西班牙	2020	慢阻肺诊治	其他	否	声明	GRADE	④
E25	罗马尼亚肺气学会	欧洲 罗马尼亚	2020	慢阻肺诊断、预防	医脉通	是	指南	/	④
E26	瑞士呼吸学会	欧洲 瑞士	2018	慢阻肺诊断、预防、管理	医脉通	否	推荐	GOLD	④

续表

编号	发布机构或组织	国家/地区		发布年份	文献主题	文献来源	基于循证	文献类型	证据分析系统	FITT要素
E27	英国国家卫生和临床技术优化研究中心	欧洲	英国	2018	慢阻肺诊断、管理	指南网	否	指南	/	
E28	法国肺病学会	欧洲	法国	2016	慢阻肺治疗	PubMed	是	推荐	/	①④
E29	肺病药学科研究协会、意大利医院肺病学家协会、意大利呼吸医学会 等	欧洲	意大利	2014	慢阻肺管理	其他	否	声明	/	
E30	捷克肺病和病理学会	欧洲	捷克	2013	慢阻肺管理	PubMed	否	指南	/	③④
E31	瑞士呼吸学会	欧洲	瑞士	2013	慢阻肺诊断、管理	PubMed	否	指南	GOLD	④
E32	德国呼吸学联盟、德国肺病学和呼吸医学会	欧洲	德国	2007	慢阻肺诊断、治疗	PubMed	是	指南	GOLD	④
E33	美国心血管和肺康复协会	北美洲	美国	2018	肺康复指南	其他	是	指南	其他	①②③④
E34	美国运动医学会	北美洲	美国	2020	运动处方	其他	是	指南	其他	①②③④
E35	美国胸科学会、欧洲呼吸科学会	北美洲和欧洲	美国和欧洲	2013	肺康复声明	其他	是	声明	/	①②③④
E36	加拿大胸肺科学会	北美洲	加拿大	2010	慢阻肺临床实践	PubMed	是	指南	GRADE	④
E37	全球慢阻肺倡议机构	国际		2022	慢阻肺倡议	医脉通	是	指南	GOLD	④
E38	临床系统改进协会	国际		2016	慢阻肺诊治	医脉通	是	指南	GRADE	④

注：①频率（Frequency）；②强度（Intensity）；③时间（Time）；④类型（Type）。

表 6.3 慢性阻塞性肺疾病患者体力活动证据推荐意见汇总

运动处方原则	证据编号	证据内容
运动前评估	1;2;4;5;6;9;10;11;19;29;34;37	在进行运动前要对患者进行全面的评估(1;5;9;11;19;29;34;37)。评估日常运动习惯或运动能力,如6分钟步行测试[1;2;4(证据等级C,强推荐);5;6(证据等级5,推荐)]。结合病史评估[1;11;34;37];呼吸功能评估;结合病史评估[7;29;34;37];评估需结合患者治疗要求及康复意愿[10(证据等级A)]
频率	1;2;3;4;6;7;8;9;10;11;15;18;19;21;22;28;33;34;38	针对稳定期的患者,推荐每周进行3~5次有氧运动,其中步行(地面或跑步机上)和骑自行车为最佳有氧运动方式[1;2;6(证据等级B);7;19;33;34;35];每周进行2~3次抗阻运动[1;3(证据等级5,推荐);5;6(证据等级A)];每周进行2~3次柔韧性训练(1;7;19;34;35)。稳定期患者建议每周至少进行2次肺康复或运动训练(8;9;21;22)。推荐患者每周进行太极拳5~7次或以上段锦4次以上或六字诀5次以上(11)。推荐患者每周至少进行3~4次同歇性运动(随着训练进展增加运动负荷和时间),4~5次吸气肌训练[6(证据等级5,推荐强度B)]。推荐患者每周至少进行3次运动[10(证据等级1c,推荐强度A)]频率为每周的大部分时间,最好是所有时间都要进行运动(15,18)
强度	1;2;3;4;6;7;8;18;19;33;34;35	对于有氧运动,推荐患者以中高强度[2;6(证据等级1,推荐强度A);7;18;19;33;34]或大于60%峰值功率(1;4;6;7;35)作为目标运动强度。抗阻运动强度可为30%~40%1-RM以上,初始运动强度可为30%~40%1-RM,随着运动强度不断增加[1;3(证据等级5);4;6(证据等级5,推荐强度B);7;19;34;35]。柔韧性训练的强度需达到舒伸部位有紧张感或轻度不适(1;4;7;34)。呼吸肌训练强度需不小于人个人最大吸气压力的30%[6(证据等级5,推荐强度B)]。无论进行运动强度的设定时,需要与患者共同讨论决定个性化的适宜强度[10(证据等级2c,推荐强度A);18]。无论进行运动强度如何,对患者都会获得健康收益(8)
时间	1;2;3;4;6;7;8;10;11;16;18;19;21;22;28;30;33;34;35	对稳定期患者推荐进行有氧运动的单次时长20~30分钟[8;10(证据等级1c,推荐强度A);18]。可循序渐进地从每次20~40分钟慢步过渡到每次40~60分钟[1;2;6(证据等级B);7;16;19;30;33;34;35]。快步走每次至少45分钟,骑功率自行车每次40分钟(4)。推荐抗阻运动的时长为10~20分钟(19)。推荐抗阻运动的时长每次至少30分钟[10(证据等级2c,推荐强度B);30;28]。需要注意,每两次抗阻运动至少间隔48小时(3)。推荐每次抗阻运动的时长每次每组运动至少重复1~3组动作(每组动作8~12次)[4;6(证据等级5,推荐强度B);34]。对于柔韧性训练,单次时长至少30分钟(10)。每组肌群静态拉伸每次15~60秒,吸气肌训练每次15或30秒[4;7;34]或者30~60秒(19)。推荐每次吸气肌训练长为15或者30分钟,同歇性运动的时长为45~60分钟,单次时长为1个小时(21;22)。对于中国传统运动,推荐太极拳每次运动长15分钟或30分钟,八段锦和六字诀的运动时长为30分钟(11)

续表

运动处方原则	证据编号	证据内容
类型	1;2;3;4;5;6;7;8;9;10;11;12;13;14;16;17;18;19;20;21;22;23;24;25;26;28;30;31;32;33;34;35;36;37;38	针对稳定期患者推荐有氧运动，如步行、骑功率自行车等，以改善患者的运动能力。[1;2;4证据等级C，强推荐]；6（证据等级1，推荐强度A）；7;8;9;16;19;32;33;34;35;36]。上肢训练对于提高日常生活自理能力尤为重要，如穿衣、沐浴及各种日常家务劳动等都需要上肢的大量参与。此外，患者还可以进行抗阻运动，尤其是上肢训练[1;4;6;7;8（证据等级1B）;9;10（证据等级1c，推荐强度A）;12;18;19;23;24;30;33;34;35;36]。推荐患者进行柔韧性训练，以维持患者肌肉韧性及关节活动，减少运动损伤发生[1;2;7;9;10;12;19;28;33;34;35]。推荐患者进行肺康复，肺康复的主要目标是减缓症状，改善生活质量，增加日常活动中运动和情感的参与[10（证据等级1b，推荐强度A）;13;14;17;18;20;21;22;23;24;25;26;31;37;38]。推荐稳定期患者进行中国传统运动，如太极拳[1;4（证据等级C，弱推荐）;5（证据等级B，强推荐）;7;10（证据强度B）;11]、八段锦[1;4（证据等级C，弱推荐）;5（证据等级1a，推荐强度B）;7;11]、五禽戏[1;4（证据等级C，弱推荐）;5（证据等级C，弱推荐）]。这些传统运动可作为替代的呼吸运动，有助于提高运动耐力，改善肺功能和生存质量。推荐患者进行呼吸肌训练以建立有效呼吸方式，改善呼吸困难症状，提高运动耐量[1;2;6（证据等级5，推荐强度B）;8;9;10;23;24;38]
持续时间	3;6;7;8;9;10;26;30	慢阻肺患者运动康复最佳持续时间为6~12周[6（证据等级5，推荐强度B）;7]或者至少维持6~8周[3;8（证据等级2b，推荐强度A）;9;10;26;30]
禁忌证	3;9;10;34;37	运动需要进行相应的禁忌证评估[10（证据等级1b，推荐强度A）;34]，其中包括不稳定型心绞痛，严重的心律失常，心功能不全，未经控制的高血压（9）;存在影响运动的神经肌肉疾病，关节疾病，患有严重的认知功能或精神障碍[3（证据等级1）;9;34;37]
运动安全性	3;19;34	当患者在运动过程中出现胸痛，呼吸困难，强烈的疲劳感，强烈的疲劳感，眩晕，恶心，甚至晕吐，面色苍白，大汗，血压异常时，需立即停止运动[3（证据等级5）;19;34]
其他体力活动建议	15;26;27;28;29	建议患者在无监督情况下也要每天进行体力活动(15)。定期参加体力活动(26;27;28;29)

三、慢性阻塞性肺疾病体力活动建议

就当前的证据而言,绝大多数的慢阻肺管理指南或意见均认为,稳定期的慢阻肺患者需要进行肺康复和积极的体力活动参与。尽管慢阻肺患者功能障碍异质性较大,目前并没有根据慢阻肺不同分期推荐的运动建议,但患者的运动处方也可以根据 FITT 原则进行制定,设计出个性化的康复方案。

运动类型方面,大部分指南推荐进行有氧运动(常见的方式包括步行、慢跑、骑自行车等)、抗阻运动(上下肢肌肉训练、抗自重训练等)和柔韧性训练,这些也是比较常见的体力活动形式。值得一提的是,国内的指南还推荐将中国传统武术,如太极拳、八段锦、五禽戏等运动也作为防治慢阻肺的替代运动方式,因为这些运动不需要器械辅助,在患者群体中也更加容易被接受和开展。研究表明,这些中国传统运动有助于改善肺功能和提高生活质量,但由于动作较为复杂、幅度较大且对下肢力量要求较高,可能不适合肺功能较差、运动能力低下或有严重下肢关节疾病的患者。此外,也有部分指南推荐呼吸肌训练作为运动康复的方式,主要因为呼吸训练可改善慢阻肺患者的运动能力,并有助于改善不能进行运动训练的慢阻肺患者的运动耐受性。需要强调的是,不推荐仅进行单一形式的运动,而是采用多种运动形式相结合的训练方案,建议以有氧运动为主并联合抗阻运动和柔韧性训练,亦可结合其他类型运动进行练习。

运动强度方面,大部分指南认为,中高强度有氧运动对于慢阻肺患者维持健康水平、提高生活质量有较好的效果。对于抗阻运动,推荐 60% 的 1-RM 以上的强度,且进行上肢训练很有必要。上肢活动对于日常独立生活尤为重要,如穿衣、沐浴及各种日常家务劳动等都需要上肢的大量参与。柔韧性训练的强度则为牵伸部位略微有紧张感或轻度不适即可。当然,运动强度需根据患者疾病严重程度、呼吸受限程度、合并症情况、运动积极性以及运动耐受程度的改变进行适应性调整,建议循序渐进地从低强度过渡到中高强度。

运动时长和运动频率方面,通常认为,有氧运动每周至少需要进行 3～5 天且单次时长在 20～60 分钟最为合适,该范围也是被大多数指南所推荐的。抗阻运动的频率则为每周 2～3 天,单次时长约 45 分钟,每次 1～3 组,每组动作重复 8～12 次,但需要注意,每两次抗阻运动至少间隔 48 小时。柔韧性训练的练习频率同抗阻运动一致,约每周 2～3 天,单次时长至少 30 分钟。总体而言,慢阻肺患者需要定期参与运动,条件允许的情况下可以每

天进行。

在制定运动处方时,需要根据患者的个人偏好与身体条件制定个性化方案。对于处于急性期的患者,可先进行药物治疗,待病情进入稳定期后,方可进行体力活动,并将体力活动行为融入日常生活。一般认为,患者运动康复的最佳持续周期为 6～12 周。需要注意的是,慢阻肺患者在进行任何体力活动前均应遵循医生的建议,选择适合自己的运动方式和强度,避免过度劳累和意外损伤。此外,在进行体力活动时应该注意呼吸节奏,尽可能地避免呼吸急促和过度劳累,以达到缓解症状、提高生活质量的目的。总体而言,适度的体力活动是慢阻肺患者维护健康和提高生活质量的重要手段。经过科学的医疗评估和个性化运动训练,慢阻肺患者可以在安全和有效的范围内进行适当的体力活动,这有助于改善心肺健康和身体素质,进而提高生活品质和疾病自我管理能力。

第三节　防治慢性阻塞性肺疾病体力活动指南的国际比较

表 6.4—6.8 呈现了体力活动与慢阻肺防治证据的分布情况。各地区在指南、推荐实践、证据总结、建议以及专家共识等方面的研究成果各有侧重。以下对各地区和国家在体力活动与慢阻肺防治方面的贡献进行概述。

表 6.4　全球防治慢性阻塞性肺疾病体力活动建议总证据的地域及年份分布特征

年份	亚洲（中国）	亚洲（其他）	欧洲	非洲	北美洲	南美洲	大洋洲	国际	总计
1993	0	0	0	0	1	0	0	1	2
1994	0	0	0	0	0	0	0	0	0
1995	0	0	0	0	1	0	0	0	1
1996	0	0	1	0	0	0	0	0	1
1997	0	0	0	0	0	0	0	0	0
1998	0	0	0	1	1	0	0	0	2
1999	0	0	0	0	0	0	0	0	0
2000	0	0	0	0	1	0	0	0	1
2001	0	0	0	0	0	0	0	1	1
2002	1	0	2	0	0	0	0	0	3
2003	0	1	1	0	1	0	0	1	5
2004	0	0	1	1	1	0	0	0	3

续表

年份	亚洲（中国）	亚洲（其他）	欧洲	非洲	北美洲	南美洲	大洋洲	国际	总计
2005	0	1	1	0	0	0	0	0	2
2006	0	1	0	0	1	0	1	1	4
2007	1	0	1	0	0	0	0	1	3
2008	0	0	0	0	0	0	0	0	0
2009	0	0	1	0	0	0	0	0	1
2010	0	0	1	0	2	0	0	0	3
2011	0	0	0	1	1	0	0	1	3
2012	0	1	1	0	0	0	0	0	2
2013	1	1	2	0	0	0	0	1	5
2014	0	0	0	0	1	0	0	0	1
2015	0	0	0	0	0	0	0	0	0
2016	1	0	1	0	0	0	0	1	3
2017	0	0	0	0	0	0	1	1	2
2018	0	2	2	0	2	0	0	1	7
2019	0	0	0	1	0	0	0	1	2
2020	2	0	2	0	1	0	1	1	7
2021	6	0	1	0	0	0	1	1	9
2022	3	0	0	0	1	0	1	1	6
总计	15	7	18	4	15	0	6	14	79

　　检索到的文献显示,20 世纪末到 21 世纪初,为了帮助医生和患者更好地管理和治疗慢阻肺,世界各国先后推出关于慢阻肺的基于证据的临床指南。最早发布慢阻肺康复指南的国家是美国,1993 年美国心血管和肺学会(American Association of Cardiovascular and Pulmonary Rehabilitation, AACVPR)率先发布了肺康复指南,其中包含哮喘、肺高压、肺癌等疾病的康复建议,强调体力活动对肺康复的重要作用。此后在 1998 年、2004 年和 2011 年分别进行了更新。[①] 1995 年,法国呼吸系统疾病学会(French Society of Respiratory Diseases,SPLF)也出台了法国关于慢阻肺疾病管理

---

① American Association of Cardiovascular & Pulmonary Rehabilitation. Guidelines for Pulmonary Rehabilitation Programs[M]. Human Kinetics, 2011.

的第一个建议。① 此后，随着 GOLD 指南的颁布，体力活动作为慢阻肺非药物治疗手段的共识逐步达成。SPLF 先后在 2003 年、2005 年、2009 年和 2016 年更新慢阻肺疾病管理的建议，并提出关于慢阻肺的呼吸康复的最新建议。值得注意的是，2016 年的 SPLF 建议明确指出，除必要的药物治疗以外，慢阻肺患者都应该被建议进行体力活动和肺康复（如呼吸肌训练）。1998 年，南非肺科学会工作小组也出台了慢阻肺疾病管理指南，并提出对于慢阻肺患者应该进行上、下肢肌肉强化训练。② 进入 21 世纪，美国国家卫生研究院（National Institutes of Health，NIH）下属的国家心肺血液研究所（National Heart，Lung and Blood Institute，NHLBI）联合世界卫生组织下属的慢性阻塞性肺病全球倡议机构发布了第一个全球性的关于慢阻肺诊断、管理和预防的指南，这份指南旨在提供有关慢阻肺治疗与康复的最新证据和临床建议，帮助医生和患者更好地管理和治疗慢阻肺。③ 该指南一经发布即成为各国制定本国慢阻肺诊治与管理指南的重要参考，并在 2017 年进行了全面的内容修订，包括疾病定义、发病机制、评估治疗等，并且在 2018—2023 年每年进行一次更新与修订。美国胸科学会（American Thoracic Society，ATS）和欧洲呼吸学会（European Respiratory Society，ERS）于 2006 年发布了肺康复指南，这份指南主要关注慢阻肺患者的评估与治疗，提供了更全面和系统的肺康复建议。④ 在这一时期，除了 GOLD 和 ATS/ERS 的指南，其他国家或地区的相关组织和机构也根据各区域的临床实践实际情况制定了本国或本地区的慢阻肺指南。例如，英国国家卫生

① Jouneau S, Dres M, Guerder A, et al. Management of acute exacerbations of chronic obstructive pulmonary disease (COPD). Guidelines from the Société de pneumologie de langue française (summary)[J]. Revue des Maladies Respiratoires, 2017,34(4): 282-322.

② O'brien J, Feldman C, Bateman E. Guidelines for the management of chronic obstructive pulmonary disease: Working group of the South African pulmonology society[J]. South African Medical Journal, 1998,88(8): 999-1010.

③ Pauwels R A, Buist A S, Calverley P M, et al. Global strategy for the diagnosis, management, and prevention of chronic obstructive pulmonary disease: NHLBI/WHO Global Initiative for Chronic Obstructive Lung Disease (GOLD) Workshop summary[J]. American Journal of Respiratory and Critical Care Medicine, 2001,163(5): 1256-1276.

④ Nici L, Donner C, Wouters E, et al. American thoracic society/European respiratory society statement on pulmonary rehabilitation[J]. American Journal of Respiratory and Critical Care Medicine, 2006,173(12): 1390-1413.

与临床优化研究所①、加拿大胸科学会(Canadian Thoracic Society,CTS)②、新加坡卫生部(Ministry of Health,MOH)③、日本呼吸学会(Japanese Respiratory Society, JRS)④等。然而,这些指南通常会参考 GOLD 和 ATS/ERS 的指南建议和指导。

表 6.5　全球防治慢性阻塞性肺疾病体力活动指南类证据的地域及年份分布特征

年份	亚洲(中国)	亚洲(其他)	欧洲	非洲	北美洲	南美洲	大洋洲	国际	总计
1993	0	0	0	0	1	0	0	1	2
1994	0	0	0	0	0	0	0	0	0
1995	0	0	0	0	1	0	0	0	1
1996	0	0	0	0	0	0	0	0	0
1997	0	0	0	0	0	0	0	0	0
1998	0	0	0	1	1	0	0	0	2
1999	0	0	0	0	0	0	0	0	0
2000	0	0	0	0	1	0	0	0	1
2001	0	0	0	0	0	0	0	1	1
2002	1	0	2	0	0	0	0	0	3
2003	0	1	0	0	1	0	1	1	4
2004	0	0	1	1	1	0	0	0	3
2005	0	0	0	0	0	0	0	0	0
2006	0	1	0	0	1	0	1	0	3
2007	1	0	1	0	0	0	0	1	3
2008	0	0	0	0	0	0	0	0	0
2009	0	0	0	0	0	0	0	0	0
2010	0	0	1	0	2	0	0	0	3

---

① Conditions N C C F C. National clinical guideline on management of chronic obstructive pulmonary disease in adults in primary and secondary care[J]. Thorax, 2004,59(Suppl 1): 1-232.

② O'Donnell D E, Aaron S, Bourbeau J, et al. Canadian Thoracic Society recommendations for management of chronic obstructive pulmonary disease-2003[J]. Canadian Respiratory Journal, 2003,10(Suppl A): 11A-33A.

③ Lim T K, Chee C B, Chow P, et al. Ministry of health clinical practice guidelines: Chronic obstructive pulmonary disease[J]. Singapore Medicine Journal, 2018,59(2): 76-86.

④ Kitamura S. COPD guideline of Japanese respiratory society[J]. Nihon rinsho Japanese Journal of Clinical Medicine, 2003,61(12): 2077-2081.

续表

年份	亚洲（中国）	亚洲（其他）	欧洲	非洲	北美洲	南美洲	大洋洲	国际	总计
2011	0	0	0	1	1	0	0	1	3
2012	0	1	1	0	0	0	0	0	2
2013	1	1	2	0	0	0	0	0	4
2014	0	0	0	0	1	0	0	0	1
2015	0	0	0	0	0	0	0	0	0
2016	1	0	0	0	0	0	0	1	2
2017	0	0	0	0	0	0	1	1	2
2018	0	2	1	0	2	0	0	1	6
2019	0	0	0	0	0	0	0	1	1
2020	1	0	1	0	0	0	1	1	4
2021	4	0	1	0	0	0	1	1	7
2022	0	0	0	0	1	0	1	1	3
总计	9	6	11	3	15	0	5	12	61

回顾中国的慢阻肺指南历史，中国的慢阻肺治疗指南从 20 世纪 90 年代开始发展，当时中国医学界开始关注慢阻肺的流行病学研究和临床治疗，在 1997 年制定了《慢阻肺诊治规范（草案）》。随着研究的不断深入，中国肺部疾病专家开始致力于制定全面的慢阻肺疾病管理指南。2007 年，由中国呼吸病学会肺疾病学组、中国医师协会呼吸病分学会和中国老年医学学会老年肺病专业委员会联合发布了《慢性阻塞性肺疾病诊治指南（2007 年修订版）》。[①] 该指南基于中国人口特点和慢阻肺的流行病学特点，提供了针对我国患者的诊断和治疗方案。随着对慢阻肺研究的进一步深入，中国的慢阻肺指南也在不断更新和完善。2013 年，中华医学会呼吸病学分会慢性阻塞性肺疾病学组发布了《慢性阻塞性肺疾病防治指南（2013 年修订版）》，在诊断和治疗方面提供了更加详细和全面的指导。[②] 2021 年，该指南进行

---

① 中华医学会呼吸病学分会慢性阻塞性肺疾病学组. 慢性阻塞性肺疾病诊治指南（2007 年修订版）[J]. 中华结核和呼吸杂志，2007，30(1)：8-17.

② 中华医学会呼吸病学分会慢性阻塞性肺疾病学组. 慢性阻塞性肺疾病诊治指南（2013 年修订版）[J]. 中华结核和呼吸杂志，2013，36(4)：255-264.

了最新版的更新与修订。① 在 2007 和 2013 版的指南中,对于慢阻肺的体力活动康复治疗仅仅提及需要进行全身性的抗阻运动和呼吸肌训练,而在 2021 版的指南中,对于体力活动建议的内容则更为丰富,建议患者可以进行更多形式的运动,如有氧运动、柔韧性训练等,并且进一步推荐了患者进行体力活动的周期和频率。

总体而言,随着慢阻肺的流行率逐年上升,世界各国或国际组织都在积极开展慢阻肺疾病的预防与治疗工作,相继发布有关慢阻肺疾病管理的指南。其中,体力活动作为防治慢阻肺的重要内容和手段,也愈发受到关注和重视。近年来,有关体力活动与慢阻肺防治的证据逐渐涌现,为科学、有效地防治慢阻肺提供了更加充分的理论依据和实践经验。

表 6.6 全球防治慢性阻塞性肺疾病体力活动建议证据类型的地域分布特征

证据类型	亚洲（中国）	亚洲（其他）	欧洲	非洲	北美洲	南美洲	大洋洲	国际	总计
指南	6	3	6	2	3	0	2	2	24
推荐	0	0	2	0	0	0	0	0	2
声明	0	1	2	1	0	0	1	1	6
专家共识	3	0	0	0	0	0	0	0	3
证据总结	3	0	0	0	0	0	0	0	3
总计	12	4	10	3	3	0	3	3	38

本章有关体力活动与慢阻肺防治证据的文献分布显示,目前,五大洲的近 20 个国家或地区以及部分国际组织都相继发布了关于慢阻肺疾病管理的指南,指南类证据也占到全部文献的较大比重,其次占比较多的证据类型是有关慢阻肺治疗与管理的声明。

中国发布了 6 篇指南、3 篇专家共识和 3 篇证据总结。总体上,多数文献集中于 2020 年及以后,尤其是证据总结和专家共识。在纳入的文献中,大部分文献仍以慢阻肺的诊断和管理为主,并未出现针对体力活动防治慢阻肺的专门化指南。同时,我国大部分证据所纳入及参考的文献多数源自其他地区,其研究实施背景、研究人群等情况可能与我国的实际国情存在差异,因此,我国的指南所提及的建议是否可以直接应用于我国人群,仍然值

---

① 中华医学会呼吸病学分会慢性阻塞性肺疾病学组,中国医师协会呼吸医师分会慢性阻塞性肺疾病工作委员会. 慢性阻塞性肺疾病诊治指南(2021 年修订版)[J]. 中华结核和呼吸杂志,2021,44(3):170-205.

得商榷。此外,在我国所发布的指南中,也有部分指南和专家共识提出了可以将中国传统武术,如太极拳、八段锦、五禽戏等作为防治慢阻肺的重要运动方式,考虑到这些运动项目不需要器械的辅助且与中国人群的运动习惯相契合,因此可能更容易被患者接受,这些指南在一定程度上丰富了我国防治慢阻肺体力活动指南的内容,体现出与国外指南的差异,但是相关证据还需要进一步积累。

除了中国,亚洲其他国家或组织机构发布了 3 篇指南和 1 篇声明。韩国、新加坡、印度分别发布了针对慢阻肺疾病管理的临床实践指南,然而这些指南并没有针对运动干预中的 FITT 要素内容具体展开,仅指出对于慢阻肺患者而言,为了更好地缓解疾病症状、提高生活质量,建议在日常生活中进行体力活动和肺康复训练,根据病情可以考虑在无监督的情况下进行体育锻炼。

欧洲共发布 6 个指南、2 篇推荐和 2 篇声明。欧洲各国对于慢阻肺的认识比较深刻,很多国家都较早发表了慢阻肺管理指南,但几乎所有指南都是医学组织主持编写的。并且,欧洲地区的证据对于 FITT 要素内容也没有特别详细的描述,多数指南仅建议慢阻肺患者定期进行体力活动。来自意大利的声明强调了运动前安全评估的重要性,患者在进行运动前,需要进行全面的评估,包括呼吸功能和运动能力等。

非洲共发布了 1 篇指南和 1 篇声明。南非胸科学会于 1998 年发布了慢阻肺的疾病管理指南,使南非成为较早制定慢阻肺疾病管理指南的国家。在这一版的指南中,该学会提出,慢阻肺患者的康复需要包含物理治疗、肌肉训练、营养支持、心理治疗和教育,而且患者应该进行上、下肢肌肉强化的训练,如步行、骑自行车等。在 2004 年的更新版本中,该学会进一步提出了更加细致的体力活动建议,包括持续 6～8 周、每周至少 4 次、每次 15～45 分钟的运动方案,并鼓励患者可以长周期地进行体力活动。

美国共发布了 2 篇指南和 1 篇声明。美国在指南类证据和声明类证据方面的贡献较多,其中美国运动医学会、美国心血管和肺康复协会这两个组织在推动体力活动防治慢阻肺的标准制定方面起到了引领作用,发布的指南也成为各国制定慢阻肺体力活动指南的重要参考依据。两个指南均建议慢阻肺患者进行多种方式的运动,具体为每周 3～5 次、每次 20～60 分钟的中高强度有氧运动以及每周 2～3 次的抗阻和柔韧性训练。另外,美国胸科学会和欧洲呼吸学会共同发布的肺康复声明也提供了较为完善的运动学证据,除了常规的运动方式,该声明还强调慢阻肺患者进行上肢力量训练的重要性。加拿大只发布了 1 篇指南,主要针对慢阻肺的临床康复实践。

　　大洋洲共发布了 2 篇指南和 1 篇声明。其中声明发表于 2020 年,是为数不多的,由该国的运动科学权威组织主持编写的文献。该声明归纳总结了现有的随机对照试验和已发表的慢阻肺指南,回顾了体力活动对于慢阻肺疾病管理的益处,强调除常规的运动方式以外,还有高强度间歇训练、呼吸肌训练、水中训练等新兴运动方式。该声明指出,对于患有慢阻肺的患者而言,至少需要执行一个为期 8 周的有氧结合抗阻运动的训练计划,训练内容需涉及上、下肢肌肉强化运动,这会给患者的健康促进和疾病康复带来显著的改善效果。当然,在制定运动处方时,需要充分考虑个体因素,基于患者的多方面情况由专业人士出具个性化运动处方。

　　国际组织共发布了 2 篇指南,分别发布于 2016 年和 2022 年。国际组织制定的慢阻肺体力活动指南并未涉及完整的 FITT 要素内容。关于慢阻肺的体力活动建议内容较为简洁,描述了体力活动对于慢阻肺疾病管理和治疗的良好收益。

表 6.7　全球防治慢性阻塞性肺疾病体力活动建议发布机构的地域分布特征

发布机构	亚洲(中国)	亚洲(其他)	欧洲	非洲	北美洲	南美洲	大洋洲	国际	总计
医疗体育机构(国际)	0	0	0	0	0	0	0	0	0
医疗体育机构(洲际)	0	0	0	0	0	0	0	0	0
医疗体育机构(国家)	0	0	0	0	0	0	0	0	0
医疗机构(国际)	0	0	0	0	0	0	0	3	3
医疗机构(洲际)	0	1	0	0	0	0	0	0	1
医疗机构(国家)	8	3	9	1	2	0	2	0	25
体育机构(国际)	0	0	0	0	0	0	0	0	0
体育机构(洲际)	0	0	0	0	0	0	0	0	0
体育机构(国家)	0	0	0	0	1	0	1	0	2
个人	3	0	0	0	0	0	0	0	3
总计	11	4	9	1	3	0	3	3	34

　　运动干预和肺康复作为慢阻肺治疗的一种方式,最早可以追溯到 20 世纪初,早在 1910 年就已经诞生了肺康复诊所。在此后的几十年,运动和肺康复逐渐成为欧美国家慢阻肺治疗的标准手段之一。从我们检索的证据中不难发现,虽然运动科学在慢阻肺的治疗和管理中扮演着重要角色,但在各国众多的慢阻肺指南或者声明中,有关体力活动建议的内容描述相对简单,

缺乏完整的 FITT 要素内容。究其原因，大多数的肺康复指南都是由医学相关学会或机构组织并主持编写，体育科学领域相关的专业组织或机构参与较少。目前，有两个国家的体育科学领域相关组织主导了指南的制定与编写，分别为美国运动医学会和澳大利亚运动与体育科学协会，这两个运动医学会所发表的指南或声明都非常详细地报告了具体的运动处方内容。其中，美国运动医学会出版的《ACSM 运动测试与运动处方指南》最具有代表性。该指南从 1975 年开始出版第 1 版，直到 2022 年出版至第 11 版。经过接近半个世纪的发展历程，该指南成为目前运动医学和运动科学领域具有权威指导性的文件之一。从该指南的第 4 版开始，新加入了对于慢阻肺患者的运动处方推荐，将其与糖尿病、高血压、癌症等疾病一同归类至特殊人群进行讨论。[①] 并且，在第 5 版的指南中，肺病患者的运动处方更是成为独立一章，这也进一步凸显了通过体力活动进行肺康复的重要意义。[②] 也是在这一时期，世界各国的卫生医疗系统与机构开始陆续出版本国的慢阻肺诊治与管理相关的指南和声明。鉴于体力活动在慢阻肺康复治疗中的重要性，未来运动科学专业人员应该更多地参与慢阻肺体力活动指南的制定与编写工作，为慢阻肺高危人群或患者提供更全面、更专业、更有效的疾病防治体力活动建议。

表 6.8 展示的是不同地区发布的有关慢阻肺防治的体力活动证据中，对于 FITT 要素内容的汇总情况。如表 6.8 所示，对于体力活动的类型，大部分的文献都会提及，但是对体力活动强度的关注相对不足。目前，ACSM，ATS/ERS 和 AACVPR 的慢阻肺体力活动建议是最为完善的，主要体现在 FITT 要素的内容呈现比较完整。这三个指南均推荐进行有氧运动和抗阻运动，运动处方中均涉及运动频率、持续时间和运动强度。但三个指南对于是否应该进行柔韧性训练存在不同意见。柔韧性训练被视为 ACSM 和 AACVPR 指南的核心组成部分，而 ATS/ERS 声明指出，没有具体证据证明其益处。ATS/ERS 和 AACVPR 建议每次进行 20～60 分钟的高强度有氧运动，而 ACSM 指出，有氧运动强度可以是高强度或中等强度，并表明持续时间取决于疾病严重程度。ATS/ERS 和 AACVPR 为上肢力量训练提出了具体建议，而 ACSM 则没有。此外，在 ESSA 2020 年发表的

---

① American College of Sports Medicine. Guidelines for Exercise Testing and Prescription[M]. Williams & Wilkins，1991.

② Mahler D A. ACSM's Guidelines for Exercise Testing and Prescription[M]. Williams & Wilkins，1995.

慢阻肺体力活动声明中,列举了如 HIIT、呼吸肌训练、水中训练等新兴运动训练方法。需要指出的是,除了上述指南,其余指南的体力活动推荐相较而言内容较为简单甚至不完整,更多是作为慢阻肺非药物治疗中的一个环节,缺少证据支持和详细的运动处方建议。

表 6.8　全球防治慢性阻塞性肺疾病体力活动 FITT 要素证据的地域分布特征

体力活动要素	亚洲（中国）	亚洲（其他）	欧洲	非洲	北美洲	南美洲	大洋洲	国际	总计
频率	11	1	1	2	2	0	2	1	20
强度	6	0	0	0	2	0	2	1	11
时间	10	1	1	2	2	0	2	1	19
类型	12	3	8	3	3	0	3	3	35
总计	39	5	10	7	9	0	9	6	85

第四节　小　结

全球范围慢阻肺的流行率正在逐年上升,已成为第三大致死病因。目前,有部分国家或国际组织相继发布了有关慢阻肺诊断和疾病管理的指南,这些国家或国际组织主要来自亚洲、欧洲、北美洲、大洋洲与非洲等地区以及亚太慢性阻塞性肺病圆桌小组、全球慢阻肺倡议机构、临床系统改进协会等国际组织和协会。不同国家和地区在慢阻肺运动康复和管理内容方面的侧重点也有所差异。如在我国的指南中,重点推荐了传统武术(如太极拳、八段锦、五禽戏等)作为慢阻肺康复的运动方式,这是因为传统武术大多不需要器械的辅助,在患者群体中更容易被接受和实施。亚洲其他国家和组织则强调了日常体力活动对肺康复的重要性,推荐慢阻肺患者将运动(如步行、快走)融入日常生活。大洋洲的国家提出了慢阻肺患者可以进行运动康复(如呼吸肌训练、水中训练等新兴运动训练方式)。美国提出了全面且系统的体力活动推荐,包括多种运动形式的建议,如有氧运动、抗阻运动、柔韧性训练、上下肢肌肉强化运动。总而言之,各指南均强调了体力活动对于慢阻肺治疗或康复的益处,这些证据为指导慢阻肺患者参与体力活动和进行运动康复提供了重要的科学依据。

然而,从本章检索纳入的证据内容来看,所有指南或声明都集中指向慢阻肺的治疗与康复,缺少关于预防慢阻肺疾病的体力活动建议。运动作为慢性疾病一级预防和二级预防的重要基石,对于健康促进具有重要的作用。相比之下,在糖尿病、肥胖等其他慢性疾病预防方面都已发布过相应的体力活动指南,因此针对慢阻肺的早期预防也应该制定相对应的体力活动标准或指南,在全球范围逐步积累体力活动与慢阻肺发病风险的剂量反应关系证据。

尽管目前各国和国际组织都发布了有关慢阻肺疾病管理的体力活动指南,但我们发现相关指南的发布机构类型相对单一。例如,在 20 个国家和组织机构当中,仅有 2 个(10%)国家的指南或声明是由专业的体育科学领域相关组织或机构主持编写,其余证据是由医学领域的学会、组织或研究团队主持编写。发布机构类型的偏倚是引起多数指南仅仅强调慢阻肺的诊断、治疗与管理,较少涉及运动康复内容的主要原因之一,这也导致慢阻肺患者在进行康复治疗时缺少体力活动标准和运动科学指导,进而产生运动康复不到位、运动风险增加等问题。值得肯定的是,美国运动医学会、澳大利亚运动与体育科学协会等体育科学领域相关组织发布的指南和声明提供了慢阻肺人群体力活动的具体建议,帮助医务人员和患者制定运动处方,涵盖完整的 FITT 要素。未来各国的运动科学权威机构也应积极参与防治慢阻肺体力活动指南的制定工作,为慢阻肺的预防和康复提供更加科学和全面的体力活动建议。

当前,我国慢阻肺体力活动指南的制定仍以参考国外指南内容为主,如由中华医学会呼吸病学分会慢性阻塞性肺疾病学组牵头发布的《中国慢性阻塞性肺疾病诊治指南(2021 修订版)》就重点参考了 GOLD 指南。考虑到人种、经济、文化等方面的差异,尤其在体力活动 FITT 要素方面需要制定针对本土人群的体力活动建议,以适应中国人群的体质水平和疾病防治目标。此外,全球范围存在的缺少预防性的体力活动指南、制定指南过程中缺少运动科学组织或专家参与等问题,也是我国在制定慢阻肺体力活动指南工作中所面临的且需要解决的课题。今后,我国系统制定防治慢阻肺体力活动指南的工作重点是根据我国患者的人口特征和防治需求加强体育学、公共卫生、医学领域专业团队之间的合作,大量开展流行病学调查和临床实证研究,积极探索符合我国人群运动习惯的体力活动范式在慢阻肺预防与康复中的有效性和安全性,这些工作可以帮助我们获取足够的本土化数据和证据支持,为最终形成更为权威的防治慢阻肺体力活动指南和运动处方建议提供理论支撑。

结　语

按照证据金字塔 6S 模型,对 BMJ Best Practice、Up To Date、国际指南协作网、医脉通、PubMed、中国知网、万方和维普等计算机决策支持系统、专题证据系统和数据库采用自由词和主题词相结合的方式进行文献检索,并根据相应文献排除和纳入标准筛选后,研究最终纳入 460 篇高级别证据。其中,超重或肥胖相关文献共纳入 96 篇;糖尿病相关文献共纳入 73 篇;心血管疾病相关文献共纳入 194 篇;恶性肿瘤相关文献共纳入 59 篇;慢性阻塞性肺疾病相关文献共纳入 38 篇。文献类型为临床决策、推荐实践、最佳实践、临床指南、证据总结、专家共识、政府文件等,总计获得 1206 条有关慢性疾病的体力活动要素证据,本书通过逐条提取证据的内容、来源、出处等信息,进而形成对应的证据汇总。与此同时,在慢性疾病体力活动指南的国际比较部分,研究针对指南发布年份及版本更新情况、发布机构属性、证据类型、证据数量、证据质量、体力活动要素等内容进行比较分析,文献来源覆盖亚洲、欧洲、北美洲、南美洲、非洲、大洋洲的 32 个国家,此外也有来自世界卫生组织或全球其他各类疾病协会发布的权威指南。本书是迄今指南证据最全、涵盖疾病种类最多、内容提炼和梳理最详尽的学术研究成果。

一、研究特色

(一)防治慢性疾病运动建议的最高级别证据

基于临床决策、推荐实践、最佳实践、临床指南、证据总结、专家共识、政府文件等高质量证据,通过证据总结和循证医学的科学研究方法,以运动处方的 FITT 要素为核心内容,进一步形成最高质量和证据等级的成果。

(二)"体医融合""体卫融合"学科交叉特色

从公共卫生、临床医学和康复医学实践需求出发,以体力活动为核心研究内容,将体育学与医学的研究方法和理论体系相互融合,打破学科壁垒互融互促,成果最终服务于全民健康。需要强调的是,本书涵盖的疾病均为国内外发病率或致死率排名前列的慢性非传染性疾病,控制相关疾病的发生和发展正是运动健康促进科学的根本任务。

（三）理论指导与实践应用相辅相成

本书不仅在学术层面具有独特的贡献，因其分别对五类非传统性慢性疾病预防和康复治疗的体力活动建议进行了高度凝练和汇总，成果本身既可以作为大众运动健康促进活动的科学开展的理论依据，又可以应用于运动康复及慢性疾病管理的临床实践为运动处方设计和应用提供指导，同时兼顾了学术属性和实践应用属性，为成果的转化和推广奠定了良好基础。

二、成果主要建树

（一）服务国家重大战略的支撑性学术成果

党的二十大之后，发展群众体育的重要性进一步提升，"十四五"期间正是落实与推进"健康中国"和"体育强国"国家战略的关键节点。在慢性疾病高发、全民健康保障面临严峻挑战的时刻，秉承"运动是良医"的理念研制科学化、本土化的中国人群体力活动指南成为一项重要的历史任务，本书通过对全球相关证据的梳理和总结提炼出预防和治疗慢性疾病运动标准及其发展沿革，是我国开展相关指南制定工作的支撑性成果。

（二）引领国内外高证据等级体力活动标准研究

本书为目前全球首部系统梳理全球慢性疾病体力活动指南、建议、标准的学术著作。一方面，通过对全球最高质量指南成果的梳理和比较，衍生出更高理论指导价值的证据，在总结一般性规律和特征的同时也为政策制定者在慢性疾病运动防治领域提供了实用的建议和策略。另一方面，对已经高度概括化的指南类高证据等级文献进行再提炼和再总结，实为一种具有高度创新性的研究范式，为运动健康促进及运动康复领域的学术研究提供新的研究思路。

三、未来研究展望

本书以肥胖、糖尿病、心血管疾病、恶性肿瘤、慢性阻塞性肺疾病等慢性疾病的体力活动标准为核心内容，主要考虑相关疾病的高发病率和高致死率是阻碍全民健康的主要因素，另外预防或管理这类疾病的运动效益证据相对充足，便于开展有效的国际比较研究。待相关原创性证据和指南证据进一步积累，未来需要针对神经退行性疾病、心理疾病、肌骨疾病等其他慢性疾病的体力活动标准开展深入研究，更加全面地阐述体力活动对人体健康的影响并形成科学运动建议。

　　在本书所纳入的研究证据中,体力活动类型(有氧运动、抗阻运动、柔韧性训练)主要为余暇体力活动或专门化的运动方案,而家务、通勤、职业性体力活动对各类慢性疾病的作用以及其是否可以作为防治慢性疾病的手段进行推荐,尚无法明确定论,反而存在高强度职业性体力活动对健康可能产生负面作用的研究证据。这也是未来亟须探索和证实的方向,有必要深入探讨不同体力活动类型对人体健康影响的异同及作用机制,同时规范"体力活动"和"运动"相关概念的界定及研究范畴。

　　制定指南是一项系统工程,科学性是前提,适用性是基础,需遵循规范的研制程序。首先,制定指南要求基于循证医学对原创证据进行总结,以健康促进或康复治疗的具体目标提出建议、制定标准,并且提炼每条建议的证据等级和推荐强度。但是在本书纳入的 460 篇慢性疾病体力活动指南中,同时做到既严格按照规范化的指南制定流程执行又对研究证据进行质量评价的文献仅占 33.0%,来自我国的文献仅占 8.9%。其次,由于数据来源人群的多元性,难以对特定国别或人种量身定制慢性疾病体力活动标准,这几乎是一个全球共性问题。尤其中国作为慢性疾病的易感群体,其文化背景和生活方式均有别于其他国家,缺少本土化指南的问题更加突出。来自中国的很多指南都被冠以"中国人群""我国"等与人群或国别有关的限定词,但实际上其内容是直接借鉴或参考国外机构发布的推荐标准,相关建议并不能精准服务中国人群。因此,高质量地服务"全民健康"需要制定符合中国国情且严格遵循指南制定规范的体力活动"中国标准"。需要开展基于中国人群的大规模流行病学调查和运动实证研究,积累高质量原创证据是解决这一问题的关键所在。

　　作为首部系统论述慢性非传染性疾病体力活动指南的学术著作,本书为《"健康中国 2030"规划纲要》和《体育强国建设纲要》的落实及促进"体医融合"发展提供了重要的理论和实践基础。研究基于循证医学的全球证据,结合文献资料法、对比分析法、逻辑分析法等研究方法,全面、深入、系统地对世界各国或学术组织发布的防治慢性疾病体力活动指南的内容进行归纳、梳理和国际比较。在全民健康需求增加、全民健身计划科学化开展的背景下,本书聚焦发病率和致死率较高的几类慢性疾病,面向严重威胁"健康中国"实施的重大社会关切开展研究。通过对全球证据的对比分析,总结出预防和治疗慢性疾病的体力活动标准和运动处方制定的一般性规律,深入了解慢性疾病体力活动指南现状和发展趋势,助力我国体力活动指南制定工作的系统开展以及"体医融合""体卫融合"事业的健康发展。

附录:证据 ID 编号和参考文献

A1. 世界卫生组织 2022

· World Health Organization. WHO Recommendations on Maternal and Newborn Care for a Positive Postnatal Experience[M]. World Health Organization，2022.

A2. 国际妇产科联合会 2020

· McAuliffe F M，Killeen S L，Jacob C M，et al. Management of prepregnancy，pregnancy，and postpartum obesity from the FIGO Pregnancy and Non-Communicable Diseases Committee：A FIGO (International Federation of Gynecology and Obstetrics) guideline [J]. International Journal of Gynaecology and Obstetrics，2020,151(Suppl 1)：16-36.

A3. 世界卫生组织 2020

· Bull F C，Al-Ansari S S，Biddle S，et al. World Health Organization 2020 guidelines on physical activity and sedentary behaviour [J]. British Journal of Sports Medicine，2020，54(24)：1451-1462.

A4. 国际奥委会医疗委员会 2017

· Bø K，Artal R，Barakat R，et al. Exercise and pregnancy in recreational and elite athletes：2016/17 evidence summary from the IOC Expert Group Meeting，Lausanne. Part 3-exercise in the postpartum period[J]. British Journal of Sports Medicine，2017,51(21)：1516-1525.

A5. 国际妇产科联合会 2015

· Hanson M A，Bardsley A，De-Regil L M，et al. The International Federation of Gynecology and Obstetrics (FIGO) recommendations on adolescent，preconception，and maternal nutrition："Think Nutrition First" [J]. International Journal of Gynaecology and Obstetrics：The Official Organ of the International Federation of Gynaecology and Obstetrics，2015,131(Supply 4)：S213-S253.

A6. 世界胃肠病组织 2011

· World Gastroenterology Organisation. 肥胖[EB/OL]. (2012-08-

06)［2023-12-12］. https://www.worldgastroenterology.org/UserFiles/file/guidelines/obesity-mandarin-2011.pdf.

A7. 世界卫生组织 2010

• World Health Organization. Global Recommendations on Physical Activity for Health［M］. World Health Organization，2010.

A8. Saris W(马斯特里赫特营养与毒理学研究所)2003

• Saris W，Blair S N，Van Baak M A，et al. How much physical activity is enough to prevent unhealthy weight gain? Outcome of the IASO 1st Stock Conference and consensus statement［J］. Obesity Reviews，2003,4(2)：101-114.

A9. 中国营养学会肥胖防控分会,中国营养学会临床营养分会,中华预防医学会行为健康分会,等 2022

• 中国营养学会肥胖防控分会,中国营养学会临床营养分会,中华预防医学会行为健康分会,等. 中国居民肥胖防治专家共识［J］. 中华流行病学杂志，2022,43(5)：609-626.

A10. 中华中医药学会《中医体重管理临床指南》专家组,广东省针灸学会肥胖专病联盟 2022

• 谢长才,陈裕,陈嘉欣. 肥胖症中医诊疗方案专家共识［J］. 北京中医药大学学报，2022,45(8)：786-794.

A11. 中华医学会内分泌学分会,中华中医药学会糖尿病学会,中国医师协会外科医师分会肥胖和糖尿病外科医师委员会,等 2021

• 中华医学会内分泌学分会,中华中医药学会糖尿病分会,中国医师协会外科医师分会肥胖和糖尿病外科医师委员会,等. 基于临床的肥胖症多学科诊疗共识(2021 年版)［J］. 中华消化外科杂志，2021,20(11)：1137-1152.

A12. 中国医疗保健国际交流促进会营养与代谢管理分会,中国营养学会临床营养分会,中华医学会糖尿病学分会, 等 2021

• 中国医疗保健国际交流促进会营养与代谢管理分会,中国营养学会临床营养分会,中华医学会糖尿病学分会,等. 中国超重/肥胖医学营养治疗指南(2021)［J］. 中国医学前沿杂志(电子版),2021,13(11):1-55.

A13. 中华医学会健康管理学分会,中国营养学会临床营养分会,全国卫生产业企业管理协会医学营养产业分会,等 2021

• 中华医学会健康管理学分会,中国营养学会临床营养分会,全国卫生产业企业管理协会医学营养产业分会，等. 超重或肥胖人群体重管理流程的专家共识（2021 年）[J]. 中华健康管理学杂志，2021,15(4)：317-322.

A14.《中国成人超重和肥胖预防控制指南》修订委员会 2021

•《中国成人超重和肥胖预防控制指南》修订委员会. 中国成人超重和肥胖预防控制指南[M]. 人民卫生出版社,2021.

A15. 李志文（中国医科大学附属第四医院护理部）2021

• 李志文，兰昆，张晓微，等. 肥胖症患者减重代谢手术后运动方案的最佳证据总结[J]. 中华现代护理杂志，2021，27(19)：2548-2555.

A16. 中华医学会,中华医学会杂志社，中华医学会全科医学分会，等 2020

• 中华医学会，中华医学会杂志社，中华医学会全科医学分会，等. 肥胖症基层诊疗指南（2019 年）[J]. 中华全科医师杂志，2020,19(2)：95-101.

A17. 中国营养学会 2019

• 王友发，孙明晓，杨月欣. 中国肥胖预防和控制蓝皮书[M]. 北京大学医学出版社，2019.

A18. 中华医学会健康管理学分会,中国营养学会,中国医疗保健国际交流促进会生殖医学分会,等 2018

• 曾强，杨月欣，贾伟平，等. 超重或肥胖人群体重管理专家共识及团体标准[J]. 中华健康管理学杂志，2018,12(3)：200-207.

A19. 中国超重/肥胖医学营养治疗专家共识编写委员会 2016

• 中国超重/肥胖医学营养治疗专家共识编写委员会. 中国超重/肥胖医学营养治疗专家共识（2016 年版）[J]. 糖尿病天地·临床，2016，10(10)：451-455.

A20. 中华医学会内分泌学分会肥胖学组 2011

• 中华医学会内分泌学分会肥胖学组. 中国成人肥胖症防治专家共识[J]. 中华内分泌代谢杂志，2011，27(9)：711-717.

A21. 中华人民共和国卫生部疾病控制司,《中国成人超重和肥胖症预防与控制指南》编写组,国际生命科学学会中国办事处,等 2004

• 中国肥胖问题工作组. 中国成人超重和肥胖症预防与控制指南（节录）[J]. 营养学报，2004,26(1)：1-4.

A22. 韩国肥胖研究学会,临床实践指南委员会 2020

• Kim B, Kang S, Kang J, et al. 2020 Korean Society for the Study of Obesity guidelines for the management of obesity in Korea[J]. Journal of Obesity & Metabolic Syndrome,2021,30(2):81-92.

A23. 韩国肥胖研究学会,临床实践指南委员会 2019

• Seo M,Lee W,Kim S,et al. 2018 Korean Society for the Study of Obesity guideline for the management of obesity in Korea[J]. Journal of Obesity & Metabolic Syndrome,2019,28(1):40-45.

A24. Jin Y(韩国大邱天主教大学医学院妇产科)2016

• Jin Y,Seong Y. Guideline for exercise in pregnancy[J]. Journal of the Korean Medical Association,2016,59(7):514-520.

A25. 韩国肥胖研究学会,临床实践指南委员会 2014

• Kim M,Lee W,Kang J,et al. 2014 clinical practice guidelines for overweight and obesity in Korea[J]. Endocrinology and Metabolism,2014,29(4):405-409.

A26. 印度体力活动共识组 2012

• Misra A,Nigam P,Hills A P,et al. Consensus physical activity guidelines for Asian Indians[J]. Diabetes Technology & Therapeutics,2012,14(1):83-98.

A27. 印度共识小组 2009

• Misra A,Chowbey P,Makkar B M,et al. Consensus statement for diagnosis of obesity,abdominal obesity and the metabolic syndrome for Asian Indians and recommendations for physical activity,medical and surgical management[J]. Journal of Association of Physicians of India,2009,57(2):163-170.

A28. 新加坡健康促进委员会 2022

• Health Promotion Board. Singapore Physical Activity Guidelines (SPAG)[EB/OL]. [2023-12-12]. https://www. healthhub. sg/programmes/142/moveit/moveit-singapore-physical-activity-guidelines#:～:text＝Jointly％20developed％20by％20the％20Health％20Promotion％20Board％20and,the％20different％20recommendations％20and％20their％20associated％20health％20benefits.

A29. 新加坡健康促进委员会 2016

• Lee Y S,Biddle S,Chan M F,et al. Health Promotion Board-ministry of health clinical practice guidelines:Obesity[J]. Singapore

Medical Journal，2016,57(6)：292-300.

A30. 沙特卫生部循证卫生保健中心 2016

• Alfadda A A，Al-Dhwayan M M，Alharbi A A，et al. The Saudi clinical practice guideline for the management of overweight and obesity in adults[J]. Saudi Medical Journal，2016,37(10)：1151-1162.

A31. 沙特阿拉伯代谢和减肥外科学会 2013

• Al-Shehri F S，Moqbel M M，Al-Shahrani A M，et al. Management of obesity：Saudi clinical guideline[J]. Saudi Journal of Obesity，2013,1(1)：18-30.

A32. Musaiger A O(巴林大学和阿拉伯营养中心)2012

• Musaiger A O. The Food Dome；dietary guidelines for Arab countries[J]. Nutricion Hospitalaria，2012,27(1)：109-115.

A33. Musaiger A O(巴林研究中心)2003

• Musaiger A O. Recommendations of the First Conference on Obesity and Physical Activity in the Arab Countries：Held in Bahrain，24-26 September，2002[J]. Nutrition and Health，2003,17(2)：117-121.

A34. 欧洲肥胖研究协会体力活动工作组 2021

• Oppert J M，Bellicha A，van Baak M A，et al. Exercise training in the management of overweight and obesity in adults：Synthesis of the evidence and recommendations from the European Association for the Study of Obesity Physical Activity Working Group[J]. Obesity Reviews，2021,22：e13273.

A35. 国外内分泌相关专家小组 2019

• Durrer Schutz D，Busetto L，Dicker D，et al. European practical and patient-centred guidelines for adult obesity management in primary care[J]. Obesity Facts，2019,12(1)：40-66.

A36. 欧洲肥胖研究协会的肥胖管理工作组 2017

• Busetto L，Dicker D，Azran C，et al. Obesity management task force of the European Association for the study of obesity released "Practical Recommendations for the Post-Bariatric Surgery Medical Management"[J]. Obesity Surgery，2018,28：2117-2121.

A37. 欧洲肥胖研究协会的肥胖管理工作组 2015

• Yumuk V，Tsigos C，Fried M，et al. European guidelines for

obesity management in adults[J]. Obesity Facts,2015,8(6):402-424.

A38. 欧洲肥胖研究协会的肥胖管理工作组 2012

• Mathus-Vliegen E M,Basdevant A,Finer N,et al. Prevalence, pathophysiology, health consequences and treatment options of obesity in the elderly:A guideline[J]. Obesity Facts,2012,5(3):460-483.

A39. 欧洲肥胖研究协会的肥胖管理工作组 2008

• Tsigos C,Hainer V,Basdevant A,et al. Management of obesity in adults:European clinical practice guidelines[J]. Obesity Facts,2008,1 (2):106-116.

A40. 欧盟"体育与健康"工作组 2008

• EU Working Group "Sport & Health". EU Physical Activity Guidelines-Recommended Policy Actions in Support of Health-Enhancing Physical Activity [R/OL]. (2009-03-25)[2023-12-12]. https://ec. europa. eu/assets/eac/sport/ library/policy_documents/eu-physical-activity-guidelines-2008_en. pdf.

A41. 北欧营养推荐委员会 2014

• Nordic Council of Ministers. Nordic Nutrition Recommendations 2012:Integrating Nutrition and Physical Activity[M]. Copenhagen: Denmark,2014.

A42. 英国国家卫生与临床优化研究所 2022

• NICE (National Institute for Health and Care Excellence). Obesity:Identification, assessment and management[EB/OL]. (2023-07-26)[2023-12-12]. https://www. nice. org. uk/guidance/cg189.

A43. 英国首席医疗官指南写作小组 2019

• DHSC (Department of Health & Social Care). UK Chief Medical Officers' physical activity guidelines[EB/OL]. (2020-01-09)[2023-12-12]. https://www. gov. uk/government/publications/physical-activity-guidelines-uk-chief-medical-officers-report.

A44. 英国国家卫生与临床优化研究所 2015

• NICE (National Institute for Health and Care Excellence). Preventing excess weight gain[EB/OL]. (2015-03-13)[2023-12-12]. https://www. nice. org. uk/guidance/ng7.

A45. 英国国家卫生与临床优化研究所 2010

• NICE (National Institute for Health and Care Excellence). Weight management before, during and after pregnancy [EB/OL]. (2010-07-28) [2023-12-12]. https://www. nice. org. uk/Guidance/PH27.

A46.苏格兰院际间指南开发小组 2010

• Logue J, Thompson L, Romanes F, et al. Management of obesity: Summary of SIGN guideline[J]. BMJ,2010, 340:866-866.

A47. 英国国家卫生与临床优化研究所 2008

• NICE (National Institute for Health and Care Excellence). Maternal and Child Nutrition [EB/OL]. (2008-03-26) [2023-12-12]. https://www. nice. org. uk/guidance/ph11.

A48. 英国国家卫生与临床优化研究所,国家初级保健合作中心 2006

• Care NCCFP. Obesity: The Prevention, Identification, Assessment and Management of Overweight and Obesity in Adults and Children[J]. National Institute for Health & Clinical Excellence, 2006, 10(2): 117-123.

A49. Drummond S(爱丁堡玛格丽特女王大学)2002

• Drummond S. The management of obesity[J]. Nursing Standard (through 2013), 2002,16(48): 47.

A50. 德国肥胖协会 2019

• Luck-Sikorski C, Sänger S, Blüher M. Patientenleitlinie zur Diagnose und Behandlung der Adipositas[J]. Im Internet: https://www. awmf. org/uploads/tx _ szleitlinien/050-001p _ S3 _ Adipositas _ Pr% C3% A4vention _ Therapie_2019-01. pdf, 2019.

A51. Ferrari N(综合研究与治疗中心)2017

• Ferrari N, Graf C. Bewegungsempfehlungen für Frauen während und nach der Schwangerschaft[J]. Das Gesundheitswesen, 2017,79(S 01): S36-S39.

A52. 德国联邦卫生部"日常生活中的体力活动促进"工作组 2016

• Rütten A, Pfeifer K, Banzer W, et al. National Recommendations for Physical Activity and Physical Activity Promotion [M]. FAU University Press, 2016.

A53. 德国肥胖协会,德国糖尿病协会,德国营养医学学会,等 2014

• Wirth A, Wabitsch M, Hauner H. The prevention and treatment of obesity[J]. Deutsches Ärzteblatt International, 2014,111(42): 705.

A54. München K F(弗莱堡医科大学康复与预防运动医学系)2011

• München K F, Lüneburg G G, Hamburt/Lübeck K S, et al.

Schwenkhagen，Hamburg/Lübeck．Schwangerschaft und SportTeil 1：Folgen für Mutter und Kind[J]. Der Gynkologe，2011，44(10)：847-853.

A55. 法国体育部 2022

• Maître C，Cha S，Billard P，et al．Sport de haut niveau et maternité，c'est possible！[Z]．2022.

A56. 法国体育部 2022

• Ministere Charge Des Sports．Vie-eux et alors？[EB/OL]．[2023-12-12]．https://azursportsante.fr/outils/le-guide-vie-eux-et-alors/.

A57. 法国体育部 2018

• Ministere Charge Des Sports．Je peux pratiquer des activités physiques et sportives pendant ma grossesse et après l'accouchement[EB/OL]．[2023-12-12]．https://www.cabkinevezinet.com/post/je-peux-pratiquer-des-activit％C3％A9s-physiques-et-sportives-pendant-ma-grossesse-et-apr％C3％A8s-l-accouchement.

A58. 法国高级卫生局 2011

• Haute Autoeite De Sante．Surpoids et obésité de l'adulte：prise en charge médicale de premier recours[EB/OL]．(2011-10-10)[2023-12-12]．https://www.has-sante.fr/upload/docs/application/pdf/2011-12/recommandation_obesite_adulte.pdf.

A59. 西班牙内分泌与营养学会,西班牙糖尿病学会,西班牙肥胖研究协会 2016

• Lecube A，Monereo S，Rubio M Á，et al．Prevention，diagnosis，and treatment of obesity．2016 position statement of the Spanish Society for the Study of Obesity[J]．Endocrinología，Diabetes y Nutrición，2017，64：15-22.

A60. 西班牙儿科协会,西班牙社区营养学会,西班牙肥胖研究学会 2006

• Pérez-Rodrigo，Bartrina A，Majem S，et al．Epidemiology of Obesity in Spain．Dietary Guidelines and Strategies for Prevention[J]．International Journal for Vitamin and Nutrition Research，2006，76(4)：163-171.

A61. 西班牙内分泌和营养学会肥胖问题工作组 2004

• Arrizabalaga J J，Masmiquel L，Vidal J，et al．Recomendaciones y algoritmo de tratamiento del sobrepeso y la obesidad en personas adultas [J]. Medicina Clínica，2004，122(3)：104-110.

A62. 芬兰医学会，芬兰肥胖研究者协会，芬兰儿科协会任命的工作组 **2020**

• Pietiläinen K，Veijola R，Kukkonen-Harjula K，et al. Lihavuus (lapset，nuoret ja aikuiset)：KÄYPÄ-HOITO-SUOSITUS(Tiivistelmä) [J]. Duodecim，2020，136(8)：959-961.

A63. 芬兰医学会和现任护理管理团队任命的工作组 **2016**

• Suomalaisen Lääkäriseuran Duodecimin ja Käypä hoito-johtoryhmän asettama työryhmä. Liikenta[EB/OL]. (2016-01-13)[2023-12-12]. https://www. kaypahoito. fi/hoi50075.

A64. 荷兰全科医生协会工作组 **2020**

• Genootschap N H. Obesitas (M95)[EB/OL]. [2023-12-12]. https://richtlijnen. nhg. org/standaarden/obesitas.

A65. 荷兰体力活动指南委员会 **2018**

• Weggemans R M，Backx F J，Borghouts L，et al. The 2017 Dutch physical activity guidelines[J]. International Journal of Behavioral Nutrition and Physical Activity，2018，15：1-12.

A66. Płaczkiewicz-Jankowska E(波兰循证医学研究所**)2022**

• Płaczkiewicz-Jankowska E，Czupryniak L，Gajos G，et al. Management of obesity in the times of climate change and COVID-19：an interdisciplinary expert consensus report[J]. Polskie Archiwum Medycyny Wewnçtrznej，2022，132(3)：16216.

A67. 波兰预防指南论坛编辑委员会 **2008**

• Zahorska-Markiewicz B，Podolec P，Kope ćG，et al. Epidemiology and prevention Polish Forum for Prevention Guidelines on overweight and obesity[J]. Kardiologia Polska (Polish Heart Journal)，2008，66(5)：594-596.

A68. 比利时肥胖研究协会 **2020**

• Belgian Association for The Study of Obesity. Consensus BASO 2020 Een praktische gids voor de evaluatie en behandeling van overgewicht en obesitas[EB/OL]. [2023-12-12]. https://belgium. easo. org/wp-content/uploads/2020/02/BASO_consensus_2020_Dutch_main-1. pdf.

A69. Matoulek M(布拉格查尔斯大学第一医学院内分泌与代谢系第三内科诊所)2020

• Matoulek M, Cibulková N, Káдě O, et al. Fyzická aktivita v léčbě obezity v praxi[J]. Vnitr Lek, 2020,66(8): 483-488.

A70. 卫生和儿童部 2009

• Department of Health and Children H S E. The national guidelines on physical activity for Ireland[J]. Children, 2009: 1-32.

A71. Tchang B G(威尔康奈尔医学院内科学系内分泌科)2021

• Tchang B G, Saunders K H, Igel L I. Best practices in the management of overweight and obesity[J]. Medical Clinics, 2021,105(1): 149-174.

A72. 美国预防服务工作组 2021

• Davidson K W, Barry M J, Mangione C M, et al. Behavioral counseling interventions for healthy weight and weight gain in pregnancy: US Preventive Services Task Force recommendation statement [J]. JAMA, 2021,325(20): 2087-2093.

A73. 美国退伍军人健康管理局,美国国防部 2021

• Mayer S B, Graybill S, Raffa S D, et al. Synopsis of the 2020 US VA/DoD clinical practice guideline for the management of adult overweight and obesity[J]. Military Medicine, 2021,186(9-10): 884-896.

A74. 2018 年体力活动指南咨询委员会,美国卫生与公众服务部 2018

• Piercy K L, Troiano R P, Ballard R M, et al. The physical activity guidelines for Americans[J]. JAMA, 2018,320(19): 2020-2028.

A75. 美国临床内分泌学家协会,美国内分泌学会 2016

• Garvey W T, Mechanick J I, Brett E M, et al. American Association of Clinical Endocrinologists and American College of Endocrinology comprehensive clinical practice guidelines for medical care of patients with obesity [J]. Endocrine Practice, 2016,22: 1-203.

A76. Ryan D H(潘宁顿生物医学研究中心)2016

• Ryan D H. Guidelines for obesity management[J]. Endocrinology and Metabolism Clinics, 2016,45(3): 501-510.

A77. 美国临床内分泌学家协会,美国内分泌学会 2013

• Gonzalez-Campoy J M, Castorino K, Ebrahim A, et al. Clinical practice guidelines for healthy eating for the prevention and treatment of metabolic and endocrine diseases in adults: Cosponsored by the American Association of Clinical Endocrinologists/the American College of Endocrinology and the Obesity Society[J]. Endocrine Practice, 2013,19: 1-82.

A78. 美国心脏病学会,美国心脏协会实践指南工作组,肥胖协会 2014

• Jensen M D, Ryan D H, Apovian C M, et al. 2013 AHA/ACC/TOS guideline for the management of overweight and obesity in adults: a report of the American College of Cardiology/American Heart Association Task Force on Practice Guidelines and The Obesity Society[J]. Journal of the American college of cardiology, 2014,63(25 Part B): 2985-3023.

A79. 美国心脏病学会,美国心脏协会实践指南工作组 2014

• Panel O E, Cardiology A C O, Guidelines A H A T. Expert panel report: guidelines (2013) for the management of overweight and obesity in adults[J]. Obesity (Silver Spring, Md.), 2014,22: S41-S410

A80. 美国卫生与公众服务部 2009

• Hootman J M. 2008 Physical Activity Guidelines for Americans: an opportunity for athletic trainers[J]. Journal of Athletic Training, 2009,44(1): 5-6.

A81. 美国运动医学会,美国心脏协会 2007

• Haskell W L, Lee I, Pate R R, et al. Physical activity and public health: Updated recommendation for adults from the American College of Sports Medicine and the American Heart Association[J]. Circulation, 2007,116(9): 1081.

A82. Jakicic J M(匹兹堡大学健康与体力活动系体育活动和体重管理研究中心)2005

• Jakicic J M, Otto A D. Physical activity recommendations in the treatment of obesity[J]. Psychiatric Clinics, 2005,28(1): 141-150.

A83. 美国国立卫生研究院,国家心脏、肺和血液研究所,北美肥胖研究协会肥胖教育计划专家小组 2002

• Goodwin S. The practical guide to the identification, evaluation and treatment of overweight and obesity in adults[J]. Clinical Nurse Specialist, 2002,16(3): 164.

A84. Richard L A(麦迪逊威斯康星大学医学系和营养科学系)1998

· Richard L A. Guidelines for the initiation of obesity treatment 1 [J]. The Journal of Nutritional Biochemistry, 1998, 9(10)：546-552.

A85. 加拿大肥胖协会,加拿大减肥医师,外科医生协会 2020

· Boulé N, Prud D. Physical Activity in Obesity Management[J]. Canadian Adult Obesity Clinical Practice, 2020：1-9.

A86. 加拿大肥胖协会,加拿大减肥医师,外科医生协会 2020

· Wharton S, Lau D C, Vallis M, et al. Obesity in adults：A clinical practice guideline[J]. Canadian Medical Association Journal, 2020, 192 (31)：E875-E891.

A87. 加拿大妇产科医生协会母胎医学委员会,家庭医生咨询委员会,指南管理和监督委员会 2018

· Mottola M F, Davenport M H, Ruchat S, et al. 2019 Canadian guideline for physical activity throughout pregnancy[J]. British Journal of Sports Medicine, 2018, 52(21)：1339-1346.

A88. 加拿大妇产科医生协会母胎医学委员会,家庭医生咨询委员会,指南管理和监督委员会 2019

· Maxwell C, Gaudet L, Cassir G, et al. Guideline no. 391-pregnancy and maternal obesity part 1：Pre-conception and prenatal care [J]. Journal of Obstetrics and Gynaecology Canada, 2019, 41 (11)：1623-1640.

A89. Mottola M F(西安大略大学舒立克医学与牙科学院解剖学系) 2013

· Mottola M F. Physical activity and maternal obesity：Cardiovascular adaptations, exercise recommendations, and pregnancy outcomes[J]. Nutrition Reviews, 2013, 71(suppl_1)：S31-S36.

A90. 加拿大妇产科医生协会 2010

· Davies G A. L, Maxwell C, Mcleod L. Obesity in Pregnancy, SOGC Clinical Practice Guideline[J]. Journal of Genetic Counseling, 2010, 209：165-173.

A91. 加拿大健康研究所 2009

· Mottola M F. Exercise prescription for overweight and obese women：Pregnancy and postpartum [J]. Obstetrics and Gynecology

Clinics，2009,36(2)：301-316.

A92．澳大利亚政府,卫生部 2019

• Australian Government Department of Health. Clinical Practice Guidelines：Pregnancy care［EB/OL］．［2023-12-12］．https：//www. health. gov. au/resources/pregnancy-care-guidelines.

A93．澳大利亚政府,卫生部 2014

• Commonwealth of Australia. More Than Half of All Australian Adults Are Not Active Enough［Z］. Department of Health, Australian Government Canberra, Australia，2014.

A94．澳大利亚政府,国家卫生和保健医学研究委员会,卫生部 2013

• Australian Government National Health and Medical Research Council. Clinical practice guidelines for the management of overweight and obesity in adults, adolescents and children in Australia［J］. National Health and Medical Research Council，2013.

A95．新西兰卫生部 2014

• Ministry of Health Wellington. Guidance for healthy weight gain in pregnancy［Z］. Ministry of Health Wellington，2014.

A96．Derman E W(开普敦大学运动科学与运动医学研究组)2011

• Derman E W, Whitesman S, Dreyer M，et al. Healthy lifestyle interventions in general practice：Part 14：Lifestyle and obesity［J］. South African Family Practice，2011,53(2)：105-118.

B1．中华医学会糖尿病学分会 2012

• 中华医学会糖尿病学分会. 中国糖尿病运动治疗指南［M］. 中华医学电子音像出版社，2012.

B2．中华医学会糖尿病学分会 2012

• 中华医学会糖尿病学分会. 中国 1 型糖尿病诊治指南 2011 版［M］. 人民卫生出版社，2012.

B3．戴琪(南京医科大学护理学院)2019

• 戴琪，丁亚萍，余洁，等. 1 型糖尿病病人运动管理干预最佳证据总结［J］. 护理研究，2019,33(20)：3563-7356.

B4．王明义(广州应用科技学院)2022

• 王明义，康涛，杨杰文. 运动联合营养缓解 2 型糖尿病的专家共识［J］. 中国医学前沿杂志(电子版)，2022,14(6)：12-21.

B5. 国家远程医疗与互联网医学中心糖尿病学专家委员会，白求恩精神研究会内分泌和糖尿病学分会 2020

• 国家远程医疗与互联网医学中心糖尿病学专家委员会、白求恩精神研究会内分泌和糖尿病学分会. 中国糖尿病远程管理专家共识（2020 版）[J]. 中日友好医院学报，2020，34（6）：323-332，320.

B6. 中华医学会糖尿病学分会，中国医师协会内分泌代谢科医师分会，中华医学会内分泌学分会，等 2022

• 中华医学会糖尿病学分会，中国医师协会内分泌代谢科医师分会，中华医学会内分泌学分会，等. 中国 1 型糖尿病诊治指南（2021 版）[J]. 中华糖尿病杂志，2022，14（11）：1143-1250.

B7. 中国微循环学会糖尿病与微循环专业委员会，中华医学会糖尿病学分会教育与管理学组，中华医学会内分泌学分会基层内分泌代谢病学组，等 2022

• 中国微循环学会糖尿病与微循环专业委员会，中华医学会糖尿病学分会教育与管理学组，中华医学会内分泌学分会基层内分泌代谢病学组，等. 体医融合糖尿病运动干预专家共识[J]. 中华糖尿病杂志，2022，14（10）：1035-1043.

B8. 朱苗苗（浙江大学医学院附属邵逸夫院内分泌科）2019

• 朱苗苗，潘红英，李思嘉，等. 2 型糖尿病患者运动方案的最佳证据总结[J]. 中华护理杂志，2019，54（12）：1887-1893.

B9. 中华医学会糖尿病学分会 2009

• 中华医学会糖尿病学会. 中国 2 型糖尿病防治指南（科普版）[M]. 糖尿病之友，2009.

B10.《中国糖尿病防控专家共识》专家组 2017

• 《中国糖尿病防控专家共识》专家组. 中国糖尿病防控专家共识[J]. 中华预防医学杂志，2017，51（1）：1.

B11. 中华医学会糖尿病学分会 2012

• 中华医学会糖尿病学分会. 中国 2 型糖尿病防治指南（基层版）[J]. 中华全科医师杂志，2012，12（8）：1227-1245.

B12. 中华医学会糖尿病学分会，国家基层糖尿病防治管理办公室 2018

• 中华医学会糖尿病学分会，国家基层糖尿病防治管理办公室. 国家基层糖尿病防治管理指南（2018）[J]. 中华内科杂志，2018，57（12）：9.

B13. 中华医学会糖尿病学分会，国家基层糖尿病防治管理办公室 2022

• 中华医学会糖尿病学分会，国家基层糖尿病防治管理办公室. 国家基层糖尿病防治管理指南(2022)[J]. 2022,61(7)：32.

B14.《缓解 2 型糖尿病中国专家共识》编写专家委员会 2021

· 《缓解型糖尿病中国专家共识》编写专家委员会. 缓解 2 型糖尿病中国专家共识[J]. 中国全科医学，2021,024(32)：4037-4048.

B15. 郭小靖(青岛大学附属医院重症医学科)2021

· 郭小靖，魏丽丽，王静远，等. 妊娠期糖尿病高危人群病前管理证据总结[J]. 中华健康管理学杂志，2021,15(4)：6.

B16. 黄娜(复旦大学护理学院)2021

· 黄娜，周英凤，章孟星，等. 妊娠期糖尿病临床护理实践指南的更新[J]. 护士进修杂志，2021,36(21)：1937-1943.

B17. 刘婷(浙江中医药大学护理学院)2020

· 刘婷，谭小雪，徐娜飞，等. 妊娠期糖尿病孕妇运动方案的最佳证据总结[J]. 中华护理杂志，2020,55(10)：1514-9.

B18. 中国妇幼保健协会妊娠合并糖尿病专业委员会，中华医学会妇产科学分会产科学组 2021

· 中国妇幼保健协会妊娠合并糖尿病专业委员会，中华医学会妇产科学分会产科学组. 妊娠期运动专家共识(草案)[J]. 中华围产医学杂志，2021,24(9)：5.

B19. 中华医学会妇产科学分会产科学组，中华医学会围产医学分会，中国妇幼保健协会妊娠合并糖尿病专业委员会 2022

· 中华医学会妇产科学分会产科学组，中华医学会围产医学分会，中国妇幼保健协会妊娠合并糖尿病专业委员会. 妊娠期高血糖诊治指南(2022)[J]. 中华妇产科杂志，2022,57(2)：81-90.

B20. 中华医学会糖尿病学分会 2013

· 中华医学会糖尿病学分会. 中国 1 型糖尿病诊治指南：胰岛素治疗、医学营养治疗、运动治疗、其他治疗方法[J]. 中国医学前沿杂志(电子版)，2013,5(11)：48-56.

B21. 中华医学会糖尿病学分会 2012

· 中华医学会糖尿病学分会. 中国 2 型糖尿病防治指南(2010 年版)[J]. 中国糖尿病杂志，2012,20(1)：81-117.

B22. 中华医学会糖尿病学分会 2014

· 中华医学会糖尿病学分会. 中国 2 型糖尿病防治指南(2013 年版)[J]. 中华糖尿病杂志，2014,22(8)：2-42.

B23. 中华医学会内分泌学分会 2014

• 中华医学会内分泌学分会. 中国成人 2 型糖尿病预防的专家共识[J]. 中华内分泌代谢杂志,2014,30(4):227-283.

B24. 中华医学会糖尿病学分会 2018

• 中华医学会糖尿病学分会. 中国 2 型糖尿病防治指南(2017 年版)[J]. 中华糖尿病杂志,2018,10(1)：4-67.

B25. 中华医学会糖尿病学分会 2021

• 中华医学会糖尿病学分会. 中国 2 型糖尿病防治指南(2020 年版)(上)[J]. 中国实用内科杂志,2021,41(8)：668-695.

B26. 中华医学会糖尿病学分会 2021

• 中华医学会糖尿病学分会. 中国 2 型糖尿病防治指南(2020 年版)(下)[J]. 中国实用内科杂志,2021,41(9)：757-784.

B27. 中华中医药学会糖尿病基层防治专家指导委员会 2022

• 中华中医药学会糖尿病基层防治专家指导委员会. 国家糖尿病基层中医防治管理指南(2022)[J]. 中华糖尿病杂志,2022,5(2)：100-117.

B28. 中华医学会糖尿病学分会,中华医学会感染病学分会,中华医学会组织修复与再生分会 2019

• 中华医学会糖尿病学分会,中华医学会感染病学分会,中华医学会组织修复与再生分会. 中国糖尿病足防治指南(2019 版)(Ⅳ)[J]. 中华糖尿病杂志,2019,11(5)：12.

B29. 中华医学会糖尿病学分会 2015

• 中华医学会内分泌学分会. 中国 2 型糖尿病预防专家共识[J].健康指南:中老年,2015(1):2.

B30. 中华医学会老年病学分会内分泌代谢病学组 2021

• Wang S, Zhan J, Cheng M, et al. Clinical expert consensus on standard care of blood glucose for residents in senior care facility in China (2021 edition)[J]. Aging Medicine (Milton),2021,4(2):93-108.

B31. 印度体力活动共识小组 2012

• Misra A, Nigam P, Hills A P, et al. Consensus physical activity guidelines for Asian Indians[J]. Diabetes Technology & Therapeutics,2012,14(1)：83-98.

B32. 韩国流行病学会,韩国糖尿病学会,韩国内分泌学会 2019

• Rhee E J, Kim H C, Kim J H, et al. 2018 Guidelines for the management of dyslipidemia [J]. Korean Journal of Internal Medicine, 2019, 34(4): 723-771.

B33. 日本糖尿病协会 2018

• Haneda M, Noda M, Origasa H, et al. Japanese clinical practice guideline for diabetes 2016[J]. Diabetology international, 2018,9(1): 1-45.

B34. 日本糖尿病协会 2020

• Araki E, Goto A, Kondo T, et al. Japanese clinical practice guideline for diabetes 2019[J]. Journal of Diabetes Investigation, 2020,11 (4): 1020-7106.

B35. 马来西亚卫生部,马来西亚内分泌代谢学会,马来西亚围产期学会 2017

• Ministry of Health Malaysia. Management of Diabetes in Pregnancy [M]. Malaysia Health Technology Assessment Section (MaHTAS), 2017.

B36. Hassabi M(沙希德贝希蒂医科大学体育与运动医学系)2021

• Hassabi M, Esteghamati A, Halabchi F, et al. Iranian national clinical practice guideline for exercise in patients with diabetes [J]. International Journal of Endocrinology and Metabolism, 2021, 19 (3): e109021.

B37. 加拿大糖尿病协会 2009

• Bhattacharyya O K, Estey E A, Cheng A Y. Update on the Canadian Diabetes Association 2008 clinical practice guidelines [J]. Canadian Family Physician, 2009,55(1): 39-43.

B38. 加拿大糖尿病协会,加拿大糖尿病临床实践指南专家委员会 2018

• Sigal R J, Armstrong M J, Bacon S L, et al. Physical activity and diabetes[J]. Canadian Journal of Diabetes, 2018,42: S54-S63.

B39. 加拿大、美国、英国等多国机构组织 2017

• Riddell M C, Gallen I W, Smart C E, et al. Exercise management in type 1 diabetes: A consensus statement[J]. Lancet Diabetes Endocrinol, 2017,5 (5): 377-390.

B40. Berry T R(阿尔伯塔大学体育与娱乐学院)2012

• Berry T R, Chan C B, Bell R C, et al. Collective knowledge: Using a consensus conference approach to develop recommendations for physical activity and nutrition programs for persons with type 2 diabetes

[J]. Frontiers in Endocrinol，2012，3：161.

B41. Lawton C(桑尼布鲁克女子学院健康科学中心内分泌科)2004

· Lawton C. Highlights of the 2003 Clinical practice guidelines for the prevention and management of diabetes in Canada[J]. Cannt Journal，2004，14(1)：40-43.

B42. Harris S B(加拿大西安大略大学)2004

· Harris S B，Petrella R J，Leadbetter W. Lifestyle interventions for type 2 diabetes. Relevance for clinical practic[J]. Canadian Family Physician，2004，49：1618-1625.

B43. 美国糖尿病协会 2016

· Colberg S R，Sigal R J，Yardley J E，et al. Physical Activity/ Exercise and Diabetes：A position statement of the American Diabetes Association[J]. Diabetes Care，2016，9(11)：2065-2079.

B44. Mottola M F(加拿大西安大略大学)2011

· Mottola M F，Ruchat S M. Exercise Guidelines for Women with Gestational Diabetes[M]. INTECH Open Access Publisher，2011.

B45. 美国糖尿病协会 1990

· American Diabetes Association. Diabetes mellitus and exercise [J]. Diabetes Care，1990，13(7)：304-805.

B46. 美国营养与饮食学会 2008

· Academy of Nutrition and Dietetics. Diabetes type 1 and 2-DM：Executive summary of recommendations (2008) [Z]. Evidence Analysis Library，2008.

B47. 美国国家卫生研究院 1997

· National Institutes of Health. Consensus development summaries：Diet and exercise in noninsulin-dependent diabetes mellitus[J]. Nutrition，1997，13(2)：89-94.

B48. 美国运动医学会,美国糖尿病协会 2010

· Colberg S R，Sigal R J，Fernhall B，et al. Exercise and type 2 diabetes：The American College of Sports Medicine and the American Diabetes Association：Joint position statement[J]. Diabetes Care，2010，33 (12)：e147-e167.

B49. Yacoub T G(初级保健医疗中心)2014

· Yacoub T G. Combining clinical judgment with guidelines for the management of type 2 diabetes：Overall standards of comprehensive care [J]. Postgrad Medicine，2014,126(3)：85-94.

B50. 美国糖尿病协会 2015

• American Diabetes Association. Diabetes type 1 and 2-DM major recommendations[Z]. Evidence Analysis Library，2015.

B51. Young J C(内华达大学运动学系)1995

• Young J C. Exercise prescription for individuals with metabolic disorders. Practical considerations[J]. Sports Medicine，1995,19(1)：43-54.

B52. 美国心脏协会 2009

• Marwick T H, Hordern M D, Miller T, et al. Exercise training for type 2 diabetes mellitus：impact on cardiovascular risk：A scientific statement from the American Heart Association[J]. Circulation，2009,119 (25)：3244-3262.

B53. 美国糖尿病协会 2002

• American Diabetes Association. Diabetes mellitus and exercise (Position Statement)[J]. Diabetes Care，2002，25 (Suppl 1)：S64-S8.

B54. 美国营养与饮食学会 2016

• Academy of Nutrition and Dietetics. Gestational diabetes gdm executive summary of recommendations（2016）[Z]. Evidence Analysis Library，2016.

B55. Ismail-Beigi F(克利夫兰凯斯西储大学医学院)2012

• Ismail-Beigi F. Glycemic management of type 2 diabetes mellitus [J]. New England Journal of Medicine，2012,366(14)：1319-1327.

B56. 美国糖尿病教育者协会 2000

• Colberg S R. Use of clinical practice recommendations for exercise by individuals with type 1 diabetes[J]. The Diabetes Educator，2000,26 (2)：265-271.

B57. 美国肾脏基金会 2020

• De Boer I H, Caramori M L, Chan J C, et al. KDIGO 2020 clinical practice guideline for diabetes management in chronic kidney disease[J]. Kidney International，2020,98(4)：S1-S115.

B58. 美国营养与饮食学会 2015

• Academy of Nutrition and Dietetics. Diabetes type 1 and 2-DM：

Major recommendations(2015)[Z]. Evidence Analysis Library,2015.

B59. 美国糖尿病协会 2017

· Berg E G. Lessons in care: Insights into recent changes in the American Diabetes Association's clinical practice recommendations[J]. Clinical Diabetes,2017,35(2):96-99.

B60. 美国糖尿病协会 2006

· Sigal R J,Kenny G P,Wasserman D H,et al. Physical activity/ exercise and type 2 diabetes: A consensus statement from the American Diabetes Association[J]. Diabetes Care,2006,29(6):1433-1438.

B61. 美国运动医学会 2021

· Kanaley J A,Colberg S R,Corcoran M H,et al. Exercise/physical activity in individuals with type 2 diabetes: A consensus statement from the American College of Sports Medicine[J]. Medicine and Science in Sports and Exercise,2021,54(2):353-368.

B62. 美国临床内分泌学家协会,美国内分泌学会和美国糖尿病协会 2018

· Gc K,Cadet M J,Hirani S,et al. Type 2 diabetes management: A practice guide for NPs[J]. The Nurse Practitioner,2018,43(10): 40-47.

B63. Padayachee C(昆士兰大学人体运动研究学院和运动研究中心)2015

· Padayachee C,Coombes J S. Exercise guidelines for gestational diabetes mellitus[J]. World Journal of Diabetes,2015,6(8):1033.

B64. 巴西糖尿病学会,巴西心脏病学会,巴西内分泌代谢学会 2017

· Bertoluci M C,Moreira R O,Faludi A,et al. Brazilian guidelines on prevention of cardiovascular disease in patients with diabetes: A position statement from the Brazilian Diabetes Society (SBD), the Brazilian Cardiology Society (SBC) and the Brazilian Endocrinology and Metabolism Society(SBEM)[J]. Diabetology Metabolic Syndrome,2017,9 (1):1-36.

B65. 欧洲心脏病学会与欧洲糖尿病研究协会的糖尿病、糖尿病前期和心血管疾病工作组 2019

· Cosentino F,Grant P J,Aboyans V,et al. 2019 ESC Guidelines on diabetes, pre-diabetes, and cardiovascular diseases developed in collaboration with the EASD: The Task Force for diabetes, pre-diabetes, and cardiovascular diseases of the European Society of Cardiology(ESC) and the European Association for the Study of Diabetes(EASD)[J]. European Heart Journal, 2019,41(2): 255-323.

B66. 西班牙内分泌与营养学会糖尿病工作组 2015

• Gargallo-Fernández M, Escalada San Martín J, Gómez-Peralta F, et al. Clinical recommendations for sport practice in diabetic patients (RECORD Guide). Diabetes Mellitus Working Group of the Spanish Society of Endocrinology and Nutrition (SEEN)[J]. Endocrinología y Nutrición (English Edition), 2015,62(6): e73-e93.

B67. 欧洲心脏病学会与欧洲糖尿病研究协会的糖尿病、糖尿病前期和心血管疾病工作组 2013

• Members A T F, Rydén L, Grant P J, et al. ESC Guidelines on diabetes, pre-diabetes, and cardiovascular diseases developed in collaboration with the EASD: the Task Force on diabetes, pre-diabetes, and cardiovascular diseases of the European Society of Cardiology(ESC) and developed in collaboration with the European Association for the Study of Diabetes (EASD)[J]. European Heart Journal, 2013, 34 (39): 3035-3087.

B68. Savvaki D(色雷斯德谟克利特大学体育与运动科学学院)2018

• Savvaki D, Taousani E, Goulis D G, et al. Guidelines for exercise during normal pregnancy and gestational diabetes: A review of international recommendations[J]. Hormones (Athens), 2018,17(4): 521-529.

B69. 国际糖尿病联盟预防和流行病学工作组 2007

• Alberti K G, Zimmet P, Shaw J. International Diabetes Federation: A consensus on type 2 diabetes prevention[J]. Diabetic Medicine, 2007,24(5): 451-463.

B70. 意大利糖尿病学会和糖尿病学家协会 2022

• Mannucci E, Candido R, Monache L D, et al. Italian guidelines for the treatment of type 2 diabetes[J]. Acta Diabetologica, 2022,59(5): 579-622.

B71. 英国糖尿病协会 2019

• Sinclair A J, Dunning T, Dhatariya K. Clinical guidelines for type 1 diabetes mellitus with an emphasis on older adults: An Executive Summary[J]. Diabetic Medicine, 2019,37(1): 53-70.

B72. 德国联邦议院与联邦卫生部 2016

• Pfeifer K, Rütten A. National recommendations for physical activity and physical activity promotion[J]. Gesundheitswesen, 2016,79(S 01): S2-S3.

B73. 国际糖尿病联合会 2017

• Aschner P. IDF clinical practice recommendations for managing type 2 diabetes in primary care [J]. Diabetes Research and Clinical Practice, 2017,132: 169-170.

C1. 胡大一(北京大学人民医院)2006

• 胡大一,杨进刚. 下肢动脉疾病诊疗的专家共识[J]. 中国实用内科杂志, 2006(21): 1678-1683.

C2. 中国高血压防治指南修订委员会 2010

• 中国高血压防治指南修订委员会. 中国高血压防治指南 2010[J]. 中华高血压杂志, 2011, 19(8): 701-743.

C3. 台湾心脏病协会 2010

• Chiang C E, Wang T D, Li Y H, et al. 2010 Guidelines of the Taiwan society of cardiology for the management of hypertension[J]. Journal of the Formosan Medical Association, 2010,109(10): 740-773.

C4. 中国康复医学会心血管病专业委员会 2012

• 刘遂心,丁荣晶,胡大一. 冠心病康复与二级预防中国专家共识[J]. 中华心血管病杂志, 2013(4): 267-275.

C5. 中国康复医学会心血管病专业委员会,中国老年学学会心脑血管病专业委员会 2014

• 中国康复医学会心血管病专业委员会,中国老年学学会心脑血管病专业委员会. 慢性稳定性心力衰竭运动康复中国专家共识[J]. 中华心血管病杂志, 2014,42(9): 714-720.

C6. 中华医学会心血管病学分会预防学组,中国康复医学会心血管病专业委员会 2015

• 中华医学会心血管病学分会预防学组,中国康复医学会心血管病专业委员会. 冠心病患者运动治疗中国专家共识[J]. 中华心血管病杂志，2015,53(7):575-588.

C7. Sun N L(北京大学人民医院心内科)2015

· Sun N L, Huo Y, Wang J G, et al. Consensus of Chinese specialists on diagnosis and treatment of resistant hypertension[J]. Chinese Medical Journal, 2015,128(15): 2102-2108.

C8. 中国医师协会心血管内科医师分会预防与康复专业委员会 2016

· 中国医师协会心血管内科医师分会预防与康复专业委员会. 经皮冠状动脉介入治疗术后运动康复专家共识[J]. 中国介入心脏病学杂志，2016,24(7): 361-369.

C9. 中华医学会老年医学分会 2017

· 中华医学会老年医学分会. 75 岁及以上稳定性冠心病患者运动康复中国专家共识[J]. 中华老年医学杂志，2017,36(6):599-607.

C10. Cheung B M Y(香港大学医学院)2017

· Cheung B M Y, Cheng C H, Lau C P, et al. 2016 consensus statement on prevention of atherosclerotic cardiovascular disease in the Hong Kong population[J]. Hong Kong Medical Journal, 2017,23(2): 191-201.

C11. 台湾脂质和动脉粥样硬化协会 2017

· Li Y H, Ueng K C, Jeng J S, et al. 2017 Taiwan lipid guidelines for high risk patients[J]. Journal of the Formosan Medical Association, 2017,116(4): 217-248.

C12. 上海市康复医学会心脏康复专业委员会,脑卒中合并稳定性冠心病运动康复专家共识编写组 2018

· 上海市康复医学会心脏康复专业委员会，脑卒中合并稳定性冠心病运动康复专家共识编写组. 脑卒中合并稳定性冠心病运动康复专家共识[J]. 中国康复医学杂志，2018,33(4): 379-384.

C13. 中国医学会老年医学会心血管组 2018

· Zhang C, Tao J. Expert consensus on clinical assessment and intervention of vascular aging in China (2018)[J]. Aging Medicine, 2018, 1(3): 228-237.

C14. 国家心血管疾病专家委员会,国家心血管疾病中心,中国心脏病学会,等 2018

· Chen H, Chen W W, Chen W X, et al. 2016 Chinese guidelines for the management of dyslipidemia in adults[J]. Journal of Geriatric Cardiology，2018，15(1)：1-29.

C15. 中华医学会心血管病学分会,中华心血管病杂志编辑委员会 2019

· 急性 ST 段抬高型心肌梗死诊断和治疗指南(2019)[J]. 中华心血管病杂志，2019，47(10)：766-783.

C16. 中国老年医学会高血压分会,国家老年疾病临床研究中心-中国老年心血管疾病联盟 2019

· Hua Q，Fan L. 2019 Chinese guideline for the management of hypertension in the elderly[J]. Journal of Geriatric Cardiology，2019，16(2)：67-99.

C17. 中华预防医学会,中华预防医学会心脏病预防与控制专业委员会,中华医学会糖尿病学分会,等 2020

· 中华预防医学会，中华预防医学会心脏病预防与控制专业委员会，中华医学会糖尿病学分会，等. 中国健康生活方式预防心血管代谢疾病指南[J]. 中华糖尿病杂志，2020，2(3)：141-162.

C18. 中华医学会物理医学与康复学分会康复治疗学组,中国医师协会水疗康复专业委员会 2020

· 丛芳，崔尧. 脑卒中水中运动治疗中国循证临床实践指南(2019 版)[J]. 中国康复理论与实践，2020，26(3)：249-262.

C19. 国家心血管病中心,冠状动脉搭桥术后心脏康复专家共识编写委员会 2020

· 国家心血管病中心，《冠状动脉旁路移植术后心脏康复专家共识》编写委员会. 冠状动脉旁路移植术后心脏康复专家共识[J]. 中国循环杂志，2020，35(1)：4-15.

C20. 赵旭(山东大学附属省立医院护理部)2020

· 赵旭，王伟，赵小静，等. 慢性心力衰竭患者出入量管理的最佳证据总结[J]. 中华护理杂志，2020，55(3)：456-461.

C21. 高敏(南京医科大学护理学院)2020

· 高敏，孙国珍，邢双双，等. 慢性稳定期心力衰竭患者运动康复的最佳证据总结[J]. 护理学杂志，2020，35(4)：10-15.

C22. 中国医师协会心血管内科医师分会,中国医院协会心脏康复管理专业委员会 2021

· 中国医师协会心血管内科医师分会，中国医院协会心脏康复管理专业委员会. 成人肺高血压患者运动康复中国专家共识[J]. 中国介入心脏病学杂志，2021，29(8)：421-432.

C23. 马骊(同济大学附属第十人民医院)2021

· 马骊，朱晓萍，唐燕华，等. 急性心肌梗死患者经皮冠状动脉介入治疗后心脏运动康复的最佳证据总结[J]. 实用心脑肺血管病杂志，2021，29(3)：11-17.

C24. 中国医师协会心血管内科医师分会，中国医院协会心脏康复管理专业委员会 2021

· 中国医师协会心血管内科医师分会，中国医院协会心脏康复管理专业委员会. 慢性冠状动脉综合征患者运动康复分级诊疗中国专家共识[J]. 中国介入心脏病学杂志，2021，29(7)：361-370.

C25. 陈丹丹(浙江大学医学院附属邵逸夫医院护理部)2022

· 陈丹丹，张慧，邵静，等. 代谢综合征患者饮食和运动管理方案最佳证据总结[J]. 浙江大学学报(医学版)，2022，51(1)：27-37.

C26. 汤一帆(南京医科大学第一附属医院护理部)2022

· 汤一帆，黄艳玲，顾则娟，等. 缺血性心脏病患者心脏康复依从性管理的最佳证据总结[J]. 中国护理管理，2022，2(8)：1221-1227.

C27. 黑龙江省康复医学会 2022

· 唐强，李保龙，李宏玉，等. 改良太极功法临床实践指南·脑卒中运动障碍[J]. 康复学报，2022，32(3)：189-196.

C28. 李呈慧(南京中医药大学护理学院)2022

· 李呈慧，傅荣，梁丽萍. 老年高血压患者生活方式管理的最佳证据总结[J]. 现代临床护理，2022，21(6)：64-69.

C29. 中国医药卫生文化协会心血管健康与科学运动分会 2022

· 中国医药卫生文化协会心血管健康与科学运动分会. 运动相关心血管事件风险的评估与监测中国专家共识[J]. 中国循环杂志，2022，37(7)：659-668.

C30. 北京高血压防治协会，中国卒中学会高血压预防与管理分会，中国老年保健协会养老与健康专业委员会，等 2022

· 王增武，北京高血压防治协会，中国卒中学会高血压预防与管理分会，等. 老年心血管病多学科诊疗共识[J]. 中国合理用药探索，2022，19(11)：1-32.

C31. 中国卒中学会神经介入分会 2022

· 中国卒中学会神经介入分会. 症状性颅内动脉粥样硬化性狭窄血管

内治疗中国专家共识 2022[J]. 中国卒中杂志，2022,17(8)：863-888.

C32. 中国老年学和老年医学学会 2022

· 中国老年学和老年医学学会. 老年缺血性脑卒中慢性疾病管理指南[J]. 中西医结合研究，2022,14(6)：382-392.

C33. 中国医院协会心脏康复管理专业委员会，苏州工业园区心血管健康研究院 2022

· 中国医院协会心脏康复管理专业委员会，苏州工业园区心血管健康研究院. 心脏康复分级诊疗中国专家共识[J]. 中国介入心脏病学杂志，2022,30(8)：561-572.

C34. 北京高血压防治协会，中国卒中学会高血压预防与管理分会，中国老年保健协会养老与健康专业委员会，等 2022

· 北京高血压防治协会，中国卒中学会高血压预防与管理分会，中国老年保健协会养老与健康专业委员会，等. 基层冠心病与缺血性脑卒中共患管理专家共识 2022[J]. 中国心血管病研究，2022,20(9)：772-793.

C35. 日本厚生劳动省老年与健康综合研究项目"老年高血压长期预后"研究小组 1999

· Hiwada K，Ogihara T，Matsumoto M，et al. Guidelines for hypertension in the elderly-1999 revised version [J]. Hypertension Research-Clinical and Experimental，1999,22(4)：231-259.

C36. 日本循环学会联合工作组 2012

· JCS Joint Working Group. Guidelines for rehabilitation in patients with cardiovascular disease（JCS 2012）：Digest version[J]. Circulation Journal，2014,78(8)：2022-2293.

C37. 日本循环学会，日本心脏衰竭学会联合工作组 2017

· Tsutsui H，Isobe M，Ito H，et al. JCS 2017/JHFS 2017 guideline on diagnosis and treatment of acute and chronic heart failure-digest version- [J]. Circulation Journal，2019,83(10)：2084-2184.

C38. 日本循环学会 2018

· Nakamura M，Yaku H，Ako J，et al. JCS/JSCVS 2018 Guideline on revascularization of stable coronary artery disease [J]. Circulation Journal，2022,86(3)：477-588.

C39. 日本循环学会 2018

· Yamagishi M，Tamaki N，Akasaka T，et al. JCS 2018 guideline on diagnosis of chronic coronary heart diseases[J]. Circulation Journal，2021，85(4)：402-572.

C40. 日本心脏循环学会，日本心脏康复协会联合工作组 2022

· Makita S，Yasu T，Akashi Y J，et al. JCS/JACR 2021 Guideline on rehabilitation in patients with cardiovascular disease[J]. Circulation Journal，2022,87(1)：155-235.

C41. 韩国流行病学会，韩国糖尿病协会，韩国内分泌学会，等 2019

· Rhee E J，Kim H C，Kim J H，et al. 2018 Guidelines for the management of dyslipidemia[J]. Korean Journal of Internal Medicine，2019,34(4)：723-771.

C42. 韩国卫生福利部 2019

· Kim C，Sung J，Lee J H，et al. Clinical practice guideline for cardiac rehabilitation in Korea：Recommendations for cardiac rehabilitation and secondary prevention after acute coronary syndrome[J]. Korean Circulation Journal，2019,49(11)：1066-1111.

C43. 海湾糖尿病专家中心，苏丹卡布斯大学医学院临床生物化学系，阿拉伯联合酋长国迪拜卫生部，等 2016

· Al Sayed N，Al Waili K，Alawadi F，et al. Consensus clinical recommendations for the management of plasma lipid disorders in the Middle East[J]. International Journal of Cardiology，2016,225：268-283.

C44. 海湾糖尿病专家中心，阿拉伯联合酋长国阿布扎比克利夫兰诊所，沙特阿拉伯苏丹王子心脏中心，等 2022

· Alsayed N，Almahmeed W，Alnouri F，et al. Consensus clinical recommendations for the management of plasma lipid disorders in the Middle East：2021 update[J]. Atherosclerosis，2022,343：28-50.

C45. 印度医生协会，印度心脏病协会，印度内科医生学院，等

· Shah S N，Munjal Y P，Kamath S A，et al. Indian guidelines on hypertension-Ⅳ（2019）[J]. Journal of Human Hypertension，2020,34(11)：745-758.

C46. 阿曼心脏协会 2015

· El-Deeb M H，Sulaiman K J，Al-Riyami A A，et al. 2015 Oman Heart Association guidelines for the management of hypertension：Practical recommendations from the Oman Heart Association（OHA）[J].

High Blood Pressure and Cardiovascular Prevention，2015，22(1)：83-97.

C47. 马来西亚卫生部 2017

· Jeyamalar Rajadurai R Z，Abdul RashidAbdul. Primary & Secondary Prevention of Cardiovascular Disease 2017[EB/OL]. (2017-04-17)[2023-12-12]. https://www. malaysianheart. org/management. file/doc/202401027178664601. pdf.

C48. 新加坡卫生部 2018

· Tay J C，Sule A A，Chew D，et al. Ministry of health clinical practice guidelines：Hypertension[J]. Singapore Medical Journal，2018，59(1)：17-27.

C49. 欧洲心脏病学会,欧洲动脉粥样硬化学会,欧洲高血压学会的特别工作组 1994

· Pyorala K，De Backer G，Graham I，et al. Prevention of coronary heart disease in clinical practice：Recommendations of the task force of the European Society of Cardiology，European Atherosclerosis Society and European Society of hypertension[J]. Atherosclerosis，1994，110(2)：121-161.

C50. 欧洲和其他社会关于冠状动脉预防的第二个联合工作组 1998

· Wood D，De Backer G，Faergeman O，et al. Prevention of coronary heart disease in clinical practice：Recommendations of the second joint task force of European and other societies on coronary prevention[J]. Atherosclerosis，1998，140(2)：199-270.

C51. 欧洲心脏病学会心脏康复与运动生理学工作组、心力衰竭管理工作组 2001

· Gianuzzi P，Tavazzi L，Meyer K，et al. Recommendations for exercise training in chronic heart failure patients[J]. European Heart Journal，2001，22(2)：125-135.

C52. 欧洲和其他临床实践中心血管疾病预防协会的第三个联合工作组 2003

· De Backer G，Ambrosioni E，Borch-Johnsen K，et al. European guidelines on cardiovascular disease prevention in clinical practice[J]. Atherosclerosis，2003，171(1)：145-155.

C53. 欧洲和其他学会心血管预防临床实践第三工作组 2004

· De Backer G，Ambrosioni E，Borch-Johnsen K，et al. Guía

Europea de prevención cardiovascular en la práctica clínica. Tercer grupo de trabajo de las sociedades europeas y otras sociedades sobre prevención cardiovascular en la práctica clínica：Constituido por representantes de 8 sociedades y expertos invitados[J]. Revista Clínica Española，2006，206 (1)：19-29.

C54. 欧洲心脏病学会 2004

• Galie N，Torbicki A，Barst R，et al. Guidelines on diagnosis and treatment of pulmonary arterial hypertension：The task force on diagnosis and treatment of pulmonary arterial hypertension of the European Society of Cardiology[J]. European Heart Journal，2004，25(24)：2243-2278.

C55. 欧洲高血压学会,欧洲心脏病学会 2004

• Guidelines Committee. 2003 European Society of hypertension-European Society of Cardiology guidelines for the management of arterial hypertension[J]. Heartdrug，2004，4(1)：6-51.

C56. 欧洲心脏病学会运动心脏病学研究组 2005

• Fagard R H，Björnstad H H，Børjesson M，et al. ESC Study group of sports cardiology recommendations for participation in leisure-time physical activities and competitive sports for patients with hypertension［J］. European Journal of Cardiovascular Prevention & Rehabilitation,2005,12(4)：326-331.

C57. 欧洲高血压学会,欧洲心脏病学会 2007

• Mancia G，De Backer G，Dominiczak A，et al. 2007 Guidelines for the management of arterial hypertension：The task force for the management of arterial hypertension of the European Society of Hypertension(ESH) and of the European Society of Cardiology(ESC)[J]. European Journal of Preventive Cardiology，2007，25(6)：1105-1187.

C58. 欧洲心脏病学会和其他临床实践中心血管疾病预防学会的第四个联合工作组 2007

• Graham I，Atar D，Borch-Johnsen K，et al. European guidelines on cardiovascular disease prevention in clinical practice：Executive summary -Fourth joint task force of the European Society of cardiology and Other Societies on cardiovascular disease prevention in clinical practice (Constituted by representatives of nine societies and by invited experts)

〔J〕. European Heart Journal，2007,28(19)：2375-2414.

C59. 欧洲中风组织执行委员会和协作委员会 2008

• Ringleb P A，Bousser M G，Ford G，et al. Guidelines for management of ischaemic stroke and transient ischaemic attack 2008〔J〕. Cerebrovascular Diseases，2008,25(5)：457-507.

C60. 欧洲心脏病学会 2008

• Dickstein K，Cohen-Solal A，Filippatos G，et al. ESC Guidelines for the diagnosis and treatment of acute and chronic heart failure 2008. The task force for the diagnosis and treatment of acute and chronic heart failure 2008 of the European Society of Cardiology. Developed in collaboration with the Heart Failure Association of the ESC (HFA) and endorsed by the European Society of intensive care medicine(ESICM)〔J〕. European Journal of Heart Failure，2008,10(10)：933-989.

C61. 欧洲心脏病学会成人先天性心脏病管理特别工作组 2010

• Baumgartner H，Bonhoeffer P，De Groot N M，et al. ESC Guidelines for the management of grown-up congenital heart disease (new version 2010)〔J〕. European Heart Journal，2010,31(23)：2915-2957.

C62. 欧洲心脏病学会外周动脉疾病诊断和治疗特别工作组 2011

• Tendera M，Aboyans V，Bartelink M L，et al. ESC Guidelines on the diagnosis and treatment of peripheral artery diseases〔J〕. European Heart Journal，2011,32(22)：2851-2906.

C63. 欧洲心脏病学会,欧洲动脉粥样硬化学会 2011

• Reiner Ž，Catapano A L，De Backer G，et al. ESC/EAS Guidelines for the management of dyslipidaemias〔J〕. European Heart Journal，2011,32(14)：1769-1818.

C64. 欧洲心力衰竭协会,心血管预防和康复协会 2011

• PIEPOLI M F，CONRAADS V，CORRÁ U，et al. Exercise training in heart failure：From theory to practice. A consensus document of the Heart Failure Association and the European Association for cardiovascular prevention and rehabilitation〔J〕. European Journal of Heart Failure，2011,13(4)：347-357.

C65. 欧洲心脏病学会和其他心血管疾病预防学会 2012

• Perk J，De Backer G，Gohlke H，et al. European Guidelines on

cardiovascular disease prevention in clinical practice（version 2012）[J]. European Heart Journal，2012,33(13)：1635-1701.

C66．欧洲高血压学会,欧洲心脏病学会动脉性高血压管理特别工作组 2013

· Mancia G，Fagard R，Narkiewicz K，et al. 2013 ESH/ESC guidelines for the management of arterial hypertension[J]. Blood Pressure, 2013,22(4)：193-278.

C67．欧洲心脏病学会稳定型冠状动脉疾病管理特别工作组 2013

· Montalescot G，Sechtem U，Achenbach S，et al. 2013 ESC guidelines on the management of stable coronary artery disease[J]. European Heart Journal，2013,34(38)：2949-3003.

C68．欧洲高血压学会,欧洲心脏病学会 2013

· Mancia G，Fagard R，Narkiewicz K，et al. 2013 Practice guidelines for the management of arterial hypertension of the European Society of Hypertension（ESH）and the European Society of Cardiology （ESC）：ESH/ESC task force for the management of arterial hypertension [J]. Journal of Hypertension，2013,31(10)：1925-1938.

C69．欧洲心脏病学会,欧洲呼吸学会的肺动脉高压诊断和治疗联合工作组 2015

· Galiè N，Humbert M，Vachiery J L，et al. 2015 ESC/ERS Guidelines for the diagnosis and treatment of pulmonary hypertension[J]. European Respiratory Journal，2015,46(4)：903-975.

C70．欧洲心脏病学会心室性心律失常患者管理和心源性猝死预防特别工作组 2015

· Priori S G，Blomström-Lundqvist C，Mazzanti A，et al. 2015 ESC Guidelines for the management of patients with ventricular arrhythmias and the prevention of sudden cardiac death：The task force for the management of patients with ventricular arrhythmias and the prevention of sudden cardiac death of the European Society of Cardiology（ESC）. Endorsed by：Association for European Paediatric and Congenital Cardiology（AEPC）[J]. European Heart Journal，2015，36（41）：2793-2867.

C71．欧洲心脏病学会联合其他心血管疾病预防学会 2016

· Piepoli M F，Hoes A W，Agewall S，et al. 2016 European

Guidelines on cardiovascular disease prevention in clinical practice[J]. European Heart Journal, 2016,37(29): 2315-2381.

C72. 欧洲心脏病学会,欧洲动脉粥样硬化学会的血脂异常管理特别工作组 2016

· Catapano A L, Graham I, De Backer G, et al. 2016 ESC/EAS Guidelines for the Management of Dyslipidaemias[J]. European Heart Journal, 2016,37(39): 2999-3058.

C73. 欧洲心脏病学会急性和慢性心力衰竭诊断和治疗工作组 2016

· Ponikowski P, Voors A A, Anker S D, et al. 2016 ESC Guidelines for the diagnosis and treatment of acute and chronic heart failure[J]. European Heart Journal, 2016,37(27): 2129-2200.

C74. 欧洲心脏病学会房颤管理工作组 2016

· Kirchhof P, Benussi S, Kotecha D, et al. 2016 ESC Guidelines for the management of atrial fibrillation developed in collaboration with EACTS[J]. European Heart Journal, 2016,37(38): 2893-2962.

C75. 欧洲心脏病学会和欧洲高血压学会的动脉性高血压管理工作组 2018

· Williams B, Mancia G, Spiering W, et al. 2018 ESC/ESH Guidelines for the management of arterial hypertension[J]. Journal of Hypertension, 2018,36(10): 1956-2041.

C76. 欧洲心脏病学会 2019

· Brugada J, Katritsis D G, Arbelo E, et al. 2019 ESC Guidelines for themanagement of patients with supraventricular tachycardia [J]. European Heart Journal, 2020,41(5): 655-720.

C77. 欧洲心脏病学会 2020

· Pelliccia A, Sharma S, Gati S, et al. 2020 ESC guidelines on sports cardiology and exercise in patients with cardiovascular disease[J]. Revista Espanola de Cardiologia, 2021,74(6): e1-e73.

C78. 欧洲心脏病学会 2020

· Sharma S, Pelliccia A, Gati S. The 'Ten Commandments' for the 2020 ESC Guidelines on sports cardiology and exercise in patients with cardiovascular disease[J]. European Heart Journal, 2021,42(1): 6-7.

C79. 欧洲心脏病学会 2021

· Visseren F L J, Mach F, Smulders Y M, et al. 2021 ESC

Guidelines on cardiovascular disease prevention in clinical practice[J]. European Heart Journal, 2021,42(34)：3227-3337.

C80. 欧洲心脏病学会的房颤诊断和管理工作组 2021

• Hindricks G，Potpara T，Dagres N，et al. 2020 ESC Guidelines for the diagnosis and management of atrial fibrillation developed in collaboration with the European Association for cardio-thoracic surgery (EACTS)[J]. European Heart Journal，2021,42(5)：373-498.

C81. 欧洲中风组织 2021

• Wardlaw J M，Debette S，Jokinen H，et al. ESO Guideline on covert cerebral small vessel disease[J]. European Stroke Journal，2021,6 (2)：CXI-CLXII

C82. 欧洲心脏病学会急性和慢性心力衰竭诊断和治疗工作组 2022

• Mcdonagh T A，Metra M，Adamo M，et al. 2021 ESC Guidelines for the diagnosis and treatment of acute and chronic heart failure：Developed by the task force for the diagnosis and treatment of acute and chronic heart failure of the European Society of Cardiology(ESC). With the special contribution of the Heart Failure Association (HFA) of the ESC[J]. European Journal of Heart Failure，2022,24(1)：4-131.

C83. 英国心脏协会，英国高血压协会，英国糖尿病协会，等 2005

• British Cardiac Society，British Hypertension Society，Diabetes UK，et al. JBS 2：Joint British Societies' guidelines on prevention of cardiovascular disease in clinical practice[J]. Heart, 2005,91(Suppl 5)：v1-v52.

C84. 英国和爱尔兰的国家肺动脉高压中心 2008

• Gibbs J S R，Coghlan G，Corris P A，et al. Consensus statement on the management of pulmonary hypertension in clinical practice in the UK and Ireland[J]. Heart, 2008,94(Suppl. 1)：i1-i41.

C85. Croom K(英国医学传播公司)2008

• Croom K. A summary of the National Institute for Health and Clinical Excellence (NICE) guidelines on lipid modification[J]. Drugs in Context，2008,4(2)：177-184.

C86. 英国国家卫生与临床优化研究所 2014

• National Institute for Health and Care Excellence. Cardiovascular disease:Risk assessment and reduction,including lipid modification[EB/OL].(2023-12-14)[2023-12-18].https://www.nice.org.uk/guidance/ng238/resources/cardiovascular-disease-risk-assessment-and-reduction-including-lipid-modification-pdf-66143902851781.

C87. 苏格兰院际间指南网 2016
• Scottish Intercollegiate Guidelines Network. Management of chronic heart failure[EB/OL].(2016-03-10)[2023-12-12].https://www.shfnf.co.uk/wp-content/uploads/2016/03/SIGN-147-quick-reference-guide.pdf.

C88. 苏格兰院际间指南网 2017
• Scottish Intercollegiate Guidelines Network. Risk estimation and the prevention of cardiovascular disease[EB/OL].(2017-07-27)[2023-12-12].https://www.sign.ac.uk/assets/sign149.pdf.

C89. 英国国家卫生与临床优化研究所 2020
• National Institute for Health and Care Excellence. Acute coronary syndromes[EB/OL].(2020-11-18)[2023-12-12].https://www.nice.org.uk/guidance/ng185/resources/acute-coronary-syndromes-pdf-66142023361477.

C90. 意大利国家心血管病学学会研究中心,意大利卫生研究所,意大利动脉硬化研究学会,等 2017
• Riccio C,Gulizia M M,Colivicchi F,et al. ANMCO/GICR-IACPR/SICI-GISE Consensus document:The clinical management of chronic coronary artery disease[J]. European Heart Journal,Supplement,2017,19:D163-D189.

C91. 意大利医院心脏病学协会,意大利卫生研究所,医学糖尿病专家协会,等 2017
• Gulizia M M,Colivicchi F,Ricciardi G,et al. ANMCO/ISS/AMD/ANCE/ARCA/FADOI/GICRIACPR/SICIGISE/SIBioC/SIC/SICOA/SID/SIF/SIMEU/SIMG/SIMI/SISA joint consensus document on cholesterol and cardiovascular risk:Diagnostic-therapeutic pathway in Italy[J]. European Heart Journal Supplements,2017,19(suppl_D):D3-D54.

C92. 意大利心血管预防学会 2022
• Volpe M,Gallo G,Modena M G,et al. Updated recommendations on cardiovascular Prevention in 2022:An executive eocument of the Italian Society of Cardiovascular Prevention[J]. High Blood Pressure and Cardiovascular

Prevention，2022,29(2)：91-102.

C93. 西班牙跨学科心血管预防委员会 2009

• Jose´ Ma Lobos Bejarano，Miguel Angel Royo-Bordonada，Carlos Brotons. Guı´a Europea de Prevencio´n Cardiovascular en la Pra´ctica Clı´nica. Adaptacio´n espan¯ola del CEIPC 2008[J]. 2009,209(6)：279-302.

C94. 西班牙神经病学会 2011

• Fuentes B，Gállego J，Gil-nuñez A，et al. Guía para el tratamiento preventivo del ictus isquémico y AIT (I). Actuación sobre los factores de riesgo y estilo de vida[J]. Neurología, 2012,27(9)：560-574.

C95. 西班牙心血管预防跨学科委员会 2016

• Royo-Bordonada M Á，Armario P，Lobos Bejarano J M，et al. Adaptación española de las guías europeas de 2016 sobre prevención de la enfermedad cardiovascular en la práctica clínica[J]. Gaceta Sanitaria，2017,31(3)：255-268.

C96. 捷克心脏病学会 2012

• Renata Cífková H V，Jan Filipovský，Michael Aschermann. Souhrn Evropských doporučení pro prevenci kardiovaskulárních onemocnění v klinické praxi (verze 2012)[J]. Cor et Vasa,2012,56(2)：208-227.

C97. 捷克心脏病学会 2013

• Klinika Kardiologie K K，S. R. O.，Praha，Česká Republika. Souhrn Doporučených postup ů ESC pro diagnostiku a léčbu stabilní ischemické choroby srdeční -2013[J]. Cor et Vasa,2013,56(3)：313-328.

C98. 捷克心脏病学会 2020

• Vladimír Tuka O J，Peter Kubuš，Eliška Sovová. Doporučené postupy ESC pro sportovní kardiologii a pohybovou aktivitu pacientů s kardiovaskulárním onemocněním，2020[J]. Cor et Vasa,2020,63(2)：235-262.

C99. 波兰高血压学会 2015

• Tykarski A，Narkiewicz K，Gaciong Z，et al. 2015 Guidelines for the management of hypertension[J]. Nadcisnienie Tetnicze，2015,19(2)：53-83.

C100. 波兰高血压学会 2019

• Tykarski A，Filipiak K J，Januszewicz A，et al. 2019 guidelines for the management of hypertension[J]. Arterial Hypertension (Poland)，

2019,23(2):41-87.

C101. 波兰脂质协会,波兰家庭医生学院,波兰心脏学会,等 2021

• Banach M,Burchardt P,Chlebus K,et al. PoLA/CFPiP/PCS/PSLD/PSD/PSH guidelines on diagnosis and therapy of lipid disorders in Poland 2021[J]. Archives of Medical Science,2021,17(6):1447-1547.

C102. 德国心脏病学会 2001

• Hoppe U C,Erdmann E,Für Die Kommission Klinische K. Leitlinien zur Therapie der chronischen HerzinsuffizienzHerausgegeben vom Vorstand der Deutschen Gesellschaft für Kardiologie-Herz- und Kreislaufforschung Bearbeitet im Auftrag der Kommission für Klinische Kardiologie in Zusammenarbeit mit der Arzneimittelkommission der Deutschen Ärzteschaft[J]. Zeitschrift für Kardiologie,2001,90(3):218-237.

C103. 德国联邦医学会 2019

• Versorgungsleitlinie N. Chronische Herzinsuffizienz[EB/OL]. (2019-12-05)[2023-12-12]. https://www. leitlinien. de/themen/herzinsuffizienz.

C104. 荷兰实践建议发展小组 2015

• Achttien R J,Staal J B,Van Der Voort S,et al. Exercise-based cardiac rehabilitation in patients with chronic heart failure:A Dutch practice guideline[J]. Netherlands Heart Journal,2015,23(1):6-17.

C105. 法国血管医学学会,法国血管与内外科学会 2020

• MAHÉ G,BOGE G,BURA-RIVIÈRE A,et al. Disparities between international guidelines(AHA/ESC/ESVS/ESVM/SVS)concerning lower extremity arterial disease:Consensus of the French Society of Vascular Medicine(SFMV)and the French Society for Vascular and Endovascular Surgery(SCVE)[J]. Annals of Vascular Surgery,2021,72:1-56.

C106. 美国第六届全国联合委员会 1998

• Sheps S G,Dart R A. New guidelines for prevention,detection, evaluation,and treatment of hypertension:Joint National Committee VI[J]. Chest,1998,113(2):263-265.

C107. 美国心脏协会 2001

• Goldstein L B,Adams R,Becker K,et al. Primary prevention of ischemic stroke:A statement for healthcare professionals from the Stroke

Council of the American Heart Association[J]. Circulation，2001，103(1)：163-182.

C108. 美国心脏协会和美国心脏病学会 2001

• Smith S C，Jr.，Blair S N，Bonow R O，et al. AHA/ACC Guidelines for preventing heart attack and death in patients with atherosclerotic cardiovascular disease：2001 update. A statement for healthcare professionals from the American Heart Association and the American College of Cardiology[J]. Journal of the American College of Cardiology，2001，38(5)：1581-1583.

C109. 美国心脏病学会，美国心脏协会实践指南特别工作组 2002

• Hunt S A，Baker D W，Chin M H，et al. ACC/AHA guidelines for the evaluation and management of chronic heart failure in the adult：Executive summary：A report of the American College of Cardiology/American Heart Association task force on practice guidelines[J]. Journal of Heart and Lung Transplantation，2002，21(2)：189-203.

C110. 美国心脏病学会，美国心脏协会实践指南特别工作组 2002

• Gibbons R J，Abrams J，Chatterjee K，et al. ACC/AHA 2002 guideline update for the management of patients with chronic stable angina-Summary article：A report of the American College of Cardiology/American Heart Association task force on practice guidelines (Committee on the management of patients with chronic stable angina)[J]. Journal of the American College of Cardiology，2003，41(1)：159-168.

C111. 美国心脏病协会 2002

• Pearson T A，Blair S N，Daniels S R，et al. AHA Guidelines for primary prevention of cardiovascular Disease and stroke：2002 update：Consensus panel guide to comprehensive risk reduction for adult patients without coronary or other atherosclerotic vascular diseases [J]. Circulation，2002，106(3)：388-391.·

C112. 美国心脏协会运动、康复和预防委员会 2003

• Piña I L，Apstein C S，Balady G J，et al. Exercise and heart failure：A statement from the American Heart Association Committee on exercise，rehabilitation，and prevention[J]. Circulation，2003，107(8)：1210-1225.

C113. 国际黑人高血压协会非裔美国人高血压工作组 2003

• Douglas J G, Bakris G L, Epstein M, et al. Management of high blood pressure in African Americans: Consensus statement of the hypertension in African Americans Working Group of the International Society on hypertension in blacks[J]. Archives of Internal Medicine, 2003,163(5): 525-541.

C114. 美国心脏病学会,美国心脏协会实践指南特别工作组 2004

• Antman E M, Anbe D T, Armstrong P W, et al. ACC/AHA guidelines for the management of patients with ST-elevation myocardial infarction-Executive summary: A report of the American College of Cardiology/American Heart Association task force on practice guidelines (Writing committee to revise the 1999 guidelines for the management of patients with acute myocardial infarction)[J]. Circulation, 2004,110(5): 588-636.

C115. 美国心脏协会 2004

• Gordon N F, Gulanick M, Costa F, et al. Physical activity and exercise recommendations for stroke survivors: An American Heart Association scientific statement from the Council on Clinical Cardiology, Subcommittee on Exercise, Cardiac Rehabilitation, and Prevention; the Council on Cardiovascular Nursing; the Council on Nutrition, Physical Activity, and Metabolism; and the Stroke Council[J]. Circulation, 2004, 109(16): 2031-2041.

C116. 美国心脏协会,美国心脏病学会,美国执业护士学会,等 2004

• Mosca L, Appel L J, Benjamin E J, et al. Evidence-based guidelines for cardiovascular disease prevention in women[J]. Journal of the American College of Cardiology, 2004,43(5): 900-921.

C117. 美国心脏病学会,美国心脏协会实践指南特别工作组 2005

• Hunt S A, Abraham W T, Chin M H, et al. ACC/AHA 2005 guideline update for the diagnosis and management of chronic heart failure in the adult-Summary article: A report of the American College of Cardiology/American Heart Association task force on practice guidelines (Writing committee to update the 2001 guidelines for the evaluation and management of heart failure)[J]. Circulation, 2005,112(12): 1825-1852.

C118. 美国心脏协会,美国卒中协会卒中委员会 2005

• Goldstein L B, Adams R, Alberts M J, 等. 缺血性卒中的一级预防[J]. 国际脑血管病杂志, 2006, 14(8): 572-618.

C119. 美国血管外科协会,血管外科学会,心血管血管造影和介入学会,等 2006

• Hirsch A T, Haskal Z J, Hertzer N R, et al. ACC/AHA guidelines for the management of patients with peripheral arterial disease (lower extremity, renal, mesenteric, and abdominal aortic): A collaborative report from the American Associations for Vascular Surgery/Society for Vascular Surgery, Society for Cardiovascular Angiography and Interventions, Society for Vascular Medicine and Biology, Society of Interventional Radiology[J]. Journal of Vascular and Interventional Radiology, 2006, 17(9): 1383-1398.

C120. 美国血管外科协会,血管外科学会,心血管血管造影和介入学会,等 2006

• Hirsch A T, Haskal Z J, Hertzer N R, et al. ACC/AHA 2005 practice guidelines for the management of patients with peripheral arterial disease (lower extremity, renal, mesenteric, and abdominal aortic): Executive summary[J]. Circulation, 2006, 113(11): 1474-1547.

C121. 美国心脏病学会,美国心脏协会实践指南特别工作组 2006

• Bonow R O, Carabello B A, Chatterjee K, et al. ACC/AHA 2006 practice guidelines for the management of patients with valvular heart disease: executive summary. A report of the American College of Cardiology/American Heart Association task force on practice guidelines (Writing committee to revise the 1998 guidelines for the management of patients with valvular heart disease)[J]. Journal of the American College of Cardiology, 2006, 48(3): 598-675.

C122. 美国心脏协会,美国心脏病学会 2006

• Smith Jr S C, Allen J, Blair S N, et al. AHA/ACC guidelines for secondary prevention for patients with coronary and other atherosclerotic vascular disease: 2006 update. Endorsed by the National Heart, Lung, and Blood Institute[J]. Journal of the American College of Cardiology, 2006, 47(10): 2130-2139.

C123. 美国心脏协会,美国中风协会中风理事会 2006

• Sacco R L, Adams R, Albers G, et al. Guidelines for prevention of stroke in patients with ischemic stroke or transient ischemic attack: A statement for healthcare professionals from the American Heart Association/American Stroke Association council on stroke-Co-sponsored by the council on cardiovascular radiology and intervention. The American Academy of Neurology Affirms the value of this guideline[J]. Stroke, 2006,37(2): 577-617.

C124. 美国心脏病学会,美国心脏协会实践指南特别工作组 2007

• Anderson J L, Adams C D, Antman E M, et al. ACC/AHA 2007 guidelines for the management of patients with unstable angina/non-st-elevation myocardial infarction-executive summary. A report of the American College of Cardiology/American Heart Association task force on practice guidelines (Writing committee to revise the 2002 guidelines for the management of patients with unstable angina/non-st-elevation myocardial infarction)[J]. Journal of the American College of Cardiology, 2007,50 (7): 652-726.

C125. 美国心脏病学会,美国心脏协会实践指南编写小组特别工作组 2007

• Fraker Jr T D, Fihn S D. 2007 Chronic angina focused update of the ACC/AHA 2002 guidelines for the management of patients with chronic stable angina: A report of the American college of cardiology/American heart association task force on practice guidelines writing group to develop the focused update of the 2002 guidelines for the management of patients with chronic stable angina[J]. Circulation, 2007, 116 (23): 2762-2772.

C126. 美国心脏协会,美国家庭医师学会,美国妇产科学院,等 2007

• Mosca L, Banka C L, Benjamin E J, et al. Evidence-based guidelines for cardiovascular disease prevention in women: 2007 Update [J]. Circulation, 2007,115(11): 1481-1501.

C127. 美国心脏病学会,美国心脏协会实践指南特别工作组 2008

• Bonow R O, Carabello B A, Chatterjee K, et al. 2008 focused update incorporated into the ACC/AHA 2006 guidelines for the management of patients with valvular heart disease. A report of the American College of Cardiology/American Heart Association task force on practice guidelines (Writing committee to revise the 1998 guidelines for the management of patients with valvular heart disease) [J]. Journal of the American College of Cardiology, 2008,52(13): e1-e142.

C128. 美国心脏病学会,美国心脏协会实践指南特别工作组 **2008**

• Warnes C A, Williams R G, Bashore T M, et al. ACC/AHA 2008 Guidelines for the management of adults with congenital heart disease[J]. Journal of the American College of Cardiology, 2008,52(23): e1-e121.

C129. 美国心脏病学会基金会,美国心脏协会实践指南特别工作组 **2009**

• Hunt S A, Abraham W T, Chin M H, et al. 2009 focused update incorporated into the ACC/AHA 2005 guidelines for the diagnosis and management of heart failure in adults: A report of the Aamerican College of Cardiology Foundation/American Heart Association task force on practice guidelines: Developed in collaboration with the International Society for Heart and Lung Transplantation[J]. Circulation, 2009,119 (14): e391-e479.

C130. 美国心脏病学会,美国神经病学学会,美国老年病学协会 **2010**

• Aronow W S, Fleg J L, Pepine C J, et al. ACCF/AHA 2011 expert consensus document on hypertension in the elderly: A report of the American College of Cardiology Foundation task force on clinical expert Consensus documents developed in collaboration with the American Academy of Neurology, American Geriatrics Society, American Society for Preventive Cardiology, American Society of Hypertension, American Society of Nephrology, Association of Black Cardiologists, and European Society of Hypertension [J]. Journal of the American College of Cardiology, 2011,57(20): 2037-2114.

C131. 美国心脏病学会基金会,美国心脏协会实践指南特别工作组 **2011**

• Wright R S, Anderson J L, Adams C D, et al. 2011 ACCF/AHA focused update incorporated into the ACC/AHA 2007 guidelines for the management of patients with unstable angina/non-st-elevation myocardial infarction: A report of the American College of Cardiology Foundation/ American Heart Association task force on practice guidelines[J]. Journal of the American College of Cardiology，2011,57(19)：e215-e367.

C132. 美国心脏协会,美国中风协会 2011

· Furie K L, Kasner S E, Adams R J, et al. Guidelines for the prevention of stroke in patients with stroke or transient ischemic attack：A guideline for healthcare professionals from the American Heart Association/American Stroke Association [J]. Stroke，2011, 42 (1)：227-276.

C133. 美国心脏协会,美国心脏病学会基金会 2011

· Smith Jr S C, Benjamin E J, Bonow R O, et al. AHA/ACCF secondary prevention and risk reduction therapy for patients with coronary and other atherosclerotic vascular disease：2011 update[J]. Journal of the American College of Cardiology，2011,58(23)：2432-2446.

C134. 美国心脏协会,美国中风协会 2011

· Goldstein L B, Bushnell C D, Adams R J, et al. Guidelines for the primary prevention of stroke：A guideline for healthcare professionals from the American Heart Association/American Stroke Association[J]. Stroke，2011,42(2)：517-584.

C135. 美国心脏病学会基金会,美国心脏协会实践指南特别工作组 2011

· Gersh B J, Maron B J, Bonow R O, et al. 2011 ACCF/AHA guideline for the diagnosis and treatment of hypertrophic cardiomyopathy [J]. Journal of Thoracic and Cardiovascular Surgery，2011,142(6)：e153-e203.

C136. 美国心脏病学会基金会,美国心脏协会,美国医师学会,等 2012

· Fihn S D, Gardin J M, Abrams J, et al. 2012 ACCF/AHA/ACP/AATS/PCNA/SCAI/STS guideline for the diagnosis and management of patients with stable ischemic heart disease：Executive summary [J]. Journal of the American College of Cardiology，2012,60(24)：2564-2603.

C137. 美国内科医学会,美国心脏病学会基金会,美国心脏病协会 2012

· Qaseem A, Fihn S D, Williams S, et al. Management of stable ischemic heart disease：Summary of a clinical practice guideline from the American College of Physicians/American College of Cardiology Foundation/ American Heart Association/American Association for

Thoracic Surgery/Preventive Cardiovascular Nurses Association/Society of Thoracic Surgeons［J］. Annals of Internal Medicine，2012，157（10）：735-743.

C138. 美国心脏病学会基金会，美国心脏协会实践指南特别工作组 2013

• Yancy C W，Jessup M，Bozkurt B，et al. 2013 ACCF/AHA guideline for the management of heart failure：Executive summary：A report of the American college of cardiology foundation/American Heart Association task force on practice guidelines［J］. Journal of the American College of Cardiology，2013，62(16)：1495-1539.

C139. 美国心脏病学会基金会，美国心脏协会实践指南特别工作组 2013

• Anderson J L，Halperin J L，Albert N M，et al. Management of patients with peripheral artery disease（compilation of 2005 and 2011 ACCF/AHA guideline recommendations）：A report of the American College of Cardiology Foundation/American Heart Association task force on practice guidelines［J］. Circulation，2013，127(13)：1425-1443.

C140. 美国心脏病学会，美国心脏协会实践指南特别工作组 2013

• Eckel R H，Jakicic J M，Ard J D，et al. 2013 AHA/ACC guideline on lifestyle management to reduce cardiovascular risk：A report of the American College of Cardiology/American Heart Association task force on practice guidelines［J］. Journal of the American College of Cardiology，2014，63(25 PART B)：2960-2984.

C141. 美国心脏病学会，美国心脏协会实践指南特别工作组 2014

• Eckel R H，Jakicic J M，Ard J D，et al. 2013 AHA/ACC guideline on lifestyle management to reduce cardiovascular risk：A report of the American College of Cardiology/American Heart Association task force on practice guidelines［J］. Journal of the American College of Cardiology，2014，63(25 PART B)：2960-2984.

C142. 美国国家脂质协会 2014

• Jacobson T A，Ito M K，Maki K C，et al. National Lipid Association recommendations for patient-centered management of dyslipidemia：Part 1-Executive summary［J］. Journal of Clinical Lipidology，2014，8(5)：473-488.

C143. 美国预防服务特别工作组 2014

• LeFevre M L, US Preventive Services Task Force. Counseling to promote healthy diet and physical activity in adults with cardiovascular risk factors: U. S. Preventive Services task force recommendation statement [J]. Annals of Internal Medicine, 2014,161(8): 587-593.

C144. 美国心脏协会,美国中风协会 2014

• Billinger S A, Arena R, Bernhardt J, et al. Physical activity and exercise recommendations for stroke survivors: A statement for healthcare professionals from the American Heart Association/American Stroke Association[J]. Stroke, 2014,45(8): 2532-2553.

C145. 美国心脏病学会,美国心脏协会,美国心血管和肺康复协会,等 2018

• Grundy S M, Stone N J, Bailey A L, et al. 2018 AHA/ACC/AACVPR/AAPA/ABC/ACPM/ADA/AGS/APhA/ASPC/NLA/PCNA guideline on the management of blood cholesterol: A report of the American College of Cardiology/American Heart Association task force on clinical practice guidelines [J]. Journal of the American College of Cardiology, 2019,73(24): e285-e350.

C146. 美国卫生与公众服务部 2018

• Piercy K L, Troiano R P. Physical activity guidelines for Americans from the US Department of Health and Human Services[J]. Circulation Cardiovascular Quality and Outcomes, 2018,11(11): e005263.

C147. 美国心脏病学会,美国心脏协会临床实践指南特别工作组 2019

• Arnett D K, Blumenthal R S, Albert M A, et al. 2019 ACC/AHA guideline on the primary prevention of cardiovascular disease: A report of the American College of Cardiology/American Heart Association task force on clinical practice guidelines[J]. Journal of the American College of Cardiology, 2019,74(10): e177-e232.

C148. 美国物理治疗协会 2019

• Shoemaker M J, Dias K J, Lefebvre K M, et al. Physical therapist clinical practice guideline for the management of individuals with heart failure[J]. Physical Therapy, 2020,100(1): 14-43.

C149. 美国内分泌协会 2019

• Rosenzweig J L, Bakris G L, Berglund L F, et al. Primary

prevention of ASCVD and T2DM in patients at metabolic risk：An Endocrine Society* clinical practice guideline［J］. Journal of Clinical Endocrinology and Metabolism，2019，104(9)：3939-3985.

C150. 美国心脏病学会，美国心脏协会临床实践指南联合委员会 2020

• Ommen S R，Mital S，Burke M A，et al. 2020 AHA/ACC guideline for the diagnosis and treatment of patients with hypertrophic cardiomyopathy：Executive summary：A report of the American College of Cardiology/American Heart Association Joint Committee on clinical practice guidelines［J］. Circulation，2020，142(25)：E533-E557.

C151. 美国退伍军人事务部，美国国防部 2020

• O'malley P G，Arnold M J，Kelley C，et al. Management of dyslipidemia for cardiovascular disease risk reduction：Synopsis of the 2020 updated U. S. Department of Veterans Affairs and U. S. Department of Defense Clinical Practice Guideline［J］. Annals of Internal Medicine，2020，173(10)：822-829.

C152. 美国心脏病学会，美国心脏协会 2020

• Bittner V. The New 2019 AHA/ACC Guideline on the primary prevention of cardiovascular disease［J］. Circulation，2020，142(25)：2402-2404.

C153. 肾脏疾病：改善整体预后组 2021

• Cheung A K，Chang T I，Cushman W C，et al. Executive summary of the KDIGO 2021 clinical practice guideline for the management of blood pressure in chronic kidney disease［J］. Kidney International，2021，99(3)：559-569.

C154. 美国神经病学会 2022

• Turan T N，Zaidat O O，Gronseth G S，et al. Stroke prevention in symptomatic large artery intracranial atherosclerosis practice advisory：Report of the AAN guideline subcommittee［J］. Neurology，2022，98(12)：486-498.

C155. 美国心脏病预防学会 2022

• Franklin B A，Eijsvogels T M H，Pandey A，et al. Physical activity，cardiorespiratory fitness，and cardiovascular health：A clinical practice statement of the ASPC Part I：Bioenergetics，contemporary physical activity recommendations, benefits, risks, extreme exercise regimens, potential maladaptations[J]. American Journal of Preventive Cardiology, 2022, 12: 100424

C156. 美国物理治疗协会 2022

• Dias K J, Shoemaker M J, Lefebvre K M, et al. An executive summary of the physical therapist clinical practice guideline for the management of individuals with heart failure [J]. Cardiopulmonary Physical Therapy Journal, 2022, 33(1): 5-14.

C157. 美国预防服务特别工作组 2022

• Mangione C M, Barry M J, Nicholson W K, et al. Behavioral counseling interventions to promote a healthy diet and physical activity for cardiovascular disease prevention in adults without cardiovascular disease risk factors: US preventive services task force recommendation Statement [J]. JAMA, 2022, 328(4): 367-374.

C158. 加拿大心血管学会 2006

• Arnold J M O, Liu P, Demers C, et al. Canadian Cardiovascular Society consensus conference recommendations on heart failure 2006: Diagnosis and management[J]. Canadian Journal of Cardiology, 2006, 22 (1): 23-45.

C159. 加拿大高血压教育计划 2006

• Khan N A, Mcalister F A, Rabkin S W, et al. The 2006 Canadian hypertension education program recommendations for the management of hypertension: Part Ⅱ-Therapy [J]. Canadian Journal of Cardiology, 2006, 22(7): 583-593.

C160. 加拿大心血管学会 2006

• Tsuyuki R T, Arnold J M O. Canadian Cardiovascular Society consensus conference recommendations on heart failure 2006[J]. Canadian Pharmacists Journal, 2006, 139(3): 34-36.

C161. 加拿大高血压教育计划 2007

• Khan N A, Hemmelgarn B, Padwal R, et al. Canadian Hypertension Education Program. The 2007 Canadian Hypertension Education Program recommendations for the management of hypertension: Part Ⅱ - Therapy[J]. Canadian Journal of Cardiology, 2007, 23(7): 539-550.

C162. 加拿大高血压教育计划 2008

· Khan N A, Hemmelgarn B, Herman R J, et al. Canadian Hypertension Education Program. The 2008 Canadian Hypertension Education Program recommendations for the management of hypertension: Part II - Therapy[J]. Canadian Journal of Cardiology, 2008, 24(6): 465-475.

C163. 加拿大高血压教育计划 2009

· Khan N A, Hemmelgarn B, Herman R J, et al. The 2009 Canadian Hypertension Education Program recommendations for the management of hypertension: Part II - Therapy[J]. Canadian Journal of Cardiology, 2009, 25 (5): 287-298.

C164. 加拿大心血管学会 2009

· Genest J, McPherson R, Frohlich J, et al. 2009 Canadian Cardiovascular Society/Canadian guidelines for the diagnosis and treatment of dyslipidemia and prevention of cardiovascular disease in the adult - 2009 recommendations[J]. Canadian Journal of Cardiology, 2009, 25 (10): 567-579.

C165. 加拿大心血管学会 2012

· Anderson T J, Grégoire J, Hegele R A, et al. 2012 update of the Canadian Cardiovascular Society guidelines for the diagnosis and treatment of dyslipidemia for the prevention of cardiovascular disease in the adult[J]. Canadian Journal of Cardiology, 2013, 29(2): 151-167.

C166. 加拿大高血压教育计划 2012

· Daskalopoulou S S, Khan N A, Quinn R R, et al. Canadian Hypertension Education Program. The 2012 Canadian hypertension education program recommendations for the management of hypertension: Blood pressure measurement, diagnosis, assessment of risk, and therapy[J]. Canadian Journal of Cardiology, 2012, 28(3): 270-287.

C167. 加拿大心血管学会 2013

· Moe G W, Ezekowitz J A, O'meara E, et al. The 2013 Canadian cardiovascular society heart failure management guidelines update: Focus on rehabilitation and exercise and surgical coronary revascularization[J]. Canadian Journal of Cardiology, 2014, 30(3): 249-263.

C168. 加拿大高血压教育计划 2013

· Hackam D G, Quinn R R, Ravani P, et al. The 2013 Canadian

hypertension education program recommendations for blood pressure measurement, diagnosis, assessment of risk, prevention, and treatment of hypertension[J]. Canadian Journal of Cardiology, 2013, 29(5): 528-542.

C169. Allan G M(阿尔伯塔初级保健临床医生及其团队)2015

• Allan G M, Lindblad A J, Comeau A, et al. Simplified lipid guidelines: Prevention and management of cardiovascular disease in primary care[J]. Canadian Family Physician, 2015, 61(10): 857-867.

C170. 加拿大心脏中风基金会,加拿大中风最佳实践委员会 2015

• Eskes G A, Lanctôt K L, Herrmann N, et al. Canadian stroke best practice recommendations: Mood, cognition and fatigue following stroke practice guidelines, update 2015 [J]. International Journal of Stroke, 2015, 10(7): 1130-1140.

C171. 加拿大心血管学会 2016

• ANDERSON T J, GRÉGOIRE J, PEARSON G J, et al. 2016 Canadian Cardiovascular Society guidelines for the management of dyslipidemia for the prevention of cardiovascular disease in the Adult[J]. Canadian Journal of Cardiology, 2016, 32(11): 1263-1282.

C172. 加拿大高血压教育计划 2016

• Leung A A, Nerenberg K, Daskalopoulou S S, et al. Hypertension Canada's 2016 Canadian hypertension education program guidelines for blood pressure measurement, diagnosis, assessment of risk, prevention, and treatment of hypertension [J]. Canadian Journal of Cardiology, 2016, 32(5): 569-588.

C173. 加拿大心血管学会 2017

• Ezekowitz J A, O'meara E, Mcdonald M A, et al. 2017 comprehensive update of the Canadian Cardiovascular Society Guidelines for the management of heart failure[J]. Canadian Journal of Cardiology, 2017, 33(11): 1342-1433.

C174. 加拿大心脏和中风基金会,中风最佳实践委员会 2017

• Wein T, Lindsay M P, Côté R, et al. Canadian stroke best practice recommendations: secondary prevention of stroke, practice guidelines, update 2017[J]. International Journal of Stroke, 2018, 13(4): 420-443.

C175. 加拿大心血管基层国家指南制定小组 2018

• Tobe S W, Stone J A, Anderson T, et al. Canadian cardiovascular harmonized national guidelines endeavour (C-CHANGE) guideline for the prevention and management of cardiovascular disease in primary care: 2018 update[J]. Canadian Medical Association Journal, 2018, 90 (40): E1192-E1206.

C176. 中风后康复和康复管理最佳实践写作小组,加拿大中风最佳实践和质量咨询委员会,加拿大中风联盟,等 2019

• Teasell R, Salbach N M, Foley N, et al. Canadian stroke best practice recommendations: Rehabilitation, recovery, and community participation following stroke. Part one: Rehabilitation and recovery following stroke; 6th Edition update 2019[J]. International Journal of Stroke, 2020,15(7): 763-788.

C177. 加拿大中风最佳实践建议咨询委员会,加拿大中风协会 2020

• Gladstone D J, Lindsay M P, Douketis J, et al. Canadian stroke best practice recommendations: Secondary prevention of stroke update 2020[J]. Canadian Journal of Neurological Sciences, 2022, 49 (3): 315-337.

C178. 加拿大伤口护理协会 2021

• Beaumier M, Murray B A, Despatis M A, et al. Best practice recommendations for the prevention and management of peripheral arterial ulcers[J]. Toronto, Ontario, Canada: Wounds Canada, 2021: 1-75.

C179. 加拿大心血管学会 2021

• Pearson G J, Thanassoulis G, Anderson T J, et al. 2021 Canadian Cardiovascular Society guidelines for the management of dyslipidemia for the prevention of cardiovascular disease in adults[J]. Canadian Journal of Cardiology, 2021,37(8): 1129-1150.

C180. 英属哥伦比亚卫生部 2021

• British Columbia Guidelines. Cardiovascular disease-Primary prevention [EB/OL]. (2021-12-08) [2023-12-12]. https://www2. gov. bc. ca/gov/content/health/practitioner-professional-resources/bc-guidelines/cardiovascular-disease.

C181. 加拿大血栓形成研究组 2021

• Canada International Center for Proficiency. Ischemic stroke or tia: Secondary prevention[EB/OL]. (2021-11-29)[2023-12-12]. https://

thrombosiscanada. ca/clinical_guides/pdfs/80_39. pdf.

C182. 加拿大心血管学会 2022

· Abramson B L, Al-Omran M, Anand S S, et al. Canadian Cardiovascular Society 2022 guidelines for peripheral arterial disease[J]. Canadian Journal of Cardiology, 2022,38(5): 560-587.

C183. 巴西心脏病学会,巴西高血压学会,巴西肾病学会,等 2016

· Malachias M V B, Franco R J, Forjaz C L M, et al. 7th Brazilian guideline of arterial hypertension: Chapter 6-Non-pharmacological treatment[J]. Arquivos brasileiros de cardiologia, 2016, 107(Suppl 3): 30-34.

C184. 巴西心脏病学会 2019

· Précoma D B, Oliveira G M M, Simão A F, et al. Atualização da diretriz de prevenção cardiovascular da Sociedade Brasileira de Cardiologia-2019[J]. Arquivos Brasileiros de Cardiologia, 2019,113: 787-891.

C185. 巴西神经学学会 2021

· Minelli C, Bazan R, Pedatella M T A, et al. Brazilian Academy of Neurology practice guidelines for stroke rehabilitation: Part I [J]. Arquivos de Neuro-Psiquiatria, 2022, 80(6): 634-652.

C186. 哥伦比亚心脏病学和心血管外科学会 2019

· Lugo-Agudelo L H, Ortiz S D, Rangel A M, et al. Guía de práctica clínica para la prevención, el diagnóstico, el tratamiento y la rehabilitación de la falla cardiaca en población mayor de 18 años, clasificación B, C y D. Componente de rehabilitación cardiaca[J]. Revista Colombiana de Cardiología, 2019,26(6): 357-368.

C187. 澳大利亚国家心脏基金会,澳大利亚和新西兰心脏协会 2001

· Krum H. Guidelines for management of patients with chronic heart failure in Australia[J]. Medical Journal of Australia, 2001, 174(9): 459-466.

C188. 澳大利亚国家心脏基金会,澳大利亚和新西兰心脏协会 2006

· Krum H, Jelinek M V, Stewart S, et al. Guidelines for the prevention, detection and management of people with chronic heart failure in Australia 2006 [J]. Medical Journal of Australia, 2006, 185(10): 549-556.

C189. 澳大利亚国家心脏基金会,澳大利亚和新西兰心脏协会 2011

· Krum H, Jelinek M V, Stewart S, et al. 2011 update to National

Heart Foundation of Australia and Cardiac Society of Australia and New Zealand Guidelines for the prevention, detection and management of chronic heart failure in Australia, 2006[J]. Medical Journal of Australia, 2011,194(8): 405-409.

C190. 澳大利亚国家心脏基金会,澳大利亚和新西兰心脏协会 2018

• Atherton J J, Sindone A, De Pasquale C G, et al. National Heart Foundation of Australia and Cardiac Society of Australia and New Zealand: Guidelines for the prevention, detection, and management of heart failure in Australia 2018[J]. Heart Lung and Circulation, 2018,27 (10): 1123-1208.

C191. 南非心脏协会,南非脂质和动脉粥样硬化协会 2018

• Klug E Q, Raal F J, Marais A D, et al. South African dyslipidaemia guideline consensus statement: 2018 update A joint statement from the South African Heart Association (SA Heart) and the Lipid and Atherosclerosis Society of Southern Africa (LASSA)[J]. South African Medical Journal, 2018,108(11): 975-1000.

C192. 世界卫生组织 1999

• Chalmers J, Macmahon S, Mancia G, et al. 1999 World Health Organization-International Society of hypertension guidelines for the management of hypertension. Guidelines sub-committee of the World Health Organization[J]. Clinical and Experimental Hypertension, 1999, 21(5-6): 1009-1060.

C193. 瑞典厄勒布罗大学医院外科 2006

• Norgren L, Hiatt W R, Dormandy J A, et al. Inter-society consensus for the management of peripheral arterial disease (TASC Ⅱ) [J]. Journal of Vascular Surgery, 2007,45(Suppl 1): S5-S67.

C194. 心脏节律协会 2019

• Towbin J A, Mckenna W J, Abrams D J, et al. 2019 HRS expert consensus statement on evaluation, risk stratification, and management of arrhythmogenic cardiomyopathy [J]. Heart Rhythm, 2019, 16 (11): e301-e72.

D1. 韦小夏(北京大学护理学院内外科护理学教研室)2022

• 韦小夏,符鑫,沈傲梅,等. 乳腺癌患者淋巴水肿自我管理的证据总结[J]. 中华护理杂志,2022,57(2):237-244.

D2. 高洪莲(山东大学第二医院胃肠外科)2022

· 高洪莲,王春美,王晓敏,等. 非药物干预促进胃肠道恶性肿瘤患者术后功能恢复的最佳证据总结[J]. 中华护理杂志,2022,57(2):215-222.

D3. 刘婷婷(上海交通大学医学院附属胸科医院)2022

· 刘婷婷,冯竞,曾诗颖,等. 基于 Stetler 研究应用模式的肺癌患者围手术期加速康复护理循证实践[J]. 中华现代护理杂志,2022,28(14):1908-1913.

D4. 陈静(西南医科大学附属医院肝胆外科)2022

· 陈静,黄雨滟,陈琪,等. 加速康复理念下经导管动脉栓塞化疗肝癌患者管理的证据总结[J]. 中国护理管理,2022,22(9):1371-1377.

D5. 宋继红(福建医科大学护理学院)2022

· 宋继红,王涛,王玉洁,等. 成人肿瘤患者放化疗期间癌因性疲乏运动干预的最佳证据总结[J]. 中国康复医学杂志,2022,37(9):1289-1295.

D6. 中国抗癌协会肿瘤营养专业委员会,国家市场监管重点实验室 2022

· 丛明华,石汉平. 中国恶性肿瘤患者运动治疗专家共识[J]. 中国科学:生命科学,2022,52(4):587-602.

D7. Wang L(北京大学护理学院)2022

· Wang L, Shi Y X, Wang T T, et al. Breast cancer-related lymphoedema and resistance exercise:An evidence-based review of guidelines, consensus statements and systematic reviews[J]. Journal of Clinical Nursing,2023,32(9-10):2208-2227.

D8. 刘飞(北京大学第一医院普通外科)2021

· 刘飞,司龙妹,王影新,等. 乳腺癌相关淋巴水肿患者抗阻力训练的证据总结[J]. 中华护理杂志,2021,56(5):755-761.

D9. 中华医学会肿瘤学分会肿瘤支持康复治疗学组 2021

· 中华医学会肿瘤学分会肿瘤支持康复治疗学组. 中国癌症相关性疲乏临床实践诊疗指南(2021 年版)[J]. 中国癌症杂志,2021,31(9):852-872.

D10. 赵慧慧(南方医科大学南方医院护理部)2020

· 赵慧慧,周春兰,吴艳妮,等. 乳腺癌相关淋巴水肿患者运动指导方案的证据总结[J]. 中华护理杂志，2020,55(5)：779-785.

D11. 章孟星(复旦大学附属肿瘤医院护理部)2020

· 章孟星，侯胜群，张晓菊，等. 乳腺癌和妇科肿瘤患者淋巴水肿风险及预防干预的证据汇总[J]. 护理学杂志，2020,35(20)：18-22.

D12. 李方(南京医科大学第一附属医院胸外科)2020

· 李方，袁慧，戴琪，等. 肺癌患者围手术期运动管理干预的最佳证据总结[J]. 现代临床护理，2020,19(12)：77-83.

D13. 史博慧(西安交通大学第一附属医院乳腺外科)2020

· 史博慧，吕爱莉，王恋，等. 乳腺癌术后上肢淋巴水肿预防策略的证据总结[J]. 护理学报，2020,27(22)：32-38.

D14. 王自盼(北京中医药大学护理学院)2020

· 王自盼，刘俐惠，于恺英，等. 癌症幸存者体力活动的最佳证据总结[J]. 中国护理管理，2020,20(5)：717-723.

D15. 王自盼(北京中医药大学护理学院)2020

· 王自盼，岳树锦，王璟，等. 大肠癌幸存者体力活动相关临床实践指南推荐意见的内容分析[J]. 中华现代护理杂志，2020,26(1)：50-55.

D16. 丁晓彤(安徽医科大学护理学院)2018

· 丁晓彤，李惠萍，杨娅娟，等. 乳腺癌患者术后早期功能锻炼循证资源的评鉴分析[J]. 中国全科医学，2018,21(32)：4011-4017.

D17. 中华预防医学会妇女保健分会乳腺学组 2017

· 中华预防医学会妇女保健分会乳腺学组. 中国乳腺癌患者生活方式指南[J]. 中华外科杂志，2017,55(2)：81-85.

D18. 中华医学会胃肠病学分会，中华医学会胃肠病学分会胃肠道肿瘤专业委员会 2017

· Fang J Y, Shi Y Q, Chen Y X, et al. Chinese consensus on the prevention of colorectal cancer (2016, Shanghai)[J]. Journal of Digestive Diseases, 2017,18(2)：63-83.

D19. 美国运动医学会 2022

· Parke S C, Ng A, Martone P, et al. Translating 2019 ACSM cancer exercise Recommendations for a physiatric practice：Derived recommendations from an international expert panel[J]. PM&R, 2022,14 (8)：996-1009.

D20. 美国癌症协会 2022

· Rock C L, Thomson C A, Sullivan K R, et al. American Cancer

Society nutrition and physical activity guideline for cancer survivors[J].
CA：A Cancer Journal for Clinicians，2022,72(3)：230-262.

D21. 纪念斯隆-凯特琳癌症中心 2021

• Huang J, Ostroff J. Overview of approach to lung cancer survivors
[EB/OL]．（2021）[2023-12-12]．https://www.uptodate.cn/contents/
overview-of-approach-to-lung-cancer-survivors.

D22. 美国癌症协会 2020

• Rock C L, Thomson C, Gansler T, et al. American Cancer Society
guideline for diet and physical activity for cancer prevention[J]．CA：A
Cancer Journal for Clinicians，2020,70(4)：245-271.

D23. 美国物理治疗协会肿瘤物理治疗学会 2020

• Davies C C, Levenhagen K, Ryans K, et al. An executive
summary of the APTA academy for oncologic physical therapy clinical
practice guideline：Interventions for Breast Cancer-Related Lymphedema
[J]. Rehabilitation Oncology，2020,38(3)：103-109.

D24. 美国临床肿瘤学会 2019

• Shapiro C L, Van Poznak C, Lacchetti C, et al. Management of
osteoporosis in survivors of adult cancers with nonmetastatic disease：
ASCO clinical practice Guideline[J]. Journal of Clinical Oncology，2019,
37(31)：2916-2946.

D25. 美国综合肿瘤学会 2018

• Lyman G H, Greenlee H, Bohlke K, et al. Integrative therapies
during and after breast cancer treatment：ASCO endorsement of the SIO
clinical practice guideline[J]. Journal of Clinical Oncology，2018,36(25)：
2647-2655.

D26. Loconte N K(威斯康星大学卡本癌症中心)2018

• Loconte N K, Gershenwald J E, Thomson C A, et al. Lifestyle
modifications and policy implications for primary and secondary cancer
prevention：Diet，exercise，sun safety，and alcohol reduction[J]. American
Society of Clinical Oncology Educational Book，2018,38：88-100.

D27. 美国医疗保健研究与质量局 2017

• Quality A F H R. Pain management resources to support clinical
decision support artifact development：An environmental scan[EB/OL]．（2018-

02-15) [2023-12-12]. https://cds. ahrq. gov/sites/default/files/reports/CDS_Connect_Pain_Management_Environmental_Scan. pdf.

D28. 美国医疗保健研究与质量局 2017

• Quality A F H R. Noninvasive, nonpharmacological treatment for chronic pain [EB/OL]. [2023-12-12]. https://effectivehealthcare. ahrq. gov/products/nonpharma-treatment-pain/research-protocol.

D29. 美国癌症协会,美国临床肿瘤学会 2016

• Cohen E E, Lamonte S J, Erb N L, et al. American Cancer Society head and neck cancer survivorship care guideline[J]. CA：A Cancer Journal for Clinicians, 2016,66(3)：203-239.

D30. 美国癌症协会 2016

• Runowicz C D, Leach C R, Henry N L, et al. American Cancer Society/American Society of clinical oncology breast cancer survivorship care guideline[J]. CA：A Cancer Journal for Clinicians, 2016,66(1)：43-73.

D31. 美国癌症协会 2015

• El-Shami K, Oeffinger K C, Erb N L, et al. American Cancer Society colorectal cancer survivorship care guidelines[J]. CA：A Cancer Journal for Clinicians, 2015,65(6)：428-455.

D32. 美国癌症协会 2014

• Skolarus T A, Wolf A M, Erb N L, et al. American Cancer Society prostate cancer survivorship care guidelines[J]. CA：A Cancer Journal for Clinicians, 2014,64(4)：225-249.

D33. 美国癌症协会 2012

• Kushi L H, Doyle C, Mccullough M, et al. American Cancer Society guidelines on nutrition and physical activity for cancer prevention：Reducing the risk of cancer with healthy food choices and physical activity [J]. CA：A Cancer Journal for Clinicians, 2012,62(1)：30-67.

D34. 美国癌症协会 2012

• Rock C L, Doyle C, Demark-Wahnefried W, et al. Nutrition and physical activity guidelines for cancer survivors[J]. CA：A Cancer Journal for Clinicians, 2012,62(4)：275-276.

D35. 美国癌症协会 2006

• Choices for good health：American Cancer Society guidelines for nutrition and physical activity for cancer prevention[J]. CA：A Cancer Journal for Clinicians，2006，56(5)：310-312.

D36. 美国癌症协会 2002

• Brown J K，Byers T，Doyle C，et al. Nutrition and physical activity during and after cancer treatment：An American Cancer Society guide for informed choices[J]. CA：A Cancer Journal for Clinicians，2003，53(5)：268-291.

D37. 美国癌症协会 1996

• Guidelines on diet，nutrition，and cancer prevention：Reducing the risk of cancer with healthy food choices and physical activity. The American Cancer Society 1996 advisory committee on diet，nutrition，and cancer prevention[J]. CA：A Cancer Journal for Clinicians，1996，46(6)：325-341.

D38. Fong A J(英国女王大学运动与健康研究学院)2021

• Fong A J，Sabiston C M，Nadler M B，et al. Development of an evidence-informed recommendation guide to facilitate physical activity counseling between oncology care providers and patients in Canada[J]. Translational Behavioral Medicine，2021，11(4)：930-940.

D39. 美国物理治疗协会 2021

• Jeevanantham D，Rajendran V，Mcgillis Z，et al. Mobilization and exercise intervention for patients with multiple myeloma：Clinical practice guidelines Endorsed by the Canadian Physiotherapy Association[J]. Physical therapy，2021，101(1)：Pzaa180.

D40. Capozzi L C(卡尔加里大学运动学系)2021

• Capozzi L C，Daun J T，Ester M，et al. Physical activity for individuals living with advanced cancer：Evidence and recommendations[J]. Seminars in Oncology Nursing，2021，37(4)：151170.

D41. 安大略癌症护理中心 2018

• SEGAL R，ZWAAL C，GREEN E，et al. Exercise for people with cancer：A clinical practice guideline[J]. Current Oncology，2017，24(1)：40-46.

D42. 欧洲肿瘤内科学会 2021

• Arends J，Strasser F，Gonella S，et al. Cancer cachexia in adult patients：ESMO clinical practice guidelines［J］．ESMO Open，2021，6（3）：100092.

D43．欧洲临床营养和代谢协会 2021

· Muscaritoli M，Arends J，Bachmann P，et al．ESPEN practical guideline：Clinical Nutrition in cancer［J］．Clinical Nutrition，2021，40（5）：2898-2913.

D44．法国消化肿瘤学、营养学和支持性护理学会 2021

· Neuzillet C，Anota A，Foucaut A M，et al．Nutrition and physical activity：French intergroup clinical practice guidelines for diagnosis，treatment and follow-up（SNFGE，FFCD，GERCOR，UNICANCER，SFCD，SFED，SFRO，ACHBT，AFC，SFP-APA，SFNCM，AFSOS）［J］．BMJ Supportive and Palliative Care，2021，11（4）：381-395.

D45．Assi M(雷恩大学)2017

· Assi M，Ropars M，Rébillard A．The practice of physical activity in the setting of lower-extremities sarcomas：A first step toward clinical optimization［J］．Frontiers in Physiology，2017，8：Article833.

D46．Gebruers N(安特卫普大学医学和健康科学系、康复科学和理疗系)2017

· Gebruers N，Verbelen H，De Vrieze T，et al．Current and future perspectives on the evaluation，prevention and conservative management of breast cancer related lymphoedema：A best practice guideline［J］．European Journal of Obstetrics and Gynecology and Reproductive Biology，2017，216：245-253.

D47．苏格兰医学会 2016

· Scottish Intercollegiate Guidelines Network．Diagnosis and management of colorectal cancer：A national clinical guideline［EB/OL］．［2023-12-12］．http://www.sign.ac.uk.

D48．澳大利亚临床肿瘤学会 2019

· Newton R U，Taaffe D R，Galvao D A．Clinical oncology society of Australia position statement on exercise in cancer care［J］．Medical Journal of Australia，2019，210(1)：54.

D49．Hayes S C(澳大利亚昆士兰科技大学健康和生物医学创新研究所)2019

· Hayes S C，Newton R U，Spence R R，et al．The Exercise and

Sports Science Australia position statement：Exercise medicine in cancer management[J]. Journal of Science and Medicine in Sport，2019，22(11)：1175-1199.

D50. Crovetto M(瓦尔帕莱索安查普拉亚大学卫生科学系)2014

• Crovetto M，Uauy R. Analysis of the recommendations for cancer prevention given by the global fund for research on cancer (FMIC) and the situation in Chile[J]. Archivos Latinoamericanos de Nutricion，2014，64(2)：83-90.

D51. 国际骨转移运动工作组 2022

• Campbell K L，Cormie P，Weller S，et al. Exercise recommendation for people with bone metastases：Expert consensus for health care providers and exercise professionals[J]. JCO Oncology Practice，2022，18(5)：e697-e709.

D52. 国际骨转移运动工作组 2022

• Hart N H，Poprawski D M，Ashbury F，et al. Exercise for people with bone metastases：MASCC endorsed clinical recommendations developed by the International Bone Metastases Exercise Working Group [J]. Supportive Care in Cancer，2022，30(9)：7061-7065.

D53. 国家综合癌症网络 2020

• National Comprehensive Cancer Network. Survivorship Care for Healthy Living-English ［EB/OL］. （2020-07-14） ［2023-12-12］. https://www. sansumclinic. org/docs/default-source/cancer-center-documents/survivorship-care-for-healthy-living-nccn. pdf? sfvrsn＝f85048b4_0.

D54. 国家综合癌症网络 2020

• National Comprehensive Cancer Network. Survivorship Care for Cancer-Related Late and Long-Term Effects ［EB/OL］. （2020-07-14）［2023-12-12］. https://www. sansumclinic. org/docs/default-source/cancer-center-documents/survivorship-care-for-cancer-related-late-and-long-term-effects-nccn. pdf? sfvrsn＝b65048b4_0.

D55. 世界癌症研究基金会和美国癌症协会 2018

• World Cancer Research Fund，American Institute for Cancer Research. Diet，Nutrition，Physical Activity and Cancer：a Global Perspective：A summary of the Third Expert Report ［EB/OL］. （2018）［2023-12-12］. https://www. wcrf. org/wp-content/uploads/2021/02/Summary-of-Third-

Expert-Report-2018. pdf.

D56．体力活动指南咨询委员会 2018

· Physical Activity Guidelines Advisory Committee. 2018 Physical Activity Guidelines Advisory Committee Scientific Report［EB/OL］. （2018-02）［2023-12-12］. https://health. gov/our-work/nutrition-physical-activity/physical-activity-guidelines/current-guidelines/scientific-report.

D57．美国老年人理事会 2018

· National Council on Aging. Implementing Evidence-based Program to Address Chronic Pain［EB/OL］. （2018-03-05）［2023-12-12］. https://www. ncoa. org/article/implementing-evidence-based-programs-to-address-chronic-pain.

D58．美国运动医学会，美国癌症协会，澳大利亚运动与体育科学协会，等 2018

· Ligibel J A，Bohlke K，Alfano C M. Exercise，diet，and weight management during cancer treatment：ASCO guideline summary and Q&A［J］. JCO Oncology Practice，2022,18(10)：695-697.

D59．世界癌症研究基金会 2008

· Wiseman M. The Second World Cancer Research Fund/American Institute for Cancer Research expert report. Food，Nutrition，Physical Activity，and the Prevention of Cancer：A global perspective［J］. Proceedings of the Nutrition Society，2008,67(3)：253-256.

E1．中国医药教育协会呼吸病运动康复专业委员会 2022

· 吴晓丹，陈旋，李善群，等. 祖国传统医学在慢性阻塞性肺疾病运动康复中应用的专家共识［J］. 世界临床药物，2022,43(3)：211-221.

E2．中华医学教育协会肺癌专业委员会 2022

· Mao X，Hu F，Peng J，et al. Expert consensus on multidisciplinary treatment，whole-course pulmonary rehabilitation management in patients with lung cancer and chronic obstructive lung disease［J］. Annals of Palliative Medicine，2022, 11(5)：1605623-1601623.

E3．陈小瑜(山西中医药大学护理学院)2022

· 陈小瑜，吴红霞，赵倩，等. 慢性阻塞性肺疾病患者抗阻运动的最佳证据总结［J］. 中华护理杂志，2022,57(17)：2088-2094.

E4. 中国康复医学会循证康复医学工作委员会,中国康复研究中心 2021

- 魏莉莉,刘海.慢性阻塞性肺疾病临床康复循证实践指南[J].中国康复理论与实践,2021,27(1):15-26.

E5. 中华中医药学会肺系病分会 2021

- 吴蕾,许银姬,林琳.慢性阻塞性肺疾病中医肺康复临床应用指南[J].中医杂志,2021,62(22):2018-2024.

E6. 查慧贤(南京医科大学护理学院)2021

- 查慧贤,刘扣英,王晨,等.稳定期慢性阻塞性肺疾病病人运动康复的最佳证据总结[J].护理研究,2021,35(22):3985-3990.

E7. 中华医学教育协会呼吸疾病康复专业委员会 2021

- Chen X, Gong D, Huang H, et al. Expert consensus and operational guidelines on exercise rehabilitation of chronic obstructive pulmonary disease with integrating traditional Chinese medicine and Western medicine[J]. Journal of Thoracic Disease,2021, 13(6): 3323.

E8. 台湾循证医学协会 2021

- Cheng S L, Lin C H, Chu K A, et al. Update on guidelines for the treatment of COPD in Taiwan using evidence and GRADE system-based recommendations[J]. Journal of the Formosan Medical Association,2021, 120(10): 1821-1844.

E9. 中华医学会呼吸病学分会慢性阻塞性肺疾病学组,中国医师协会呼吸医师分会慢性阻塞性肺疾病工作委员会 2021

- 中华医学会呼吸病学分会慢性阻塞性肺疾病学组,中国医师协会呼吸医师分会慢性阻塞性肺疾病工作委员会.慢性阻塞性肺疾病诊治指南(2021 年修订版)[J].中华结核和呼吸杂志,2021,44(3):170-205.

E10. 张小敏(复旦大学护理学院)2020

- 张小敏,杨漂羽,张玉侠,等.慢性阻塞性肺疾病患者肺康复运动最佳实践证据总结[J].护理学杂志,2020,35(12):94-98.

E11. 世界中医药学会联合会肺康复专业委员会 2020

- 李建生.慢性阻塞性肺疾病中医康复指南[J].世界中医药,2020,15(23):3710-3718.

E12. 中华医学会呼吸病学分会慢性阻塞性肺疾病学组 2013

- 中华医学会呼吸病学分会慢性阻塞性肺疾病学组.慢性阻塞性肺疾

病诊治指南(2013年修订版)[J]. 中华结核和呼吸杂志,2013,36(4):255-264.

E13. 韩国结核病和呼吸道疾病学会 2018

• Park Y B, Rhee C K, Yoon H K, et al. Revised (2018) COPD clinical practice guideline of the Korean Academy of Tuberculosis and Respiratory Disease: A summary [J]. Tuberculosis and Respiratory Diseases, 2018,81(4): 261-273.

E14. 新加坡卫生部 2018

• Lim T K, Chee C B, Chow P, et al. Ministry of health clinical practice guidelines: Chronic obstructive pulmonary disease[J]. Singapore Medical Journal, 2018,59(2): 76-86.

E15. 慢阻肺指南工作小组 2013

• Gupta D, Agarwal R, Aggarwal A N, et al. Guidelines for diagnosis and management of chronic obstructive pulmonary disease: Joint ICS/NCCP (I) recommendations[J]. Lung India, 2013,30(3): 228.

E16. 亚太慢性阻塞性肺病圆桌小组 2005

• Asia Pacific COPD Roundtable Group. Global Initiative for Chronic Obstructive Lung Disease strategy for the diagnosis, management and prevention of chronic obstructive pulmonary disease: An Asia-Pacific perspective[J]. Respirology, 2005,10(1): 9-17.

E17. 澳大利亚肺脏基金会,澳大利亚和新西兰胸科学会 2022

• Dabscheck E, George J, Hermann K, et al. COPD-X Australian guidelines for the diagnosis and management of chronic obstructive pulmonary disease: 2022 update[J]. Medical Journal of Australia, 2022, 217(8): 415-423.

E18. 新西兰哮喘和呼吸基金会 2021

• Hancox R J, Jones S, Baggott C, et al. New Zealand COPD guidelines: quick reference guide[J]. New Zealand Medical Journal (Online), 2021, 134 (1530): 76-110.

E19. 澳大利亚运动与体育科学协会 2021

• Morris N R, Hill K, Walsh J, et al. Exercise & Sports Science Australia(E)SSA position statement on exercise and chronic obstructive pulmonary disease[J]. Journal of Science and Medicine in Sport, 2021,24

（1）：52-59.

E20. 南非胸科学会 2019

• Abdool-Gaffar M S, Calligaro G, Wong M L, et al. Management of chronic obstructive pulmonary disease—A position statement of the South African Thoracic Society：2019 update［J］. Journal of Thoracic Disease, 2019,11(11)：4408.

E21. 南非胸科学会 2011

• Abdool-Gaffar M S, Ambaram A, Ainslie G M, et al. Guideline for the management of chronic obstructive pulmonary disease-2011 update, South African Medical Journal, 101 (1) 2011, p. 66［J］. South African Medical Journal, 2011,101(5)：288.

E22. 南非胸科学会 2008

• COPD Guideline Working Group of the South African Thoracic Society. Guideline for the management of chronic obstructive pulmonary disease(C)OPD：2004 revision［J］. South African Medical Journal, 2008, 94(7)：557.

E23. 西班牙胸肺外科学会 2021

• Miravitlles M, Calle M, Molina J, et al. WITHDRAWN：Spanish COPD guidelines (GesEPOC) 2021：Updated pharmacological treatment of stable COPD［J］. Archivos de Bronconeumología (English Edition), 2022, 58(1)：69-81.

E24. 西班牙胸肺外科学会 2020

• de la Rosa Carrillo D, López-Campos J L, Navarrete B A, et al. Consensus document on the diagnosis and treatment of chronic bronchial infection in chronic obstructive pulmonary disease ［J］. Archivos de Bronconeumología (English Edition), 2020,56(10)：651-664.

E25. 罗马尼亚肺气学学会 2020

• Ulmeanu R, Fildan A P, Rajnoveanu R M, et al. Romanian clinical guideline for diagnosis and treatment of COPD［J］. Journal of International Medical Research, 2020,48(8)：0300060520946907.

E26. 瑞士呼吸学会 2018

• Stolz D, Barandun J, Borer H, et al. Diagnosis, prevention and treatment of stable COPD and acute exacerbations of COPD：The Swiss recommendations 2018[J]. Respiration，2018,96(4)：382-398.

E27. 英国国家卫生和临床技术优化研究中心 2018

• National Institute for Health and Care Excellence. Chronic obstructive pulmonary disease in over 16s：Diagnosis and management [EB/OL]. (2018-12-05)[2023-12-12]. https://www. nice. org. uk/guidance/ng115.

E28. 法国肺病学会 2016

• Zysman M，Chabot F，Devillier P，et al. Pharmacological treatment optimization for stable chronic obstructive pulmonary disease. Proposals from the Société de Pneumologie de Langue Française[J]. Revue des Maladies Respiratoires，2016,33(10)：911-936.

E29. 肺病跨学科研究协会,意大利医院肺病学家协会,意大利呼吸医学学会,等 2014

• Bettoncelli G，Blasi F，Brusasco V，et al. The clinical and integrated management of COPD. An official document of AIMAR (interdisciplinary association for research in lung disease)，AIPO (Italian association of hospital pulmonologists)，SIMER (Italian society of respiratory medicine)，SIMG (Italian society of general medicine)[J]. Multidisciplinary Respiratory Medicine，2014,9(1)：1-16

E30. 捷克肺病和病理学会 2013

• Koblizek V，Chlumsky J，Zindr V，et al. Chronic Obstructive Pulmonary Disease：Official diagnosis and treatment guidelines of the Czech Pneumological and Phthisiological Society；a novel phenotypic approach to COPD with patient-oriented care[J]. Biomedical Papers of the Medical Faculty of Palacky University in Olomouc，2013,157(2)：189-201.

E31. 瑞士呼吸学会 2013

• Russi E W，Karrer W，Brutsche M，et al. Diagnosis and management of chronic obstructive pulmonary disease：The Swiss guidelines：Official guidelines of the Swiss respiratory society [J]. Respiration，2013,85(2)：160-174.

E32. 德国呼吸联盟,德国肺病学和呼吸医学学会 2007

• Vogelmeier C，Buhl R，Criée C P，et al. Leitlinie der Deutschen Atemwegsliga und der Deutschen Gesellschaft für Pneumologie und Beatmungsmedizin zur Diagnostik und Therapie von Patienten mit chronisch obstruktiver Bronchitis und Lungenemphysem（COPD）[J]. Pneumologie，2007，61(5)：e1-e40.

E33. 美国心血管和肺康复协会 2018

• Bauldoff G，Carlin B W. AACVPR Guidelines for Pulmonary Rehabilitation Programs [EB/OL]. [2023-12-12]. https://summitmd. com/pdf/pdf/1_2_Bauldoff. pdf.

E34. 美国运动医学会 2020

• Liguori G，American College of Sports Medicine. ACSM's Guidelines for Exercise Testing and Prescription[M]. Lippincott Williams & Wilkins，2020.

E35. 美国胸科学会,欧洲呼吸学会 2013

• Spruit M A，Singh S J，Garvey C，et al. An official American Thoracic Society/European Respiratory Society statement：Key concepts and advances in pulmonary rehabilitation [J]. American Journal of Respiratory and Critical Care Medicine，2013，188(8)：e13-e64.

E36. 加拿大胸科学会 2010

• Marciniuk D D，Brooks D，Butcher S，et al. Optimizing pulmonary rehabilitation in chronic obstructive pulmonary disease-practical issues：A Canadian Thoracic Society Clinical Practice Guideline [J]. Canadian Respiratory Journal，2010，17：159-168.

E37. 全球慢阻肺倡议机构 2022

• The Global Initiative for Chronic Obstructive Lung Disease. 2022 global strategy for prevention，diagnosis and management of COPD [EB/ OL]. （2021-11-25）[2023-12-12]. https://goldcopd. org/wp-content/ uploads/2021/12/GOLD-REPORT-2022-v1. 1-22Nov2021_WMV. pdf.

E38. 临床系统改进协会 2016

• Institute for Clinical Systems Improvement. Diagnosis and management of chronic obstructive pulmonary disease（COPD）[EB/OL]. （2016-01-20）[2023-12-12]. http://medi-guide. meditool. cn/ymtpdf/ 23584D88-FA6A-0935-AF76-8F8746F5B144. pdf.

后　记

　　《防治慢性疾病体力活动指南的国际比较研究》为 2020 年度国家社科基金后期资助项目（20FTYB014）成果，本书研究项目在初期培育阶段得到了浙江大学社会科学研究院的大力支持，获得"浙江大学文科后期资助培育项目"资助；成果立项及出版过程中得到浙江大学出版社的推荐和鼎力帮助，对此深表感谢。

　　本书的成稿与研究团队成员不辞辛劳的付出密不可分，在此对浙江大学教育学院体育学系王健、温煦、钟飞、叶欣欣、徐勇进、舒丽、王萍、姜睿哲，浙江省体育科学研究所薛亮，东北师范大学体育学院黄艳，荷兰格罗宁根大学医学中心吴春春等老师和研究生同学在文本撰写及数据分析等方面所做的工作和贡献深表感谢。